Niederländische Konversations-grammatik...

T. G. G. Valette

	M.	Pf.

Methode Gaspey-Otto-Sauer.

Preise sind hier nach der deutschen Reichswährung berechnet, die Bücher werden aber im Auslande zu den von den dortigen Buchhandlungen festgesetzten Preisen verkauft.

Für Deutsche.

Englisch:

	M.	Pf.
Englische Konv.-Grammatik v. Dr. Th. Gaspey. 21. Aufl. geb. . . .	3	60
Schlüssel zur englischen Konv.-Grammatik v. Dr. Th. Gaspey. (Nur f. Lehrer.) kart. . .	1	60
Englisches Konversations-Lesebuch v. Dr. Th. Gaspey. 5. Aufl. geb. . .	3	20
English Conversations (Anleit. z. Engl.-Sprechen) v. Gaspey. 4. Aufl. geb.	1	80
Kleine englische Sprachlehre v. Otto-Runge. 3. Aufl. geb.	1	60
Materialien z. Übersetzen ins Englische v. Dr. E. Otto. 2. Aufl. geb. .	1	80
Englische Chrestomathie v. Süpfle-Wright. 8. Aufl. geb. . . .	3	20
'The Guardian'. Ein engl. Lustspiel v. D. Garrick. 2. Aufl. brosch.	—	40

Französisch:

	M.	Pf.
Französische Konv.-Grammatik v. Dr. E. Otto. 24. Aufl. geb.	3	60
Schlüssel zur französischen Konv.-Grammatik v. Dr. E. Otto. (Nur f. Lehrer.) 2. Aufl. kart.	1	60
Französisches Konv.-Lesebuch I. Abt. v. Dr. E. Otto. 8. Aufl. geb. . .	2	30
Französisches Konv.-Lesebuch II. Abt. v. Dr. E. Otto. 4. Aufl. geb. . .	2	30
Franz. Konv.-Lesebuch f. Mädchenschulen I. Kurs. v. Otto. 4. Aufl. geb.	2	80
Franz. Konv.-Lesebuch f. Mädchenschulen II. Kurs. v. Otto. 2. Aufl. geb..	2	30
Kleine französische Sprachlehre v. Dr. E. Otto. 5. Aufl. geb. . .	1	60
Französische Gespräche (Conversations françaises) v. Otto. 6. Aufl. geb.	1	80
Französische Schulgrammatik v. Dr. L. Süpfle. 5. Aufl. geb.	3	30
Französisches Lesebuch v. Dr. L. Süpfle. 10. Aufl. geb.	2	80
Französische Chrestomathie v. Dr. L. Süpfle. 4. Aufl. geb.	5	40

Italienisch:

	M.	Pf.
Italienische Konv.-Grammatik v. C. M. Sauer. 9. Aufl. geb.. . . .	3	60
Schlüssel zur italienischen Konv.-Grammatik v. C. M. Sauer. (Nur f. Lehrer.) 2. Aufl. kart.	1	80
Italienisches Konversations-Lesebuch v. C. M. Sauer. 4. Aufl. geb. . .	3	60
Italienische Chrestomathie v. G. Cattaneo. geb.	2	40
Kleine italienische Sprachlehre v. C. M. Sauer. 5. Aufl. geb. . . .	1	80
Italienische Gespräche (Dialoghi Italiani) v. Sauer-Motti. 3. Aufl. geb.	1	80
Übungsstücke zum Übers. a. d. Deutschen i. Ital. v. J. Lardelli. 2. Aufl. br.	1	—

Niederländisch:

	M.	Pf.
Niederländische Konv.-Grammatik v. T. G. G. Valette. geb. . . .	4	60
Schlüssel zur niederländischen Konversations-Grammatik v. T. G. G. Valette. kart. . .	1	60
Kleine niederländische Sprachlehre v. T. G. G. Valette. geb.	1	80

Polnisch:

	M.	Pf.
Polnische Konversations-Grammatik v. Dr. Wicherkiewicz. geb.	4	60
Schlüssel zur polnischen Schul- und Konversations-Grammatik v. Dr. Wicherkiewicz. kart. . .	2	—

Portugiesisch:

	M.	Pf.
Portugiesische Konversations-Grammatik v. Sauer-Kordgien. geb. . .	4	60
Schlüssel zur portugiesischen Konversations-Grammatik v. Sauer-Kordgien. kart. . .	1	60
Kleine portugiesische Sprachlehre v. Otto-Kordgien. 2. Aufl. geb. . .	1	80

Russisch:

	M.	Pf.
Russische Konversations-Grammatik v. Prof. P. Fuchs. 2. Aufl. geb.. .	5	—
Schlüssel zur russischen Konversations-Grammatik v. Prof. P. Fuchs. 2. Aufl. kart. . .	2	—

Spanisch:

	M.	Pf.
Spanische Konv.-Grammatik v. C. M. Sauer. 5. Aufl. geb.	4	60
Schlüssel zur spanischen Konversations-Grammatik v. C. M. Sauer. (Nur f. Lehrer.) kart.	1	60
Spanisches Lesebuch v. Sauer-Röhrich. 2. Aufl. geb.	3	60
Kleine spanische Sprachlehre v. Sauer-Runge. geb.	1	80
Spanische Gespräche (Diálogos castellanos) v. Sauer. 2. Aufl. geb. .	1	80
Spanische Rektionsliste v. Sauer-Kordgien. kart.	1	60

Julius Groos' Verlag, Heidelberg.

Auszug

a. d. Litterarischen Rundschau (von J. B. Stamminger.)

Hilfsmittel zum Studium der neueren Sprachen nach der Methode Gaspey-Otto-Sauer, aus dem Verlage von Julius Groos in Heidelberg.

Schon seit den fünfziger Jahren hat die Verlagsbuchhandlung von Julius Groos in Heidelberg ihre besondere Aufmerksamkeit der neusprachlichen Unterrichtslitteratur zugewandt und in einer sehr stattlichen Reihe von größeren und kleineren Werken eine Anzahl von Hilfsmitteln für das Studium der gangbarsten neueren Sprachen veröffentlicht, wie sie bis jetzt wohl kein anderer deutscher Verlag auf diesem Gebiete aufzuweisen vermöchte. Es sind nicht mehr und nicht weniger als 120 Bände und Bändchen, bei denen ein einziges von den Verfassern treu festgehaltenes Prinzip fast durch die ganze Sammlung geht. Gleich der erste Blick in die Hauptwerke (wir meinen die Grammatiken) läßt ein solches Prinzip unzweifelhaft erkennen; denn sie gleichen einander wie Brüder: wer die eine kennt, wird sich unschwer in allerkürzester Frist auch in der andern zurechtfinden, ein Umstand, der vom pädagogischen Standpunkte gewiß nur zu loben ist, da unserer anspruchsvollen Zeit, die sich meist nicht mit e i n e r fremden Sprache begnügt, nichts erwünschter sein kann, als Parallel-Grammatiken.

Das genannte Prinzip zeigt sich nun einerseits in der Anordnung und Behandlung des eigentlichen grammatischen Materials, anderseits aber in dem Streben, den Lernenden möglichst bald zum Verständnis zusammenhängender Lesestücke, besonders aber zu dem mündlichen Gebrauche der fremden Sprache zu befähigen. Dieser letzte Punkt scheint den Verfassern an ihren Lehrbüchern so charakteristisch zu sein, daß sie dieselben, um sie von andern zu unterscheiden, Konversations-Grammatiken nennen.

Was nun zunächst die Anordnung und Behandlung des grammatischen Stoffes angeht, so sind die Grammatiken durchgehends in zwei Kurse (mit Lektionen) geteilt, denen eine systematische Darstellung der Aussprache vorausgeschickt ist. Jeder Kursus behandelt der Reihe nach die Redeteile, und zwar giebt der erste mehr die Grundlage in allgemeinen Umrissen, während der zweite den ersten erweitert und ergänzt (nach dem auch auf andern Gebieten vielfach mit Glück angewandten Systeme konzentrischer Kreise); in dem ersten richtet sich die Aufmerksamkeit mehr auf die Formenlehre, im zweiten mehr auf die Syntax, ohne daß jedoch diese beiden Dinge, wie in den lediglich systematischen Grammatiken, streng auseinander gehalten sind. Bei den Regeln ist es, wie uns scheint, vorzugsweise auf möglichst einfache und gemeinverständliche Mitteilung von Thatsachen abgesehen. Der Übungsstoff ist sehr reichlich.

Wir müssen den Verfassern dieser Lehrbücher das Verdienst lassen, daß sie demjenigen Teile des sprachenlernenden Publikums, der vorzugsweise aus praktischen Gründen ein fremdes Idiom sich bis zur Sprach- und Schreibfertigkeit aneignen will, den grammatischen Stoff in sehr mundgerechter und leichtfaßlicher Form darbieten, wie wir auch nicht umhin können, der Verlagshandlung für die elegante und schöne Ausstattung unsere vollste Anerkennung auszusprechen. Diesen Umständen ist es wohl ganz besonders zu verdanken, daß diese Lehrbücher sich einer solchen Beliebtheit erfreuen, und mehrere derselben ungewöhnlich rasch ihren Weg gemacht haben.

Die erste Gruppe umfaßt die Lehrbücher für **Deutsche.** Sie zerfällt zunächst in eine **englische** Abteilung mit folgenden Lehrbüchern:

Englische Konv.-Grammatik (21. Aufl.) mit Schlüssel (nur für Lehrer und zum Selbstunterricht); **Englisches Konvers.-Lesebuch** (5. Aufl.); **English Conversations** (4. Aufl.), Unterhaltungen aus dem Gebiete des Handels und Wandels, der Welt- und Litteraturgeschichte; **Kleine englische Sprachlehre** (3. Aufl.); **Materialien zum Übersetzen ins Englische** für vorgerücktere Schüler (2. Aufl.), zusammenhängende Stücke von kürzerem Umfange mit Konversationsübungen.

Zu der **französischen** Abteilung gehören:

Französische Konvers.-Grammatik (24. Aufl.) mit Schlüssel (nur für Lehrer und zum Selbstunterricht); **Franz. Konv.-Lesebuch.** 1. Teil (8. Aufl.), 2. Teil (4. Aufl.); **Franz. Konv.-Lesebuch für Töchterschulen** 1. Kurs (3. Aufl.), 2. Kurs (2. Aufl.); **Kleine französische Sprachlehre** (5. Aufl.); **Französische Gespräche (Conversations françaises)** (6. Aufl.).

Für **Niederländisch** erschien:

Niederländische Konv.-Grammatik mit Schlüssel; **Kleine niederländische Sprachlehre.**

Die **italienische** Abteilung enthält folgende Lehrbücher:

Italienische Konversations-Grammatik (9. Aufl.) mit Schlüssel (nur für Lehrer und zum Selbstunterricht); **Italienisches Konversations-Lesebuch** (4. Aufl.); **Ital. Chrestomathie.** Auswahl moderner, geeigneter Lesestücke; **Kleine italienische Sprachlehre** (5. Aufl.); **Ital. Gespräche (Dialoghi Italiani)** (3. Aufl.), nicht nur für die Schule, sondern auch für solche bestimmt, die Italien besuchen wollen; **Übungsstücke zum Übersetzen aus dem Deutschen ins Italienische** (2. Aufl.).

Für das **Polnische** erschien:

Polnische Konversations-Grammatik mit Schlüssel.

Für das **Portugiesische:**

Portugiesische Konv.-Grammatik mit Schlüssel; **Kleine portugiesische Sprachlehre** (2. Aufl.).

Für das **Russische:**

Russische Konversations-Grammatik (2. Aufl.) mit Schlüssel.

Das **Spanische** vertreten:

Spanische Konversations-Grammatik (5. Aufl.) mit Schlüssel (nur für Lehrer und zum Selbstunterricht); **Span. Lesebuch** (2. Aufl.); **Kleine spanische Sprachlehre; Diálogos castellanos,** Spanische Gespräche (2. Aufl.); **Spanische Rektionsliste.**

Die in demselben Verlage erschienenen Lehrbücher von Dr. **L. Süpfle** folgen der Konvers.-Methode nicht. Die Süpfle'sche

Franz. Schulgrammatik (5. Aufl.) für die unteren und mittleren Klassen ist ein den wissenschaftlichen und praktischen Anforderungen in gleicher Weise entsprechendes, einen reichen und schönen Übungsstoff bietendes Buch, und auch sehr brauchbar zum Nachschlagen. Das zugehörige Lesebuch (9. Aufl.), besonders aber die Chrestomathie (4. Aufl.) für die oberen Klassen, enthält eine sorgfältige und vortreffliche, nach Stoffen geordnete Auswahl von Lesestücken aus den verschiedenen Perioden der französischen Litteratur.

Die Englische Chrestomathie von Hüpfe-Wright (8. Aufl.), welche die „Konversations-Methode" nicht aufgenommen hat, ist ein würdiges Seitenstück zu der französischen Chrestomathie desselben Verfassers.

Unser Staunen über den Reichtum und die Konsequenz dieser Sammlung, wie über die Fruchtbarkeit einzelner Verfasser, erhöht sich um ein Bedeutendes, wenn wir die ebenso starke andere Hälfte, nämlich die Gruppe für Ausländer, betrachten.

Die englische Abteilung zählt 32 Bände, darunter 18 für den Unterricht im Deutschen und Französischen:

German Conv.-Grammar (25. Ed.), Schlüssel (17. Ed.); Suppl. Exercises to the Germ. Grammar (2. Ed.); Elementary German Grammar (5. Ed.); First German Book (7. Ed.); German Reader I. (6. Ed.), II. (3. Ed.), III. (2. Ed.); Materials for translating English into German I. (6. Ed.), II. (2. Ed.), mit Schlüssel (2. Ed.); German Dialogues (3. Ed.); Accidence of the german language (2. Ed.); English and Germ. Idioms; Dutch Conv.-Gramm. m. Schlüss.; French Conv.-Grammar (10. Ed.), mit Schlüssel (5. Ed.); Elementary French Grammar; French Dialogues; Materials f. tr. English into French (4. Ed.); Italian Conv.-Gramm. (6. Ed.) Schlüssel (5. Ed.); Italian Reader; Russian Conv.-Grammar mit Schlüssel; Elementary Russian Grammar m. Schlüssel; Spanish Grammar (5. Ed.), mit Schlüssel (3. Ed.); Spanish Dialogues; Spanish Reader (2. Ed.).

Die Abteilung für Franzosen umfaßt 22 Bände, darunter 7 für die deutsche Sprache:

Grammaire allemande (14. éd.) mit Schlüssel (4. éd.); Petite grammaire allemande (6. éd.); Lectures allemandes. I. (5. éd.), II. (3. éd.), III. (2. éd.); Conversations allemandes (3. éd.);

5 für die englische Sprache:

Grammaire anglaise (6. éd.), Schlüssel (2. éd.); Petite grammaire anglaise (3. éd.); Lectures anglaises (2. éd.); Conversations anglaises;

9 für die italienische, spanische, russische Sprache:

Grammaire italienne (7. éd.), Schlüssel (4. éd.); Petite grammaire italienne; Chrestomathie italienne; Grammaire russe (2. éd.), Schlüssel (2. éd.); Grammaire espagnole (2. éd.) mit Schlüssel (2. éd.); Lectures espagnoles (2. éd.).

Für Griechen erschien:

ΕΠΙΤΟΜΟΣ ΓΕΡΜΑΝΙΚΗ ΓΡΑΜΜΑΤΙΚΗ. (Kleine deutsche Sprachlehre); ΓΕΡΜΑΝΙΚΟΙ ΔΙΑΛΟΓΟΙ, (Deutsche Gespräche für [Griechen].

Für Niederländer erschien:

Kleine Hoogduitsche Grammatica.

Für die **Italiener** sind 10 Bände:

Grammatica tedesca (4. Ed.) mit Schlüssel; **Grammatica tedesca elementare** (3. Ed.); **Letture tedesche** (3. Ed.); **Conversazioni tedesche**; **Grammatica inglese** (3. Ed.), Schlüssel; **Grammatica elementare** della lingua **inglese**; **Grammatica francese**; **Grammatichetta francese**;

für **Niederländer**: **Kleine hoogduitsche Grammatica**;

für die **Portugiesen** 3 Bände:

Grammatica allemã m. Schlüss.; **Grammatica elementar allemã.**

und für die **Spanier** 6 Bände bestimmt:

Nueva **Gramática alemana** mit Schlüssel; **Gramática sucinta** de la lengua **alemana** (2. Ed.); **Gramática sucinta** de la lengua **francesa**; **Gramática sucinta** de la lengua **inglesa**; **Gramática sucinta** de la lengua **italiana.**

So wird man denn gern konstatieren, daß die ganze in ihren Zielen wie in ihren Mitteln wohl abgerundete Sammlung ein gutes Stück Fleiß und Arbeitskraft, sowie eine anerkennenswerte Leistung auf buchhändlerischem Gebiete repräsentiert und in dieser Beziehung wohl als einzig in ihrer Art zu bezeichnen ist.

Paderborn. ....t.

Auszug aus dem „Fränkischen Courier"
vom 30. Oktober 1891, Nr. 556.

„...Solange Bellamy's Zukunftsstaat noch nicht fertig ist, solange es noch Millionäre und Sozialdemokraten giebt, solange nicht jeder Schusterjunge mit akademischer Bildung ausgerüstet den ersten Schritt auf den Schauplatz seiner Wirksamkeit thut, solange wird man auch noch Privatunterricht nötig haben. Da den Privatlehrer keine „pädagogischen Rücksichten" fesseln, sollte man denken, die Wahl eines Lehrbuches könnte ihm nicht schwer fallen; heißt es doch, und mit Recht, daß jedes Buch gut sei, wenn nur der Lehrer etwas tauge. Aber die Zahl derjenigen, welche Grammatiken schreiben, vom seligen Ahn bis zu Denen, die nur schreiben, um ihr Lichtlein nicht unter den Scheffel zu stellen, ist zu groß. Der Zweck ist doch lediglich, den Schüler baldmöglichst auf seine eigenen Füße zu stellen, d. h. den Lehrer entbehrlich zu machen, Zeit und Geld zu sparen. Da heißt es denn: „An ihren Früchten sollt ihr sie erkennen", und deshalb soll hier ein Wort geredet werden für die Bücher nach der Methode Gaspey-Otto-Sauer, die im Verlage der Firma Julius Groos in Heidelberg erschienen sind. Auch in Schulen haben sich diese Bücher bewährt, aber für den Privatunterricht sind sie geradezu unentbehrlich. Der Rahmen derselben enthält genau das, was ich oben beanspruchte, nicht zu viel und nicht zu wenig. Leicht faßlich, sind die Kapitel so eingeteilt, daß sie sich von einer Stunde zur anderen bewältigen lassen, und dabei wird der Stoff in einer Weise bearbeitet, daß der Schüler alsbald zum Sprechen gelangt. Welch einen Erfolg diese Bücher haben, dafür spricht die immer wachsende Reichhaltigkeit des Verlags, der in verschiedenen Gruppen für Deutsche, Franzosen, Engländer, Italiener und Spanier nicht weniger als 64 Haupt- und Nebenwerte enthält, von denen ich selbst mit dem besten Erfolg benützte und benütze zum Unterricht für Deutsche: die französische Grammatik (24. Auflage), die englische (21. Auflage), die spanische, italienische, holländische und russische; für Engländer und Franzosen u. s. w.: die deutsche Grammatik, ohne von den Nebenbüchern zu reden. Was man mit dieser Methode innerhalb 6—12 Monaten erzielen kann, ist ganz erstaunlich. Nach einem solchen Kursus muß der Schüler befähigt sein, sich in der betreffenden Handelskorrespondenz selbst fortzubilden."

Die Verlagsbuchhandlung ist fortwährend bemüht, den Cyklus ihrer Unterrichts-Werke nach allen Richtungen hin zu vervollständigen; eine Anzahl neuer Lehrbücher ist in Vorbereitung.

Druck von Julius Groos in Heidelberg.

Methode Gaspey-Otto-Sauer.

Niederländische

Konversations-Grammatik

von

T. G. G. Valette,

Lehrer an der Königl. Realschule und am Städtischen Gymnasium
in Gouda (Niederlande).

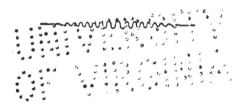

HEIDELBERG.

JULIUS GROOS' Verlag.

1891.

AMSTERDAM.
JOHANNES MÜLLER.
SEYFFARDT'sche Buchhandlung
neben der Börse.
SÜLPKE'sche Buchhandlung
(S. KOELINGA).

ROTTERDAM.
VAN HENGEL, Hoogstraat 385.
H. A. KRAMERS & SOHN.

BRÜSSEL.
KIESSLING & Cie., 72 Montagne de la Cour.
LEBÈGUE & Cie., 46 Rue de la Madeleine.
A. MANCEAUX, 12 Rue des Trois Têtes.

ANTWERPEN.
O. FORST, Rue du Jambon 12.
M. KORNICKER (MAX RUEF),
Place de Meir 87.

Vorwort.

Bei der Bearbeitung der vorliegenden Grammatik, die an die Stelle der seither in der Sammlung von Lehrbüchern nach der Methode Gaspey-Otto-Sauer von C. v. Reinhardstoettner herausgegebenen tritt, habe ich die Ergebnisse der wissenschaft= lichen Sprachforschung in den letzten Jahren sorgfältig zu Rate gezogen; dennoch ist diese Grammatik nicht lediglich für Philo= logen bestimmt, sondern für alle Gebildeten, welche ein eingehen= des Studium der niederländischen Sprache verfolgen. Daß es dabei eines ernsten Studiums bedarf, davon werden schon alle überzeugt sein, welche die Anfangsgründe aus meiner „Kleinen niederländischen Sprachlehre" oder aus irgend einem andern in Deutschland erschienenen Werke erlernt haben. Woher kommt es aber, trotz aller ndl. Sprachbücher, daß noch so mancher glaubt, die ndl. Sprache schreiben zu können, ohne dieselbe je gelernt zu haben? Daß ein reklamesüchtiger Seifenhändler ein Stück Seife in kauderwelschem Ndl. empfiehlt, ist ja verzeihlich; allein wenn gebildete oder gar studierte Leute sich der ndl. Sprache bedienen, ohne auch nur eine blasse Ahnung von den einfachsten orthographischen oder grammatischen Regeln zu haben, so kann dieses im Nachbarstaate nur zu einer falschen Beurteilung deut= scher Bildung Veranlassung geben. [1]) Ein Studierter sollte doch wenigstens wissen, was er nicht weiß!

Die Anordnung der rühmlichst bekannten Methode Gaspey= Otto-Sauer habe ich in meinem Werke in nachstehenden Punkten verändern zu sollen geglaubt: 1º hielt ich es für nötig, in jeder Lektion ein kleines ndl. Lesestück voranzuschicken, damit der Stu= dierende sich sofort mit der zu erlernenden Sprache vertraut

---

[1]) Vor ein paar Jahren noch wurde den ndl. Schulen ein von mehreren Doktoren unterschriebenes Zirkular über die Errichtung eines „Bibliographischen Bureaus" zugeschickt, in dem nahezu jedes Wort falsch gebraucht oder falsch geschrieben war!

mache; 2º∙ ließ ich die Übungen zur Übersetzung ins Deutsche ganz weg; kleine, nicht zusammenhängende Sätze können dem Deutschen kaum eine Schwierigkeit bieten; im übrigen können die Lesestücke zu solchen Übungen benutzt werden.

Was diese Grammatik wesentlich unterscheidet von den vielen in Deutschland erschienenen ndl. Lehrbüchern, das ist die ver= gleichende Methode, bei der die Muttersprache als Aus= gangspunkt dient. Es kann den Studierenden nur auf den Irr= weg führen, wenn man ihm alle Regeln vorlegt, so wie sie sich in jeder ndl. Sprachlehre finden: da begegnet ihm so viel Bekanntes, daß er vor den vielen Ähnlichkeiten die Unterschiede nicht mehr sieht und schließlich das Buch bei Seite legt in der Meinung, alles sei im Niederländischen so ziemlich wie in der Muttersprache, und das ist ihm ja zur Genüge bekannt. Deshalb habe ich es mir zur Regel gemacht, alles genau Übereinstimmende entweder gar nicht oder nur vorübergehend zu erwähnen, damit das Abweichende umsomehr hervortrete. Besonders beim Studium der germani= schen Sprachen halte ich die vergleichende Methode für die einzig richtige. Daß sie der Muttersprache selbst wieder zu gute kommt, ist ja auch längst anerkannt. Hinsichtlich der ndl. Sprache hat sich ein deutscher Gelehrter sogar dahin geäußert, daß, wenn diese Sprache mal gänzlich verloren gegangen wäre, so würde man dieselbe wieder aufsuchen müssen, weil sie das Glied bildet an der Kette, welche Deutschland mit England verbindet.

Das 1. Buch behandelt die ndl. Aussprache eingehend nach der Vietor'schen Methode [1]); in der „Kl. ndl. Sprachlehre" konnte nur ein allgemeiner Überblick geboten werden und mußte vieles dem Lehrer überlassen bleiben; außerdem findet man in diesem Buche die Hauptregeln der Orthographie. Als Quel= len benutzte ich: Sweet, Handbook of Phonetics; Land, Over Uitspraak en Spelling; Roorda, De Klankleer en hare practische toepassing; L. A. Te Winkel, Leerboek der Ne= derlandsche Spelling; M. de Vries en L. A. Te Winkel, Woordenlijst voor de Spelling der Nederlandsche Taal; Kern, Handleiding bij het onderwijs der Nederlandsche Taal; Cosijn — J. Te Winkel, Nederlandsche Spraakkunst; van Helten, Kleine Nederlandsche Spraakkunst.

Das 2. Buch „Die Redeteile" stimmt außer einigen Erweiterungen und Zusätzen mit dem gleichnamigen Teil der „Kl. Sprachlehre" überein; die Aufgaben enthalten hier wie dort

---

1) Vgl. Vietor, German Pronunciation und Vietor-Valette, De Uitspraak van het Hoogduitsch.

nur Wörter, welche im Vorhergehenden vorkommen oder in Noten angegeben sind.

Das 3. Buch behandelt den Gebrauch der Redeteile. Die Regeln über den Gebrauch des Artikels verdanke ich der vortrefflichen Abhandlung [1]) des gelehrten Gymnasiallehrers Herrn J. J. A. A. Frantzen in Amsterdam. Für die übrigen Kapitel benutzte ich außer den oben schon genannten Grammatiken noch die beiden ausgezeichneten Werke: Leopold, Kurzgefaßtes Lehrbuch der deutschen Sprache und Schwippert, Deutsche Grammatik, welche auch der vergleichenden Methode huldigen. Bei der Übersetzung der Aufgaben dürfte ein Wörterbuch nicht überflüssig sein, obgleich die schwierigsten Wörter hintenan im Wörterverzeichnis aufgeführt sind. Von den bestehenden ndl.-deutschen, allerdings für Studierende nicht sehr praktisch eingerichteten Wörterbüchern möchte ich Servaas de Bruin, Duitsch Woordenboek (Zutfen, W. J. Thieme & Co.) oder für bescheidenere Zwecke das von Herrn Reallehrer Oosting eben jetzt neu bearbeitete „Kramers' Neues Taschenwörterbuch" (Gouda, G. B. van Goor Zonen) empfehlen. Für die Schreibung und den Gebrauch der im Ndl. so vielfach vorkommenden Fremdwörter ist das wissenschaftlich bearbeitete und prächtig ausgestattete Kramers-Bonte, Algemeene Kunstwoordentolk (Gouda, G. B. van Goor Zonen) ein unentbehrlicher Ratgeber.

Im 4. Buche wird man das Notwendigste über die Wortbildung finden, besonders sind die Wörter, welche in beiden Sprachen dieselbe Partikel oder Endung, doch mit verschiedener Bedeutung haben, mit einander verglichen worden. Statt der Sprechübungen finden sich in diesem Buche zwei Lustspiele zur Übersetzung: ich halte dieses für sehr nützlich und lehrreich, besonders was die Konversationssprache betrifft.

Große Schwierigkeiten, wenn nicht die größten, bietet das Idiom. Eine Grammatik wie diese, kann in dieser Hinsicht nur wenig bieten, man wähle für dieses Studium eigens dafür geschriebene Bücher, wie: J. Leopold. Hzn., Nederlandsch-Hoogduitsche Klank- en Zinverwante Woorden (Breda, P. B. Nieuwenhuijs) oder L. Wirth, Nederlandsch-Hoogduitsche Synoniemen, Homoniemen enz. (Nijmegen, H. C. A. Thieme). Damit der Studierende diese Schwierigkeiten nicht unterschätze, habe ich aus den hunderten gleichlautender deutsch-niederländischen

---

1) Siehe die Zeitschrift „De drie Talen" (Red. für den deutschen Teil: Herr Reallehrer Dijkstra) III, 6. S. 174—194 und IV, 2. S. 35-45.

Wörter hundert ausgewählt, doch auch diese nicht erschöpfend behandelt, sondern deren Bedeutung nur mit wenigen Beispielen erklärt. Das weitere ergiebt sich selbstverständlich bloß aus einem ernsten und fortgesetzten Studium und besonders aus aufmerksamem Lesen guter niederländischer Schriften. [1]

Zum Schlusse spreche ich meinen Dank aus für die anerkennende und wohlwollende Beurteilung, welche meiner „Kleinen niederländischen Sprachlehre" zu teil wurde. Möge diese Grammatik gleichfalls freundlich aufgenommen werden!

---

[1] „Auswahl aus den besten Werken niederländischer Dichter und Schriftsteller" in gleichem Verlag.

Gouda.

T. V.

Inhalts-Verzeichnis.

Erster Teil.

Erstes Buch. Laut und Schrift.

Zweites Buch. Die Redeteile.

Zweiter Teil.

Drittes Buch. Gebrauch der Redeteile.

Viertes Buch. Wortbildung.

Anhang.

Erklärung der Zeichen und Abkürzungen.

* (vor einem Hauptwort) = stark
(!) (vor einem Zeitwort) = unregelmäßig
Adj. = Adjektiv
Adv. = Adverb
Akk. = Akkusativ
b. v. oder bijv. = bij voorbeeld
beiordn. = beiordnend
engl. = englisch
f. = Femininum (weiblich)
frz. = französisch
K. = Konjunktion
Konf. = Konsonant
m. = Maskulinum (männlich)
M. = Männlich
n. = Neutrum (sächlich)
N. = Nominativ
ndl., niederl. oder niederländ. = niederländisch
P. = Pluralis (Mehrzahl)
P. = Person
Präp. = Präposition
f. = siehe
S. = Singularis (Einzahl)
S. = Sächlich oder Singular
schw. = schwach
st. = statt
Subst. = Substantiv
unterordn. = unterordnend
urspr. = ursprünglich
übers. = übersetze
vgl. = vergleiche
W. = Weiblich
Zs., Zss. oder Zusammens. = Zusammensetzung(en)
Ztw. = Zeitwort oder Zeitwörter.

Verbesserungen und Zusätze.

S. 46, Aufgabe 3, Z. 3 steht maaken, lies maken.

S. 49, Z. 4 v. u. steht ik begraf, lies ik begraaf.

S. 72, Aufgabe 18, Z. 11 v. u. ist onderwereld zu streichen.

S. 85, Aufgabe 25 sind die Wörter slapend, vergeten und verschrikt zu streichen.

S. 101, Aufgabe 29 steht: Setze folgende Wörter mit den unbestimmenden Artikeln, lies: mit dem unbestimmenden Artikel.

S. 102—111 sind noch folgende Substantive einzutragen:

    A. acte *f.* Akt *m.*

    B. bouquet *m.* Bouquet *n.*

    L. (lijk *n.* Leiche *f.*) Leichnam *m.*

    S. salon *n.* Salon *m.*

    T. tooneel *n.* 1º. Bühne *f.*), 2º. Auftritt *m.*

    V. (verwijt *n.* Verweis *m.*), Vorwurf *m.*

S. 138, Z. 1 v. o. steht le twist, lies de twist.

S. 205, Aufgabe 60, Z. 2 steht frommes, lies frommen.

S. 205 steht Aufgabe 30, lies Aufgabe 61.

S. 225, Z. 10 v. u. steht: siehe § 473, lies § 472.

Erster Teil.

Erstes Buch.

Laut und Schrift.

A. Die niederländischen Laute und ihre Schreibung.

I. Vokale. Klinkers.

§ 1. Vorbemerkung.

Der eigentliche Unterschied zwischen lang und kurz ist in dem jetzigen Niederländisch verloren gegangen. Die deutschen langen Vokale werden in der Regel gedehnter gesprochen als die niederländischen.

In den ndl. Grammatiken werden die Vokale meistens unterschieden in: onvolkomen klinkers (unvollkommene Vokale, z. B. a in dag), volkomen k. (vollkommene V., z. B. a in dagen), gerekte k. (gedehnte V., z. B. a in daags). Die beiden letzteren werden zusammen auch heldere klinkers (helle Vokale) genannt.

Sodann werden die e und o in zachtvolk., scherpvolk., zacht onvolk. und scherp onvolk. unterschieden, was bei den vollkommenen sich nur noch in der Schreibung kund giebt: e, o, ee, oo, bei den unvollkommenen wirklich gehört, aber in der Schrift nicht bezeichnet wird.

Aus praktischen Gründen sind in den nachstehenden Paragraphen die Bezeichnungen: „kurz, lang, offen, geschlossen" verwandt worden in der Bedeutung, welche diese Wörter in den neueren deutschen Werken (z. B. in Vietors Elementen der Phonetik) haben; auch in der Woordenlijst voor de spelling der Nederlandsche taal von De Vries und Te Winkel (1881 S. XXX ff.) finden sich die Bezeichnungen lang und kurz statt der sonst gebräuchlichen und genaueren; vgl. auch § 3, Anm.

1*

§ 2. Die a-Laute.

a) Langes a (= ā) wie in **da**; etwas gedehnt vor *r*. Schreibungen

  1°. **a**: ja ja, jagen jagen;

  2°. **aa**: zaad Samen, daar dort.

b) Kurzes a (= ă) wie in **ab**. Schreibung

  a: dak Dach, kar Karren.

§ 3. Die o-Laute.

a) Langes o (= ō) ungef. wie in **so**, vgl. § 7. Schreibungen

  1°. **o**: open offen, over über;

  2°. **oo**: loopen laufen, vroolijk fröhlich;

  3°. **oa** und 4°. **ow** in (englischen) Fremdwörtern: toast Toast, bowl Bowle;

  5°. **eau** in (französischen) Fremdwörtern: plateau Plateau.

b) Kurzes o (= ŏ¹) wie in **ob**. Schreibung

  o: kop Kopf, pot Topf.

c) Kurzes o (= ŏ²) ungefähr wie im frz. Worte *homme*; im Deutschen fehlt dieser Laut. Bei der Bildung des ŏ² bewegt sich der Zungenrücken mehr nach vorn als bei dem ŏ¹-Laut und nähert sich der a-Stellung. Schreibung

  o: op auf, wolk Wolke.

Anmerkung. Die Unterscheidung dieser zwei ö-Laute dürfte dem Ausländer große Schwierigkeiten bieten, besonders weil die Aussprache nicht immer mit festen Regeln verknüpft ist. — Sweet (S. 140) sagt: «short open o, as in slot» sei bisweilen = o in not und «short close o as in op» habe manchmal «a peculiar guttural effect.»

Ursprünglich wurden diese beiden ö-Laute nach ihrer Entwickelung bestimmt, später trat aber häufig Willkür ein. Aus der vollständigen Liste der Wörter mit ö-Laut im «Woordenboek der Nederlandsche taal» (unter O) geht hervor: 1°. daß der kurze o-Laut vor Konsonanten in mehr als ⅔ der Wörter = ŏ¹ (scherpkort), in ⅓ = ŏ² (zachtkort) ist; 2°. daß ŏ¹ vorherrschend ist vor einem gutturalen Laut (*g, ch, k*) und vor *l, p, s, t*; 3°. daß vor einem f-Laut häufiger ŏ² vorkommt; 4°. daß vor *m* und *n* ausschließlich ŏ² vorkommt; 5°. daß vor *r* beide Laute fast gleich häufig eintreten.

§ 4. Die u-Laute.

a) Langes u (= ū) wie in **Du**, vor *r*. Schreibungen

  1°. **oe**: boer Bauer, loeren lauern;

  2°. **ou** in (frz.) Fremdwörtern: retour Retour.

b) Kurzes u (= ŭ) wie in **duden** vor Konsonanten außer
r und im Auslaut. Schreibungen

1°. **oe**: doeken Tücher, zoeken suchen;

2°. **ou** in (frz.) Fremdwörtern: ouverture Öffnung.

§ 5. Die i-Laute.

a) Langes i (= ī) wie in **mir**. Schreibungen

1°. **i**: ivoor Elfenbein, Mina Wilhelmine;

2°. **ie**: vor *r*: mier Ameise, dier Tier; verkürzt vor ande=
ren Konsonanten oder als Auslaut: dief Dieb, die jene.

3°. **y** in (griechischen) Fremdwörtern: lyrisch.

b) Kurzes i (= ĭ) wie in **mit**. Schreibung

ie in (frz.) Fremdwörtern: bandiet Räuber.

c) Kurzes i (= I) wie im englischen Worte *in*. Dieser Laut
fehlt im Deutschen; die Hebung des Zungenrückens ist ge=
ringer als beim ĭ-Laut, steht sogar der ĕ-Stellung näher
als der ĭ-Stellung. Schreibungen

1°. **i**: in in, kind Kind;

2°. **y** in Fremdwörtern: Egypte Ägypten.

§ 6. Die ü-Laute.

a) Langes ü (= ṻ) wie in **für**. Schreibungen

1°. **u**: duren dauern, uren Stunden;

2°. **uu**: duur Dauer, uur Stunde.

b) Kurzes ü (= ü̆[1]) wie in **Hütte**. Schreibungen

1°. **u**: ruzie Zank;

2°. **uu**: in (frz.) Fremdwörtern: recruut Rekrut, minuut
Minute.

c) Kurzes ü (= ü̆[2]), ungefähr wie *u* im engl. Worte *but*,
obgleich dieser Laut andere Bildung hat; beim ü̈[2]-Laut
werden die Lippen weniger vorgeschoben und verengt, als
beim ü̈[1], der Zungenrücken zieht sich mehr nach dem Hinter=
gaumen. Im Deutschen fehlt dieser Laut. Schreibung

u: put Brunnen, hullen hüllen.

Anmerkung. Land (S. 18—19) rechnet dieses ü̈[2] zu den
gemischten Vokalen. Roorda (S. 24) setzt dun, klucht, put, de
neben einander und nennt den Vokal einen „gerundeten engen unteren
Vordervokal."

§ 7. Die e-Laute.

a) Geschlossenes langes e (= $\bar{e}^1$) ungef. wie in **Beet**; die Zunge rundet sich nicht mit einem Male, sondern allmählich, bis die e-Lage erreicht ist. Schreibungen

1°. **e**: geven geben, leven leben;

2°. **ee**: beet Biß, schreef schrieb;

3°. **é** in (frz.) Fremdwörtern: carré Carré.

b) Offenes langes e (= $\bar{e}^2$) wie in **säen**. Dieses kommt nur ausnahmsweise vor. Schreibung

e: wereld, kerel; auch wēreld Welt, kērel Kerl.

c) Kurzes e (= ĕ) ist offener als das deutsche ĕ in **fest**, bei der Bildung des ndl. ĕ liegt die Zunge tiefer als bei der Bildung des deutschen ĕ. Schreibung

e: pet Kappe, weg Weg.

§ 8. Der ö-Laut.

Langes ö (= ö) wie in **schön**; gedehnt vor einem *r*. Schreibung

eu: beul Henker, deur Thür.

Anmerkung. Ein kurzer ö-Laut wie in Götter besteht im Ndl. nicht. Bisweilen wird ŭ² wie in put diesem ö gleichgestellt; daß diese Andeutung falsch ist, geht aus obigem hervor.

II. Gemischte Vokale. Onduidelijke klinkers.

§ 9. Zu den gemischten Vokalen gehören im Ndl. die unbestimmten e, u und i (ij).

a) Das unbestimmte e (= ə) kommt wie im Deutschen vor in den Vorsilben be—, ge—, ver—, in den unbetonten Mittel- und Nachsilben wie —e, —el, —em, —en, —er, —es:

begaan begehen, gedaan gethan, vergaan vergehen, einde Ende, handel Handel, adem Atem, geven geben, vader Vater, dreumes Knirps.

b) Das unbestimmte u (= ə) mit dem vorigen Laut übereinstimmend, kommt in der unbetonten Endsilbe **—um** vor: Gorkum, Dokkum (Städtenamen).

c) Das unbestimmte i und ij (= ə); dieser Laut schwankt zwischen ĭ (§ 5 c) und ə. Schreibungen

1°. **i** vor g, ng, k: honig Honig, koning König, perzik Pfirsich.

2°. **ij**, a) in der Endung —lijk; vrolijk fröhlich, dagelijks täglich;

b) in den unbetonten Possessivpronomina mijn mein, zijn sein.

Anmerkung. Sweet (S. 140) stellt vader und dun neben einander. — Roorda (S. 24) nennt den Vokal in dun, klucht, put, de einen geschlossenen unteren Vordervokal und den in vader, gevel einen offenen mittleren guttural-palatalen Vokal.

III. Diphthonge. Tweeklanken.

§ 10. Diphthong **ai** wie in **Mai** kommt nur vor in der Interjektion **ai!**

§ 11. Diphthong **ou** besteht aus betontem kurzem **o** mit unbetontem **u**; dieser Laut kommt im Deutschen nur dialektisch statt **au** vor. Schreibungen

1º. **ou**: rouw Trauer, vrouw Frau;

2º. **au**: rauw roh, gauw schnell.

Anmerkung. Dieser Laut wird nicht überall in den Niederlanden in der nämlichen Weise gesprochen. Herrn Prof. Kern, dem berühmten Sprachforscher aus Leiden, verdanke ich folgende Mitteilungen über den ou-Laut. „Gebildete Holländer machen keinen Unterschied zwischen *rouw* (Trauer) und *rauw* (roh), sie lassen in beiden Wörtern den *ou*-Laut hören. In der Provinz Gelderland hört man noch deutlich den Unterschied zwischen ou- und au-Laut. In Belgien dagegen hört man nur den au-Laut (= au in Frau) und dieser Laut scheint auch nach dem Norden hin seinen Einfluß auszuüben und den ou-Laut verdrängen zu wollen; von einigen gebildeten Rotterdamern hörte ich *au*: haut (statt hout), von anderen fast ew oder äw: häwt.“

§ 12. Diphthong **äi.** Offenes kurzes e (ä) und unbetontes i; kommt im Deutschen nur mundartlich vor statt **ai** (**ei**). Schreibungen

1º. **ei**: leiden führen, keizer Kaiser;

2º. **ij**: lijden leiden, schijf Scheibe.

Anmerkung. „Das ij hat seit dem 17. Jahrh. in der gebildeten Umgangssprache dieselbe Aussprache wie das *ei*.“ Cosijn-Te Winkel. I, S. 15.

§ 13. Diphthong **ui.** Der erste Teil entspricht dem frz. **eu** vor **i**, z. B. in deuil, der zweite Teil ist ein kurzer ü-Laut. Dieser Diphtong kommt im Deutschen nur mundartlich vor statt **oi** (wie in **Träume, Teufel**). Schreibungen.

1º. **ui**: lui faul, duif Taube;

2º. **uy** veraltet, nur noch in Eigennamen: de Ruyter, Huydecoper.

IV. Gedehnte Diphthonge.   Gerekte tweeklanken.

§ 14. Außer den soeben genannten Vokalverbindungen bestehen im Ndl. noch folgende: **aai, ooi, oei, aau, eeu, ieu.** Diese werden gewöhnlich „gedehnte Diphthonge" genannt und wären demzufolge zu bezeichnen: āi, ōi, ūi, āu, ēu, īu.

Prof. van Helten jedoch verwirft diese Benennung, indem er behauptet, diese sogenannten „gedehnten Diphthonge" seien einfach l a n g e V o k a l e mit nachklingendem *j* oder *w* (= w in Schwester). Nach dieser Ansicht wären die Bezeichnungen folgende:

a) *āj*: draai Drehung, fraai(er) schön(er);

b) *ōj*: mooi hübsch, dooien tauen;

c) *ūj*: koei Kuh, koeien Kühe:

d) *āw*: nur in der Interjektion miaauw;

e) *ēw*: leeuw Löwe, sneeuwen schneien;

f) *iw*: nieuw neu, kieuwen Kiemen.

V. Konsonanten.   Medeklinkers.

1. Lippenkonsonanten.

§ 15. **p.** Deutsches **p**, doch stets ohne Hauch. Schreibungen

1º **p**: paard Pferd, Pruisen Preußen;

2º **pp** nach kurzem Vokal: scheppen schöpfen, kloppen klopfen.

3º **b** im Auslaut: web Gewebe, ik heb ich habe.

§ 16. **b.** Deutsches **b.**   Schreibungen

1º **b**: brood Brot, buiten draußen;

2º **bb** im Inlaut nach kurzem Vokal: ebbe Ebbe, webbe Gewebe.

§ 17. **f.** Deutsches **f.**   Schreibungen

1º **f**: fraai schön, feest Fest;

2º **ff** im Inlaut nach kurzem Vokal: stoffen Stoffe, koffer Koffer;

3º **v** in veertig vierzig und vijftig fünfzig, wenn sie nicht mit einem vorangehenden Zahlwort verbunden sind;

4º **ph** besonders in griechischen Fremdwörtern: philosophie, philologie.

§ 18. **v.** Stimmhafter f-Laut (tönendes, weiches f). Deutsches **w** wie in **wohl** nach der norddeutschen Aussprache. Schreibung

v: van von, vader Vater.

§ 19. **w.** Deutsches **w** in Schwester, wird aber gebildet zwischen der Unterlippe und den Oberzähnen. Schreibungen

1°. **w**: wel wohl, water Wasser;

2°. **u** in der Verbindung qu (nur in Fremdwörtern): quadraat, quartet.

Anmerkung. Bei der Bildung des w-Lautes findet eine leichtere Reibung zwischen den Oberzähnen und der Unterlippe statt als bei der Bildung des v-Lautes. Der geringe Unterschied zwischen diesen beiden Lauten, nur hervorgebracht durch den kräftigeren Luftstrom beim v-Laute, veranlaßt manchmal eine Verwechslung der beiden Laute, besonders vor r; so hört man: vreed statt wreed, vreken statt wreken u. s. w.

§ 20. **m.** Deutsches **m.** Schreibungen

1°. **m**: maar aber, moeder Mutter;

2°. **mm** inlautend nach kurzem Vokal: zwemmen schwimmen, stemmen Stimmen.

2. Zahnkonsonanten.

§ 21. **t.** Deutsches **t**, doch stets ohne Hauch. Schreibungen

1°. **t**: tot zu, ton Tonne;

2°. **tt** inlautend nach kurzem Vokal: zetten setzen, botten Knochen;

3°. **d** im Auslaut: land Land, ik wed ich wette.

§ 22. **d.** Deutsches **d.** Schreibungen

1°. **d**: door durch, dag Tag;

2°. **dd** inlautend nach kurzem Vokal: wedden wetten, redding Rettung.

§ 23. **s.** Deutsches **s** in List, oder **ss** in Kasse, oder **ß** in naß. Schreibungen

1°. **s**: soort Sorte, laars Stiefel, spel Spiel, snel schnell;

2°. **ss** inlautend nach kurzem Vokal: wassen wachsen, dassen Dachse;

3°. **sch** im In= und Auslaut, auch vor Biegungs= oder Ableitungssilben: mensch Mensch, menschen Menschen, eischen fordern, geëischt gefordert;

4°. **ssch** im Inlaut: visschen (S. visch) Fische, flesschen (S. flesch) Flaschen;

5°. **z** in zestig sechzig und zeventig siebzig, auch wenn ein anderes Zahlwort vorangeht, z. B. eenenzestig, tweeenzeventig u. s. w.;

6°. **c** in (lateinischen) Fremdwörtern vor e, i, ij, y: cent, cipier, cijfer, cylinder;

7°. **t** vor i in (lat.) Fremdwörtern: natie Nation, politie Polizei; hier wird häufig ts statt s gehört.

Die Lautverbindung *sg*, das g wie in **Tage** (Norddeutsch) wird geschrieben *sch:* school Schule, schoon schön; sie kommt nur im Anlaut echt niederländischer Wörter vor und fehlt im Deutschen. Vgl. die westfälische Aussprache des sch z. B. in **Schinken**.

Außer *ks* (wie in heks Hexe) wird diese Lautverbindung noch geschrieben x in Fremdwörtern: Index, Alexander.

§ 24. **z.** Deutsches s in **so.** Schreibung

z nur im Anlaut und im Inlaut nach langem Vokal: zoo so, zee See, lazen lasen, reizen reisen.

§ 25. **sch.** Deutsches **sch.** Fehlt in echt ndl. Wörtern. Schreibungen

1°. **sch**: schako, schacheren;

2°. **sj**: sjaal, sjees;

3°. **ch**: chef, charmant.

Anmerkung. Das ndl. *s* in *sp*, *st* oder *sch* stellt also, wie aus obigem hervorgeht, niemals den deutschen sch-Laut dar.

§ 26. **j, g** als stimmhafter breiter Zahnreibelaut kommt in echt ndl. (oder deutschen) Wörtern nicht vor. Schreibungen

1°. **j** in (frz.) Fremdwörtern: journaal;

2°. **g** in (frz.) Fremdwörtern: sergeant;

3°. **ge** in der Endung *age*: vrijage Freierei.

§ 27. **l.** Deutsches l. Schreibungen

1°. **l**: laat spät, val Fall;

2°. **ll** inlautend nach kurzem Vokal: vallen fallen, vallei Ebene.

§ 28. **n.** Deutsches **n.** Schreibungen

1°. **n**: nooit nie, man Mann;

2°. **nn** inl. nach kurzem Vokal: spannen spannen, verbanning Verbannung.

§ 29. **r.** Deutsches **r.** Schreibungen

1°. **r**: rad Rad, kar Karren;

2°. **rr** inl. nach kurzem Vokal: karren Karren, sarren reizen;

3°. **rh, rrh** in (griechischen) Fremdwörtern: rhythmus, diarrhee.

Anmerkung. Das Zungen=r ist im Ndl. als das muster=
giltige zu betrachten, obgleich es manchmal durch das Zäpfchen=r
ersetzt wird.

„Zu den weiteren Gaumenkonsonanten gehört auch der g-Laut,
welchen man oft hört von solchen, die das r nicht aussprechen können,
wie in brug, park u. s. w." Roorda. S. 50.

3. Gaumenkonsonanten.

§ 30. **k.** Deutsches **k**, stets ohne Hauch. Schreibungen

1º **k**: kaal kahl, dik dick;

2º **kk** inl. nach kurzem Vokal: dekken decken, zakken
Taschen;

in Fremdwörtern

3º **c** vor a, o, u, au, ou: casino, codex, curiositeit,
cautie, coupon;

4º **cc** im Inlaut: accusatief, accuraat;

5º **ch**: christen Christ, Christiaan;

6º **q(u)**, siehe **w**: quadraat, quartet.

§ 31. **g** als stimmhafter Gaumenverschlußlaut, wie in **gut,**
kommt im Ndl. nur ausnahmsweise vor. Schreibung

k vor b, d: bakboord Backbord, likdoorn Leichdorn, ik ben
ich bin, ik doe ich thue.

§ 32. **ng.** Deutsches **ng.** Wie im Deutschen kommt der
Laut nicht im Anlaut und sonst nur nach kurzem Vokal vor.
Schreibungen

ng: lang lang(e), zingen singen.

§ 33. **nk.** Deutsches **nk**: koninkje = Diminutiv von
koning König.

§ 34. **j.** Ungefähr deutsches **j** in **ja.** Das ndl. j ist ein
deutlicher Reibelaut und wird am mittleren Gaumen hervor=
gebracht, also nicht am Vordergaumen wie das deutsche j.
Schreibung

1º **j** in echt ndl. Wörtern nur im Anlaut: ja ja, jas Rock;
in Fremdwörtern, auch im Inlaut: majoor;

2º **i** im Inlaut und Auslaut: draaien drehen, draai
Drehung; s. § 14.

3º **y** in Fremdwörtern: loyaal, royaal;

4º in Verbindungen außer **lj** (biljet) und **nj** (karonje);
gn: lorgnet;
ll: quadrilleeren.

§ 35. **g** als stimmhafter (weicher) Hintergaumenreibelaut. Deutsches **g** in **Lage.** Schreibungen

     1°. **g** im Anlaut und vor d im Inlaut: gehoor Gehör, gaan gehen, deugden Tugenden;

     2°. **gg** im Inlaut nach kurzem Vokal: liggen liegen, leggen legen.

Über **g** in der Verbindung **sg** siehe **s.**

§ 36. **g** als stimmloser (harter) Hintergaumenreibelaut. Deutscher **ach**-Laut in **Lag, ach.** Schreibungen

     1°. **g** a) im Inlaut: lagen lagen, wegen Wege;

              b) im Auslaut: dag Tag, lag lag;

              c) vor t, s und auslautendem d (= t): zegt sagt, des wegs des Wegs, deugd Tugend;

              d) in Zusammensetzungen vor f, h, k, p, s, t und vor g, v, z (= ch, f, s): daggeld Tagelohn, dagvaarden vorladen, voegzaam schicklich.

     2°. **ch** im Inlaut und vor t: lachen lachen, slecht schlecht, chloor, chemie.

In echt ndl. Wörtern wird der **ach**-Laut vor t immer *ch* geschrieben, ausgenommen

     a) vor dem Konjugations-t: hij ligt (liggen);

     b) vor der Endung —te: hoogte Höhe.

4. Kehlkopfverschluß- und h-Laut.

§ 37. Der Kehlkopfverschlußlaut geht im Ndl. wie im Deutschen allen starkbetonten Anlautvokalen voraus. In der gebräuchlichen Orthographie wird er nicht ausgedrückt (Bezeichnung '): 'alle, 'over. In der Zusammensetzung geht dieser Laut im Ndl. meistens verloren, z. B. in overal, vereeniging wird r mit dem nachfolgenden Vokal verbunden: ove(r)-ral, ve(r)-reeniging.

§ 38. Der **h**-Laut. Deutsches **h** in **haben.** Schreibung

h: hebben haben, gehoor Gehör.

B. Die Buchstaben und ihre ndl. Lautwerte.

§ 39. Die ndl. Sprache bedient sich derselben Buchstaben, welche im Deutschen gebraucht werden; außerdem des ij statt ii.

Die Benennung dieser Buchstaben weicht in folgenden Fällen ab:

C, c = szē (*ss* = ß); *G, g* = gē (ᶎ in Tage); *IJ, ij* = äi;
J, j = jē; *Q, q* = kü; *U, u* = ü; *V, v* = wē (nordd. w);
W, wē = w in Schwester; *X, x* = Ix; *Y, y* = Ipsilŏn;
Z, z = sĕt.

Schreibung und Lautwert.

§ 40. Betonte Vokale sind kurz in geschlossener Silbe: tŏt zu; vgl. tot dood.

§ 41. Betonte Vokale sind lang in offener Silbe: ja ja, da-gen Tage; auch in geschlossener Silbe, wo die Länge stets durch besondere Schreibung angedeutet wird: jaar Jahre, zoon Sohn, meer mehr, bier Bier, drie drei.

§ 42. Der Konsonant nach einem kurzen Vokal wird doppelt geschrieben vor einer vokalisch anlautenden Silbe eines nicht zusammengesetzten Wortes: stop Stopf, stoppen; les Lektion, lessen.

§ 43. Die Verdoppelung unterbleibt:

a) in Zusammensetzungen: katuil Kauz, bakoven Backofen,

b) vor den Endungen —aard, —achtig: lafaard Feigling, schrikachtig schreckhaft.

§ 44. **ch** wird nie verdoppelt, der vorhergehende Vokal ist fast immer kurz.

§ 45. Die Fremdwörter folgen den ndl. Regeln der Schreibung, wenn sie als gänzlich eingebürgert betrachtet werden, sonst behalten sie meistens die fremde Schreibung.

§ 46. **a.**

1) Langer **a**-Laut in offener Silbe: ja, waren.

2) Kurzes **a** in geschlossener Silbe: wat was, pannen Pfannen; auch vor **ch**: lachen, kachel Ofen.

Ausnahme: langes **a** im Namen Rachel.

§ 47. **aa.**

Langer **a**-Laut, nur in geschlossener Silbe: gaar gar (Adj.), waar wahr.

Ausnahme: **aa** in offener Silbe in Diminutiva: păpā — papaatje, sla Salat — slaatje.

§ 48. **aai.**

Langes **a** mit nachklingendem j: draai, draaien = dräjen.

§ 49. **aau.**

Langes **a** mit nachklingendem **w**, nur in der Interjektion miaauw.

§ 50. ae.

1) Langer e-Laut in offener Silbe, nur in Fremdwörtern: aether, aequator.

2) Kurzer e-Laut in geschlossener Silbe, nur in Fremdwörtern: aesculaap, aesthetiek.

§ 51. aë.

Betontes a und betontes e in Fremdwörtern: aërometer, aëronaut.

§ 52. ai.

Deutsches ai in **Mai,** nur in der Interjektion **ai.**

§ 53. am.

1) Ndl. Aussprache in eingebürgerten Fremdwörtern: champagne (= *chámpanje*), champignon (= *schámpinjon*).

2) Frz. Aussprache: chambre garnie, champêtre.

§ 54. an.

Frz. Aussprache: changement à vue, changeeren.

§ 55. au.

1) Diphthong **ou** in echt ndl. Wörtern, in denen immer **auw** geschrieben wird; ferner in den ndl. gewordenen Lehnwörtern: blauw blau, gauw rasch; saus Sauce, paus Papst.

2) Frz. Aussprache, d. h. langes geschlossenes o, z. B. in saucijs (Wurst), sauveeren retten.

§ 56. b.

1) Stimmh. Lippenverschlußlaut **b** im Anlaut: baan Bahn, bier Bier.

2) Stimml. Lippenverschlußlaut **p** im Auslaut: eb Ebbe, web Gewebe.

§ 57. bb.

Stimmh. Lippenverschlußlaut **b**: ebbe, tobbe Zuber, Kübel.

§ 58. c.

1) Wie ß in reißen (frz. ç) vor den vorderen Vokalen e, i, ij, y, nur in Fremdwörtern: cent Cent, cipier Kerkermeister, cijfer Ziffer, Cycloop Cyklop.

2) Wie k vor den hinteren Vokalen und im Auslaut: classicaal, conservatief, securiteit, tracteeren, October, octaaf.

§ 59. cc.

1) Wie deutsches kß, vor vorderen Vokalen: accent, accijns.

2) Wie **k** vor hinteren Vokalen: acclamatie, (= *ăkklămăszie*), accuraat.

§ 60. ch.

1) Wie deutsches **ch** in **ach**, in allen ndl. Wörtern: wachten warten, recht Recht (oder grade), licht Licht (oder leicht), pochen großthun, kuchen hüfteln.

2) = **sch** (frz. ch in charmant) in Fremdwörtern: chocolade, chef, champagne, China, chiruurg, chicaneeren.

3) = **k** im Anlaut einiger Fremdwörter: christen, chrestomathie, chronologie.

4) = **g** in **Lage** in der Verbindung **sch** im Anlaut: school (= *sgool*) Schule, schrijven (= *sgräiven*) schreiben·

5) Stumm in der Verbindung **sch** im Inlaut und Auslaut: visch (= *visz*) Fisch, mensch (= *mensz*) Mensch, eischen (= *äiszen*) fordern; daher in den Mehrzahlsformen Verdoppelung des **s**, wenn ein kurzer Vokal unmittelbar vorangeht: visschen, flesschen.

§ 61. d.

1) Stimmh. Zahnverschlußlaut **d** im Anlaut und Inlaut: daar da, raden raten.

2) Stimml. Zahnverschlußlaut **t** a) im Auslaut: hand, rad; b) vor s: loods Lotse, gids Führer, smidse Schmiede; c) vor dem Genitiv-s: des gemoeds des Gemüts, des lands des Landes, veel goeds viel Gutes; d) vor der Endung —sel: raadsel Rätsel.

§ 62. dd.

Soviel wie **d**: kladden klecksen, redden retten.

§ 63. e.

1) Langer geschlossener **e**-Laut in betonter offener Silbe: a) in allen starken Zeitwörtern und deren Ableitungen: geven geben, nemen nehmen, zetel (von zitten) Sessel; b) in Wörtern, deren Vokal in anverwandten ndl. oder deutschen Wörtern einem ĕ, a oder i (ie) entspricht: mede — *met* mit, weder — Wetter, edel — *adel* edel, vezel — Faser, snede — Schnitt, bete — Biß; c) in den meisten Wörtern, welche romanischen Sprachen entnommen sind: leveren — frz. livrer liefern, peren — lat. pirum Birne; d) im Plural der Endung —heid (= —heden): dwaasheid Thorheit, *dwaasheden*; bijzonderheid Einzelheit *bijzonderheden*.

2) Kurzer offener e-Laut in geschlossener Silbe: met mit,
gek Geck, zetten setzen; auch vor **ch**: echo, Mechelen (Stadt).

3) Gemischter Vokal (= ə) in den unbetonten Vorsilben be—
und ge—, sowie in den Ableitungssilben —e, —el, —em, —en,
—er, —es: begaan begehen, gedaan gethan, einde Ende,
lepel Löffel, adem Atem, loopen laufen, vader Vater, dreumes
Knirps; sowie in Wörtchen ohne eigene Betonung: de, den, 'n
(= *een, eene*), 'm (= *hem*), me (= *mij*), ze (= *zij*).

§ 64. ee.

Stets langer e-Laut: 1? in geschlossener Silbe: deel Teil,
keer Mal; 2? in offener Silbe a) als Auslaut einsilbiger Wörter: zee See, thee Thee; b) in Wörtern, deren Vokal einem
deutschen **ei**—**ai** oder einem engl. **o**—**oa** entspricht: geene keine,
weezen Waisen, steenen — stone (Steine), inzeepen — soap
(einseifen); c) in Wörtern, in denen ein d ausgestoßen wurde:
leege — ledige leere, veeren — vederen Federn; d) in den
Endungen: —eelen, —eeren, —eesche, —eeze: kasteelen
Schlösser, regeeren regieren, Europeesche europäische, Chineezen
Chinesen.

§ 65. ei.

Diphthong **ai**: a) in Wörtern, welche anverwandte Formen
mit ē haben: klein — kleen klein, scheiden — scheede scheiden;
b) in Wörtern, welche eine andere Form mit **ag** oder **eg** haben:
dweil — dwegel Kehrwisch, peil — pegel Pegel, zeil — zegel
Segel, meid — maagd Magd, zeide — zegde sagte: c) in
Wörtern, die aus dem Frz. entlehnt sind: pastei — pâté,
majesteit — majesté, feit — fait, paleis — palais; ausgenommen sind alle Wörter, welche im Frz. **i** haben, siehe **ij**.

§ 66. ëi.

Langes betontes **e** mit kurzem unbetonten **i**: athëist (= atĕ-Ist).

§ 67. eu.

Langer geschlossener ö-Laut in offener Silbe: deugen taugen,
Leuven Löwen (Stadt); auch in frz. Fremdwörtern: adieu,
redacteur.

§ 68. eeu.

Langer geschlossener e-Laut mit nachklingendem w, welches stets
geschrieben wird: leeuw (= *lēw*) Löwe, sneeuw (= *snēw*)
Schnee.

§ 69. f.

Stimml. Zahnlippenreibelaut **f**: fraai hübsch, braaf brav.

§ 70. **ff.**

Wie **f**: blaffen bellen, stoffen stieben.

§ 71. **g.**

1) Stimmhafter Hintergaumenreibelaut **g**

    a) im Anlaut: gaan gehen, geven geben;

    b) vor d mit nachfolgendem Vokal: deugden Tugenden jeugdig jugendlich;

    c) in der Verbindung **sch** im Anlaut, siehe **ch**.

2) Stimmloser Hintergaumenreibelaut **ch**

    a) im Auslaut: dag Tag, haag Hag, wig Keil, oog Auge;

    b) vor t, s und auslautendem d (= t): zegt sagt, des oogs des Auges, deugd Tugend.

    c) in Zusammensetzungen vor f, h, k, p, s, t und vor g, v, z, (welche dann auch den scharfen Laut darstellen): wegfrommelen verstecken, waaghals Wagehals, legkaart Geduldspiel, vraagpunt Fragepunkt, vraagstuk Problem, vraagteeken Fragezeichen; daggeld Tagelohn, dagvaarden vorladen, voegzaam schicklich;

    d) vor der Endung —lijk, z. B. heuglijk erfreulich, behaaglijk behaglich, ontzaglijk gewaltig.

§ 72. **g(e).**

Stimmh. breiter Zischlaut (= frz. *j* in journal) in Wörtern mit der fremden Endung —age: vrijage Freierei; und in den Fremdwörtern horloge Uhr, genie Genie, logement Gasthaus, sergeant Unteroffizier u. e. a.

§ 73. **gg.**

Wie **g** in Tage: liggen liegen, zeggen sagen.

§ 74. **gn.**

1) Wie **g** in Tage und n in eingebürgerten Fremdwörtern: magneet Magnet.

2) Wie **nj** in (frz.) Fremdwörtern: lorgnet (= *lornjet*) Kneifer, Mignon (= *minjon*).

§ 75. **h.**

1) Hauchlaut, außer in der Verbindung **ch**, nur im Anlaut: hooren hören, gehoor Gehör.

Als Dehnzeichen kommt h im Ndl. nicht vor.

2) Stumm in den ndl. Wörtern: thans (= *te hande*) jetzt, althans (= *al te hande*) wenigstens und thuis (= *te huis*) daheim.

§ 76. **i.**

1) Langer geschlossener i-Laut

    a) in betonter offener Silbe, nur in Fremdwörtern und Namen: ivoor Elfenbein, Mina Wilhelmine, fabrikant;

    b) in der Endung —isch: Russisch russisch;

    c) im Auslaut: Januari Januar, Juni Juni.

2) Kurzes i (= *I*) wie im englischen Worte **in** in geschlossener Silbe: in in, dit dieses, zitten sitzen; auch vor **ch**: lichaam Körper.

Ausnahme: Langes i vor **ch**: in Michiel Michel.

3) Unbetonter i-Laut (= ǝ) vor k, g, ng: perzik Pfirsich, levendig lebendig, koning König (siehe § 9).

§ 77. **ie.**

1) Langes i wie in **mir**, nur vor **r**: dier Tier, vier vier; verkürzt vor anderen Konsonanten oder im Auslaut: dief Dieb, die jene.

2) Kurzes i wie in **mit**; in Fremdwörtern: bandiet Räuber, failliet zahlungsunfähig.

§ 78. **ië.**

Wie deutsches **ie** in **Familie**

    a) in einigen Fremdwörtern und geographischen Namen: coëfficiënt (= *kŏ-ĕf-fi-ci-ent*) Koeffizient, cliënt Kunde (eines Advokaten), Azië Asien, Italië Italien.

    b) im Plural aller Wörter mit auslautendem unbetonten Vokal: tralie (Gitter) — traliën, olie (Öl) — oliën; sowie im Plural aller Fremdwörter: declaratie (Erklärung) — declaratiën, diaconie — diaconieën.

§ 79. **ieë.**

ie = i in **mit**, ĕ = e in laufen, im Plural der Wörter mit auslautendem betonten Vokal: drie (drei) — drieën, knie (Knie) — knieën.

§ 80. **ieu.**

Wie **ie** (= i in mit) mit nachklingendem **w**, das stets geschrieben wird: nieuw (= *nĭw*) neu, kieuwen (= *kĭwen*) Kiemen.

§ 81. **ij** (= ii).

1) Wie **ai** (siehe **ei**)

    a) in den starken Zeitwörtern und deren Ableitungen: wrijven reiben, grijpen greifen, prijzen preisen, prijs Lob;

b) in allen Wörtern, deren Vokal einem frz. oder engl. i entspricht: magazijn — magasin, rozijn — raisin;

c) in der Endung —ij: voogdij Vormundschaft, plagerij Neckerei.

2) Wie i in **mir** im Worte bijzonder besonders.

3) Unbestimmter i-Laut (ə)

a) in den unbetonten Pronomen mijn, zijn;

b) im Suffix —lijk (—lijks, lijksch): leelijk häßlich, dagelijks (adv.) täglich, jaarlijksch (adj.) alljährlich.

§ 82. **j.**

1) Ungefähr wie **j** in **Jahr** (s. § 34) in ndl. Wörtern und in ndl. gewordenen Fremdwörtern (lj = frz. *ll*): jaar Jahr, jagen jagen; biljet Billet, postiljon Postillion.

2) Wie frz. *j* in (frz.) Fremdwörtern: journal Journal, dejeuneeren frühstücken.

§ 83. **k.**

1) Wie deutsches **k** in **kahl** (ohne Hauch): kaal kahl, raken treffen.

2) Wie **g** in **gut** vor b, d: bakboord Backbord, likdoorn Leichdorn, ik ben ich bin, ik doe ich thue.

§ 84. **kk.**

Regelmäßig **k**-Laut: hakken hacken, wekken wecken.

§ 85. **kw.**

Wie **qu** in **Qual**, in ndl. gewordenen Fremdwörtern: kwartaal Quartal, inkwartieren einquartieren.

§ 86. **l.**

Wie **l** in **lassen**: laten lassen, helpen helfen. Wenn in derselben Silbe hinter dem l ein andere Konsonant nachfolgt, tritt meistens ein flüchtig gesprochener tonloser Vokal ein, z. B. melk = *mell(ə)k* Milch, elk = *ell(ə)k* jeder; daher bei den Zeitwörtern —elen, —eren, wo man im Deutschen **eln, ern** spricht und schreibt, z. B. wandelen wandeln, verbeteren verbessern.

§ 87. **ll.**

1) Regelmäßig l-Laut in ndl. Wörtern: spellen buchstabieren, rollen rollen.

2) wie **lj** in (frz.) Fremdwörtern: quadrilleeren (= *kadriljeren*); vgl. **j.**

2 *

§ 88. m.

Wie m in man: men man, man Mann, adem Atem, psalm Psalm.

§ 89. mm.

Stets m-Laut: kammen kämmen, lammeren Lämmer.

§ 90. n.

1) Wie n in nie: nooit nie, naast neben, laan Allee, gaan gehen.

2) Stumm im Auslaut nach unbetontem e in der gebildeten Aussprache der holländischen Provinzen: loopen (laufen) = *loope*, de boeken (die Bücher) = *de boeke*, ze verkoopen zeven houten huizen = *ze verkoope zeve houte huize* sie verkaufen sieben hölzerne Häuser. In den nördlichen Provinzen (Groningen und Friesland) wird meistens das e dieser Endung stumm und es entsteht dann ein Nasalkonsonant, welcher dem m-Laut ähnlich ist: eten (essen) = *ētm*, loopen = *lōpm*; (vgl. Paul, Prinzipien der Sprachgeschichte, 2. Aufl., S. 48).

§ 91. ng.

Wie ng in singen: zingen singen, bang bang.

§ 92. nj.

n = n in von, j = j in jaar gehört zur zweiten Silbe, nur in ndl. gewordenen Fremdwörtern: karonje — frz. carogne.

§ 93. nk.

Wie nk in danken: slank schlank, vonkelen funkeln; in Diminutiven aus ng entstanden: koning — koninkje, koninklijk; woning (Wohnung) — woninkje.

§ 94. nn.

Stets n-Laut: kunnen können, gewennen gewöhnen.

§ 95. o.

1) Langer o-Laut in offener Silbe, wie o in so

   a) in den starken Zeitwörtern (ausgenommen loopen laufen und stooten stoßen): komen kommen, gezworen geschworen;

   b) in Wörtern, deren Vokal einem deutschen u, ü, oder einem englischen o, oa entspricht: boter Butter, over über, oven — (engl.) oven Backofen, kolen — coal Kohlen;

   c) in Wörtern, deren Vokal einem deutschen ö entspricht: hopen hoffen, koren Korn, voren vorn;

d) in faſt allen Wörtern, welche den romaniſchen Sprachen entnommen ſind: de kantoren (S. het kantoor), frz. comptoir; de perſonen (S. de perſoon), La= teiniſch persona.

2) Kurzer o-Laut (ŏ¹) in geſchloſſener Silbe, wie o in **ob**: kop Kopf; ſ. § 3, b.

3) Kurzer o-Laut (ŏ²) in geſchloſſener Silbe, ungefähr wie o im frz. Worte hombre: op auf; ſ. § 3, c.

§ 96. oe.

1) Langer gedehnter u-Laut vor r, etwas länger als u in **nur**: boer Bauer, voeren führen.

2) Kurzer u-Laut wie u in **ducken,** ſtets ausgenommen vor r: doeken Tücher, vroeg früh, doe thu.

§ 97. oei.

Langer u-Laut mit nachklingendem j: bloei Blüte, groeien wachſen.

§ 98. oo.

Stets langer o-Laut

1) in geſchloſſener Silbe: groot groß, boot Boot.

2) in offener Silbe und zwar

a) in Wörtern, deren Vokale einem deutſchen **au** oder einem engl. ea entſpricht: boom — Baum, oor(en) — engl. ear(s) Ohr(en), koopen — kaufen, loopen — laufen.

b) in Wörtern, in denen ein **d** ausgefallen iſt: boom (bodem) Boden, oolijk (oodelijk) pfiffig;

c) ſtets im Auslaut der Wörter: stroo Stroh, zoo ſo, vroolijk (vom verloren gegangenen vroo froh);

d) in der Endung —loos, —looze: eerloos ehrlos, de eerlooze; goddeloos gottlos, de goddelooze.

§ 99. ooi.

Langer o-Laut mit nachklingendem j: mooi ſchön, dooien auftauen.

§ 100. ou.

1) Diphthong **ou** in echt ndl. Wörtern: vrouw Frau, mouw Ärmel.

2) Frz. Ausſprache, d. h. u-Laut in Fremdwörtern: douche, toucheeren.

§ 101. **p.**

Wie p in **Paar** (ohne Hauch): paard Pferd, roepen rufen.

§ 102. **ph.**

Stets f-Laut in Fremdwörtern; im Auslaut kommt ph nicht vor: photograaf, philosoof, philosophie, telegraphisch.

§ 103. **pp.**

Wie **p**: stappen stapfen, kapper Coiffeur.

§ 104. **qu.**

1) Wie **q** in quadrille, quadrilleeren.

2) Wie **kw** in fast allen Fremdwörtern; vgl. **kw**: quartet, quitantie Quittung.

§ 105. **r.**

Wie r in **rot**: rood rot, rot faul, deur Thür.

§ 106. **rh, rrh.**

Wie **r**, nur in Fremdwörtern: rhythmus, rhetorisch; catarrhe, catarrhaal.

§ 107. **rr.**

Stets r-Laut: sarren reizen, karren (*P.* von kar) Karren.

§ 108. **s.**

Wie ß in **reißen**: soort Sorte, soldaat Soldat, vos Fuchs, laars Stiefel, spel Spiel, snel schnell, stoel Stuhl. Vor einem Vokal steht in echt ndl. Wörtern selten, vor w nie s (siehe z.)

§ 109. **sch.**

1) Wie **sg** im Anlaut: school Schule, scheef schief.

2) Wie ß im Inlaut und Auslaut, sowie vor Deklinations= oder Ableitungssilben: visch Fisch, vleesch Fleisch, eischen fordern, geëischt gefordert.

sch (= ß) steht als Auslaut: a) bei allen Wörtern, die im Deutschen mit sch geschrieben werden, so mensch, visch; b) bei allen Adjektiven mit dem ß-Laut, z. B. trotsch stolz, schuinsch schräg; ausgenommen in: bits spitzig, dras sumpfig, dwars quer, flets matt, gewis (wis) gewiß, kras stark, los los, paars violett, ros rötlich, spits spitz.

3) Wie sch in **schon**, in Fremdwörtern: schako, schabrak, schacheren.

§ 110. **sh.**

Wie sch in **schon**, in (engl.) Fremdwörtern: shilling, sherif.

§ 111. **sj.**

Ebenso, in ndl. gewordenen Fremdwörtern: sjaal — Engl. shawl; sjees — Frz. chaise.

§ 112. ss.

Stets ſ-Laut: wassen wachſen, rossen Roſſe.

§ 113. ssch.

Ebenſo (ch iſt ſtumm): visch — visschen Fiſche, flesch — flesschen Flaſchen, blusschen löſchen, wasschen waſchen.

§ 114. t.

1) Wie t in tot (ohne Hauch): tot zu, rat Ratte, ratelen raſſeln.

2) Wie s (auch wohl ts) in Fremdwörtern: natie, politie.

§ 115. th.

Wie t, nur in Fremdwörtern: theoloog, theorie. Das Wort thuis daheim iſt eine Zuſammenziehung von te huis zu Hauſe.

§ 116. tt.

Stets t-Laut: opletten achtgeben, zetten ſetzen.

§ 117. u.

1) Langer ü-Laut wie in für in offener Silbe: vuren Feuer, uren Stunden.

2) Wie w in Schweſter in der Verbindung qu, ſiehe dort.

3) Unbeſtimmter ü-Laut (ə) in der unbetonten Endſilbe um: Dokkum, Gorkum (Städtenamen).

§ 118. ui.

Diphthong, im Deutſchen nur mundartlich ſtatt oi in Teufel: lui faul, vuil ſchmutzig, huis Haus.

§ 119. uu.

Langer (gedehnter) ü-Laut, etwas länger als ü in für, nur in geſchloſſener Silbe: vuur Feuer, uur Stunde.

§ 120. v.

1) Stimmhafter f-Laut, deutſches w in wohl nach der nord-deutſchen Ausſprache; ſteht nur im An- und Inlaut: varen fahren, leven leben.

2) Wie f in fallen in veertig vierzig und vijftig fünfzig; aber eenenveertig, tweeenvijftig u. ſ. w. mit ſtimmh. f-Laut.

§ 121. w.

Wie w in Schweſter: waar Ware, wreed grauſam, trouw treu, trouwen heiraten.

§ 122. wh.

Ebenso, nur in (engl.) Fremdwörtern: whist, whister.

§ 123. x.

Wie **ks**, nur in Fremdwörtern und Namen: index, Alexander, Xantippe.

§ 124. y.

1) Langer **i**-Laut in offener Silbe nur in Fremdwörtern und Eigennamen: lyrisch, Cyrus.

2) Kurzer **i**-Laut in geschlossener Silbe in Fremdwörtern und Eigennamen: symbool, syntaxis, Egypte.

§ 125. z.

1) Wie ſ in ſo, vor einem Vokal und vor w in echt ndl. Wörtern: zoo ſo, zee See, lezen leſen, deze dieſer, zwaar ſchwer, zwijn Schwein.

2) Wie ß in zestig ſechzig, zeventig ſiebzig; auch in eenenzestig, tweeenzestig u. ſ. w.; aber zes, zeven, zestien, zeventien, zestal, zevental u. ſ. w. mit **z**-Laut.

C. Die ndl. Wortbetonung.

I. Echt ndl. Wörter.

1. Allgemeine Regeln.

§ 126. Im einfachen Worte hat die Stammſilbe als wichtigſte Silbe den Haupton. Sie iſt die erſte Silbe des Wortes, z. B. spél Spiel, spélen ſpielen, spéler Spieler, spéling Spielung.

Ausgenommen ſind:

1°. alle Feminina auf —**in**: vriendín Freundin, leeuwín Löwin;

2°. die ndl. Wörter mit fremden Endungen, z. B.

—**age**: bosscháge Wäldchen, pakkáge (pákken) Gepäck;

—**eel**: tonéel Bühne, houwéel Reuthaue;

eeren: waardéeren ſchätzen, halvéeren halbieren;

— **es**: leerarés Lehrerin, zangerés Sängerin;

—**ier**: tuinier Gärtner, herbergier (hérberg) Wirt;

—**ij**: voogdíj Vormundſchaft, bakkeríj (bákker) Bäckerei;

—**ist**: bloemist Blumiſt, klokkenist Glöckner;

—**ment**: dreigemént (dréigen) Drohung;

—**teit**: flauwitéit Abgeſchmacktheit;

—**uur**: kwetsúur (kwétsen) Verletzung.

2. Substantiva.

§ 127. Die Betonung der Substantiva mit Vor- oder Nachsilben stimmt im Allgemeinen mit dem Deutschen überein, z. B. íngang Eingang, ónderwijs Unterricht, ómslag Umschlag, óngeval Unfall.

§ 128. Bei den Substantiven, welche außer der Vorsilbe noch eine Nachsilbe haben, nähert der Ton sich häufig der Nachsilbe, vgl.: ónrijp — onríjpheid unreif — Unreifheit, ónwaar — onwáarheid unwahr — Unwahrheit, róekeloos — roekelóosheid ruchlos — Ruchlosigkeit, nákomen — nakómeling nachkommen — Nachkomme, verántwoorden — verantwóordelijkheid verantworten — Verantwortlichkeit.

§ 129. Unbetont sind wie im Deutschen die Vorsilben **be—, er—, ge—, her—, ont—, ver—**; z. B. belóop Verlauf, erváring Erfahrung, gedúld Geduld, herínnering Erinnerung, ontháal Empfang, verlíes Verlust; aber hérkomst Herkunft.

§ 130. In den Zusammensetzungen mit einem Substantiv, Adjektiv oder Verb hat das Bestimmungswort in der Regel den Nachdruck; es geht meistens dem Grundwort voran; z. B. kérkdeur Kirchthüre, schóolboek Schulbuch, ráadhuis (aber stadhúis Rathaus.

Eine falsche Betonung haben daher brékespel Spielverderber und stókebrand Störenfried, wo das zweite Glied das Bestimmungswort ist.

Ausnahmen. Das zweite Glied der Zusammensetzung hat den Hauptton:

a) in Zusammenschiebungen wie hoogeschóol (= de hooge school) Universität, hoogepríester (= de hooge priester) Hohepriester, wo das Adjektiv den schwächeren Ton hat; so auch hoogléeraar Professor;

b) in geographischen Namen (ohne feste Regel), z. B. Amsterdám, Rotterdám, Schiedám, 's-Gravenháge, Wormervéer, Hannóver, Enkhúizen (aber Zévenhuizen), Geertruidenbérg 's-Heerenbérg (aber Driebergen); vgl. auch het Hoogdúitsch das Hochdeutsch und het Néderduitsch das Niederdeutsch (ehemals statt nederlandsch gebräuchlich); aber Hóogduitsche werken.

c) in Bezeichnungen von Festtagen, wie: Aschwóensdag Aschermittwoch, Allerzíelen Allerseelentag, Allerhéiligen Allerheiligen, Paaschmáandag Ostermontag, Palmzóndag Palmsonntag, Nieuwjáarsdag Neujahrstag;

d) in einigen Titeln und Berufsnamen, wie: burgeméester Bürgermeister, aber kérkmeester Kirchenvogt, groothértog Großherzog, vrijmétselaar Freimaurer, meesterknécht Großknecht, scheepstímmerman Schiffszimmermann.

3. Adjektiva.

§ 131. Die Betonung der Adjektiva weicht in manchen Fällen vom Deutschen ab, besonders bei den Adjektiven mit Vor- und Nachsilben.

§ 132. Die Vorsilbe **aarts**— verursacht eine schwebende Betonung, z. B. áartsdóm erzdumm, áartslúi erzfaul.

§ 133. **on**— wird wie im Deutschen betont, z. B. óntrouw untreu, ónrijp unreif, ónwaar unwahr; ausgenommen wenn das Adj. auch eine Nachsilbe hat, z. B. ondánkbaar undankbar, onbesténdig unbeständig, ongelúkkig unglücklich, onfatsóenlijk unanständig, onoverkómelijk unüberwindlich; so auch onáangenaam unangenehm.

§ 134. Ebenso mit **oor**—, z. B. óorsprong — oorsprónkelijk Ursprung — ursprünglich, óorzaak — oorzákelijk Ursache — ursächlich.

§ 135. Die Nachsilben ziehen meistens den Ton rückwärts, wie schon aus einigen der oben angeführten Beispiele hervorgeht; vgl.

—**achtig**: waaráchtig wahrhaft, deeláchtig teilhaftig, vreesáchtig furchtsam, woonáchtig seßhaft; wenn —**achtig** aber eine Übereinstimmung andeutet, hat es den Ton nicht, z. B. géelachtig gelblich, díefachtig diebisch, stéenachtig steinicht;

baar: óplossen auflösen — oplósbaar; ópeischen auffordern — opéischbaar; ópenbáar öffentlich hat als tautologische Zusammensetzung schwebenden Ton;

—**ig**: lévendig lebendig, aber:
    aandáchtig (áandacht) andächtig,
    achterdóchtig (áchterdocht) argwöhnisch,
    achterstállig rückständig,
    bijgelóovig (bíjgeloof) abergläubisch,
    bovenmátig übermäßig,
    edelmóedig edelmütig,
    eenstémmig einstimmig,
    goedhártig gutherzig,
    lichtzínnig leichtsinnig,
    nadéelig (nádeel) nachteilig,
    nalátig (nálaten) nachlässig,
    noodwéndig notwendig,
    ootmóedig (ootmoed) demütig,
    oppervlákkig (óppervlak) oberflächlich,
    opróerig (óproer) aufrührerisch,
    regelmátig (régelmaat) regelmäßig,

toevállig (tóeval) zufällig,
vijándig (vijand) feindlich,
voorbéeldig (vóorbeeld) musterhaft,
voordéelig (vóordeel) vorteilhaft,
voorspóedig (vóorspoed) glücklich,
weldádig (wéldaad) wohlthätig,
zorgvúldig sorgfältig;
so auch: armzálig armselig,
rampzálig unselig;

—**isch**: afgódisch (áfgod) abgöttisch;

—**lijk**: aandóenlijk (áandoen) empfindlich,
aanvánkelijk (áanvangen) anfänglich,
afhánkelijk (afhangen) abhängig,
afschúwelijk (áfschuw) abscheulich,
gemeenscháppelijk (geméenschap) gemeinschaftlich,
hertógelijk (hértog) herzoglich,
hoofdzákelijk (hóofdzaak) hauptsächlich,
oogenblikkelijk (óogenblik) augenblicklich,
opmérkelijk (ópmerken) auffallend,
ordéntelijk (órde) ordentlich,
toegánkelijk (tóegang) zugänglich,
uitdrúkkelijk (úitdrukken) ausdrücklich,
verantwóordelijk (ve[r]ántwoorden) verantwortlich,
vijándelijk (víjand) feindlich,
wanórdelijk (wánorde) unordentlich,
so auch waarschijnlijk wahrscheinlich,
wonderbáarlijk (wónderbaar) wunderbar;

—**loos**: nur goddelóos gottlos, aber oúderloos verwaist, éer-
loos ehrlos u. s. w.;

—**zaam**: arbéidzaam (árbeid) arbeitsam,
opmérkzaam (ópmerken) aufmerksam,
mededéelzaam freigebig.

Vgl. noch: alledáagsch alltäglich und voornáam vornehm.

§ 136. Die Partizipia der trennbar zusammengesetzten Verba
verlegen den Ton auf die zweite Silbe, wenn sie als Adjektiva gebraucht werden: vgl. folgende Part. mit den daneben-
stehenden Adjektiven:

áanhoudende, aanhóudend anhaltend,
áanwijzende, aanwíjzend hinweisend,
íngenomen, ingenómen (auch vooringenómenheid) eingenommen,
ínnemende, innémend herzgewinnend,
óploopende, oplóopend auffahrend,
óppassende, oppássend ordentlich,
uítmuntende, uitmúntend ausgezeichnet,

úitnemende, uitnémend vorzüglich,
wélsprekende, welsprékend beredt.

Als Partizipia haben diese Wörter den Ton und die Bedeutung des Zeitwortes, von dem sie gebildet sind.

4. Verba.

§ 137. Die Verben mit den Vorsilben **be—, ge—, ont—,
ver—, er—. her—** haben wie im Deutschen den Ton auf dem
Verbum, z. B. bewégen bewegen, geníeten genießen, ontvángen
empfangen, vergéven vergeben, erlángen erlangen, herínneren
erinnern.

§ 138. Die trennbar und untrennbar zusammengesetzten
Zeitwörter stimmen im Allgemeinen mit den deutschen überein,
wie wir später (in der 23. Lektion) sehen werden.

§ 139. Von den zusammengesetzten Zeitwörtern weichen
folgende von der deutschen Betonung ab:

a) aanbidden — ánbeten,   óvergeven — übergében,
   voorkómen — zuvórkommen,   óverlaten — überlássen,
   voorzéggen — vorhérsagen,   óverleveren — überliefern,
   voorzíen — vorhersehen,   óvermaken — übermáchen,
b) áchterblijven—hinterbléiben, óvernemen — übernéhmen,
   áfbreken — unterbréchen,   óverreiken — überréichen,
   nálaten — hinterlássen,   óverslaan — überschlágen, über-
   óverbrengen — überbringen,   géhen,
   óverdragen — übertrágen,   óverspringen — überspringen.

5. Partikeln.

§ 140. Zusammengesetzte Partikeln haben in der Regel den
Ton auf dem zweiten Glied, z. B. bergóp bergauf, bergáf
bergab, buitendíen außerdem, daardóor dadurch, hoewél ob-
schon, indíen wenn, intússchen unterdessen, kortáf und kortóm
kurz, niettemín nichtsdestoweniger, opdát damit, rechtsáf
rechts ab, ringsóm ringsum, vandáar daher, vanhíer von hier,
vanwáar woher, volóp vollauf, voortáan fortan, voorúit weiter;
— aber: nóchtans dennoch, vóormaals ehemals, so auch ná-
maals in hiernámaals im Jenseits.

II. Fremdwörter und Eigennamen.

1. Fremdwörter.

§ 141. Fremdwörter haben im Allgemeinen die fremde
Betonung.

§ 142. Die Wörter auf **—age, —eel, —es** und **—is,
—eur, —iek, —ier, —iet** haben den Ton auf der Endung,

z. B. bagáge Gepäck, plantáge Pflanzung, kanéel Zimmt, kastéel Schloß, prinsés Prinzessin, profétes Seherin, abdís Äbtissin, directéur Direktor, redactéur Redaktör, Katholíek Katholik, muzíek Musik, periodíek periodisch, polítíek politisch, officíer Offizier, koetsíer Kutscher, bandíet Bandit, favoríet Günstling.

§ 143. Die Wörter auf —ie haben entweder den Ton auf der Endung, wie: artillerie, genie, harmonie, phantasie, theorie; oder auf der vorletzten Silbe, wie in académie Universität, família Familie, kolónie Kolonie, lélie Lilie, relígie Religion, Unie Union; so auch die auf —tie, z. B. nátie Nation, revolútie Revolution, polítie Polizei.

§ 144. Die Wörter auf —ief haben meistens den Ton auf der ersten Silbe, z. B. nóminatief, ínfinitief, ádjectief, súbstantief.

§ 145. Bei den Wörtern auf —ica und —icus liegt der Ton auf der drittletzten Silbe, z. B. grammática Grammatik, phýsica Physik, lógica Logik; críticus Kritiker, grammáticus Grammatiker.

§ 146. Bei den Wörtern auf —or wechselt der Ton im Plural wie im Deutschen, z. B. dóktor — doktóren, réctor — rectóren.

§ 147. Als abweichend von der deutschen Betonung sind besonders zu merken:

álphabet	— Alphabét,	dozíjn	— Dützend,
ananás	— Ananas,	gentiáan	— Enzian,
avontúur	— Abenteuer,	harlekíjn	— Harlekin,
baldakíjn	— Báldachin,	individú	— Individuum,
banier	— Banner,	klimáat	— Klima,
carnavál	— Kárnaval,	oceáan	— Ozean,
charletán	— Chárlatan,	relíquie	— Reliquie,
cognác	— Kógnac,	siróop	— Sirup,
compás	— Kómpaß,	tabák	— Tabak.

2. Eigennamen.

§ 148. Die Eigennamen, sowie deren Abteilungen folgen im Allgemeinen den gewöhnlichen Regeln für die Betonung, z. B. Jákob, Ésau, Lúther, Dárwin, Darwiníst, Calviníst, Germaníst, Lutheráan.

§ 149. Als abweichend von der deutschen Betonung sind zu merken:

Amalié — Amálie,	Hongáar — Úngar,
Arabier — Áraber,	Hongaríje — Úngarn,
Augústus — Aúguſt,	Michiel — Míchel,
Benedíctus — Bénedict,	Moldávis — die Móldau,
Brábant — Brabánt,	Pommeráan — Pómmer,
Bulgáar — Búlgar,	Urbánus -- Úrban.

D. Große Anfangsbuchſtaben und Schriftzeichen.

§ 150. Mit großem Anfangsbuchſtaben (hoofdletter) werden geſchrieben:

1°. Alle Eigennamen; auch die vorangehenden, dazu gehörigen Artikel oder Präpoſitionen: Den Haag, Ten Brink, De Vries en Te Winkel. Steht aber der Artikel oder die Präpoſition zwiſchen dem Taufnamen und dem Familiennamen, ſo werden erſtere klein geſchrieben: Jan ten Brink, Matthias de Vries.

2°. Die zum Eigennamen gehörenden Adjektive: Willem de Eerste, de Stille Oceaan.

3°. Die von Eigennamen abgeleitete Adjektive: Duitsch, Fransch, Engelsch; auch die ſubſtantiviſch gebrauchten: het Duitsch, het Fransch, het Engelsch.

4°. Die Namen der Monate, Wochen= und Feſttage: December, Maandag, Paschen Oſtern, Goede Vrijdag Charfreitag.

5°. Die Titel: Mijnheer, Mevrouw, Mejuffrouw, Weledele Heer, Edelachtbare Heer, de Hooge Raad.

6°. Die als Eigennamen gebrauchten gemeinen Namen: de Kust van Guinea, de Zee van Marmora, de Koning, de Regeering, de Gemeenteraad, de Hoogere Burgerschool die Real= ſchule, wenn man mit dieſen Namen beſtimmte Perſonen oder Sachen andeuten will.

§ 151. Das Bindezeichen (het koppelteeken: -) wird ge= braucht:

1°. Wenn ein zu mehreren aufeinander folgenden Compoſitis gehörendes Wortglied nur einmal geſetzt wird: lees- en schrijf- boeken Leſebücher und Schreibhefte, stoom- en zeilbooten Dampfer und Segelboote.

2°. Wenn die Deutlichkeit der Schrift es erfordert: de ver- bindings-s das Verbindungs=s, het achtervoegsel -ster das Suffix -ster.

3°. Zur Verbindung von zwei zuſammengehörigen geographi= ſchen Adjektiven: de Fransch-Duitsche oorlog, de Engelsch- Russische vloot.

4°: Wenn ein Adjektiv mit einem Substantiv zu einem geographischen Namen verbunden ist: Noord-Holland, Zuid-Holland, West-Vlaanderen, de Beneden-Rijn, Voor-Indië. Bei den von diesen Namen abgeleiteten Adjektiven kommt der Bindestrich nicht vor: Noordhollandsch, Zuidhollandsch, Benedenrijnsch.

5°: Wenn ein geographischer Namen zur näheren Bestimmung dem Namen eines Produktes vorangeht: Manilla-sigaren, Menado-koffie, Russisch-zilver, Pruisisch-zuur.

6°: Zur Verbindung zweier Teile eines Titels, wenn ein Teil ein Fremdwort ist oder auch das ganze aus Fremdwörtern besteht: Staten-Generaal, kapitein-kommandant, luitenant-kolonel.

7°: In Zusammensetzungen, in denen das Adjektiv, der Artikel oder das Zahlwort nicht die ganze Zusammensetzung, sondern nur einen Teil derselben bestimmt: oude-mannenhuis, klein-kinderschool, ijzeren-spoorweg, Lieve-Vrouwenkerk, 's-Gravenhage, 's-Hertogenbosch, de Vier-Heerenlanden.

§ 152. Der Zirkumflex (het samentrekkingsteeken: ^) wird gebraucht, wenn zwei gewöhnlich selbständig gebrauchte Silben zu einer zusammengezogen sind: daân = daden Thaten, leên = leden Glieder, liên = lieden Leute, goôn = goden Götter, verneêren = vernederen erniedrigen; nicht also in den gebräuchlichen Zusammensetzungen, wie teer (statt teeder), zart, leer (st. leder) Leder oder Leiter, weer (st. weder) Wetter, slee (st. slede) Schlitten.

§ 153. Das Trema (deelteeken: ¨) wird gebraucht, um anzudeuten, daß zwei Vokale, die sonst einen Laut bilden können, zu zwei verschiedenen Silben gehören: zeeën Meere, (met) drieën (zu) drei, oliën Ölsorten; also nicht in Israeliet, modeartikelen u. s. w., weil a + e, e + a nie zu einer Silbe gehören können. Vgl. im Deutschen Ai (Faultier).

§ 154. Der Akut (het klemtoonteeken: ´ oder ` oder ˝) dient um ein Wort besonders hervorzuheben. Vgl. één [1]) gulden (één Zahlwort, engl. *one* florin) und een gulden (een Artikel, engl. *a florin*), dáár ligt het dort liegt es und daar ik het weet da ich es weiß, èn... èn sowohl... als und en = und.

§ 155. Der Apostroph (het afkappingsteeken: ') wird im Ndl. weit mehr gebraucht als im Deutschen. Es steht

---

1) Vgl.: Wir haben jetzt nur éine häufigere öffentliche Handlung... G. Freytag: „Der Kronprinz". 8. Aufl. S. 120.

1°. im Ndl.: Vor dem Plural= oder Genitiv=s der Fremdwörter, welche auf einen betonten Vokal auslauten, außer bei denen auf **ie**: bureau's Bureaus, cadeau's Geschenke, canapé's Kanapees, motto's Mottos, papa's Papas, sofa's Sofas, Maria's Mariens oder Marien, Mina's Wilhelmines oder Wilhelminen, de Van der Aa's, de Dozij's. Bei echt niederländischen Wörtern fehlt der Apostroph: raas Rahen, vlaas Fladen, eegaas Ehegenossen; sowie auch bei den Wörtern, welche auf **ie** oder einen unbetonten Vokal enden: Maries, bougies Bougies, tralies Gitterstäbe, Willems Wilhelms oder Wilhelme, Adelines Adelines oder Adelinen, horloges Taschenuhren, diligences Diligencen.

2°. Wie im Deutschen, wenn die Genitivendung wegbleibt: Floris' zoon, Beatrix' moeder.

3°. Wenn Laute, die man gewöhnlich bezeichnet, unterdrückt werden: 't huis = het huis das Haus, 'k heb = ik heb ich habe, 's avonds = des avonds abends, 's morgens = des morgens morgens, 'n paard = een paard ein Pferd.

Anmerkung. Das deutsche Umlautzeichen (") ist der ndl. Sprache vollständig fremd.

E. Über die Silbenbrechung.

§ 156. In zusammengesetzten Wörtern bleibt jeder Buch= stabe bei dem Wort, zu dem er gehört; man trennt also: eer= ambt Ehrenamt, door-een durcheinander, elk-ander einander.

Wörter mit den Präfixen be—, ge—, her— u. s. w., so= wie die mit den Suffixen —aard, —achtig, welche eigentlich Zusammensetzungen bilden, werden auch hinsichtlich der Silben= trennung als solche behandelt.

§ 157. Bei abgeleiteten Wörtern mit konsonantisch an= lautenden Suffixen wird das ganze Suffix getrennt: lief-de Liebe, hoog-ste höchste, mee-ste meiste, bak-ster Bäckerin, vlee= schelijk fleischlich. Der Aussprache wegen trennt man aber: naas-te nächste und bes-te beste.

Auch das **t**, **p** und **s** vor einer Diminutivendung soll mit diesem Suffix getrennt werden: stoel-tje Stühlchen, boom-pje Bäumchen, jong-ske Knäbchen, penning-ske Pfennig.

§ 158. Als besondere Regeln merke man:

a) Steht nur e i n Konsonant zwischen zwei Vokalen, so kommt er auf die zweite Zeile: dee-len teilen, ne-men nehmen, la= chen lachen, li-chaam Körper.

b) Stehen zwei Konsonanten im Inlaut, so kommt der zweite auf die zweite Zeile: ber-gen Berge, lan-den Länder, gan-zen Gänse, lan-ger länger, bren-gen bringen.

c) Von drei oder mehr im Inlaut stehenden Konsonanten kommen diejenigen auf die zweite Zeile, welche als Anlaut leicht zu sprechen sind: vor-sten Fürsten, kor-stig krumig, ven-ster Fenster; aber amb-ten Ämter, erw-ten Erbsen, art-sen Ärzte, koort-sen Fieber.

d) In Fremdwörtern und Eigennamen trennt man nach der Aussprache: le-proos Leprosis, A-driaan Adrian.

F. Wörterverzeichnis

für die Schreibung der e-, o- und äi-Laute; siehe §§ 63—64, 65, 81, 95, 98.

Die in Klammern stehenden Pluralformen sind solche, welche in der Schreibung vom Singular abweichen.

Abdij Abtei	belijden bekennen
abrikoos (abrikozen) Abrikose	beloven versprechen
afgrijzen Grauen.	beneden unten
alkoof (alkoven) Alkoven	benijden beneiden
allerlei allerlei	bereiden bereiten, zubereiten
allerwegen allerwegen	berijden bereiten, befahren
andijvie Endivie	besteden verwenden
anijs Anis	beter besser
apotheek (apotheken) Apotheke	betoog Beweisführung
arbeid Arbeit	betoogen beweisen
azijn Essig	betweter Naseweis
	beven beben
balein Fischbein	bever Biber
batterij Batterie	bezem Besen
bede Bitte	bezie oder bes Beere
beek (beken) Bach	bezig beschäftigt
been 1°. Bein, 2°. Knochen	bij bei
beer (beren) Bär	bij Biene
beer Eber	bijbel Bibel
beet oder bete Biß	bijster irre
beet = beetwortel Runkel	bleek 1°. bleich, 2°. Bleiche
begeeren begehren	bleeker Bleicher
begijn Beguine, Nonne	blei Weißfisch
beide beide	blij(de) froh
beiden warten	blood blöde
beierd oder baaierd Chaos	bloot bloß
beitel Meißel	blos Röte
beker Becher	blozen erröten
bekoren reizen	bode Bote
beleedigen beleidigen	bodem Boden
belegeren belagern	bogen rühmen

bombazijn Bombasin
boog (bogen) Bogen
boogaard Obstgarten
boom 1º. = bodem, 2º. Baum
boon Bohne
boor (boren) Bohrer
boos, booze böse
boot Boot
boren bohren
boter Butter
boven oben
breed breit
breien oder breiden stricken
brein Gehirn
brij Brei
brijzelen (ver—) zermalmen
brood Brot
broos oder bros spröde

cedel oder ceel Liste, Kontrakt
ceder Ceder
cherubijn Cherub
cichorei Cichorie
cijfer Ziffer

deeg Teig
deel (delen) Diele
deel Teil
deemoed Demut
Deen (Denen) Däne
Denemarken Dänemark
deesem Sauerteig
dege, ter— tüchtig
degelijk solid
degen Degen
deinen wogen
deinzen zurückweichen
deken 1º. Dechant, 2º. Decke
deren schaden, kümmern
deze diese
dij Schenkel
dijen gedeihen
dijk Deich
doder oder dooier Dotter
dolen umherirren
dolfijn Delphin
dood tot, Tod
dooden töten
doof, doove taub, Taube
doopen taufen
doos (doozen) Dose, Schachtel
dooven löschen
doren oder doorn Dorn

dozijn Dutzend
dreef (dreven) Trift
droog, droge trocken
droom Traum
droomen träumen
dweil Kehrwisch
dwepen schwärmen

edel edel
eed Eid
eega Gatte
een ein
eeren ehren
egel Igel
ei Ei
eigen eigen
eik Eiche, eiken eichen (Adj.)
eikel Eichel
eiland Eiland, Insel
einde Ende
eischen fordern
euvel übel, Übel
ezel Esel
everzwijn Eberschwein

feil Fehler
feit Thatsache
fijn fein
fleemen schmeicheln
fontein Fontäne

galei Galeere
gebod Gebot
gedoogen zulassen
gedwee folgsam
geel, gele gelb
geen kein
geeren schief sein
geesel Geißel
geheim geheim, Geheimnis
geit Geiß, Ziege
geleding Gliederung
gelooven glauben
gemeen gemein
gemelijk verdrießlich
gene jene(r), dortig(e)
geneeren genieren
genegen geneigt
genezen genesen
genoot Genosse
gereed fertig
getij Gezeiten
gevel Giebel

geweer (geweren) Gewehr
gewezen gewesen
gewoon gewohnt
gij ihr
gijzel oder gijzelaar Geisel
gloren dämmern
God Gott
goochelen gaukeln
goot (goten) Gosse
gordijn Gardine
greep (grepen) Griff
gretig begierig
grijs grau
grijzelen schaudern
grof, grove grob
groot groß

heden heute
heel ganz
heelen heilen
heer Herr
heesch heiser
heet heiß
heeten heißen, heizen
—heid, (—heden) —heit, —keit
beide Heide (die —)
heiden Heide (der —)
heil Heil
heimelijk heimlich
heimpje Heimchen
heinde nahe
heining Hag, Zaun
hekel 1º. Hechel, 2º. Ekel
helen hehlen
hemel Himmel
henen hin, hinnen
herout Herald
hertog Herzog
hevel Hebel
hevig heftig
hij er
honig oder honing Honig
hoog hoh, hoch
hoonen höhnen
hoop Hoffnung
hoop Haufen
hoopen häufen
hooren hören
hoos (hoozen) Hose (Wasser—)
hoovaardig hoffärtig
hopeloos hoffnungslos
hopen hoffen
horen oder hoorn Horn

ijdel eitel
ijk Eiche = Eichung
ijken eichen (Zeitwort)
ijlen 1º. eilen, 2º. von Sinnen sein
ijs Eis
ijselijk entsetzlich
ijver Eifer
ijzel Graupelregen
ijzen schaudern
ivoren elfenbeinern
jasmijn Jasmin
jegens gegen
jenever Branntwein
jood (joden) Jude

kapitein Kapitän, Hauptmann
karwei (frz. corvée) Frohne
karwij Kümmel
kastelein Kastellan, Wirt
kastoor Kastor
kastoren kastoren
keel (kelen) Kehle
keeren kehren = wenden
keizer Kaiser
keet (keten) Bauhütte
kegel Kegel
kei Pflasterstein
kemel Kamel
keper Köper
kerel Kerl
keren kehren = fegen
ketel Kessel
keten oder ketting Kette
kever Käfer
kleed Kleid
klei Klei
klepel Klöppel
kleven kleben.
kloof (kloven) Kluft
klooven spalten
kneden kneten
kneep (knepen) Kniff
knekel oder knokkel Knöchel
knoken knöchern
knook Knochen
knoop Knopf
knoopen knöpfen
kogel Kugel
koken kochen
koker Köcher
komeet (kometen) Komet
komfoor (komforen) Feuerbecken
konfijt Konfekt

3*

konijn Kanin
koning König
kool (kolen) Kohle
kool, koolen Kohl, Kohlköpfe
koon Wange
koopen kaufen
koor (koren) Chor
koper Kupfer
koren Korn
krekel Grille
krijg Krieg   [kommen
krijgen 1º. Krieg führen, 2º. be=
krijt Kreide
kroon (kronen) Krone
kroot (kroten) Mangelrübe
kwee Quitte
kweeken ziehen, erzeugen
kweelen zwitschern
kwijnen dahinsiechen
kwijt quitt
kwijten abtragen   [napf
kwispedoor (kwispedoren) Spuck=

lakei Lakai
latijn Latein
ledekant Bettstelle
leder oder leer Leder
ledig leer
leed Leid
leer oder ladder Leiter
leek Laie
leelijk häßlich
leemen lehmen
leenen leihen
leeren 1º. lehren, 2º. lernen
leger 1º. Lager, 2º. Heer
lei Schiefer, Schiefertafel
—lei —lei
leiden leiten
leisel Leitzaum
lelie Lilie
lenig geschmeidig
lepel Löffel
leven 1º. leben, 2º. Leben
lever Leber
leveren liefern
liefkoozen liebkosen
lij Lee
lijden leiden
lijf Leib
lijk Leiche
lijm Leim   [4º. Lein
lijn 1º. Zeile, 2º. Linie, 3º. Tau,

lijnwaad Leinwand
lijst Liste
livrei Livree
logen oder leugen Lüge
loochenen läugnen
lood Blei
loof oder lof Laub
loog Lauge
look Lauch
loom, lomer matt, matter
loon Lohn
loonen lohnen
loopen laufen
—loos, —looze —los, —lose
loos, looze 1º. leer, 2º. schlau
loot (loten) Sproß
loten (von lot) 1º. Lose (von Los),
       2º. losen
loven loben
lozen oder lossen ausladen

magazijn Magazin
majesteit Majestät
malvezij Malvasier
marsepein Marzipan
mede oder mee mit
mede oder mee = meekrap Krapp
mede oder mee Met
mededoogen Mitleid
medicijn Medizin
melig mehlig
meel Mehl
meenen meinen
meer (meren) See (m.)
mees (meezen) Meise
Mei Mai
meid Magd
meineed Meineid
meisje Mädchen
melis Melis
menie Mennig
menig manch
meter Meter
mij mir — mich
mijl Meile
mijmeren grübeln
mijn mein
mijn Mine
mijt 1º. Milbe, 2º. Haufen
mode Mode
moker Hammer
molen Mühle
moor Mohr

neder nieder
neef (neven) Neffe
negen neun
neger Neger
neigen neigen
nering Nahrung
netel Nessel
nevel Nebel
nevens nebst
nijd Neid
nijver emsig
noode ungern
noodigen einladen
nopen veranlassen
Noor (Noren) Normann
noot (nooten) 1º. Note, 2º. Nuß

olie Öl
olifant Elefant
olijf Olive   [liegend
onderhevig oder onderhavig vor=
onnoozel einfältig
ontberen entbehren
onweeren wettern
oog Auge
ooievaar Storch
oolijk pfiffig
oor Ohr
oorlogen Krieg führen
oorveeg (oorvegen) Ohrfeige
oven Ofen

paleis Palais, Palast
paradijs Paradies
partij 1º. Partei, 2º. Partie
pastij Pastete
pastorij (von pastoor Pfarrer)
   Pfarrei
patrijs Rebhuhn
peen (penen) Möhre
peer (peren) Birne
pees Sehne
peet (peten) Pate
pei Kutte
peil Pegel
peilen peilen
peinzen sinnen
pekel Pökel
peluw oder peuluw Pfühl
peper Pfeffer
peterselie Petersilie
pijl Pfeil
pijn Schmerz

pijp Pfeife
planeet (planeten) Planet
plaveien pflastern
plegen pflegen
pogen trachten
poken schüren
poliep Polyp
pool (polen) Pol
poos (poozen) Weile
poot Pfote
poover Arm
populier Pappel   [tulak
porselein 1º. Porzellan, 2º. Por=
poten pflanzen
predikant Prediger
preeken predigen
prei Porree
prevelen murmeln
prijken prangen
prijs Preis
profijt Vorteil

rabbijn Rabbiner
radijs Radieschen
ravelijn Ravelin.
rede 1º. Vernunft, 2º. Ansprache
reden 1º. Ursache, 2º. Proportion
reede Reede
reeder Reeder
reederij Reederei
reef (reven) Reff
reep Streifen
reet (reten) Riß
refrein Refrain
regel 1º. Regel, 2º. Zeile
regen Regen
rei Reigen
reiger Reiher
reiken reichen
rein rein
reis Reise
reizen reisen
rekenen rechnen
reven reffen
rij Reihe
rijk reich
rijm Reim
Rijn Rhein
rijp reif
rijp Rauhreif
rijs Reis = Zweig
rijst Reis = Getreide
rijzen steigen

robijn Rubin
rommelzoo Plunder
rood rot
roof (roven) Schorf
roof Raub
rooken rauchen
room Sahne, afroomen abrahmen
roos (rozen) Rose
rooven rauben
rozemarijn Rosmarin
rozijn Rosine

salpeter Salpeter
satijn Satin
scheede Scheide
scheef, scheeve schief
scheel, scheler schiel(er)
scheen (schenen) Schiene
scheiden scheiden
schelen, verschillen verschieden sein
schemeren schimmern
schepel Scheffel
schepen Schöffe
schijf Scheibe
schip (schepen) Schiff
schoof (schooven) Garbe
school (scholen) Schule
schoon(er) schön(er)
schoot Schoß
schot Schuß
schotel Schüssel
schrede Schritt
schrijnwerker Schreiner
sedert seit
sein Signal
seinen Signale geben
seizoen Saison
selderij Sellerie
serafijn Seraph
serpentijn Serpentin
sfeer (sferen) Sphäre
sijsje Zeisig
slede oder slee Schlitten
slee (sleeën) Schlehe
sleep Schleife
sleepen schleppen
slepen schleifen
slijk Schlamm
slijm Schleim
sloop Kissenüberzug
sloopen schleifen, abtragen
sloot Graben
slot Schloß

smeeken flehen
smeren schmieren
smid (smeden) Schmied
snede Schnitt
snedig scharfsinnig
snees (sneezen) Stiege
sneven im Kriege fallen
snood schnöde
sober mäßig
soja Soja
speer (speren) Speer
specerij Spezerei
specie Gattung
speek Speiche
speen (spenen) Saugwarze
spel Spiel
spijs Speise
spleet (spleten) Spliß
spook (spoken) Spuk
spoor (sporen) 1º. Spur, 2º. Sporn
sporen, aansporen spornen
spreiden spreiten
sprook (sproken) Märchen
stede, hier ter — in hiesiger Stadt
steeg (stegen) Gasse
steek (steken) Stich
steen Stein
steel Stiel
steiger Gerüst
steigeren sich bäumen
steil steil
stekel Stachel
stenen stöhnen
steven Steven
stevig derb
stijgen steigen
stijl 1º. Stil, 2º. Pfoste
stoof (stoven) Ofen
stoomen dampfen
stooten stoßen
storen stören
stoven schmoren
streek (streken) Strich
streek Streich
streelen streicheln
streep (strepen) Streif
streven streben
strijd Streit
stroo Stroh
strook Streifen
strooken übereinstimmen
stroom Strom
stroop Sirup

stroopen Streifzüge machen
suikerij = cichorei
synode Synode

tapijt Teppich
teeder oder teer zart
teeken Zeichen
teen Weidenrute
teen oder toon Zehe
teer Theer
tegel Ziegel
tegen gegen
teisteren heimsuchen
—teit —tät
telen zeugen
tepel Brustwarze
teren theeren
teren = verteren zehren
termijn Termin
terpentijn Terpentin
tevens, teffens zugleich
thee Thee
tijd Zeit
tijger Tiger
tijk Zieche
toom Zaum
toon (tonen) Ton
toonen zeigen
tooveren zaubern
toren Turm
toren oder toorn Zorn
trede Tritt
trein Zug
trijp Trippsammet
tronie Gesicht
troon (tronen) Thron
twijfel Zweifel
twijg Zweig

uitweiden sich verbreiten (über)

vallei Fläche
vedel Fiedel
veel, vele viel
veem Fehme
veen (venen) Torfland
veer (veren) Fähre
veer Feder
veete Fehde
vegen oder vagen fegen
veil feil
veil Epheu
veilen versteigern
veilig sicher

veinzen heucheln
venijn Gift
verdedigen verteidigen
vermeeren vermehren
verwaarloozen vernachläffigen
veter Schnürband
vezel Faser
vijg Feige
vijl Feile
vijlen feilen
vijver Weiher
vijzel Mörser
vleesch, vleezig Fleisch, fleischig
vlegel Flegel
vleien schmeicheln
vlijen fügen
vlijt Fleiß
vloo (vlooien) Floh
vloot (vloten) Flotte
vogel Vogel
volen oder veulen Fohlen
voor Furche
voor für
voren Plötze
voren, te — zuvor
voos, voozer löcherricht(er)
vrede Friede
vreezen fürchten
vrij frei
vrijen freien
vroolijk fröhlich
vroom fromm

weder wieder
weder Wetter
wee Weh
weede Waid
weegbree Wegerich
week (weken) Woche
week weich
weenen weinen
wees (weezen) Waise
weg Weg
wei Molken
wei(de) Wiese
weiden weiden
weigeren weigern
weit Weizen, boekweit Buchweizen
weitasch Waidtasche
welig üppich
wemelen wimmeln
wereld Welt
weren wehren

weten wiffen
weven weben
wezel Wiesel
wijd weit
wijden weihen
wijf Weib
wijk Viertel
wijl weil
wijn Wein
wijs weis, de wijze der Weise
wijsgeer Philosoph
wijten zuschreiben
wijwater Weihwasser
wonen wohnen
wreed grausam
wreken rächen
wrevel Ärger

zede Sitte
zee See = Meer
zeef (zeven) Sieb
zeem 1º. Seim, 2º. Waschleder
zeep Seife
zeer 1º. weh, 2º. sehr
zege Sieg
zegel Siegel
zegen Segen
zegenen segnen
zeil Segel

zeis Sense
zeker sicher
zemelen Kleien
zenebladeren Senesblätter
zenuw Nerv
zetel Sessel
zeven sieben
zij sie
zijd, wijd en — weit und breit
zijde 1º. Seide, 2º. Seite
zijn sein
zijpen triefen
zode, graszode Rasen
zomer Sommer
zone Zone
zoo so
zoo ober zooi Menge
zoogen säugen
zoom Saum
zoon (zonen) Sohn
zweemen ähneln
zweep (zwepen) Peitsche
zweer (zweren) Geschwür
zweeten schwitzen
zweren 1º. schwären, 2º. schwören
zweven schweben
zwezerik Kalbsbröschen
zwijmen ohnmächtig werden
zwijn Schwein.

Zweites Buch.

Die Redeteile.

Erste Lektion.

Hooge ouderdom.

Eene vrouw van negentig jaar zeide tot Fontenelle, die vijf en negentig oud was: „De dood heeft ons zeker vergeten".

„Stil!" antwoordde haar Fontenelle, terwijl hij zijn vinger op haren mond legde, „men moet geene slapende honden wakker maken".

De ouderdom *(m.)* das Alter
eene vrouw eine Frau
het jaar das Jahr
de dood der Tod
zijn vinger sein(en) Finger
haren mond ihren Mund
de hond der Hund
de honden die Hunde
hoog hoch, hoh
oud alt
slapende schlafend
wakker wach
wakker maken wecken

negentig neunzig
vijf en negentig fünfundneunzig
zeker gewiß, sicher
stil ruhig, still
die welcher (welche)
haar *(D. und A.)* ~~uns~~ *ihr, sie*
ons *(D. und A.)* ~~ihr sie~~ *uns*
men man
geene keine
terwijl, indem, während
van von
tot zu
op auf

zeggen sagen, ik zeg ich sage, ik zegde oder zeide ich sagte, gezegd gesagt
(!) zijn sein, ik ben, ik (hij, zij, het, men) was, ik ben geweest
(!) hebben haben, ik heb, ik had, ik heb gehad
* vergeten vergessen, ik vergeet, ik vergat, ik heb (ben) vergeten
antwoorden antworten, ik antwoord, ik antwoordde, ik heb geantwoord
leggen legen, ik leg, ik legde, ik heb gelegd
(!) moeten müssen, ik (hij, zij, het, men) moet, ik moest, ik heb (ge)moeten
maken machen, ik maak, ik maakte, ik heb gemaakt.

Hebben haben.

Indikativ Präsens.

S. Ik heb ich habe   S. Heb ik? habe ich?
 — du hast   — hast du?
hij heeft er hat   heeft hij? hat er?
zij heeft sie hat   heeft zij? hat sie?
het heeft es hat   heeft het? hat es?
men heeft man hat   heeft men? hat man?
P. wij hebben wir haben   P. hebben wij haben wir?
gij hebt ihr habt   hebt gij? habt ihr?
zij hebben sie haben.   hebben zij? haben sie?

Höflichkeitsform (Beleefde vorm):

U hebt (heeft) Sie haben.   Hebt (heeft) U? haben Sie?

Anmerkung. Die 2. Person S. fehlt im Ndl. S. § 172.

Vom Artikel.   Van het lidwoord.

§ 159.   Wie im Deutschen giebt es im Niederländischen einen bestimmenden Artikel (bepalend lidwoord) und einen nicht bestimmenden (niet bepalend lidwoord).

§ 160.   Der bestimmende Artikel hat für das männliche (mannelijk) und für das weibliche Geschlecht (vrouwelijk geslacht) im Singular die Form **de,** für das sächliche (onzijdig) **het.**

Der Plural für sämtliche Geschlechter lautet **de.**

§ 161.   Der nicht bestimmende Artikel lautet für das männliche und für das sächliche Geschlecht **een,** für das weibliche **eene.**

§ 162.   Deklination (Verbuiging) des bestimmenden Artikels:

	Einzahl. (Enkelvoud).		Mehrzahl. (Meervoud).
M.	W.	S.	M. W. S.
N.[1]) de	de	het, 't	de
G.[2]) des	der	des	der
D.[3]) den	der, de	(den), het, 't	den
A.[4]) den.	de.	het, 't.	de.

§ 163.   Der Dativ Sing. des Neutrum wird fast immer umschrieben: aan het. Die Form den kommt nur noch in

---

1) Nominatief oder eerste naamval. 2) Genetief oder tweede naamval. 3) Datief oder derde naamval. 4) Accusatief oder vierde naamval.

einigen stehenden Ausdrücken vor, z. B. in den beginne im Anfang, vóór den eten vor der Mahlzeit, diensten den lande bewezen Dienste dem Lande erwiesen rc. Im Dat. Sing. wurde manchmal te den, te der zusammengezogen zu **ten** und **ter**, z. B. ter bezichtiging zur Ansicht, ten dienste zum Dienst, ten deele teils, ter harte zum Herzen, ten huize zu (im) Hause. Man soll also nicht sagen: **ten** uwen huize, **ten** uwent, sondern **te** uwen huize, **te** uwent.

§ 164. **Deklination des nicht bestimmenden Artikels:**

	M.	W.	S.
N.	een	eene	een
G.	eens	eener	eens
D.	eenen, een	eener, eene	eenen, een
A.	eenen, een	eene	een.

Von den Präpositionen. Van de voorzetsels.

§ 165. Alle Präpositionen regieren im Niederländischen den Akkusativ: van *het* jaar, tot *den* dood, op *haren* mond, met (mit) *zijnen* vinger.

Übung.

Beispiel: Hoe oud (Wie alt) was de vrouw?
Antwort: De vrouw was negentig jaar oud.

Hoe oud was Fontenelle?

Wat (Was) zeide de vrouw tot Fontenelle?

Wat antwoordde Fontenelle?

Wat deed (that) Fontenelle toen (als) hij antwoordde?

Welke (Welche) honden moet men niet wakker maken?

Aufgabe.

1.

Setze folgende Wörter in den Dativ und Akkusativ (das Substantiv bleibt unverändert):

de vrouw, eene vrouw, het jaar, een jaar, de dood, een dood, de vinger, een vinger, de mond, een mond, de hond, een hond.

Zweite Lektion.

De slimme herbergier.

George II (spr. sjörsj de Tweede), koning van Engeland, trok eens door Nederland naar Hannover, vernachtte in eene dorpsherberg en wenschte een enkel ei voor zijn ontbijt te gebruiken.

De herbergier bezorgde hem het ei en zette eene guinje op de rekening. De koning zeide glimlachend tot hem: „Het schijnt wel dat de eieren zeldzaam zijn in uw land". — „Dat niet, Sire", antwoordde de herbergier; „de eieren zijn zoo schaarsch niet, wel de koningen".

de herbergier der Wirt
de koning der König
de koningen die Könige
Engeland England
Nederland ¹) die Niederlande
eene dorpsherberg eine Dorf=
een ei ein Ei   [schenke
de eieren die Eier
zijn ontbijt sein Frühstück
eene guinje eine Guinee
de rekening die Rechnung
uw land dein (euer) Land
Sire Majestät

de Tweede der Zweite
slim schlau
enkel einzig
glimlachende lächelnd
zeldzaam selten
schaarsch rar, selten
eens einst, einmal
wel wohl
dat daß, das
zoo so; niet nicht
hem (D. und A.) ihm, ihn
door durch; voor für
te zu; naar nach

* trekken ziehen; ik trek, ik trok, ik heb getrokken
  vernachten übernachten; ik vernacht, ik vernachtte, ik heb
     vernacht
  wenschen wünschen; ik wensch, ik wenschte, ik heb gewenscht
  gebruiken gebrauchen, genießen; ik gebruik, ik gebruikte, ik
     heb gebruikt
  bezorgen besorgen, verschaffen; ik bezorg, ik bezorgde, ik
     heb bezorgd
  zetten setzen; ik zet, ik zette, ik heb gezet
* schijnen scheinen; het schijnt, het scheen, het heeft geschenen
  antwoorden antworten; ik antwoord, ik antwoordde, ik heb
     geantwoord.

Zijn sein.
Indikativ Präsens.

S. Ik ben ich bin
   —   du bist
hij is er ist
zij is sie ist
het is es ist
men is man ist

P. wij zijn wir sind
gij zijt ihr seid
zij zijn sie sind.

S. Ben ik? bin ich?
   —   bist du?
is hij? ist er?
is zij? ist sie?
is het? ist es?
is men? ist man?

P. zijn wij? sind wir?
zijt gij? seid ihr?
zijn zij? sind sie?

---

1) Het Koninkrijk der Nederlanden heißt es in allen offiziellen Schriftstücken.

Von dem Zeitwort.   Van het werkwoord.
Einteilung der Zeitwörter.   Schwache Konjugation.

§ 166.   Nach der Konjugation werden die niederländischen Zeitwörter eingeteilt in schwache (zwakke, klankhoudende oder gelijkvloeiende werkwoorden) und starke (sterke, klankwisselende oder ongelijkvloeiende werkwoorden).

§ 167.   Die schwachen Zeitwörter verändern in der Konjugation den Stammvokal nicht und bilden ihr zweites Partizip mittels **d** oder **t**.

§ 168.   Die starken Zeitwörter verändern in der Konjugation den Stammvokal und enden im 2. Partizip auf **en**.

§ 169.   Diejenigen Zeitwörter, welche von den Regeln für die Konjugation der starken und schwachen Zeitwörter abweichen, sind unregelmäßige (onregelmatige werkwoorden).

§ 170.   Der Infinitiv Präsens aller regelmäßigen Zeitwörter endet auf **en**; wird dieses **en** abgeworfen, so erhält man den Stamm des Zeitwortes.

§ 171.   Endet der Stamm auf einen verdoppelten Konsonanten, so bleibt die Verdoppelung nur dann stehen, wenn in den Konjugationsformen ein **e** folgt: wij, zij leggen, wij, zij zetten; wij, zij trekken.

In allen andern Formen steht bloß ein Konsonant: ik leg, zet; hij legt; gij legt; vgl. hij kent — er kennt.

§ 172.   Im Indikativ Präsens ist die erste Person S. dem Stamm gleich [1]): ik leg, zet. Die zweite Person S. fehlt,[2]) sie wird ersetzt durch die zweite Person P. oder durch die Höflichkeitsform. Die dritte Person S. bekommt t, wenn der Stamm nicht schon auf t ausgeht: hij legt, hij zet; ik trek, hij trekt.

Die erste und die dritte Person P. ist dem Infinitiv gleich: wij, zij leggen; wij, zij zetten; wij, zij trekken.

Die zweite Person P. endet wie die dritte S. auf t: gij legt, gij zet, gij trekt.

§ 173.   Über die etwaige Verdopplung des Vokals f. § 42.

---

1) Die Endung e kommt nur noch im höheren Stil vor, z. B. ik herzegge ich wiederhole; sowie in einigen stehenden Ausdrücken: zegge (auf einer Quittung = ik zegge) sage, verzoeke (im Briefstil = ik verzoek) ich bitte, verblijve (am Schluß eines Briefes = ik verblijve) ich bleibe.

2) Mit dem Pronom **du** ging auch die Form des Zeitwortes für die zweite Person S. verloren; eine besondere Form für die zweite Person S. besteht nur noch im Imperativ.

Beispiele:

Infinitiv Präsens.

Leggen.   **Zetten.**

Indikativ Präsens.

Ik leg ich lege   Ik zet ich setze
   — du legst   — du setzest
hij legt er legt   hij zet er setzet
wij leggen wir legen   wij zetten wir setzen
gij legt ihr legt   gij zet ihr setzet
zij leggen sie legen.   zij zetten sie setzen.

Höflichkeitsform.

U legt Sie legen.   U zet Sie setzen.

Übung.

Waarheen (Wohin) trok George II?
Door welk land trok George II?
Waar (Wo) vernachtte de koning?
Wat wenschte hij voor zijn ontbijt te gebruiken?
Hoeveel (Wieviel) zette de herbergier hem op de rekening?
Wat zeide de koning glimlachende tot den herbergier?
Wat antwoordde de herbergier?

Aufgaben.

2.

Setze folgende Wörter in den Dativ und Akkusativ:

de herbergier, een herbergier, de koning, een koning, de dorpsherberg, eene dorpsherberg, het ei, een ei, de guinje, eene guinje, de rekening, eene rekening, het land, een land.

3.

Wie lautet die erste und wie die dritte Person S. des Präs. Indik. der Zeitwörter: zeggen, vergeten, antwoorden, maaken, trekken, vernachten, wenschen, gebruiken, bezorgen, zetten, schijnen.

4.

Übersetze: Die Frau ist alt. Der Tod hat vergessen. Wie alt sind Sie? Wir haben einen Hund. Er hat ein Ei. Der Wirt ist schlau. Der König ist alt. Die Eier sind selten. Die Niederlande haben einen König. Ist der König alt? Hat der Wirt einen Hund? Wir haben eine Rechnung.

0

Dritte Lektion.

De krekel en de mier.

De krekel had den geheelen zomer doorgebracht met
zingen. Toen het winter geworden was, kreeg hij honger
en wendde zich tot de mier, en verzocht haar hem wat
te eten te geven.

Maar de mier zeide: „Wat hebt gij den geheelen zomer gedaan?" — „Nacht en dag heb ik gezongen". —
„Zoo, zoo, hebt ge gezongen? Heel goed, dans dan nu".

De krekel *(m.)* die Grille	heel ganz
de mier die Ameise	goed gut
de zomer der Sommer	ge = gij du
de winter der Winter	met mit
de honger der Hunger	toen als
de dag der Tag	maar jedoch, aber, sondern
de nacht *(m.)* die Nacht	dan dann, so
geheelen ganzen	nu jetzt, nun; zoo, zoo ei, ei!

het was geworden es war geworden
hij wendde zich tot er (sie) wandte sich an

(!) *door*brengen verbringen; ik breng door, ik bracht door, ik
heb doorgebracht
* zingen singen; ik zing, ik zong, ik heb gezongen
* krijgen kriegen, bekommen; ik (hij) kreeg, ik heb gekregen
(!) verzoeken ersuchen, bitten; ik verzoek, ik verzocht, ik heb
verzocht
(!) eten essen; ik eet, ik at, ik heb gegeten
* geven geben; ik geef, ik gaf, ik heb gegeven
(!) doen thun; ik doe, ik deed, ik heb gedaan
dansen tanzen; ik dans, ik danste, ik heb gedanst.

Hebben haben.

Imperfekt des Indikativs.

S. Ik had ich hatte
— du hattest
hij had er hatte
zij (het, men) had sie (es,
man) hatte

S. Had ik? hatte ich?
— hattest du?
had hij? hatte er?
had zij (het, men)? hatte sie
(es, man)?

P. wij hadden wir hatten
gij hadt ihr hattet
zij hadden sie hatten.

P. hadden wij? hatten wir?
hadt gij? hattet ihr?
hadden zij? hatten sie?

Von dem Zeitwort.

Schwache Konjugation. (Fortsetzung.)

§ 174. Die schwachen Zeitwörter haben im Imperfekt des Indikatios **de**; im 2. Partizip **d**. Dieses **d** wird jedoch zu **t**, wenn der Stamm auf f, k, p, t, s oder sch endet. Ik zegde, legde; ik vernachtte, wenschte; gezegd, gelegd, gewenscht. Endet der Stamm schon auf t, so tritt kein zweites t hinzu: ik heb vernacht.

§ 175. Ein einfaches **v** oder **z** am Ende des Stammes wird in f oder s verwandelt:

1.º vor **de** oder **d**: leven leben, ik leefde, ik heb geleefd; verhuizen ausziehen, ik verhuisde, ik ben verhuisd.

2.º in allen andern Konjugationsformen, wenn kein e unmittelbar nachfolgt: leven, ik leef, gij leeft; verhuizen, ik verhuis, gij verhuist; aber: wij leven, zij leven; wij verhuizen, zij verhuizen.

§ 176. Die dritte Person S. des Imperfekts ist der ersten S. gleich.

Die erste und die dritte Person P. haben **den** oder **ten**: wij legden, zij legden; wij wenschten, zij wenschten. — Endet die Wurzel auf **dd** oder **tt**, so sind diese Imperfektformen den Präsensformen gleich: wij, zij zetten = wir, sie setzen und setzten; wij, zij redden = wir, sie retten und retteten.

Beispiele:

Leggen.		Redden.	
S. Ik legde ich legte		S. Ik redde ich rettete	
— du legtest		— du rettetest	
hij legde er legte		hij redde er rettete	
P. wij legden wir legten		P. wij redden wir retteten	
gij legdet ihr legtet		gij reddet ihr rettetet	
zij legden sie legten.		zij redden sie retteten.	

Zetten.

S. Ik zette ich setzte		P. wij zetten wir setzten	
— du setztest		gij zettet ihr setztet	
hij zette er setzte		zij zetten sie setzten.	

Übung.

Hoe had de krekel den geheelen zomer doorgebracht?
Wanneer (Wann) kreeg hij honger?
Tot wie wendde hij zich?
Wat verzocht hij haar?

Wat zeide de mier toen (alsdann)?
Wat had de krekel nacht en dag gedaan?
Welken raad (Rat) kreeg hij?

Aufgaben.

5.

Wie lautet das Präsens und das Imperfekt der Zeitwörter:

zeggen, antwoorden, leggen, maken, vernachten, wenschen, gebruiken, bezorgen, zetten, dansen, leven, verhuizen, redden.

6.

Übersetze: Der Wirt hatte einen Hund. Hatte die Frau
Eier? Hatte George II ein Land? Wir hatten eine Rechnung.
Hattet ihr eine Guinee? Die Grille hatte gesungen. Hatte die
Grille Hunger? Die Frau hat getanzt und gesungen. Hat er
etwas (iets) gethan?

Vierte Lektion.

De gierigaard (vrek).

„Ik ongelukkige!" klaagde een vrek aan zijn buurman.
„Men heeft mij den schat ontstolen, dien ik in mijn tuin
begraven had en een ellendigen steen in de plaats gelegd".
— De buurman antwoordde: „Gij zoudt uwen schat toch
niet hebben. Geloof daarom, dat de steen uw schat is
en gij zijt niets armer dan te voren". — „Ben ik ook
niet armer", zeide de vrek, „zoo is een ander veel rijker.
Ik zou woedend kunnen worden!"

De gierigaard ⎱ der Geizhals	rijk(er) reich(er)
de vrek ⎰	woedend wütend
zijn buurman sein Nachbar	mij (D. und A.) mir, mich
de schat der Schatz	dien den
mijn tuin mein Garten	een ander ein andrer
een steen ein Stein	veel viel
de plaats die Stelle, der Ort	toch doch
(on)gelukkig (un)glücklich	daarom deshalb
ellendig elend	dan als
arm(er) arm, ärmer	te voren zuvor

   klagen; ik klaag, ik klaagde, ik heb geklaagd
* stelen (stehlen); ik steel, ik stal, ik heb gestolen
* begraven (begraben); ik begraf, ik begroef, ik heb begraven
   gelooven (glauben); ik geloof, ik geloofde, ik heb geloofd
(!) kunnen (können); ik kan, ik kon, ik heb (gekund)
* worden (werden); ik word, ik werd, ik ben geworden

Zijn sein.

Imperfekt des Indikativs.

S. Ik was ich war
  — du warst
hij was er war
zij (het, men) was sie (es,
  man) war
P. wij waren wir waren
gij waart ihr wart
zij waren sie waren.

S. Was ik? war ich?
  —   warst du?
was hij? war er?
was zij (het, men)? war sie
  (man, es)?
P. waren wij? waren wir?
waart gij? wart ihr?
waren zij? waren sie?

Von dem Zeitwort.

Schwache Konjugation. (Schluß).

§ 177. Der Konjunktiv Präsens hat in der 1. und 3. Person S. ein **e**. — Die drei Personen P. sind denen des Indikativs gleich.

Beispiele:

Leggen.

Ik legge ich lege
  — du legest
hij legge er lege
wij leggen wir legen
gij legt ihr leget
zij leggen sie legen.

Zetten.

Ik zette ich setze
  — du setzest
hij zette er setze
wij zetten wir setzen
gij zettet ihr setzet
zij zetten sie setzen.

Leven.

Ik leve ich lebe
  — du lebest
hij leve er lebe
wij leven wir leben
gij leeft ihr lebet
zij leven sie leben.

Reizen.

Ik reize ich reise
  — du reisest
hij reize er reise
wij reizen wir reisen
gij reist ihr reiset
zij reizen sie reisen.

§ 178. Der Konj. Imperfekt der schwachen Zeitwörter ist dem des Indikativs gleich: ik legde, u. s. w. siehe §§ 174—176.

§ 179. Der Imperativ Singular ist der reine Stamm, im Plural wird **t** angesetzt, wenn der Stamm nicht schon auf t endet, z. B. leg, legt; zet (*S.* und *P.*); antwoorden: antwoord, antwoordt.

Für die höfliche Anrede gebraucht man im Ndl. je nachdem die 2. P. S. oder die 2. P. Pl.: schreiben Sie schrijf oder schrijft.

§ 180. Das 1. Partizip (P. Präsens) wird gebildet, indem **de** an den Infinitiv tritt, z. B. leggende, zettende, levende, antwoordende, geloovende.

Über die Endung des 2. Partizips (P. Perfekti) der schwachen Zeitwörter, siehe § 167 und §§ 174—176. Beispiele: gelegd, gezet, geleefd, geantwoord, geloofd.

Wie im Deutschen hat das 2. Partizip **ge**, wenn nicht schon eine andere betonte Vorsilbe da ist: geklaagd, gestolen; begraven, vernacht, ontstolen.

§ 181. Die zusammengesetzten Zeiten werden wie im Deutschen mittelst Hilfszeitwörter gebildet.

Übung.

Wat zeide de vrek klagend tot zijn buurman?
Welken schat had men hem gestolen?
Wat had men in de plaats gelegd?
Wat antwoordde de buurman op het klagen van den vrek?
Wat moest de vrek maar gelooven?
Waarom (Weshalb) zou de vrek woedend kunnen worden?

Aufgabe.

7.

a) Bilde das Konj. Präsens und Imperfekt und den Imperativ von: antwoorden, wenschen, klagen, zeggen, begraven, verhuizen, weven (weben).

b) Übersetze: Der König war im Lande. War der Wirt unglücklich? Wir waren in Hannover. Wart ihr in England. Waren Sie wütend? War die Frau alt? Er hatte einen Schatz. Der Schatz war im Garten. Der Nachbar ist reicher. Waren die Eier seltsam? Der Hund war alt.

Fünfte Lektion.

Vriendelijk aanbod.

Een burgerman kreeg eens in den schouwburg twist met een jong en zeer trotsch edelman. Deze bedreigde hem dat hij zijnen bedienden gelasten zou hem een dracht stokslagen toe te dienen. „Mijnheer", zeide de eerste, „bedienden heb ik niet, maar als u even met mij naar buiten wilt gaan, zal ik de eer hebben ze u zelf te geven."

Het aanbod das Anerbieten
een burgerman ein Bürgersmann
de schouwburg *(m.)* d. Theater
de twist der Zwist, Streit
eene dracht eine Tracht (Prügel)
de stokslag der Stockschlag

de stokslagen die Stockschläge
Mijnheer (B.) mein Herr, Herr [B.
de eer die Ehre.
de bediende der Bediente
de bedienden die Bedienten
vriendelijk freundlich
jong jung; trotsch stolz

de eerste erſterer	zeer ſehr; als wenn
ik zelf ich ſelbſt (ſelber)	even (= eben), hier = etwa,
deze *(m. und f.)* dieſer, dieſe	einen Augenblick
ze = zij ſie, dieſelben	naar buiten draußen

toedienen bedienen, darreichen, geben; toe te dienen (in 3 Wörtern)
bedreigen bedrohen; ik bedreig, ik bedreigde, ik heb bedreigd
gelasten befehlen, verordnen; ik gelast, ik gelastte, ik heb gelast
(!) gaan gehen; ik ga, ik ging, ik ben gegaan
(!) willen wollen; ik (hij) wil, gij wilt; ik wilde (wou); ik
    heb gewild
(!) zullen werden, ſollen; ik zal ich werde, ſoll; ik zoude (zou),
    ich würde, ſollte.

Übung.

Met wien kreeg de burgerman twist?
Waar kreeg hij twist?
Waarmede (Womit) bedreigde hem de edelman?
Wien zou hij gelasten de stokslagen toe te dienen?
Wat antwoordde de burgerman?
Welke eer wilde hij hebben?

Die Hilfszeitwörter.   De Hulpwerkwoorden.

§ 182. **Zijn** oder **wezen** ſein.

Infinitiv.   Onbepaalde wijs.

Präſens. Tegenwoordige tijd.	**Perfekt.** Verleden tijd.
Zijn, wezen ſein.	Geweest zijn geweſen ſein.

Partizip.   Deelwoord.

Präſens. Tegenwoordig d.	**Perfekt** Verleden d.
Zijnde, wezende ſeiend.	Geweest geweſen.

Indikativ. Aantoonende wijs.	**Konjunktiv.** Aanvoegende wijs.

Präſens.   Tegenwoordige tijd.

Ik ben ich bin	Ik zij ich ſei
— du biſt	— du ſeift
hij is er iſt	hij zij er ſei
wij zijn wir ſind	wij zijn wir ſeien
gij zijt ihr ſeid	gij zijt ihr ſeiet
zij zijn ſie ſind.	zij zijn ſie ſeien.

Imperfekt.   Onvolmaakt verleden tijd.

Ik was ich war	Ik ware ich wäre
— du warſt	— du wäreſt
hij was er war	hij ware er wäre
wij waren wir waren	wij waren wir wären
gij waart ihr wart	gij waret ihr wäret
zij waren ſie waren.	zij waren ſie wären.

Perfekt. Volmaakt verl. tijd.)

Ik ben		Ich bin		Ik zij		Ich sei	
—		du bist		—		du seiest	
hij is	geweest.	er ist	gewesen.	hij zij	geweest.	er sei	gewesen.
wij zijn		wir sind		wij zijn		wir seien	
gij zijt		ihr seid		gij zijt		ihr seiet	
zij zijn		sie sind		zij zijn		sie seien	

Plusquamperfekt. Meer dan volm. verl. tijd.

Ik was		Ich war		Ik ware		Ich wäre	
—		du warst		—		du wärest	
hij was	geweest.	er war	gewesen.	hij ware	geweest.	er wäre	gewesen.
wij waren		wir waren		wij waren		wir wären	
gij waart		ihr wart		gij waret		ihr wäret	
zij waren		sie waren		zij waren		sie wären	

Futurum. Toekomende tijd.

Ik zal		Ich werde		
—		du wirst		
hij zal	zijn.	er wird	sein.	Fehlt im Ndl.
wij zullen		wir werden		
gij zult		ihr werdet		
zij zullen		sie werden		

Futurum exaktum. Volmaakt toek. tijd.

Ik zal		Ich werde		
—		du wirst		
hij zal	geweest zijn.	er wird	gewesen sein.	Fehlt im Ndl.
wij zullen		wir werden		
gij zult		ihr werdet		
zij zullen		sie werden		

Futurum präteritum. Toekomende verl. tijd

ik zou(de)		Ich würde		Ik zoude	
—		du würdest		—	
hij zou(de)	zijn.	er würde	sein.	hij zoude	zijn.
wij zouden		wir würden		wij zouden	
gij zoudt		ihr würdet		gij zoudet	
zij zouden		sie würden		zij zouden	

Futurum exaktum prät. Volm. toek. verl. tijd.

Ik zou(de)		Ich würde		Ik zoude	
—		du würdest		—	
hij zou(de)	geweest zijn.	er würde	gewesen sein.	hij zoude	geweest zijn.
wij zouden		wir würden		wij zouden	
gij zoudt		ihr würdet		gij zoudet	
zij zouden		sie würden		zij zouden	

Imperativ. Gebiedende wijs.

S. Wees!, sei!.   P. Weest! seid!

Aufgabe.

8.

Übersetze: Die Frau war neunzig Jahre alt. Die Hunde waren wach. Der König ist in England. Die Eier werden selten sein. Der König ist in Hannover gewesen. Der Wirt würde schlau gewesen sein. Die Grille war faul (lui) gewesen. Es ist gut. Der Geizhals wird sehr unglücklich sein. Du bist nichts ärmer als zuvor. Sei ruhig! Er würde wütend gewesen sein. Seid nicht faul! Wir würden reicher gewesen sein. Wäre der König nur hier! Der Schatz ist in dem Garten. Sei glück= lich! Wir sind. Wir waren. Sie sind. Sie wären gewesen. Ihr seid gewesen. Er ist gewesen. Er sei gewesen. Wir wären gewesen. Sie seien gewesen. Ich werde sein. War der Edel= mann stolz? Würde er der erste gewesen sein?

Sechste Lektion.

Onverschilligheid van een geleerde.

Een geleerde was in zijn studeervertrek bezig met een groot boek te schrijven. Een knecht kwam verschrikt toeloopen en riep hem toe: „Mijnheer, mijnheer, er is brand in huis!“ — Koeltjes antwoordde hierop de geleerde: „Ga dan mijne vrouw waarschuwen, gij weet wel, dat ik mij niet met het huishouden bemoei“.

De onverschilligheid die Gleich= gültigkeit	bezig beschäftigt
een geleerde ein Gelehrter	groot groß
eenen geleerde einen Gelehrten	verschrikt erschrocken
zijn studeervertrek sein Studier=	koel(tjes) kühl, ruhig
een boek ein Buch [zimmer	hierop hierauf
de brand (m.) die Feuersbrunst	dan so
het huis das Haus	wel wohl, ja
mijne vrouw meine Gattin	er is brand es brennt
het huishouden ⎱ die Haus=	ga waarschuwen warne, geh
de huishouding (f.) ⎰ haltung	und warne

* schrijven schreiben; ik schrijf, ik schreef, ik heb geschreven
(!) komen kommen; ik kom, ik (hij) kwam, ik ben gekomen
* toeloopen her(an)beilaufen; ik loop toe, ik liep toe, ik ben toegeloopen
* toeroepen zurufen; ik roep toe, ik riep toe, ik heb toegeroepen
(!) weten wissen; ik weet, ik wist, ik heb geweten
  bemoeien (zich) sich bemühen, sich mischen in; ik bemoei mij, ik bemoeide mij, ik heb mij bemoeid.

Übung.

Waarmede was de geleerde bezig? Waar schreef hij?
Wat riep de verschrikte knecht hem toe?
Wat antwoordde de geleerde koeltjes?
Waarmede bemoeide hij zich niet?
Welke eigenschap (Eigenschaft) had dus (also) de geleerde?

Die Hilfszeitwörter. (Fortsetzung).

§ 183. **Hebben haben.**

Infinitiv.

Präsens.	**Perfekt.**
Hebben haben.	Gehad hebben gehabt haben.

Partizip.

Präsens.	**Perfekt.**
Hebbende habend.	Gehad gehabt.

Indikativ. | **Konjunktiv.**

Präsens.

Ik heb ich habe	Ik hebbe ich habe
— du hast	— du habest
hij heeft er hat	hij hebbe er habe
wij hebben wir haben	wij hebben wir haben
gij hebt ihr habt	gij hebbet ihr habet
zij hebben sie haben.	zij hebben sie haben.

Imperfekt.

Ik had ich hatte	Ik hadde ich hätte
— du hattest	— du hättest
hij had er hatte	hij hadde er hätte
wij hadden wir hatten	wij hadden wir hätten
gij hadt ihr hattet	gij haddet ihr hättet
zij hadden wir hatten.	zij hadden sie hätten.

Perfekt.

Ik heb	Ich habe		Ik hebbe	Ich habe	
—	du hast		—	du habest	
hij heeft	er hat	gehad.	hij hebbe	er habe	gehabt.
wij hebben	wir haben		wij hebben	wir haben	
gij hebt	ihr habt		gij hebt	ihr habet	
zij hebben	sie haben		zij hebben	sie haben	

Plusquamperfekt.

Ik had	Ich hatte		Ik hadde	Ich hätte	
—	du hattest		—	du hättest	
hij had	er hatte	gehad.	hij hadde	er hätte	gehabt.
wij hadden	wir hatten		wij hadden	wir hätten	
gij hadt	ihr hattet		gij haddet	ihr hättet	
zij hadden	sie hatten		zij hadden	sie hätten	

Futurum.

Ik zal		Ich werde		
—		du wirst		
hij zal	hebben.	er wird	haben.	Fehlt im Ndl.
wij zullen		wir werden		
gij zult		ihr werdet		
zij zullen		sie werden		

Futurum exaktum.

Ik zal		Ich werde		
—		du wirst		
hij zal	gehad hebben.	er wird	gehabt haben.	Fehlt im Ndl.
wij zullen		wir werden		
gij zult		ihr werdet		
zij zullen		sie werden		

Futurum präteritum.

Ik zou(de)		Ich würde		Ik zoude	
—		du würdest		—	
hij zou(de)	hebben.	er würde	haben.	hij zoude	hebben.
wij zouden		wir würden		wij zouden	
gij zoudt		ihr würdet		gij zoudet	
zij zouden		sie würden		zij zouden	

Futurum exaktum präteritum.

Ik zou(de)		Ich würde		Ik zoude	
—		du würdest		—	
hij zou(de)	gehad hebben.	er würde	gehabt haben.	hij zoude	gehad hebben.
wij zouden		wir würden		wij zouden	
gij zoudt		ihr würdet		gij zoudet	
zij zouden		sie würden		zij zouden	

Imperativ.

S. Heb! habe! | *P.* Hebt! habt!

Aufgabe.

9.

Übersetze: Der König hatte Eier zu (voor) seinem Frühstück. Der Wirt hatte eine Rechnung gehabt. Die Grille wird den ganzen Sommer singen. Wir werden einen langen Winter haben. Man hat den Schatz gestohlen, der im Garten war. Du wirst den Schatz nicht heben. Der Bürgersmann sagte: „Bediente habe ich nicht." Ich werde die Ehre haben, Ihnen (U) Bücher zu geben. Er hat ein großes Buch geschrieben. Habe Geduld! (die Geduld = het geduld). Habt Mut! (der Mut = de moed). Ich würde Geduld gehabt haben. Du hast gehabt. Wir hätten gehabt. Er hat gehabt. Wir würden gehabt haben.

Siebente Lektion.

Gestrafte gulzigheid.

Een hond, die een stuk vleesch in zijn bek hield, zwom over eene rivier. Toen hij zijne beeltenis in 't water bemerkte, meende hij een anderen hond te zien, die een ander stuk in den bek had. Vol begeerlijkheid, wilde hij **het hem** afnemen en liet zijn stuk vleesch los. Hij was het nu voor altijd kwijt, en hoe groot was zijne verbazing, toen hij den anderen hond insgelijks zonder zijn vleesch zag, even bedroefd kijkende als hij.

De gulzigheid die Gefräßig-	gestraft bestraft
een stuk ein Stück [keit	vol voll
het vleesch das Fleisch	kwijt quitt, los
zijn bek *(m.)* sein Maul	groot groß
eene rivier ein Fluß	bedroefd betrübt, traurig
zijne beeltenis sein Bild	even ebenso, gerade so
het water das Wasser	kijkende aussehend
de begeerlijkheid die Begier(de)	insgelijks gleichfalls
de verbazing *(f.)* das Erstaunen	zonder sonder, ohne

(!) houden halten; ik houd, ik hield, ik heb gehouden
  * zwemmen schwimmen; ik zwem, ik zwom, ik heb gezwommen
    bemerken bemerken; ik bemerk, ik bemerkte, ik heb bemerkt
    meenen meinen, glauben; ik meen, ik meende, ik heb gem.
(!) zien sehen; ik zie, ik zag, ik heb gezien
    afnemen abnehmen; ik neem af, ik nam af, ik heb afgenomen
  * loslaten loslassen; ik laat los, ik liet los, ik heb losgelaten.

Übung.

Wat hield de hond in zijn bek?
Waarover (Worüber) zwom hij?
Waar bemerkte hij zijne beeltenis?
Wat meende hij daarin te zien?
Waarmede meende hij dien anderen hond te zien?
Wat wilde hij vol begeerlijkheid doen?
Wat geschiedde (geschah) met zijn stuk vleesch?
Wanneer (Wann) was zijne verbazing groot?

Die Hilfszeitwörter. (Schluß.)

§ 184. Zullen werden, sollen.

Dieses Hilfszeitwort, welches sowohl dem deutschen werden, als dem sollen entspricht, hat nur folgende fünf Formen:

1. Infinitiv Präsens: zullen.
2. Partizip Präsens: zullende.
3. Indikativ Präsens.

Ik zal ich werde, soll	wij zullen wir werden, sollen
— du wirst, sollst	gij zult ihr werdet, sollt
hij zal er wird, soll	zij zullen sie werden, sollen.

4. Indikativ Imperfekt.   5. Konjunktiv Imperfekt.

Ik zou(de)	Ich würde, sollte	Ik zoude
—	du würdest, solltest	—
hij zou(de)	er würde, sollte	hij zoude
wij zouden	wir würden, sollten	wij zouden
gij zoudt	ihr würdet, solltet	gij zoudet
zij zouden.	sie würden, sollten.	zij zouden.

§ 185. **Worden werden.**

Infinitiv.

Präsens.	**Perfekt.**
Worden werden.	Geworden zijn ... worden sein.

Partizip.

Präsens.	**Perfekt.**
Wordende werdend.	Geworden ... worden.

Indikativ.   Konjunktiv.

Präsens.

Ik word ich werde	Ik worde ich werde
— du wirst	— du werdest
hij wordt er wird	hij worde er werde
wij worden wir werden	wij worden wir werden
gij wordt ihr werdet	gij wordet ihr werdet
zij worden, sie werden.	zij worden sie werden.

Imperfekt.

Ik werd ich wurde, ward	Ik werde ich würde
— du wurdest, wardst	— du würdest
hij werd er wurde, ward	hij werde er würde
wij werden wir wurden	wij werden wir würden
gij werdt ihr wurdet	gij werdet ihr würdet
zij werden sie wurden.	zij werden sie würden.

Perfekt.

Ik ben		Ich bin		Ik zij		Ich sei	
—		du bist		—		du seist	
hij is		er ist		hij zij		er sei	
wij zijn	geworden.	wir sind	worden.	wij zijn	geworden.	wir seien	worden.
gij zijt		ihr seid		gij zijt		ihr seiet	
zij zijn		sie sind		zij zijn		sie seien	

Plusquamperfekt.

Ik was		Ich war		Ik ware		Ich wäre	
—		du warst		—		du wärest	
hij was	geworden.	er war	worden.	hij ware	geworden.	er wäre	worden.
wij waren		wir waren		wij waren		wir wären	
gij waart		ihr waret		gij waret		ihr wäret	
zij waren		sie waren		zij waren		sie wären	

Futurum.

Ik zal		Ich werde		
—		du wirst		
hij zal	worden.	er wird	werden.	Fehlt im Ndl.
wij zullen		wir werden		
gij zult		ihr werdet		
zij zullen		sie werden		

Futurum exaktum.

Ik zal		Ich werde		
—		du wirst		
hij zal	geword. zijn.	er wird	worden fein.	Fehlt im Ndl.
wij zullen		wir werden		
gij zult		ihr werdet		
zij zullen		sie werden		

Futurum präteritum.

Ik zou(de)		Ich würde		Ik zoude	
—		du würdest		—	
hij zou(de)	worden.	er würde	werden.	hij zoude	worden.
wij zouden		wir würden		wij zouden	
gij zoudt		ihr würdet		gij zoudet	
zij zouden		sie würden		zij zouden	

Futurum exaktum präteritum.

Ik zou(de)		Ich würde		Ik zoude	
—		du würdest		—	
hij zou(de)	geword. zijn.	er würde	worden fein.	hij zoude	geword. zijn.
wij zouden		wir würden		wij zouden	
gij zoudt		ihr würdet		gij zoudet	
zij zouden		sie würden		zij zouden	

Imperativ.

S. Word! werde! | *P.* Wordt! werdet!

Aufgabe.

10.

Übersetze: Die Frau würde vergessen worden sein. Der Finger würde ihr auf den Mund gelegt werden. Schlafende Hunde werden geweckt. Die Eier werden gelegt sein. In einer Dorfschenke wird übernachtet. Die Grillen würden den ganzen

Sommer fingen. Werde glücklich! Der Geizhals würde bestohlen
worden sein. Ein Stein wird an die Stelle gelegt. Das Buch
wäre geschrieben worden. Werdet nicht (niet) betrübt! Die
anderen Hunde wurden gesehen. Ich wäre bemerkt worden. Sie
werden losgelassen werden. Wir würden vergessen worden sein.
Wird der Geizhals bestohlen? Würden Sie vergessen worden
sein? Sind die schlafenden Hunde nicht geweckt worden? Werden
wir nicht bemerkt werden? Würde die Grille den ganzen Som=
mer gesungen haben?

Achte Lektion.

De bedrogen bedrieger.

Eens stortregende het te Londen. Een rijk koopman,
die van de Beurs kwam, bemerkt eene vigilante, stapt er
in, en laat zich naar eene zeer ver verwijderde wijk van
de stad brengen.

Onderweg bemerkt de koopman, dat hij vergeten heeft
zijne portemonnaie bij zich te steken.

Wat nu te doen?

Voor het huis aangekomen, waar hij wezen moest,
stapte hij uit de vigilante en zeide tot den koetsier:
„Wees zoo goed een lucifertje te geven, ik heb een souverein in 't rijtuig laten vallen".

Dadelijk legt de koetsier de zweep over 't paard en
verdwijnt weldra om den hoek van de straat.

De bedrieger der Betrüger   de zweep die Peitsche
een koopman ein Kaufmann   het paard das Pferd
de Beurs die Börse (Gebäude)   de hoek (m.) die Ecke
de beurs der Geldbeutel   de straat die Straße
eene vigilante eine Droschke   te Londen in (zu) London
de wijk (f.) der Stadtteil   bedrogen betrogen
de stad die Stadt   verwijderd entfernt
zijne portemonnaie sein Porte=   aangekomen angekommen
    monnaie   eens einst, eines Tags
het huis das Haus   ver weit
de koetsier der Kutscher,   onderweg unterwegs
    Droschkenführer   voor (Ortsbestimmung) vor
een lucifer(tje) ein Schwefel=   dadelijk sofort, sogleich
    hölzchen   over über, auf
een souverein ein Souvereign   weldra bald
het rijtuig der Wagen, die Droschke
hij stapt er in er steigt hinein; hij stapte uit er stieg aus

hij laat zich brengen er läßt sich (bringen), führen, fahren

ik heb geld laten vallen ich habe Geld fallen lassen

stortregenen platzregnen; het stortregent, het stortregende, het heeft gestortregend

* verdwijnen verschwinden; ik verdwijn, ik verdween, ik ben verdwenen.

Übung.

Vanwaar (Woher) kwam de rijke koopman?

Wat bemerkte hij?

Waarom wilde hij eene vigilante hebben? Omdat (Weil) ...

Waarheen liet hij zich brengen?

Wat bemerkte de koopman onderweg?

Wanneer stapte hij uit de vigilante?

Wat zeide hij tot den koetsier?

Wat deed de koetsier? Wie was bedrogen?

Über die negative und interrogative Verbalform.

§ 186. Die negative (verneinende) Form wird im Niederländischen durch das Adverb **niet** (nicht) ausgedrückt, das im Indikativ, Imperativ und Konjunktiv wie im Deutschen nach dem Verbum seine Stelle hat. — Demnach lautet die negative Form von **zijn** und **hebben**:

Infinitiv.
Präsens.

Niet zijn (wezen) nicht sein. | Niet hebben nicht haben.

Perfekt.

Niet geweest zijn nicht gewesen sein. | Niet gehad hebben nicht gehabt haben.

Partizip.
Präsens.

Niet zijnde (wezende) nicht seiend. | Niet hebbende nicht habend.

Perfekt.

Niet geweest nicht gewesen. | Niet gehad nicht gehabt.

Indikativ.
Präsens.

Ik ben niet ich bin nicht, u. s. f. | Ik heb niet ich habe nicht, u. s. f.

Imperfekt.

Ik was niet ich war nicht, u. s. f. | Ik had niet ich hatte nicht, u. s. f.

Perfekt.

Ik ben niet geweest ich bin nicht gewesen, u. s. f. | Ik heb niet gehad ich habe nicht gehabt, u. s. f.

Plusquamperfekt.

Ik was niet geweest ich war nicht gewesen, u. s. f. | Ik had niet gehad ich hatte nicht gehabt, u. s. f.

Futur.

Ik zal niet zijn ich werde nicht sein, u. s. f. | Ik zal niet hebben ich werde nicht haben, u. s. f.

Futurum exaktum.

Ik zal niet geweest zijn ich werde nicht gewesen sein, u. s. f. | Ik zal niet gehad hebben ich werde nicht gehabt haben, u. s. f.

Futurum präteritum.

Ik zou niet zijn ich würde nicht sein, u. s. f. | Ik zou niet hebben ich würde nicht haben, u. s. f.

Futurum exaktum präteritum.

Ik zou niet geweest zijn ich würde nicht gewesen sein, u. s. f. | Ik zou niet gehad hebben ich würde nicht gehabt haben, u. s. f.

Imperativ.
Präsens.

S. Wees niet! Sei nicht! | S. Heb niet! Habe nicht!
P. Weest niet! Seid nicht! | P. Hebt niet! Habt nicht!

Konjunktiv.
Präsens.

Ik zij niet ich sei nicht, u. s. f. | Ik hebbe niet ich habe nicht, u. s. f.

Imperfekt.

Ik ware niet ich wäre nicht, u. s. f. | Ik hadde niet ich hätte nicht, u. s. f.

Perfekt.

Ik zij niet geweest ich sei nicht gewesen, u. s. f. | Ik hebbe niet gehad ich habe nicht gehabt, u. s. f.

Plusquamperfekt.

Ik ware niet geweest ich wäre nicht gewesen, u. s. f. | Ik hadde niet gehad ich hätte nicht gehabt, u. s. f.

Futurum präteritum.

Ik zoude niet zijn ich würde nicht sein, u. s. f. | Ik zoude niet hebben ich würde nicht haben, u. s. f.

Futurum exaktum präteritum.

Ik zoude niet geweest zijn ich würde nicht gewesen sein, u. s. f. | Ik zoude niet gehad hebben ich würde nicht gehabt haben, u. s. f.

§ 187. Die interrogative (fragende) Form wird wie im Deutschen gebildet: das Pronom oder Substantiv tritt hinter das Verbum, sowie schon aus den Beispielen in der ersten und zweiten Lektion ersichtlich ist. In derselben Weise werden alle übrigen interrogativen Formen gebildet. Also: was ik? had ik? — ben ik geweest? heb ik gehad? — was ik geweest? had ik gehad? — zou ik zijn? zou ik hebben? — u. ſ. f.

§ 188. Die negative Frageform wird gleichfalls wie im Deutſchen gebildet, indem das Subjekt hinter das Verbum und *niet* unmittelbar hinter das Subjekt geſetzt wird, z. B.: Ben ik niet? Heb ik niet? — Was ik niet? Had ik niet? — Ben ik niet geweest? Heb ik niet gehad? — Was ik niet geweest? Had ik niet gehad, u. ſ. f.

§ 189. Bei allen übrigen Verben findet die Bildung der oben beſprochenen Formen genau in derſelben Weiſe ſtatt.

Aufgabe.

11.

Überſetze: Der Tod hat die alte Frau nicht vergeſſen. Man ſollte nicht ſchlafende Hunde wecken. Der Wirt wird ihm die Eier nicht beſorgen. Es war noch (nog) nicht Winter geworden. Der Nachbar würde nicht unglücklich geweſen ſein. Du würdeſt deinen Schatz doch nicht haben. Bin ich nicht ärmer als zuvor? Würde er nicht wütend werden können? Hat er nicht Bediente gehabt? Sei nicht ſtolz! Wir würden nicht geſchrieben haben. Er beſchäftigt ſich nicht mit dem Haushalt. War ſein Erſtaunen nicht groß? Der Hund hatte nicht ein andres Stück Fleiſch. Seid ihr nicht glücklich? War er nicht freundlich? Werdet nicht ſtolz! Würden wir nicht die Ehre gehabt haben? War der Knecht nicht erſchrocken? Der Gelehrte wollte nicht antworten. Würde der König nicht in der Dorfſchenke haben übernachten wollen?

Neunte Lektion.

In een medicijnkist verdronken.

De dokter van een Engelsch schip placht bij alle ongesteldheden zout water aan zijn patienten voor te schrijven. Zekeren avond, bij gelegenheid van een zeilpartij, viel hij over boord en verdronk. Den volgenden dag vraagde de kapitein, die niets van het ongeval wist, een van de matrozen: „Weet gij ook waar de dokter is?" „Ja wel", antwoordde Jack, „hij is gisteren nacht in zijn eigen medicijnkist verdronken".

De dokter[1]) = de geneesheer   de ongesteldheid (*P.* de onge-
    der Doktor, der Arzt   steldheden) die Unpäßlich-
het schip das Schiff   keit, das Unwohlſein

---

1) In der Umgangsſprache wird im Ndl. nur der *Dr. med.* mit *Dokter* angeredet.

het zout das Salz

zout water Salzwasser

de avond der Abend

de gelegenheid die Gelegenheit

het zeil das Segel

de partij die Partie

zeilpartij Nachenpartie

het boord der Bord

de kapitein der Kapitän

het ongeval der Unfall

de matroos (P. de matrozen) der Matrose

de medicijnkist die Medizinkiste

Engelsch englisch

zeker gewiß

volgende folgend, nächst

iets voorschrijven etwas verschreiben

aan zijne an seine, seinen

ja wel doch; gisteren gestern

* plegen pflegen, gewohnt sein; ik pleeg, ik (hij) placht

* verdrinken ertrinken; ik verdrink, ik (hij) verdronk, ik ben (hij is) verdronken

(*) vragen fragen; ik vraagde (oder vroeg), hij heeft gevraagd.

Übung.

Wat placht de Engelsche geneesheer bij alle ongesteldheden voor te schrijven?

Aan wie schreef hij dat voor?

Wanneer en bij welke gelegenheid viel hij over boord en
verdronk hij?

Waarvan wist de kapitein niets?

Wat vraagde hij aan een van de matrozen?

Wat antwoordde Jack?

Von dem Zeitwort.

§ 190. Beispiele
der schwachen Konjugation. (Siehe § 166—181.)

Infinitiv.
Präsens.

Antwoorden antworten.	Wenschen wünschen.

Perfekt.

Geantwoord hebben geantwortet haben.	Gewenscht hebben gewünscht haben.

Partizip.
Präsens.

Antwoordende antwortend.	Wenschende wünschend.

Perfekt.

Geantwoord geantwortet.	Gewenscht gewünscht.

Indikativ.
Präsens.

Ik antwoord ich antworte	Ik wensch ich wünsche
—	—
hij antwoordt	hij wenscht

wij antwoorden			wij wenschen		
gij antwoordt			gij wenscht		
zij antwoorden.			zij wenschen.		

Imperfelt.

Ik antwoordde ich antwortete			Ik wenschte ich wünschte		
—			—		
hij antwoordde			hij wenschte		
wij antwoordden			wij wenschten		
gij antwoorddet			gij wenschtet		
zij antwoordden.			zij wenschten.		

Perfelt.

Ik heb		ich habe geant- wortet.	Ik heb		ich habe gewünscht.
—			—		
hij heeft	geantwoord		hij heeft	gewenscht	
wij hebben			wij hebben		
gij hebt			gij hebt		
zij hebben			zij hebben		

Plusquamperfelt.

Ik had		ich hatte geant- wortet.	Ik had		ich hatte gew.
—			—		
hij had	geantwoord		hij had	gewenscht	
wij hadden			wij hadden		
gij hadt			gij hadt		
zij hadden			zij hadden		

Futur.

Ik zal		ich werde antwor- ten.	Ik zal		ich werde wün- schen.
—			—		
hij zal	antwoorden		hij zal	wenschen	
wij zullen			wij zullen		
gij zult			gij zult		
zij zullen			zij zullen		

Futurum exaktum.

Ik zal		ich werde geant- wortet haben.	Ik zal		ich werde ge- wünscht haben.
—			—		
hij zal	geantw. hebben		hij zal	gewenscht h.	
wij zullen			wij zullen		
gij zult			gij zult		
zij zullen			zij zullen		

Futurum präteritum.

Ik zou(de)		ich würde antwor- ten.	Ik zou(de)		ich würde wün- schen.
—			—		
hij zou(de)	antwoorden		hij zou(de)	wenschen	
wij zouden			wij zonden		
gij zoudt			gij zoudt		
zij zouden			zij zouden		

Futurum exaktum präteritum.

Ik zou(de)	geantw. hebben	ich würde geant= wortet haben.	Ik zou(de)	gewenscht h.	ich würde ge= wünscht haben.
—			—		
hij zou(de)			hij zou(de)		
wij zouden			wij zouden		
gij zoudt			gij zoudt		
zij zouden			zij zouden		

Imperfekt.

S. Antwoord.	S. Wensch.
P. Antwoordt.	P. Wenscht.

Konjunktiv.
Präsens.

Ik antwoorde ich-antworte	Ik wensche ich wünsche
—	—
hij antwoorde	hij wensche
wij antwoorden	wij wenschen
gij antwoordet (antwoordt)	gij wenschet (wenscht)
zij antwoorden.	zij wenschen.

Imperfekt.

Ik antwoordde ich antwortete	Ik wenschte ich wünschte
—	—
hij antwoordde	hij wenschte
wij antwoordden	wij wenschten
gij antwoorddet	gij wenschtet
zij antwoordden.	zij wenschten.

Perfekt.

Ik hebbe	geantwoord	ich habe geant= wortet.	Ik hebbe	gewenscht	ich habe gewünscht.
—			—		
hij hebbe			hij hebbe		
wij hebben			wij hebben		
gij hebbet			gij hebbet		
zij hebben			zij hebben		

Plusquamperfekt.

Ik hadde	geantwoord	ich hätte geant= wortet.	Ik hadde	gewenscht	ich hätte gewünscht.
—			—		
hij hadde			hij hadde		
wij hadden			wij hadden		
gij haddet			gij haddet		
zij hadden			zij hadden		

Futurum präteritum.

Ik zoude	antwoorden	ich würde ant= worten.	Ik zoude	wenschen	ich würde wün= schen.
—			—		
hij zoude			hij zoude		
wij zouden			wij zouden		
gij zoudet			gij zoudet		
zij zouden			zij zouden		

Futurum exaktum präteritum.

Ik zoude		ich würde geant=
—		wortet haben.
hij zoude	geantw. hebben	
wij zouden		
gij zoudet		
zij zouden		

Ik zoude		ich würde ge=
—		wünscht haben.
hij zoude	gewenscht h.	
wij zouden		
gij zoudet		
zij zouden		

Nach diesen Mustern werden alle schwachen Zeitwörter im Niederländischen konjugiert; man beachte dabei die orthographischen Regeln (S. 13 ff.).

Aufgaben.

12. Wie lauten die einfachen Zeiten von: zeggen, leggen, maken?

13. Wie die zusammengesetzten Zeiten von: vernachten, gebruiken, bezorgen?

14. Wie die interrogativen Formen von: zetten, dansen, klagen?

15. Wie die negativen Formen von: bedreigen, gelasten?

16. Wie die negative Frageform von: bemerken, meenen?

Zehnte Lektion.

Tantalus.

Tantalus, de zoon van Jupiter, was bij de goden zoo bemind, dat Jupiter hem tot de maaltijden der goden toeliet en hem zijne plannen voor de toekomst toevertrouwde. Maar Tantalus deelde, wat hij van zijn vader gehoord had, aan de stervelingen mede. Wegens deze misdaad werd hij in de onderwereld in het water gezet. Hij moest echter altijd dorst lijden, want zoo dikwijls hij een dronk wilde nemen, ging het water weg. Er hingen appels boven zijn hoofd, maar telkens als hij die trachtte af te plukken, dreef de wind de takken weg. Volgens anderen moet er een rots boven zijn hoofd hebben gehangen, en leefde hij in de eeuwigdurende vrees, dat deze zou instorten.

De zoon der Sohn
God Gott
de goden die Götter
de maaltijd (m.) (P. de maaltijden) die Mahlzeit

het plan (P. de plannen) der Plan
de toekomst die Zukunft
zijn vader sein (der) Vater
de sterveling (P. de stervelingen) der Sterbliche

5 *

deze misdaad biefe Frevelthat	bemind geliebt
de onderwereld bie Unterwelt	eeuwig ewig
de dorst ber Durſt	durend dauernd, während
een dronk ein Trunk [Apfel	wegens wegen
de appel (*P.* de appels) ber	volgens nach, laut
zijn hoofd (*n.*) ſein Kopf	boven über
de wind ber Wind	echter jedoch
de tak (*P.* de takken) ber Aſt	maar aber, allein
een(e) rots (*f.*) ber Felſen	want benn
de vrees bie Furcht	telkens jedesmal

gezet worden geſetzt werden; hij werd gezet er ward geſetzt

er hingen es (ba) hingen

dorst lijden Durſt leiden, bürſten

* *toe*laten zulaſſen; ik laat toe, ik liet toe, ik heb (ben) toe- gelaten

*toe*vertrouwen zutrauen; ik vertrouw toe, ik vertrouwde toe, ik heb toevertrouwd

*mede*deelen mitteilen; ik deel mede, ik deelde mede, ik heb medegedeeld

hooren hören; ik hoor, ik hoorde, ik heb gehoord

* nemen nehmen; ik neem, ik nam, ik heb genomen

(!) *weg*gaan weggehen; ik ga weg, ik ging weg, ik ben weggegaan

* hangen hangen; ik hang, ik hing, ik heb gehangen

*af*plukken abpflücken; ik pluk af, ik plukte af, ik heb afgeplukt

* *weg*drijven wegtreiben; ik drijf weg, ik dreef weg, ik heb (ben) weggedreven

leven leben (ſiehe § 175).

Übung.

Wie was Tantalus?

Hoezeer (Wie) was hij bij de goden bemind?

Wat vertrouwden de goden hem toe?

Wat deelde Tantalus aan de stervelingen mede?

Hoe werd hij gestraft?

Kon hij (Konnte er) in de onderwereld zijnen dorst lesschen (löſchen)? Neen (Nein), want . . . . .

Waarom kon hij de appels boven zijn hoofd niet afplukken?

Wat moet er volgens anderen boven zijn hoofd gehangen hebben?

Wat vreesde (fürchtete) Tantalus voortdurend (fortwährend)?

Vom Subſtantive. Van het zelfstandig naamwoord.
Deklination und Mehrzahlbildung.

§ 191. Wie im Deutſchen kann das niederländiſche Sub- ſtantiv in der Einzahl (Enkelvoud, Singularis) ober in der

Mehrzahl (Meervoud, Pluralis) vorkommen; es kann im Nominativ, Genetiv, Dativ oder Akkusativ stehen; es gehört zum männlichen (mannelijk, masculinum), weiblichen (vrouwelijk, femininum) oder sächlichen Geschlecht (onzijdig, neutrum). Die Deklination (verbuiging) des Substantivs zeigt die Veränderungen im 2., 3. und 4. Fall der Einzahl und in allen Fällen (naamvallen) der Mehrzahl.

§ 192. Wie im Deutschen giebt es eine starke und eine schwache Deklination; die starken Substantive haben im Genetiv Sing. s, die schwachen (e)n.

§ 193. Über die Einzahl ist folgendes zu bemerken:

1°. Die weiblichen Wörter bleiben stets unverändert; ausgenommen die Familien- und Eigennamen, welche im Genitiv vor einem andern Substantiv stehen, diese erhalten s, z. B. moeders verjaardag Mutters Geburtstag; tantes hondje der kleine Hund meiner Tante; Maries hoed Mariens Hut. Steht bei letzteren Ausdrücken noch ein Pronom oder Adjektiv, so steht dieses immer im Nominativ: mijn (mein) moeders verjaardag, uw oude tantes hondje.

2°. Die männlichen und die sächlichen bekommen nur im Genetiv eine Kasusendung: die starken s, die schwachen (e)n. Schwach sind im Niederländischen nur a) die Personennamen auf e, de bode der Bote, de getuige der Zeuge u. s. w.; b) die männlichen substantivisch gebrauchten Adjektive und Partizipien (s. § 201), z. B. de wijze der Weise; de gevangene der Gefangene; de geleerde der Gelehrte; c) die Wörter heer Herr (ausgenommen in Zusammensetzungen: de huisheer Hausherr — des huisheers, de gastheer der Gastgeber), de hertog der Herzog, de graaf der Graf, de prins der Prinz, de vorst der Fürst, de profeet der Prophet, de paus der Papst, de mensch der Mensch, d) das sächliche Wort hart Herz, G. des harten.

3°. Der Genetiv wird im Niederländischen, besonders in der Umgangssprache und im gewöhnlichen Stil selten gebraucht, man umschreibt denselben durch die Präposition **van**: van den paus, van den mensch. Diese Umschreibung ist unbedingt erforderlich: a) für die Wörter, welche auf s, sch oder st enden; b) für die sächlichen auf e; z. B. van het huis (Haus), van het moeras

(Moor), van den loods (Lotse), **van het gebergte**
(Gebirge), van het einde (Ende).

4º. Der Akkusativ aller niederländischen Substantive und
meistens auch der Dativ (s. § 163) ist dem Nominativ
gleich.

§ 194. Für die Mehrzahl gelten folgende Regeln:[1])

1º. Die männlichen, weiblichen und sächlichen Wörter haben
in allen Fällen **en** oder **s** (ein paar sächliche haben früher
vor die Mehrzahlendung noch **er** eingeschoben, s. unten
nº. 4º. und 5º.).

2º. Mittels **s** bilden ihre Mehrzahl: a) alle Diminutiva (ver-
kleinwoordjes); z. B. het huisje Häuschen, de huisjes; het boompje Bäumchen, de boompjes; b) fast
alle Wörter auf **el, em, en, aar, ier, aard, erd** und
age; bei einigen ist auch die Endung **en** zulässig, die
Mehrzahl mittels **en** wird dann nur in gehobenem
Stil, die mittels **s** im gewöhnlichen Stil und in der
Umgangssprache gebraucht; z. B. de lepel Löffel, de
lepels; de bezem Besen, de bezems; de keten die
Kette, de ketens, de ketenen; de leeraar Gymnasial-
oder Reallehrer, de leeraars, de leeraren; de bankier
Bankier, de bankiers; de luiaard Faullenzer, de lui-
aards; de lieverd Liebling, de lieverds; het bosschage
das Wäldchen, de bosschages; -- die Wörter: engel
Engel, lauwer Lorbeer, wonder Wunder, Christen
Christ haben in der Mehrzahl nur **engelen, lauweren,
wonderen, Christenen**; c) die Wörter: de ra Rahe,
de raas; de vla Fladen, de vlaas; de eega Ehegatte,
de eegaas; de kok Koch, de koks; de bruigom
Bräutigam, de bruigoms; de vaandrig Fähnrich, de
vaandrigs; de maat Gefährte, de maats.

3º. Fast alle andren Substantive haben **en** (vgl. § 69 und
§ 125 über auslautendes **f** und **z**); de pen Feder,
de pennen; de hoed Hut, de hoeden; de duif Taube,
de duiven; de turf Torf, de turven; het huis, de
huizen; de muis Maus, de muizen.

Anmerkung. In Wörtern fremden Ursprungs steht meistens
s statt **z** (häufig einem deutschen **z** (ts) entsprechend), z. B.: de
struisen die Sträuße, de kruisen die Kreuze, de kaarsen die
Kerzen, de kersen die Kirschen, de dansen die Tänze, de kransen

---

1) Vgl. H. Paul, Prinzipien der Sprachgeschichte. 2. Aufl. S. 213.

die Kränze, de lansen die Lanzen, de schransen die Schranzen, de prinsen die Prinzen, de sponsen die Schwämme, de boomschorsen die Baumrinden, de pausen die Päpste, de sausen die Saucen, de kousen die Strümpfe.

4º· Einige sächlichen haben **eren**: het ei, de eieren; het goed Gut, Ware, de goederen; het kalf Kalb, de kalveren (oder kalven), het lam Lamm, de lammeren; het lied, de liederen; het rad, de raderen (auch de raden); het volk, de volkeren (auch de volken); het gemoed Gemüt, de gemoederen.

5º· Ein paar sächliche haben sowohl **eren** als **ers**: het blad Blatt, de bladeren, bladers; het hoen Huhn, de hoenderen, de hoenders; het kind, de kinderen, de kinders; het rund Rind, de runderen, de runders.

§ 195. Darstellung der Deklination der Substantiva.

A. Starke Deklination.

Einzahl.   Mehrzahl.

Männlich.

N. De leeraar   *N.* De leeraars, leeraren
G. des leeraars   *G.* der leeraars, leeraren
D. den leeraar   *D.* den leeraars, leeraren
A. den leeraar.   *A.* de leeraars, leeraren.

———

N. Een mond   *N.* Monden
G. eens monds   *G.* monden
D. eenen (een) mond   *D.* monden
A. eenen (een) mond.   *A.* monden.

Weiblich.

N. De vrouw   *N.* De vrouwen
G. der vrouw   *G.* der vrouwen
D. der (de) vrouw   *D.* den vrouwen
A. de vrouw.   *A.* de vrouwen.

———

N. Eene hand   *N.* Handen
G. eener hand   *G.* handen
D. eener (eene) hand   *D.* handen
A. eene hand.   *A.* handen.

Sächlich.

N. Het veld (Feld)   *N.* De velden
G. des velds   *G.* der velden
D. den velde (het veld)   *D.* den velden
A. het veld.   *A.* de velden.

———

N. Een boekje	N. Boekjes
G. eens boekjes	G. boekjes
D. een(en) boekje	D. boekjes
A. een boekje.	A. boekjes.

B.　Schwache Deklination.

Einzahl.　　　　　　　　Mehrzahl.

Männlich.

N. De bode	N. De boden
G. des boden	G. der boden
D. den bode	D. den boden
A. den bode.	A. de boden.

N. Een graaf	N. Graven
G. eens graven	G. graven
D. eenen (een) graaf	D. graven
A. eenen (een) graaf.	A. graven.

Sächlich.

N. Het (een) hart	N. De harten
G. des (eens) harten	G. der harten
D. den, het (eenen, een) hart(e)	D. den harten
A. het (een) hart.	A. de harten.

Aufgaben.

17. Dekliniere folgende Wörter:

de vorst, een getuige, de lepel, een boompje, de pen, eene moeder, het dorp Dorf, het boompje.

18. Bilde die Mehrzahl folgender Wörter:

de avond, het boek, de bruigom, de bek, de bezem, de beeltenis, de beurs, het boord, de bankier, de Christen, de dorpsherberg, de dokter, de dronk, de eega, de engel, het goed, de guinje, de gierigaard, de geneesheer, de hond, de herbergier, het huis, de hoek, het hoofd, het jaar, de krekel, de kok, de koning, de knecht, de koetsier, de lauwer, het lucifertje, de mond, de matroos, de medicijnkist, de misdaad, de maaltijd, de nacht, de onderwereld, de heer, de gastheer, de hertog, de prins, de keten, de duif, het lam, het rund, het gemoed, het lied, de luiaard, het huisje, de loods, het einde, het huis, het gebergte, de klinker, de maat, de medeklinker, de muis, het ongeval, de profeet, de plaats, het paard, de paus, de patient, het plan, de ra, de reiziger, de rekening, de rivier, het rijtuig, de rots, de schat, de steen, de schouwburg, de stokslag, het studeervertrek, het stuk, de straat, de sterveling, de tuin, de turf, de twist, de tak, de vaandrig, de vla, de vrouw, de vorst, het volk, de vinger, de vrek, de vader, de winter, de wind, het wonder, de zomer, de zweep, de zeilpartij.

Elfte Lektion.

De twist.

Twee kleine jongens hadden eene noot gevonden en raakten daarover hevig aan 't twisten. — „Zij is voor mij", zeide een hunner; „want ik heb haar het eerst gezien". — „Neen, zij behoort mij", sprak de andere; „ik heb haar het eerst opgeraapt". — Zij werden handgemeen, toen een derde jongen, die getuige was van den twist tot hen zeide; „Kom, ik zal uwen twist beslechten". — Hij plaatste zich tusschen de beide jongens, kraakte de noot en zeide: „Een der doppen behoort hem, die de noot het eerst gezien heeft, de andere is voor hem, die ze 't eerst heeft opgeraapt. Wat de pit aangaat, die houd ik voor 't vellen van het vonnis. — De beide kleine jongens waren nog niet van hune verbazing bekomen, toen de rechter, in zijne hooge wijsheid, de noot reeds had opgegeten. Zij begrepen nu dat men niets wint met twisten.

De twist der Zwist, Streit	de beide jongens die beiden Kna=
de jongen der Knabe	daarover darüber [ben
eene noot eine Nuß	neen nein
de dop *(m.)* die Schale	tusschen zwischen
de pit *(f.)* der Kern	reeds schon
het vellen der Ausspruch	raken geraten
het vonnis das Urteil	twisten zwisten, zanken
het vonnis vellen ein Urteil	behooren gehören
sprechen	oprapen aufheben
hunne verbazing ihr Erstau=	handgemeen worden sich balgen,
nen	aneinander geraten
de rechter der Richter	beslechten schlichten
de wijsheid die Weisheit	plaatsen stellen
twee zwei	kraken aufknacken
hevig heftig	wat . . . aangaat was . . . be=
een hunner einer von ihnen	betrifft, anbelangt
het eerst zuerst	vellen aussprechen
een derde ein dritter	bekomen van . . . sich erholen von

* vinden finden; ik vind, ik vond, ik heb gevonden
* spreken sprechen; ik spreek, ik sprak, ik heb gesproken
* begrijpen begreifen; ik begrijp, ik begreep, ik heb begrepen
* winnen gewinnen; ik win, ik won, ik heb gewonnen.

Übung.

Wat deden de jongens nadat (nachdem) zij eene noot gevonden hadden? Zij . . .

Waarom wilde de eerste de noot voor zich houden?
Wat meende de andere?
Hoe eindigde de twist?
Wat zeide de derde jongen, die getuige was van den twist?
Waar plaatste deze zich?
Wat zeide hij, toen hij de noot kraakte?
Wat hield hij voor het vellen van het vonnis?
Hoe spoedig (Wie bald) had de rechter de noot opgegeten?
  (Nog voordat ... Noch bevor ...)
Wat begrepen zij nu?

Vom Substantiv. (Fortsetzung.)
Besondere Regeln für die Mehrzahlbildung.

§ 196. Von den Substantiven, welche bei verschiedener Mehrzahlsendung eine verschiedene Bedeutung haben, merke man sich besonders folgende:[1]

broeders Brüder	broederen Mitmenschen
dochters Töchter	dochteren weibliche Nachkommen
heidens Zigeuner	heidenen Heiden
hemels Betthimmel	hemelen Firmament [knechte
knechts Knechte.	knechten Sklaven (fig.), Lands=
letters Buchstaben	letteren 1º Brief, 2º Litteratur
tafels Tische	tafelen (der wet) Gesetztafeln
vaders Väter	vaderen Vorfahren
waters Flüsse	wateren Fluten oder Wasserarten
wortels Wurzeln (in allen Be= deutungen)	wortelen Möhrchen, Karotten
zoons (zonen) Söhne	zonen männliche Nachkommen
beenen 1º Beine, 2º Knochen	beenderen das Gebein
bladen Blätter (in allen Be= deutungen)	bladeren Blätter der Bäume
kleeden Teppiche	kleederen, kleeren Kleider.

§ 197. Die Diminutiva (mittels **je**, **pje** oder **tje** gebildet) bekommen meistens s im Plural: het huisje, de huisjes: het boompje Bäumchen, de boompjes; het diertje Tierchen, de diertjes. — Einige haben in der Mehrzahl noch **er** vor der Diminutivendung: het eitje, de eitjes oder eiertjes; het blaadje Blättchen, de blaadjes oder bladertjes; het hoentje, de hoentjes oder hoendertjes; het lammetje Lämmchen, de lammetjes oder lammertjes; het radje, de raadjes, de ra-

---

1) Vgl. H. Paul, Prinzipien der Sprachgeschichte. 2. Aufl. S. 214.

dertjes. Kindje hat nur kindertjes in der Mehrzahl. Vgl. kleedjes = kleine Teppiche oder Röckchen und kleertjes = kleine Kleidungsstücke.

Anmerkung. Die **Diminutiva** werden im Niederländischen viel mehr gebraucht als im Deutschen, besonders im gewöhnlichen Stil und in der Umgangssprache.

§ 198. Einzahl und Mehrzahl sind bei einigen Wörtern verschieden:

1°. lid Körperglied, Mitglied, leden; gelid Reihe, Glied, gelederen; ooglid Augenlid, oogleden; schip Schiff, schepen; smid Schmied, smeden; stad Stadt, steden;

2°. vloo Floh, vlooien; koe Kuh, koeien; kleinood Kleinod, kleinoodiën (auch kleinooden), sieraad Zierat, sieradiën (auch sieraden);

3°. alle Wörter auf **—heid** haben **—heden** in der Mehrzahl: de gelegenheid, de gelegenheden; de goedheid, de goedheden;

4°. das Wort **man** hat neben der regelmäßigen Form mannen, a) die Form **man** in Verbindung mit Zahlwörtern: honderd (hundert) man; b) die Form **lieden** Leute oder **lui** in Zusammensetzungen, welche ein Amt oder einen Beruf andeuten: de staatsman, de staatslieden; de timmerman Zimmermann, de timmerlieden oder timmerlui; de landman, de landlieden oder landlui;

5°. was den Vokal betrifft in solchen Wörtern, welche im Plural den Vokal verlängert und die Konsonantenverdoppelung unterlassen haben; es sind besonders folgende:

Mit ă:	het bad das Bad,	ā:	de baden
	het blad das Blatt,		de bladen
	de dag der Tag,		de dagen
	het dak das Dach,		de daken
	het dal das Thal,		de dalen
	het gat das Loch,		de gaten
	het glas das Glas,		de glazen
	het pad der Pfad,		de paden
	het rad das Rad,		de raden
	de slag der Schlag,		de slagen
	het vat das Faß,		de vaten.
Mit ĕ:	het bevel der Befehl,	ē:	de bevelen
	het spel das Spiel,		de spelen.

Mit ö: het hol die Höhle,   ö: de holen
het lot das Los,   de loten
de god der Gott,   de goden
de afgod der Götze,   de afgoden
het slot das Schloß,   de sloten.

§ 199. Wie im Deutschen kommen einige Substantive nur in der Einzahl, andere nur in der Mehrzahl vor.

Nur in der Mehrzahl: a) die Wörter gelieven die Geliebten, hersens Gehirn, ingewanden Eingeweide, inkomsten Einkünfte, kosten Kosten, lieden Leute, mazelen Masern, ouders Eltern, pokken Blattern u. s. w.; b) die geographischen Namen: de Antillen, de Apennijnen, de Ardennen, de Balearen, de Cycladen, de Karpathen, de Pyreneeën.

Nur in der Einzahl: a) die Stoffnamen: de melk die Milch, de azijn der Essig; b) die Abstracta: de gehoorzaamheid der Gehorsam, het verdriet der Verdruß. Von den Abstracta, bei denen eine Mehrzahl zulässig ist, merke man sich besonders folgende, welche eine veränderte Pluralform haben: het bedrog Betrug, de bedriegerijen; het doel Zweck, de doeleinden; het gedrag Betragen, de gedragingen; de leer Lehre, de leeringen, leerstukken, leerstellingen; de twijfel Zweifel, de twijfelingen; de zegen Segen, zegeningen; de kennis Kenntnis, de kundigheden, (de kennissen = die Bekannten); c) die Substantive, welche mit einem Zahlwort einen Wert, ein Gewicht oder ein Maß bestimmen: twee *riem* (2 Ries) papier, acht *gros* (8 Gros) pennen, drie *vat* (3 Faß) bier, tien *pond* suiker 10 Pfund Zucker, vier el laken 4 Ellen Tuch, vijf *paar* kousen 5 Paar Strümpfe, twintig *gulden* oder *stuiver* 20 Gulden, Stüber; statt *cent* sagt man jedoch *cents*, vgl. zestig cents = 1 Mark und zestig centen 60 Münzstücke à 1 C.; tien ponden suiker = 10 Portionen à 1 Pfd.; 20 guldens = 20 Guldenstücke.

Deklination der Eigennamen und Fremdwörter.

§ 200. Für die Deklination der Eigennamen und Fremdwörter gelten noch folgende Regeln:

1º. Die Eigennamen, welche unmittelbar vor dem Substantiv stehen, von dem sie abhängig sind, bekommen im Gen. Sing. s: Willems vader, Karolines boek, Neerlands dichters Dichter, Bilderdijks werken Werke; in allen Fällen, wo eine Umschreibung mittels **van** angewandt wird, bleiben sie unverändert: de vader van Willem, het boek van Karoline, de dichters van Nederland, de werken van Bilderdijk.

2º. Diejenigen, welche auf s oder x enden, bekommen in obigem Fall nur einen Apostroph (siehe § 155, nº 2);

Floris' zoon, Beatrix' moeder; doch auch bei diesen, sowie bei denen auf st wird meistens die Umschreibung gebraucht: de zoon van Floris, de moeder van Beatrix, de broeder van Joost.

3º. Die Mehrzahl der Eigennamen wird gebildet mittels s, ausgenommen bei denen, welche auf s, sch oder st enden; diese bekommen (e)n: de Willems, de Maartens, de De Witts, de Cornelissen, de De Vriezen, de Van Heyden.

4º. Die meisten Fremdwörter bekommen s im Plural: de dame, de dames; de korporaal der Gefreite, de korporaals; de sergeant, de sergeants; de kapitein Kapitän, Hauptmann, de kapiteins; de officier, de officiers; de professor, de professors. In gehobenem Stil wird jedoch manchmal en statt s angehängt: de officieren, de professoren. Die Sachnamen auf ier, eur, oor bekommen immer en: het vizier Visier, de vizieren; het humeur Laune, de humeuren; het kwispedoor Spucknapf, de kwispedoren.

5º. In Eigennamen und Fremdwörtern, welche auf einen betonten Vokal auslauten, setzt man vor das hinzugefügte s der Ein- oder Mehrzahl einen Apostroph: Maria's boek, Garibaldi's heldendaden Heldenthaten, Cicero's werken, de collega's die Kollegen, de sofa's, de canapé's, de motto's, de bureau's. Ausgenommen sind die auf ie: Maries, bougies, tralies; und die mit unbetontem e: Adelines, Lines, horloges Uhren, diligences Diligencen.

6º. Die lateinischen Wörter auf ius und ium verlieren meistens us oder um vor der Endung en: de genius, de geniën; het gymnasium, de gymnasiën oder gymnasia.

Aufgaben.

19. Wie lauten die einfachen Zeiten von:

raken, twisten, behooren;

und wie die zusammengesetzten Zeiten von:

oprapen (trennbar), beslechten, plaatsen, kraken?

20. Wie lautet die Mehrzahl folgender Wörter:

de twist, de jongen, de noot, de dop, de pit, het vonnis, de rechter, het lid, het gelid, het eitje, het blaadje, het ooglid, het schip, het hoentje, het lammetje, de smid, het diertje, de stad, de vloo, het sieraad, de koe, de wijsheid, de goed-

heid, de timmerman, de landman, de gelegenheid, de staatsman, de koopman, de heldendaad, de collega, de bougie, de
genius, het horloge, de canapé, het gymnasium, het bureau,
de sofa, de tralie, het werk, de dichter.

21. Gieb im Niederl. die Ein= und Mehrzahl folgender Wörter mit Bezeichnung der Kürze oder Länge des Vokals an:

das Bad, das Blatt, der Befehl, das Dach, das Faß, das
Glas, der Gott, der Götze, die Höhle, das Loch, das Los, der
Pfad, das Rad, der Schlag, das Spiel, das Schloß, der Tag,
das Thal.

22. Gieb im Deutschen die Bedeutung nachstehender Wörter an:

broederen, beenderen, bladeren, dochteren, heidenen, he-
melen, kleederen, knechten, letteren, tafelen, vaderen, wateren,
wortelen, zonen, kleertjes, broeders, beenen, bladen, dochters,
heidens, hemels, kleeden, knechts, letters, tafels, vaders, waters, wortels, zoons, kleedjes.

23.

Übersetze: Die Bekannten, das Betragen, die Betrügereien,
die Blattern, die Damen, die Eingeweide, die Einkünfte, die
Eltern, der Essig, die Gefreiten, das Gehirn, die Geliebten, der
Hauptmann, die Kapitäne, die Kenntnisse, die Kosten, die Launen,
die Lehren, die Leute, die Masern, die Milch, die Offiziere, die
Professoren, die Segnungen, die Sergeants, der Gehorsam, der
Verdruß, die Visiere, die Zweifel, drei Ries Papier, zwei Gros
Federn, acht Faß Bier, sechzig Cents, fünf Gulden, drei Paar
Strümpfe, vier Pfund Zucker, zehn Ellen Tuch.

Zwölfte Lektion.

De bediende en zijn meester.

Een rijk Engelschman zit aan tafel. Hij neemt het
brood op, dat de knecht hem gebracht heeft en zegt toen
op strengen toon: „Thompson, ik heb u verscheidene
malen beknord, omdat gij mij oudbakken brood bij mijn
middageten gebracht hebt. Hoe komt het dat ge mij nu
weer oudbakken brengt?"

Thompson antwoordt op deftigen en eerbiedigen toon:
„Waarlijk, mijnheer, ik weet niet meer hoe ik 't aanleg-
gen moet. Het oudbakken brood kan toch niet weggeworpen worden, wel?"

„Zeker niet, maar me dunkt dat de bedienden dat
wel konden eten".

„Wij eten alleen v e r s c h brood in de keuken", antwoordde Thompson.

Zijn meester sein Meister, Herr	zeker gewiß
een Engelschman ein Englän=	toen dann
het brood das Brot [der	op strengen toon in …
de toon der Ton	omdat weil
de maal, keer *(f.)* das Mal	bij bei, zu
het middageten das Mittag=	weer wieder, von neuem
de keuken die Küche [essen	hoe wie
rijk reich	wel? wohl? (meinen Sie nicht
verscheidene mehrere	maar aber [auch)?
deftig stattlich, feierlich	alleen nur, bloß
eerbiedig ehrerbietig	beknorren tadeln
oudbakken altbacken	aanleggen { anfangen, machen
versch frisch	
waarlijk wahrhaft, wirklich	mij (me) dunkt mich dünkt

* zitten setzen; ik zit, ik zat, ik heb (ben) gezeten
* *op*nemen in die Hand nehmen, aufheben; ik neem op, ik nam op, ik heb opgenomen
* *weg*werpen wegwerfen; ik werp weg, ik wierp weg, ik heb weggeworpen.

Übung.

Wie zit aan tafel?

Wat zegt de meester op strengen toon tot zijn knecht?

Wat wil hij weten?   Hoe het komt, dat . . . . .

Hoe en wat antwoordt Thompson?

Wat kan niet weggeworpen worden?

Wat meende de meester van Thompson?

Wat antwoordde de laatste (letzterer)?

Vom Adjektiv.   Van het Bijvoegelijk naamwoord.
Die Deklination des Adjektivs.

§ 201. Wie im Deutschen kann das Adjektiv (oder Partizip) im Niederländ. s u b s t a n t i v i s c h gebraucht werden, d. h. es kann die Stelle eines Substantivs einnehmen. Dieses ist nur dann der Fall, wenn das Adjektiv sich nicht auf ein in demselben Satz vorhergenanntes Substantiv bezieht, z. B. Rijke*n* en arme*n*, alle*n* moeten sterven Reiche und Arme, alle müssen sterben. In diesem Fall wird das Adjektiv im Niederländischen wie ein Substantiv dekliniert, d. h. im m ä n n l i c h e n wie ein Personenname auf e, im w e i b l i c h e n und s ä c h l i c h e n wie jedes Substantiv auf e; (vgl. § 193).

Beispiele.

Männlich

Einzahl   Mehrzahl

N. (de, een) blinde { der Blinde, ein Blinder   N. (de) blinden { die Blinden, Blinde

G. (des, eens) blinden   G. (der) „

D. (den, een) blinde   D. (den, de) „

A. (den, een) blinde.   A. (de) „

Weiblich

A. (de, eene) blinde { die (eine) Blinde   N. (de) blinden { die Blinden, Blinde

G. (der, eener) „   G. (der) „

D. (de, eene) „   D. (den, de) „

A. (de, eene) „   A. (de) „

Sächlich

N. Het goede

G. (fehlt)   Fehlt.

D. het goede

A. het goede.

Der Gebrauch oder die Weglassung des Bestimmwortes übt also im Niederländ. bei diesen Adjektiven keinen Einfluß aus.

Der Genetiv männlich und weiblich wird meistens, der Gen. sächlich immer umschrieben: van den blinde, van de blinde, van het goede.

§ 202. Die nicht substantivisch gebrauchten Adjektive haben folgende Deklination:

| | Einzahl | | Mehrzahl |
Männlich	Weiblich	Sächlich	M. W. S.
N. goede, goed	goede	goede, goed	goede
G. goeden	„	goeden	goede
D. goeden	„	goeden	goeden
A. goeden, goed.	„	goede, goed.	goede.

§ 203. Über den Gebrauch der Deklinations=endungen ist noch zu bemerken:

1°. Wenn ein Bestimmwort vor dem Adjektiv steht, so hat dieses nur dann (e)n, wenn das Bestimmwort auf s oder n endet.

2°. Der Genetiv wird meistens umschrieben; man sagt also: van den grooten man, van de goede vrouw, van het kleine kind, van goede mannen, vrouwen, kinderen; gleichfalls van eenen grooten man, van eene goede vrouw, van een klein kind. Die Umſchreibung wird ſogar erfordert, wenn das Adj. ohne Beſtimmwort ſteht: van goede eieren, van oud brood.

3°. Wenn kein Beſtimmwort oder auch der nicht beſtimmende Artikel oder ein Poſſeſſivpronom vorangeht, hat das Adjektiv im *N.*, *D.* und *A.* keine Deklinationsendung: goed brood, een goed boek, mijn oud huis, aber het goede brood, het goede boek, het oude huis. Nur die Superlativen und die Ordnungszahlen haben in dieſem Fall ein **e**: hun beste boek, ons kleinste huis, dit tweede hoofdstuk (Kapitel).

4°. Im Männlichen fehlt die Nominativ-, Dativ- und Akkuſativendung, wenn das Adjektiv mit dem Artikel **een** gebraucht eine Eigenſchaft andeutet, welche ſich nicht auf die Perſon ſelbſt, ſondern mehr auf den Beruf oder die Qualität bezieht. Man unterſcheidet: een groot*e* (groß, ſchlank) man und een groot (berühmt) man; een goed*e* (gut, gutherzig) koning und een goed koning (gut als König); een slecht*e* jager (ſchlecht als Menſch) und een slecht jager (ſchlecht als Jäger, ein ſchlechter Schütze).

5°. Die alte Genetivbildung s des Neutrum zeigt ſich nur noch im Teilungsgenetiv (deelingsgenetief) mit unbeſtimmten Pronomen oder Zahlwörtern, z. B. iets moois etwas Schönes, niets slechts nichts Schlechtes, wat aangenaams etwas Angenehmes, weinig nieuws wenig Neues.

§ 204. Unverändert bleiben im Niederländiſchen:

1°. Die prädikativ gebrauchten Adjektive: het huis is groot, oud, hoog.

2°. Die von Stoffnamen mittels **en** abgeleiteten Adjektive: het gouden horloge, de zilveren lepel, de ijzeren vork die eiſerne Gabel.

3°. Die von Ortsnamen mittels **er** abgeleiteten: het Haarlemmer Hout Holz, Wald, een Deventer koek Kuchen.

4°. Die beiden Wörter **rechter** und **linker**: de rechter of linker zijde die rechte oder linke Seite. Manchmal werden dieſe Wörter, wenn ein Subſtantiv folgt, mit dieſem verbunden: uwe *linkerhand* moet niet weten wat uwe *rechterhand* geeft die linke Hand ſoll nicht wiſſen, was die rechte (giebt) thut; de linkerarm der linke Arm, het linkerbeen das linke Bein, de linkerkant die linke Seite, de linkermouw der linke Ärmel, de linkeroever das linke Ufer, het linkeroog das linke Auge, het linkeroor das linke Ohr, de linkervleugel der linke Flügel, de linkervoet der linke Fuß, de linkerzijde bie linke Seite; de rechterarm, het rechterbeen, de rechterkant, de rechtermouw, de rechteroever, het rechteroog, het rechteroor, de rechtervleugel, de rechtervoet, de rechterzijde.

5°· Meistens auch wohllautshalber bie zwei= und mehr=filbigen Adjektive auf en und bie drei= und mehrsilbigen Kom=parative: verheven (erhaben) woorden, verhevener woorden, dapperder mannen.

Aufgabe.

24.

Übersetze: Der Tod der alten Frau. Keine schlafenden Hunde. Die Rechnung des schlauen Wirtes. Ein einziges Ei. In einer großen Dorfschenke. Die Eier sind rar. Im ganzen Sommer. Während (gedurende) des ganzen Tages und wäh=rend der ganzen Nacht. Der Schatz des unglücklichen Geizhalses. Ein elender Stein. Ihr würdet euren großen Schatz nicht haben. Der Geizhals war arm. Die Bedienten eines jungen und sehr stolzen Edelmannes. Sie sprachen über das freundliche Aner=bieten. Das Arbeitszimmer eines Gelehrten. Der Gelehrte schrieb große Bücher. Der Hund schwamm über den großen Fluß. Wie groß war sein Erstaunen! Nach einem entfernten Stadt=viertel. Der Arzt eines englischen Schiffes. Ertrunken in der eignen Medizinkiste. Er teilte es den Sterblichen mit. Er lebte in der ewigwährenden Furcht. Jener Knabe war Zeuge. Jene Knaben waren die Zeugen des Zwistes. Er stellte sich zwischen die Streitenden. Die beiden kleinen Knaben. In seiner hohen Weisheit. Das altbackene Brot. Eine aufgehobene Nuß. Das gestohlene Fleisch. An der rechten Seite. Mit der linken Hand. Wenig Neues. Viel Gutes. Am linken Ufer. Mit dem rech=ten Auge.

Dreizehnte Lektion.

Lodewijk de Veertiende en Puget.

De beroemde beeldhouwer Puget beklaagde zich eens bij den markies de Louvois, dat hij niet tevreden was met den prijs, dien de koning hem voor zijne standbeelden betaald had.

De minister sprak er met den koning over; Lodewijk de Veertiende antwoordde den minister: „Puget moest zich ook duidelijker verklaren en nauwkeurig opgeven wat hij hebben moet". Louvois drong bij den beeldhouwer aan hem den juisten prijs op te geven.

Puget vroeg eene zeer aanzienlijke som.

„Maar de koning betaalt niet meer aan de generaals zijner legers", hernam de minister.

„Dat kan wel zoo wezen", antwoordde Puget, „de koning weet echter zeer goed, dat hij zeer gemakkelijk bekwame generaals vinden kan onder tal van uitmuntende officieren, die hij bij zijne troepen heeft; maar er zijn in Frankrijk niet vele Pugets".

Lodewijk de Veertiende Lud= wig der Vierzehnte	nauwkeurig genau
	juist genau, präzis
de beeldhouwer der Bildhauer	aanzienlijk bedeutend
de markies der Marquis	gemakkelijk leicht
de prijs der Preis	bekwaam fähig, tüchtig
het standbeeld das Standbild, die Statue	uitmuntend ausgezeichnet
	veel viel
de som die Summe	onder tal van unter einer An=
de generaal der General	zahl . . .
het leger das Heer, die Armee	zeer sehr; met mit
de officier der Offizier	beklagen, zich — sich beklagen
Frankrijk Frankreich	betalen bezahlen
beroemd berühmt	verklaren erklären; zich — sich
tevreden zufrieden	äußern, sich aussprechen
duidelijk deutlich	

* *op*geven aufgeben, angeben; ik geef op, ik gaf op, ik heb opgegeven

* *aan*dringen (an)bringen; ik dring aan, ik drong aan, ik heb aangedrongen.

Übung.

Wie beklaagde zich bij den markies de Louvois?

Waarover beklaagde hij zich?

Wat zeide Lodewijk XIV tot den minister, die er over gesproken had?

Waarop drong Louvois aan?

Wat vroeg Puget?

Wat hernam de minister?

Hoe luidde (lautete) het antwoord van Puget?

Vom Adjektiv. (Schluß).

Die Steigerung der Adjektive. De trappen van vergelijking.

§ 205. Die niederländische Sprache hat wie die deutsche drei Grade der Vergleichung: den **Positiv** de stellende trap, den **Komparativ** de vergelijkende trap und den **Superlativ** de overtreffende trap.

6*

§ 206. Der Komparativ wird gebildet mittels **er**: groot, grooter; hoog, hooger.

Die Adjektive auf **e** bekommen nur **r**: blijde froh, blijder; bloode blöde, blooder.

Die Adjektive auf **r** bekommen **der**: zuiver sauber, zuiverder; zwaar schwer, zwaarder.

§ 207. Der Superlativ wird gebildet mittels **st**: groot, grootst; hoog, hoogst.

Die Adjektive auf **e** verlieren diesen Vokal vor der Endung **st**: blijde, blijdst; bloode, bloodst.

Die Adjektive auf **s** und **sch** bekommen nur **t**: wijs weise, wijst; frisch, frischt.

§ 208. Bei einigen Adjektiven wird der Komparativ und Superlativ wohllautshalber durch **meer** (mehr) und **meest** (meist) umschrieben. — Bei den Adjektiven (und Adv.) auf st, wie vast (fest), juist (genau) ist diese Umschreibung für den Superlativ erforderlich: meest vast, juist. — Vergl. mijn meest beminde vriend mein geliebtester Freund; eene meer zuidwaarts gelegen plaats ein mehr südwärts liegender Ort.

§ 209. Einige Superlative sind von Adverbien gebildet, werden jedoch als Adjektive gebraucht: voorst (voor) vorderste, achterst (achter) hinterste, binnenst (binnen) binnenste, buitenst (buiten) äußerste, bovenst (boven) oberste, benedenst (beneden) unterste, onderst (onder) unterste.

§ 210. Die drei Wörter *goed, veel, weinig* bilden ihre Grade mittels adverbialer Formen:

goed	beter	best
veel	meer	meest; meerder = bedeutender, größer
klein } weinig }	minder	minst.

Das Adjektiv kwaad in der Bedeutung von schlimm hat *erger, ergst* (vom Adjektiv erg); in der Bedeutung von böse, zornig regelmäßig: kwader, kwaadst. Vgl. übel, schlimmer, schlimmst.

§ 211. Einige absoluten Adjektive haben bisweilen in uneigentlicher Bedeutung einen Superlativ: de volmaaktste rust die völligste Ruhe, het volste glas das vollste Glas.

Die Partizipien können nur dann gesteigert werden, wenn sie zu wirklichen Adjektiven geworden sind (sie haben den Ton auf dem Zeitworte: vgl. § 136): een welsprékender (beredt) man, de welsprékendste man, so auch uitstékend, innémend (einnehmend), ingenómen (eingenommen). Die Partizipien úitstekend, ínnemend, wélsprekend, íngenomen haben keine Steigerungsgrade.

§ 212. Der Komparativ wird im Deutschen (und Englischen) manchmal gebraucht, wo man im Niederländischen den Superlativ gebrauchen muß: das jüngere der beiden Kinder het jongste der beide kinderen, ersterer de eerste, letzterer de laatste; vgl. Scipio de Jongere.

Bisweilen drückt der Komparativ nur einen Gegensatz aus: het *hooger* en *lager* onderwijs der höhere Unterricht und der Elementarunterricht, het *hooger* en *lager* huis die zwei Abteilungen des Abgeordnetenhauses; vgl. the house of Commons (Lagerhuis) and the house of Lords oder the house of Peers (Hoogerhuis).

§ 213. Zur Verstärkung des Superlativs wird häufig *aller* gebraucht: aardig niedlich, aardigst, alleraardigst; lief hübsch, artig, liefst, allerliefst; treurig traurig, treurigst, allertreurigst; belangrijk bedeutend, belangrijkst, allerbelangrijkst.

§ 214. Bei den zusammengesetzten Adjektiven bekommt nur der letzte Teil die Komparationsendungen:

weldadig wohlthätig, weldadiger, weldadigst;
vrijmoedig freimütig, vrijmoediger, vrijmoedigst;
bouwvallig baufällig, bouwvalliger, bouwvalligst.

Neben goedkooper, goedkoopst von goedkoop (wohlfeil) kommt auch *beter*koop, *best*koop vor; letztere Formen sollten eigentlich nur als Adverbien gebraucht werden.

§ 215. Nach einem Komparativ darf im Niederländischen nur **dan** gebraucht werden: grooter *dan* hij größer als er; beter *dan* dit besser als dieses.

Aufgaben.

25.

Wie lautet der Komparativ und Superlativ folgender Wörter:

arm, aanzienlijk, bedroefd, begeerlijk, bemind, belangrijk, bouwvallig, beroemd, blijde, bekwaam, bloode, deftig, duidelijk, ellendig, frisch, goedkoop, goed, geleerd, gemakkelijk, hoog, hevig, innemend, ingenomen, jong, juist, koel, klein, lief, nauwkeurig, oud, ongelukkig, ongesteld, oudbakken, slapend, schaarsch, trotsch, treurig, tevreden, uitmuntend, uitstekend, vrijmoedig, veel, vergeten, vriendelijk, verschrikt, wijs, wakker, weinig, welsprekend, weldadig, woedend, zeker, zuiver, zwaar.

26.

Überſetze: Goethe war ein ſchlanker und ein ſchöner Mann. Tell war kein ſchlechter Jäger. Der König iſt ein guter Vater. Hier iſt der Haarlemmer Wald. Dies ſind erhabenere Worte. Mein geliebteſter Freund war bei mir. Beſuche eine mehr ſüd= wärts liegende Stadt. Im Walde war die völligſte Ruhe. Der vorderſte oder hinterſte Teil des Hauſes. Der oberſte und un= terſte Teil des Baumes. Das jüngere der beiden Kinder hatte das vollſte Glas. Der höhere Unterricht iſt in dieſer Stadt beſſer als der Elementarunterricht.

Vierzehnte Lektion.

De twaalf maanden van het jaar.

De maanden van het jaar zijn:[1]) Januari, Februari, Maart, April, Mei, Juni, Juli, Augustus, September, October, November en December. Januari, Maart, Mei, Juli, Augustus, October en December hebben een en dertig dagen. April, Juni, September en November hebben dertig dagen. Februari heeft in een gewoon jaar acht en twintig, in een schrikkeljaar negen en twintig dagen.

December, Januari en Februari zijn de wintermaanden; Maart, April en Mei de lentemaanden; Juni, Juli en Augustus de zomermaanden; September, October en November de herfstmaanden.

Iedere maand heeft hare eigenaardige bekoorlijkheden, maar toch zal menigeen aan de Meimaand met hare prachtige bloemen en aan de Octobermaand met hare heerlijke vruchten de voorkeur geven; terwijl de kinderen vooral December als eene der prettigste maanden zullen beschouwen.

De maand *(f.)* der Monat	de zomermaand der Sommer= monat
het jaar das Jahr [jahr	
een schrikkeljaar[2]) ein Schalt=	de herfstmaand der Herbſtmonat
de lentemaand der Lenzmonat	de wintermaand der Wintermonat

---

1) Die germaniſchen (faſt ganz außer Gebrauch geratenen) Namen der Monate ſind:

louwmaand Jänner, sprokkelmaand Hornung, lentemaand Lenzmonat, grasmaand Grasmonat, bloeimaand Wonnemonat, zomermaand Sommermonat, hooimaand Heumonat, oogstmaand Erntemonat, herfstmaand Herbſtmonat, wijnmaand Weinmonat slachtmaand Schlachtmonat, wintermaand Chriſt= oder Wintermonat.

2) Der Stamm des verloren gegangenen ndl. *schrikken* findet ſich noch im deutſchen Worte Heuſchrecke = sprinkhaan.

de bekoorlijkheid der Reiz	prettig angenehm
de voorkeur geven (aan) vor= ziehen	dertig dreißig
	een en dertig einunddreißig
gewoon gewöhnlich	acht en twintig achtundzwanzig
eigenaardig eigentümlich	negen en twintig neunundzwanzig.

Anmerkung. Aus Obigem geht von selbst hervor, daß man im Niederländischen die Namen der Monate ohne Artikel gebraucht: in Maart, in April im Januar, im März.

Übung.

Hoe heeten de maanden van het jaar?

Welke maanden hebben dertig en welke hebben een en
    dertig dagen?

Hoeveel dagen heeft Februari?

Welke zijn de lente- en zomermaanden?

Welke de herfst- en wintermaanden?   [houden?

Welke maanden worden door velen voor de schoonste ge-
In welke maand vieren vooral de kinderen feest?

Op welken dag? [1])

Von dem Zeitwort. (Fortsetzung.)

Unpersönliche Zeitwörter. Onpersoonlijke werkwoorden.

§ 216. Die unpersönlichen Zeitwörter bezeichnen einen Vor=
gang, ohne ihn auf ein bestimmtes Subjekt zu beziehen: het
sneeuwt, het vriest. Wenn **het** ein Subjekt vertritt, welches
hinter dem Zeitworte folgt, oder auch einen Subjektivsatz, so ist
das Verbum ein uneigentlich unpersönliches: *het verblijdt* mij
dat te hooren es freut mich, solches zu vernehmen.

§ 217. Die unpersönlichen (subjektslosen) Zeitwörter kom=
men nur in der Form der 3. Person vor: sie können nicht in
das Passivum gesetzt werden.

§ 218. Unpersönlich sind:

1°: alle Verba, die einen Vorgang in der Natur be=
zeichnen, wie:

bliksemen blitzen,	het bliksemt
broeien brüten,	er broeit een onweer es ist ein Ge=
donderen donnern,	het dondert [witter im Anzug
dooien tauen,	het dooit
hagelen hageln,	het hagelt

---

[1]) Am 5. Dezember wird in den Niederlanden der St. Nikolausabend
gefeiert ungefähr so wie der Weihnachtsabend in Deutschland. Der Baum
fehlt natürlich dabei, und die Bescherung kommt vom guten alten Bischof
Sankt Nikolaus, der im 3. Jahrhundert in Lydien gelebt haben soll.

ijzelen glatteisen,	het ijzelt
lichten wetterleuchten,	het licht
misten ⎫ nebeln,	het mist
nevelen ⎭	het nevelt
regenen regnen	het regent
rijpen reifen,	het rijpt
schemeren dämmern,	het schemert
sneeuwen schneien,	het sneeuwt
vriezen frieren,	het vriest
waaien wehen,	het waait
weerlichten = lichten,	het weerlicht.

2°. die Umschreibungen obiger Verben und die Witterungs=
angaben:

> het is windig, nevelig es ist windig, nebelig
> het is koud, warm, zacht es ist kalt, warm, gelinde
> het is zwoel, zoel, drukkend es ist schwül, drückend warm
> het is gloeiend heet es ist glühend heiß
> het is buiig, ongestadig, onstuimig es ist regnerisches, un=
> beständiges, stürmisches (rauhes) Wetter.

3°. einige Verben, die einen inneren Vorgang (ge-
voelsaandoening) ausdrücken:

> het bedroeft, smart, verdriet mij es betrübt mich
> het berouwt mij es reut mich, es wurmt mich
> het doet mij leed es thut mir leid
> het grieft mij es ärgert mich
> het past mij es ziemt mir
> het spijt mij ich bedaure
> het verheugt, verblijdt mij es freut mich
> het verveelt mij es langweilt mich
> het walgt mij es ekelt mir
> mij dorst mich dürstet
> mij hongert mich hungert u. s. f.

4°. allgemeine Ausdrücke, wie:

> het gebeurt es begiebt sich, es ereignet sich
> het geschiedt es geschieht
> het past, voegt, betaamt es paßt, schickt, ziemt sich, u. v. a.

und die zahlreichen Zusammensetzungen mit *het is:*

> het is billijk, rechtvaardig es ist billig, gerecht
> het is duidelijk ⎫ es leuchtet ein
> het is helder, klaar ⎭
> het is natuurlijk es ist natürlich
> het is waar, zeker es ist wahr, sicher, u. v. a.

§ 219. Wenn bei den uneigentlichen unpersönlichen Verba
het die Stelle eines pluralen Substantivs vertritt, so steht das
Zeitwort im Plural:

> het zijn goede boeken, het waren groote eieren.

§ 220. Er (daar) is, er (daar) zijn entſprechen dem deut=
ſchen es giebt:

Wat *zijn* er toch slechte menschen!
Was giebt es doch für ſchlechte Menſchen!

Er is een God! Es giebt einen Gott!

Er (daar) zijn er weinig, die dat weten.
Es giebt nur wenige, die das wiſſen.

§ 221. Die Konjugation der unperſönlichen Fürwörter iſt
regelmäßig, wie folgt:

Infinitiv.

Präſens.	**Perfekt.**
Sneeuwen ſchneien.	Gesneeuwd hebben geſchneit h.

Partizip.

Präſens.	**Perfekt.**
Sneeuwend ſchneiend.	Gesneeuwd geſchneit.

Indikativ. | ### Konjunktiv.

Präſens.

| Het sneeuwt es ſchneit. | Het sneeuwe es ſchneie. |

Imperfekt.

| Het sneeuwde es ſchneite. | Het sneeuwde es ſchneite. |

Perfekt.

| Het heeft *gesneeuwd* es hat geſchneit. | Het hebbe *gesneeuwd* es habe geſchneit. |

Plusquamperfekt.

| Het had *gesneeuwd* es hatte geſchneit. | Het hadde *gesneeuwd* es hätte geſchneit. |

Futurum.

| Het zal sneeuwen es wird ſchneien. | fehlt. |

Futurum exaktum.

| Het zal *gesneeuwd* hebben es wird geſchneit haben. | fehlt. |

Futurum präteritum.

Het zou(de) sneeuwen es würde ſchneien.

Futurum exaktum präteritum.

Het zou(de) *gesneeuwd* hebben es würde geſchneit haben.

§ 222. Von den unperſönlichen Zeitwörtern, welche einen
Vorgang in der Natur bezeichnen (ſ. § 218, 1), wird nur
ſtark konjugiert *vriezen:* het vriest es friert, het vroor es
fror, het heeft gevroren oder gevrozen es hat gefroren.

§ 223. Die Verba, welche einen inneren Vorgang
ausdrücken (s. § 218, 3), haben wie im Deutschen stets das Pronom im Dativ oder Akkusativ bei sich, z. B.:

Präsens.

Het verheugt *mij* es freut mich
het verheugt *hem*   „   „   ihn
het verheugt *ons*   „   „   uns
het verheugt *u*   „   „   euch
het verheugt *hen*   „   „   sie.

Het doet *mij* leed es thut mir leid
het doet *hem*   „   „   „   ihm leid
het doet *ons*   „   „   „   uns   „
het doet *u*   „   „   „   euch „
het doet *hun*   „   „   „   ihnen leid.

Imperfekt.

Het verheugde *mij* es freute mich
het verheugde *hem*   „   „   ihn
het verheugde *ons*   „   „   uns
het verheugde *u*   „   „   euch
het verheugde *hen*   „   „   sie.

Het deed *mij* leed es that mir leid
het deed *hem*   „   „   „   ihm leid
het deed *ons*   „   „   „   uns leid
het deed *u*   „   „   „   euch leid
het deed *hun*   „   „   „   ihnen leid.

Aufgabe.

27.

Übersetze: Im Januar und im Dezember ist es kalt. Im
Februar schneit es häufig. Im März stürmt es manchmal. Im
Mai ist es noch nicht sehr warm. In den Sommermonaten ist
es meistens zu warm. Es hat gestern gedonnert und geblitzt.
Ist schon wieder ein Gewitter im Anzug? Es nebelte diesen
Morgen stark (erg). Es ist jetzt warm genug, es ist fast schwül.
Es freut mich, daß es nicht geregnet hat. Es ist natürlich,
daß es im Dezember friert. In welchem Monat findet die
Weinlese (de wijnoogst) statt (stattfinden = plaats hebben).
Im April ist das Wetter unbeständig, bald regnet es, bald
hagelt oder schneit es, bald ist es mild. Im März fängt der
Lenz, im Juni der Sommer, im September der Herbst und
im Dezember der Winter an. Es giebt Leute, welche dies nicht
wissen. In welchem Monat reifen die Äpfel? Giebt es viele
Äpfel? Taut es jetzt? Nein, es friert wieder und gestern
schneite es. That es ihnen leid?

————————

Fünfzehnte Lektion.

De deelen van het menschelijk lichaam.

De ledematen van het menschelijk lichaam werden eens moe, elkander te dienen, en wilden dat niet langer doen. — De Voeten zeiden: „Waarom zouden wij alleen al de anderen dragen en voortsleepen? Zorgt zelven voor voeten, als gij gaan wilt". — De Handen zeiden: „Waarom zouden wij alleen voor al die anderen arbeiden? Dat verveelt ons al lang; we willen wat rust nemen". — De Mond zei: „Ik moest wel gek wezen, als ik altijd voor de Maag zoo kauwen zou. Laat die zelve zich een mond aanschaffen, als zij trek naar eten heeft". — De Oogen vonden het ook heel wonderlijk, dat zij alleen altijd voor het geheele lichaam op de wacht staan en uitkijken moesten. En zoo spraken ook al de overige deelen van het lichaam, en dus zeiden ze het eene na het andere den dienst op. Daar nu de Voeten niet meer gaan, de Handen niet meer arbeiden, de Mond niet meer kauwen, de Oogen niet meer zien wilden, zoo kwam het gansche lichaam na korte dagen tot zoo groot verval, dat al de ledematen begonnen te kwijnen en te sukkelen. Nu eerst zagen zij hunne dwaasheid in en wilden zich, opnieuw tot wederzijdsche dienstbaarheid verplichten. Toen echter was het te laat: het lichaam was te veel verzwakt en kon niet weer herstellen. Zoo werden dus allen voor hunne onverdraagzaamheid gestraft.

Het lichaam der Körper	menschelijk menschlich
de ledematen die Gliedmaßen	moe, moede müde
de voet der Fuß	gek thöricht
de hand die Hand	wonderlijk wunderlich, sonderbar
de rust die Ruhe	geheel, gansch ganz
de mond der Mund	overig übrig
de maag (f.) der Magen	kort kurz, wenig
het eten das Essen, die Nah=	wederzijdsch gegenseitig
het oog das Auge [rung	laat spät
de wacht die Wacht, Wache	verzwakt geschwächt
de dienst der Dienst	elkander einander, sich
het verval der Verfall, die Ab= nahme	dat das, solches
	wij alleen wir allein
de dwaasheid die Thorheit	zelf, zelve(n) selber, selbst
de dienstbaarheid die Dienst= barkeit	wat was, etwas
de onverdraagzaamheid die Un= duldsamkeit	het eene na het andere einer (eins) nach dem andern
	lang, langer lange, länger

altijd immer

niet weer nicht wieder

herstellen genesen

voortsleepen fortschleppen

zorgen sorgen

wat rust nemen etwas, ein wenig ausruhen.

kauwen kauen

aanschaffen anschaffen

trek hebben gelüsten

op de wacht staan Wache stehen

den dienst opzeggen kündigen

arbeiden arbeiten

inzien einsehen (s. zien, Lektion 7)

kwijnen dahinsiechen

sukkelen kränkeln

zich verplichten sich verpflichten

verzwakken schwächen

* dragen tragen; ik draag, ik droeg, ik heb gedragen
* uitkijken ausgucken; ik kijk uit, ik keek uit, ik heb uit-gekeken
* beginnen beginnen; ik begin, ik begon, ik heb (ben) begonnen.

Übung.

Welke zijn de voornaamste ledematen van het menschelijk lichaam?

Wat waren de ledematen moe en wat wilden ze niet langer doen?

Wat zeiden de Voeten en de Handen?

Wat zei de Mond?

Wat vonden de Oogen zoo wonderlijk?

Wat deden de deelen het eene na het andere?

Waardoor begonnen al de ledematen te kwijnen en te sukkelen?

Wat zagen zij weldra in en waartoe wilden zij zich op nieuw verplichten?

Was het toen nog tijd? Neen het was ....

Waarvoor werden dus allen gestraft?

Von dem Zeitwort. (Fortsetzung.)
Bildung des Passivs. Lijdende vorm.

§ 224. Zur Bildung der passiven Form gebraucht man im Niederl. das Hilfszeitwort „worden", dessen Konjugation wir schon (§ 185) kennen gelernt haben. Die passive Form lautet folgender Weise:

Infinitiv.

Präsens.	Perfekt.
Bemind worden geliebt werden.	Bemind geworden zijn geliebt worden sein.

Partizip.

Präsens.	Perfekt.
Bemind wordende geliebt werdend.	Bemind geworden geliebt worden.

Indikativ.   **Konjunktiv.**

Präsens.

Ik word   ich werde geliebt.   Ik worde   ich werde geliebt.

hij wordt   hij worde
wij worden   wij worden
gij wordt   *bemind*   gij wordet   *bemind*
zij worden   zij worden

Perfekt.

Ik ben bemind geworden ich | Ik zij bemind geworden ich sei
bin geliebt worden, u. s. f. | geliebt worden u. s. f.

Plusquamperfekt.

Ik was bemind geworden ich | Ik ware bemind geworden ich
war geliebt worden, u. s. f. | wäre geliebt worden, u. s. f.

Futurum.

Ik zal bemind worden ich werde | Fehlt im Ndl.
geliebt werden, u. s. f.

Futurum exaktum.

Ik zal bemind geworden zijn ich | Fehlt im Ndl.
werde geliebt worden sein, u. s. f.

Futurum präteritum.

Ik zou(de) bemind worden. | Ik zoude bemind worden.
Ich würde geliebt werden.

Futurum exaktum präteritum.

Ik zou(de) bemind geworden | Ik zoude bemind geworden
zijn. | zijn.
Ich würde geliebt worden sein.

Imperativ.

S. Word bemind! Werde ge= | P. Wordt bemind! Werdet ge=
liebt! | liebt!

§ 225. In derselben Weise werden auch einige unpersön=
lichen Zeitwörter (s. § 218) konjugiert, z. B. het wordt koud,
het werd koud, het is koud geworden, het was koud ge=
worden, het zal koud worden, het zal koud geworden zijn,
het zou koud worden, het zou koud geworden zijn, het
worde koud, het werde koud, het zij koud geworden, het
ware koud geworden.

Reflexive Zeitwörter. Wederkeerige werkwoorden.

§ 226. Zeitwörter, die mit einem Pronomen reflexivum
verbunden sind, nennt man reflexive Zeitwörter. Eigent=

lich reflexive Zeitwörter sind solche, bei denen das Pronomen
unerläßlich ist: zich schamen sich schämen, zich beroemen sich
rühmen, zich ontfermen sich erbarmen, u. s. w.   Die un=
eigentlichen können auch ohne dieses Pronomen gebraucht wer=
den: zij wasschen zich sie waschen sich, zij wasschen de
kinderen sie waschen die Kinder.

§ 227.   Die Konjugation der reflexiven Zeitwörter ist wie
die aller übrigen Verba, abgesehen natürlich vom Pron. reflex. —
Eine passive Form können diese Zeitwörter nicht haben.

Infinitiv.

Präsens.	Perfekt.
Zich verheugen sich freuen.	*Zich* verheugd hebben sich ge=freut haben.

Partizip.

Präsens.	Perfekt.
Zich verheugende sich freuend.	*Zich* verheugd hebbende sich gefreut habend.

Indikativ.   Konjunktiv.

Präsens.

Ik verheug *mij* ich freue mich	Ik verheuge *mij* ich freue mich
— du freust dich	— du freuest dich
hij verheugt *zich* er freut sich	hij verheuge *zich* er freue sich
wij verheugen *ons* wir freuen uns	wij verheugen *ons* wir freuen uns
gij verheugt *u* ihr freut euch	gij verheugt *u* ihr freuet euch
zij verheugen *zich* sie freuen sich.	zij verheugen *zich* sie freuen sich.

Imperfekt.

Ik verheugde *mij* ich freute mich	Ik verheugde *mij* ich freute mich
— du freutest dich	— du freutest dich
hij verheugde *zich* er freute sich	hij verheugde *zich* er freute sich
wij verheugden *ons* wir freu=ten uns	wij verheugden *ons* wir freu=ten uns
gij verheugdet *u* ihr freutet euch	gij verheugdet *u* ihr freutet euch
zij verheugden *zich* sie freuten sich.	zj verheugden *zich* sie freuten sich.

Perfekt.

Ik heb *mij* verheugd ich habe mich gefreut, u. s. w.	Ik hebbe *mij* verheugd ich habe mich gefreut, u. s. w.

Plusquamperfekt.

Ik had *mij* verheugd ich hatte mich gefreut, u. s. w.	ik hadde *mij* verheugd ich hätte mich gefreut, u. s. w.

Futurum.

Ik zal *mij* verheugen ich werde mich freuen, u. s. w.	Fehlt im Ndl.

Futurum exaktum.

Ik zal *mij* verheugd hebben ich | Fehlt im Ndl.
werde mich gefreut haben, u. s. w. |

Futurum präteritum.

Ik zou *mij* verheugen | Ik zou *mij* verheugen
Ich würde mich freuen.

Futurum exaktum präteritum.

Ik zou *mij* verheugd hebben | Ik zou *mij* verheugd hebben
Ich würde mich gefreut haben.

Imperativ.

S. Verheug *u* freue dich! | P. Verheugt *u* freut euch!

Die fragende, verneinende und fragend-ver-
neinende Form wird genau so wie im Deutschen gebildet.

Aufgabe.
28.

Konjugiere: a) gestraft worden, gezien worden, bedreigd worden, licht worden (unpers.);

b) zich schamen, zich verwonderen, zich wasschen.

Sechzehnte Lektion.

De eik.

Van alle boomen van ons vaderland onderscheidt zich
de eik door zijn stevig, hard hout, zijn breede kruin en
zijn knoestigen stam. Sedert overouden tijd is hij het
zinnebeeld van mannelijke kracht, verheven rust en koninklijke waardigheid. Nog thans schenkt men eenen krans
van frisch eikenloof aan den man, die door burgerdeugd
uitblinkt.

Van zijn hout maakt men nuttige gereedschappen
en gebruikt het tot den bouw van schepen en huizen.
Na honderd en meer jaren is het vaak nog zoo vast en sterk
als of het nieuw ware. De meubelmaker verwerkt het
daarom tot schoone stoelen, tafels, kasten en schrijftafels.
Behalve de vruchtboomen is er geen boom zoo nuttig als
de eik. De den, de linde, benevens den beuk en den
olm, hebben geringere waarde dan hij.

De eik evenwel groeit slechts langzaam. Terwijl de
populier binnen weinige jaren zeer hoog wordt, heeft
hij eerst na zeer langen tijd zijn vollen wasdom bereikt.

De eik *(m.)* die Eiche   stevig fest

de boom der Baum   hard hart

ons vaderland unſer Vaterland   breed breit

de kruin die Krone   knoestig knorrig

de stam der Stamm   overoud uralt

het zinnebeeld das Sinnbild   mannelijk männlich

de kracht die Kraft   verheven erhaben

de waardigheid die Würde   koninklijk königlich

de krans der Kranz   nuttig nützlich

het eikenloof das Eichenlaub   vast feſt, hart

de burgerdeugd die Bürgertugend   sterk ſtark

gereedschappen *(P.)* Geräte   nieuw neu

de bouw der Bau   schoon ſchön

de meubelmaker der Tiſchler   weinig wenig

de stoel der Stuhl   sedert ſeit

de kast der Schrank   nog thans noch jetzt

de schrijftafel der Schreibtiſch   daarom deshalb

de vruchtboom der Obſtbaum   behalve außer

de den *(m.)* die Tanne   geen kein

de linde die Linde   benevens ſamt

de beuk *(m.)* die Buche   evenwel jedoch

de olm *(m.)* die Ulme   slechts nur

de waarde *(f.)* der Wert   zich onderscheiden ſich unterſcheiden

de populier *(m.)* die Pappel

de wasdom der Wuchs   verwerken verarbeiten

van hout gemaakt aus Holz ge-   groeien wachſen
macht   bereiken erreichen

* schenken ſchenken; ik schenk, ik schonk, ik heb geschonken

* *uit*blinken glänzen; ik blink uit, ik blonk uit, ik heb uit-
geblonken.

Anmerkung. Das Wörtchen **er** wird im Niederländiſchen
häufig als Lückenbüßer gebraucht: Behalve de vruchtboomen is
er geen boom zoo nuttig als de eik. Er zijn **er** velen, die dat
gelooven es giebt viele, die das glauben. Wie heeft **er** meege-
speeld? wer hat mitgeſpielt?

Übung.

Waardoor onderscheidt zich de eik van andere boomen?

Waarvan is hij sedert overouden tijd het zinnebeeld?

Wat schenkt men nog thans aan den man, die door burgerdeugd uitblinkt?

Wat maakt men van zijn hout?

Blijft (Bleibt) het eikenhout lang vast en sterk?

Waartoe verwerkt de meubelmaker dit hout?

Welke boomen zijn even (gleich) nuttig als de eik?

Welke boomen hebben geringere waarde?

Hoe groeit de eik?
Wanneer heeft hij zijn vollen wasdom bereikt?
Groeit de populier ook langzaam?

Das Substantiv. (Schluß.)
Das Geschlecht der Substantive.

§ 228. Im allgemeinen stimmt das Geschlecht im Niederländischen mit dem im Deutschen überein, besonders bei den Wörtern, wo das Geschlecht durch die Bedeutung bestimmt wird.

§ 229. Männlich (mannelijk) sind: A. Nach der Bedeutung:

1º. die Namen männlicher Personen und Tiere;

2º. die Namen der Bäume (s. S. 96); ausgenommen linde und tamerinde (Tamarinde), welche weiblich sind;

3º. die Namen der Steine: de agaat der Agat, de robijn der Rubin;

4º. die Namen der Münzen: de gulden, de rijksdaalder (der Reichsthaler = 2½ Gulden), de cent der Cent; ausgenommen pistool Pistole und guinje Guinee, welche weiblich sind, sowie das Wort munt selbst auch;

5º. die Namen der Berge: de Etna, de Hekla, de Mont Blanc;

6º. die Namen a) der Tage: Zondag Sonntag, Maandag Montag, Dinsdag Dienstag, Woensdag Mittwoch, Donderdag Donnerstag, Vrijdag Freitag, Zaterdag Samstag; b) der Monate (s. S. 86), und c) der Jahreszeiten: de lente, de zomer, de herfst, de winter.

B. Nach der Form:

7º. die Verbalstämme, wenn sie abstrakte Bedeutung haben: de val der Fall, de greep der Griff; aber: val (f.) die Falle, lettergreep (f.) Silbe; ausgenommen die Verbalstämme mit einer untrennbaren Vorsilbe verbunden (s. S. 100);

8º. die Substantive auf —aar, —aard, —erd: de leugenaar der Lügner, de luiaard der Faullenzer, de mosterd der Senf;

9º. die Wörter auf —el, —em, —sem, —lm, —rm, —er und die meisten auf —en: de beitel der Meißel, de adem der Atem, de wasem der Dunst, de helm der Helm, de storm der Sturm, de looper der Läufer, de gieter die Gießkanne, de regen der Regen, aus=

genommen sind: a) het scherm der Schirm, het alarm
der Alarm, de uniform *(f.)* die Uniform, de helm
das Ginster und de palm *(f.)* in der Bedeutung von
Buchsbaum, Palme der Hand oder Längemaß; als Palm=
zweig oder Baum ist das Wort männlich; b) de griffel
(f.) Griffel und de schoffel *(f.)* Schaufel; sowie die
auf —**sel**, welche sächlich sind (s. S. 100);

10.° die nicht von Zeitwörtern abgeleiteten Substantive auf:
—**ing** (= ig, ing), —**ling**, —**ik**: de koning der König,
de jongeling der Jüngling, de vuilik der Schmierfink.

11.° die Substantive auf —**dom**, wenn sie einen Zustand an=
deuten: de rijkdom der Reichtum, de wasdom das
Wachstum, de eigendom (Eigentumsrecht).

§ 230. Weiblich (vrouwelijk) sind: A. Nach der Be=
deutung:

1.° die Frauennamen und die Namen weiblicher
Tiere;

2.° die Stoffnamen, sofern sie nicht sächlich sind: de
kant die Spitzen, de wol die Wolle, de zijde die Seide;

3.° die Namen der Blumen, der Feld= und Garten=
früchte und der ausländischen Produkte: de roos
die Rose, de lelie die Lilie, de bes die Beere, de
peer die Birne, de rogge der Roggen, de tarwe der
Weizen, de spinazie der Spinat, de koffie der Kaffee,
de siroop der Sirup, de zwavel der Schwefel. Aus=
nahmen: männlich sind die Namen der Früchte auf —**ling**
und —**oen**, sowie die echt ndl. Namen auf —**el** und
—**er**: de pippeling der Pippin, de meloen die Me=
lone, de citroen die Zitrone, de appel der Apfel, de
eikel oder de aker die Eichel; aber de amandel *(f.)*
die Mandel, de dadel *(f.)* die Dattel, de komkom=
mer *(f.)* die Gurke;

4.° die Namen (auch die Eigennamen) der Schiffe: de bark
die Barke, de aak der Nachen, de brik die Brigg, de
Willem III verloor *hare* masten; ausgenommen sind
die auf —**er**: de schoener der Schooner, de driemaster
der Dreimaster, welche männlich sind;

5.° die Namen der Buchstaben, Ziffern und Musik=
noten: eene a, b, 6, 7;

6.° die fremden Namen der Musikinstrumente: de trompet
die Trompete, de gitaar die Guitarre;

B. Nach der Form:

7°: die meisten Substantive auf —e, —de und —te: de koude die Kälte, de ellende das Elend, de hoogte die Höhe; aber vrede *(m.)* Friede und einde *(n.)* Ende; ausgenommen sind natürlich die Sammelwörter auf —te: het gebergte das Gebirge, het geboomte das Gehölz, sowie auch die männl. Personennamen auf —e;

8°: die Substantive auf —heid, —teit und —nis: de goedheid die Güte, de majesteit die Majestät, de beeltenis das Bildnis; aber het vonnis das Urteil, getuigenis (Zeugnis) ist sächlich oder weiblich;

9°: die mittelst —ing (= ung) oder —st von dem Stamm eines Verbums abgeleiteten Wörter: de belooning die Belohnung, de gunst die Gunst; ausgenommen die männl. dienst und last;

10°: die Substantive auf —iek, —age, —ij, —ei, —uw: de fabriek die Fabrik, de slijtage der Kleinhandel, de bedelarij die Bettelei, de lei die Schiefertafel, de schaduw der Schatten; schilderij (Gemälde) ist weiblich oder sächlich;

11°: die Substantive auf —schap, welche eine Vereinigung oder einen Zustand andeuten: de burgerschap die Bürgerschaft, de vriendschap die Freundschaft; vgl. § 231, 8.

§ 231. Sächlich sind. A. Nach der Bedeutung:

1°: die Namen der Tiere, welche das Geschlecht nicht angeben: het paard das Pferd; het zwijn das Schwein; ferner die Namen der jungen Tiere: het veulen das Füllen; het kalf das Kalb; ausgenommen die weiblichen: big(ge) Ferkel und vaars Färse;

2°: die Sammelnamen: het volk, het woud der Wald, het gehucht der Weiler, het gebeente das Gebein;

3°: die Stoffnamen: het goud das Gold, het brood das Brot, het zout das Salz, het water das Wasser; ausgenommen sind: a) die Namen einiger Kleidungsstoffe (s. § 230, 2); b) die männlichen: azijn Essig, hars Harz, honing oder honig Honig, inkt Dinte, most Most, mostaard oder mosterd Senf, room Sahne, wijn Wein. Vgl. het diamant (Stoffname) — de diamant (der Stein, s. § 229, 3); het doek, het draad (Tuch, Draht), Stoffnamen — de doek, de draad (männlich

7*

als Gegenstände); eene turf Torf (das Brennmaterial) —
de turf (männlich als Gegenstand); de meid kookt
eenen visch — aber zij kookt de visch (einige Fische);

4º die substantivierten Infinitive und die uneigentlichen Sub=
stantive: het loopen das Gehen oder Rennen, het
spelen das Spielen, het ja das Ja, het waarom das
Warum;

5º die Orts= und Ländernamen: het schoone 's-Gravenhage (den Haag), het groote Duitschland.

B. Nach der Form:

6º alle Verkleinerungswörter: het mannetje, het wijfje,
het kindje;

7º die Wörter auf —dom, wenn sie eine konkrete Bedeutung
haben: het vorstendom das Fürstentum, het bisdom
das Bistum (vgl. § 229, 11º); weiter noch Christendom Christentum, Jodendom Judentum, heidendom
Heidentum, pausdom Papsttum;

8º die Wörter auf —schap, wenn sie eine Würde oder
eine Gegend andeuten: het priesterschap die Priester=
würde, het graafschap die Grafschaft; außerdem noch
genootschap Genossenschaft, gereedschap Geräte und
gezelschap Gesellschaft; das Wort verwantschap ist
in allen Bedeutungen weiblich; vgl. § 230, 11;

9º die Wörter auf —sel: het overblijfsel das Überbleibsel,
het raadsel das Rätsel, het blauwsel die Bläue; aus=
genommen stijfsel (f.) Stärke;

10º die Verbalstämme mit einer untrennbaren Vorsilbe; weil
diese im Deutschen meistens männlich sind, merke man
sich besonders folgende:

het bedrag der Betrag
het bedrog der Betrug
het begin der Beginn
het begrip der Begriff
het besluit der Beschluß, Ent=
schluß
het bevel der Befehl
het bewijs der Beweis
het bezit der Besitz
het gebruik der Gebrauch
het genot der Genuß
het gewin der Gewinn
het gezang der Gesang

het onderhoud der Unterhalt
het onderricht }
het onderwijs } der Unterricht
het verband der Verband
het verdrag der Vertrag
het verdriet der Verdruß
het verkeer der Verkehr
het verlies der Verlust
het verraad der Verrat
het verstand der Verstand
het vergelijk der Vergleich
het verwijt der Verweis
het verzoek die Bitte.

§ 232. Zusammengesetzte Substantive haben das Geschlecht ihres Grundwortes: het woord, het antwoord die Antwort; het deel das Teil, het erfdeel das Erbteil, het voordeel der Vorteil, de hoef der Huf, de paardenhoef der Pferdehuf; de maand (f.) der Monat, de zomermaand (f.).

Aufgabe.

29.

Setze folgende Wörter mit den unbestimmenden Artikeln in den 1. und 4. Fall:

A. aanbod, afgod, appel, avond, antwoord, April, arbeid, adem, alarm, azijn, aak, boek, brand, bek, beeltenis, begeerlijkheid, beurs, bezem, big, blauwsel, bankier, blad, bad, bevel, brood, boom, bouw, beuk, beitel, bark, belooning, bedelarij, bisdom, bedrag, bedrog, bezit, bes, besluit, brik, begrip, begin, Christendom, cent, canapé, citroen, dag, dood, dorpsherberg, dracht, dorst, duif, December, dienst, dwaasheid, den, dienst, doek, diamant, Dinsdag, dienstbaarheid, driemaster, draad, eten, ei, einde, eik, eikenloof, ellende, fabriek, Februari, goed, gelegenheid, gebergte, guinje, griffel, gat, goedheid, genootschap, gezang, graan, gulden, gereedschap, gewin, goud, gehucht, getuigenis, graafschap, genot, gebruik, gezelschap, gebeente;

B. honger, hond, honing, heidendom, huis, hoofd, hemel, horloge, helm, hoogte, hand, invloed, inkt, Juni, Jodendom, jaar, krekel, kalf, kind, kleed, kleinood, kruin, kracht, koffie, koude, lucifertje, lepel, lam, lied, lid, lucht, lei, lelie, linde, lettergreep, last, lichaam, leger, maaltijd, misdaad, maand, Maart, mond, maag, most, mosterd, Maandag, majesteit, nacht, November, ontbijt, onderhoud, ongesteldheid, onderwijs, ongeval, onderwereld, October, oog, olm, onderricht, overblijfsel, onderscheid, plaats, plan, pen, pracht, populier, peer, pistool, pausdom, palm, paard, prijs, rekening, rivier, rijtuig, rots;

C. rad, rund, rij, room, robijn, rijksdaalder, regen, raadsel, rogge, rijkdom, schat, steen, schoffel, schouwburg, stokslag, stuk, straat, stad, schip, sieraad, spel, schilderij, slot, sofa, standbeeld, som, September, stam, schoener, storm, stijfsel, siroop, schaduw, slijtage, tuin, twist, tak, tafel, tralie, turf, tijd, trompet, tarwe, uurwerk, uniform, vinger, vleesch, vigilante, vrees, verjaardag, vloo, vat, vonnis, verbazing, vogeltje, verdriet, vrede, vaars, vonnis, verdrag, verval, verband, vaderland, verzoek, verwijt, vruchtboom, vergelijk, val, vriendschap, verstand, verraad, veulen, verwantschap, verlies, verkeer, volk, vorstendom, winter, water, weg, wind, wijn, wortel, wasdom, waard, wacht, Woensdag, wol, wasem, zinnebeeld, zwavel, zwijm, zomer, zweep, zout, zeilpartij.

§ 233. **Alphabetisches Verzeichnis**

der gebräuchlichsten Substantive, welche im Ndl. ein andres Geschlecht [1]) haben als im Deutschen.

A.

a *f.* A *n.* s. § 230, 5
aak *f.* Nachen *m.*
aalmoes *f.* Almosen *n.*
aam *n.* Ohm *f.*
aanbeeld *n.* Ambos *m.*
aandeel *n.* Anteil *m.*
aandrift *f.* Antrieb *m.*
aanleg *m.* Anlage *f.*
aantal *n.* Anzahl *f.*
aanzien, gezicht *n.* Ansicht *f.*
aard *m.* Art *f.*
aardappel *m.* Kartoffel *f.*
acacia *m.* Akazie *f.*
accent *n.* Accent *m.*
accoord *n.* Akkord *m.*
accijns *m.* Accise *f.*
adres *n.* Adresse *f.*
advies *n.* Avis *m.*
afbraak *f.* Abbruch *m.*
afbreuk *f.* Abbruch *m.*
afscheid *n.* Abschied *m.*
afschrift *n.* Abschrift *f.*
afstel *n.* Aufschub *m.*
ajuin *m.* Zwiebel *f.*
aker *m.* Eichel *f.*
akkoord *n.* Akkord *m.*
alabaster, albast *n.* Alabaster *m.*
alarm *n.* Lärm *m.*
alkoof *f.* Alkoven *m.*
altaar *n.* Altar *m.*
amandel *m.* Mandel *f.*
angel *m.* Angel *f.*
angst *m.* Angst *f.*
anker *n.* Anker *m.*
antwoord *n.* Antwort *f.*
apostrophe *f.* Apostroph *m.*
appel *n.* Appell *m.*
arbeid *m.* Arbeit *f.*
are *f.* Ar *m.*, *n.*
arrest *n.* Arrest *m.*
arsenik *f.* Arsenik *m.*
artikel *n.* Artikel *m.*

asbest *n.* Asbest *m.*
asperge, sperge *f.* Spargel *m.*
atlas *n.* (Zeug) Atlas *m.*
azuur *n.* Azur *m.*

B.

baal *f.* Ballen *m.*
baat *f.* Nutzen *m.*
bajonet *f.* Bayonett *n.*
bal *n.* (Tanz) Ball *m.*
balkon *n.* Balkon, Altan *m.*
banier *f.* Panier, Banner *n.*
bankroet *n.* Bankerott *m.*
barbeel *m.* Barbe *f.*
bastion *n.* Bastion *f.*
batist *n.* Batist *m.*
beding *n.* Beding *m.*
bedrag *n.* Betrag *m.*
bedrijf *n.* 1º Betrieb *m.*, 2º Akt, Aufzug *m.*
bedrog *n.* Betrug *m.*
beek *f.* Bach *m.*
beemd *m.* Aue *f.*
been *n.* Knochen *m.*
beest *n.* Bestie *f.*
beetwortel *m.* Runkelrübe *f.*
begin *n.* Beginn, Anfang *m.*
begrip *n.* Begriff *m.*
beheer *n.* Verwaltung *f.*
behoef *n.* Behuf *m.*
behoefte *f.* Bedürfnis *n.*
behoud *n.* Erhaltung *f.*
behulp *n.* Behelf *m.*, Hülfe *f.*
bejag *n.* Bewerbung *f.*
beklag *n.* Beschwerde *f.*
belang *n.* Belang *m.*
beleg *n.* Belagerung *f.*
beleid *n.* Umsicht *f.*
belet *n.* Verhinderung *f.*
belofte *f.* Versprechen *n.*
beloop *n.* Belauf, Verlauf *m.*
belt *f.* Haufen *m.*
ben, benne *f.* Korb *m.* (flacher —)
beraad *n.* Erwägung *f.*

---

1) Die Diminutiva, die von Verben abgeleiteten auf —ing und —st und die Bildungen auf —heid, —nis, —sel, welche ein bestimmtes Geschlecht haben im Ndl. sind in diesem Verzeichnis nicht aufgeführt.

bereik *n.* Bereich *m.*
bericht *n.* Bericht *m.*
berk *m.* Birke *f.*
beroep *n.* Beruf *m.*
berouw *n.* Reue *f.*
bescheid *n.* Bescheid *m.*
beschot *n.* Verschlag *m.*
beschuit *f.* Zwieback *m.*
besef *n.* Begriff *m.*, Ahnung *f.*
beslag *n.* Beschlag *m.*
besluit *n.* Beschluß, Entschluß *m.*
besprek *n.* Unterhandlung *f.*
bestand *n.* Bestand, Waffenstill=
    stand *m.*
bestek *n.* Plan, Entwurf *m.*
bestuur *n.* 1º. Vorstand *m.*, 2º. Ver=
    waltung *f.*
bete *f.* Bissen *m.*
betoog *n.* Beweis *m.*
beuk *m.* Buche *f.*
bevel *n.* Befehl *f.*
bewijs *n.* Beweis *m.*
bewind *n.* Obrigkeit, Regierung *f.*
bezit *n.* Besitz *m.*
bezoek *n.* Besuch *m.*
bezwaar *n.* Beschwerde, Einwen=
    dung *f.*
big(ge) *f.* Ferkel *n.*
bijbel *m.* Bibel *f.*
bijdrage *f.* Beitrag *m.*
bijl *f.* Beil *n.*
bijlage *f.* Belag *m.*
blaam *f.* Tadel, Verweis *m.*
blijk *n.* Beweis *m.*
bloei *m.* Blüte *f.*
bloesem *m.* Blüte *f.*
blok *n.* Block *m.*
blos *m.* Röte *f.*
bluf *m.* Aufschneiderei *f.*
bobbel *m.* Blase *f.*
boedel, boel *m.* Erbschaft; Menge *f.*
boekweit *f.* Buchweizen *m.*
bol *m.* Kugel *f.*
boert *f.* Scherz, Spaß *m.*
bokaal *f.* Pokal *m.*
bons *f.* Schlag, Fall *m.*
bonk *f.* Klumpen *m.*
boor *f.* Bohrer *m.*
boord = scheepsboord *n.* Bord,
    Schiffsbord *m.*; boord ≙ Rand
boot *f.* Boot *n.*   [ist *m.*
bord *n.* Teller *m.*
borstel *m.* Bürste *f.*

bos *m.* Bund *n.*
bosch *n.* Wald, Hain *m.*
bretél *f.* Hosenträger *m.*
breuk *f.* Bruch *m.*
brij *f.* Brei *m.*
bril *m.* Brille *f.*
broed *n.* Brut *f.*
bron *f.* Brunnen, Born *m.*
buit *m.* Beute *f.*
bundel *m.* Bündel *n.*
burg, burcht *m.* Burg *f.*

C.

cabaal *n.* Kabale *f.*, Lärm *m.*
cacao *f.* Kakao *m.*
cachot *n.* Kerker *m.*
cadaver *n.* Kadaver *m.*
canapé *f.* Kanapee *n.*
carnaval *n.* Karneval *m.*
cedel, ceel *f.* Pachtkontrakt *m.*
ceder *m.* Zeder *f.*
centenaar *n.* Zentner *m.*
chaos *m.* Chaos *n.*
cijfer *m.* Ziffer *f.*
circulaire *f.* Zirkular *n.*
citroen *m.* Zitrone *f.*
complex *n.* Komplex *m.*
congres *n.* Kongreß *m.*
concours *n.* Konkurs *m.*
contrast *n.* Kontrast *m.*
convent *n.* Konvent *m.*

D.

dageraad *m.* Morgenröte *f.*
dagge *f.* Dolch *m.*
das *f.* Halstuch *n.*
datum *m.* Datum *n.*
debiet *n.* Debit *m.*
deeg *n.* Teig *m.*
deel *n.* (van een geheel) Teil *m.*
    (eines ganzen)
deemoed *m.* Demut *f.*
dek *n.* Decke *f.*
Delta *f.* Delta *n.*
delfstof *f.* Mineral *n.*
den *m.* Tanne *f.*
devies *n.* Devise *f.*
diadeem *m.* Diadem *n.*
dialect *n.* Dialekt *m.*
dieet *n.* Diät *m.*
diergaarde *f.* Tiergarten *m.*

dij *f.* Schenkel *m.*
disconto *n.* Diskonto *m.*
discours *n.* Diskurs *m.*
dispuut *n.* Disput *m.*
dissel *m.* Deichsel *f.*
district *n.* Distrikt *m.*
dividend *n.* Dividende *f.*
doek *m.* Tuch *n.*; so auch zakdoek, halsdoek u. s. w.; doek
  = Zeug (Stoffname) ist *n.*
dok *n.* Docke *f.*
dollekervel *f.* Schierling *m.*
domein *n.* Domäne *f.*
Donau *m.* Donau *f.*
dons *n.* Flaum *m.*, Daunen *f. pl.*
doolhof *n.* Irrgarten *m.*
doop *m.* Taufe *f.*
doorvoer *m.* Durchfuhr *f.*
doorzicht *n.* Durchsicht *f.*
dop *m.* Hülse, Schale *f.*
draai *m.* Drehung *f.*
drachma *n.* Drachme *f.*
drank *m.* Getränk *n.*
dreun *m.* Dröhnung *f.*
driehoek *m.* Dreieck *n.*
drift *f.* Trieb, Jähzorn *m.*
drukte *f.* Gewühl, Gedränge *n.*
duin *n.* Düne *f.*
duur *m.* Dauer *f.*

E.

echo *f.* Echo *n.*
echt *m.* Ehe *f.*
eiland *n.* Insel *f.*
eekhoren *m.* Eichhörnchen.
eelt *n.* Schwiele *f.*
eerbied *m.* Ehrfurcht *f.*
eest *m.* Darre *f.*
eeuw *f.* Jahrhundert *n.*
effect *n.* Effekt *m.*
eik *m.* Eiche *f.*
eikel *m.* Eichel *f.*
eisch *m.* Forderung *f.*
ekster *m.* Elster *f.*
eland *m.* Elend(tier) *n.*
ellende *f.* Elend *n.*
els *m.* Erle *f.*
Elzas *m.* Elsaß *n.* (*m.*)
esch *m.* Esche *f.*
eskadron *n.* Eskadron *f.*
esp *m.* Espe *f.*

F.

faam *f.* Ruf, Name *m.*
fatsoen *n.* Façon, Form *f.*
feil *f.* Fehler *m.*
flanel *n.* Flanell *m.*
floers *n.* Flor *m.*
floret *f.* Florett *n.* (Stoßwaffe)
floret *n.* Florett *m.* (Florettseide)
fluweel *n.* Samt *m.*
fonds *n.* Fonds *m.*
fooi *f.* Trinkgeld *n.*
fout *f.* Fehler *m.*
fregat *n.* Fregatte *f.*
fries *f.* Fries *m.*
front *n.* Fronte *f.*

G.

gaas *n.* Gaze *f.*
galg *f.* Galgen *m.*
galjoen *n.* Galione *f.*
galon *n.* Galone *f.*
garnizoen *n.* Garnison *f.*
gebaar *n.* Gebärde *f.*
gebraad *n.* Braten *m.*
gebras *n.* Prasserei *f.*
gebrek *n.* Mangel *m.*
gebruik *n.* Gebrauch, Brauch *m.*
gedachte *f.* Gedanke *m.*
gedeelte *s.* deel
geding *n.* Prozeß *m.* Rechtssache *f.*
geduld *n.* Geduld *f.*
geesel *m.* Geißel *f.*
gefemel *n.* Frömmelei *f.*
gehalte *n.* Gehalt, Wert *m.*
gehemelte *n.* Gaumen, Himmel *m.*
gehucht *n.* Weiler *m.*
gelag *n.* Zeche *f.*
geloof *n.* Glaube *m.*
gelofte *f.* Gelöbnis *n.*
geluid *n.* Laut, Schall *m.*
gemak *n.* 1º. Bequemlichkeit *f.*,
  2º. Abtritt *m.*
gember *f.* Ingwer *m.*
geneesmiddel *m.* Arznei *f.*
genoegen *n.* Gefallen *m.*
genootschap *n.* Genossenschaft
genot *n.* Genuß *m.*
gepeupel *n.* Pöbel *m.*
geranium *f.* Geranium *n.*
geraas *n.* Lärm *m.*
geschil *n.* Streit *m.*

geschrift *n.* Schrift *f.*
gesp *m.* Schnalle, Spange *m.*
getal *n.* Zahl *f.*
gevaar *n.* Gefahr *f.*
gevaarte *n.* Koloß *m.*
geval *n.* Fall *m.*
gevoelen *n.* Meinung *f.*
gevolg *n.* Folge *f.*
gewag *n.* Erwähnung *f.*
geweld *n.* Gewalt *f.*
gewest *n.* Provinz, Gegend *f.*
gewijsde *n.* Urteilsspruch *m.*
gewin *n.* Gewinn *m.*
gewrocht *n.* Arbeit, Schöpfung *f.*
gezag *n.* Gewalt, Macht *f.*
gezang *n.* Gesang *m.*
gezantschap *n.* Gesandtschaft *f.*
gezelschap *n.* Gesellschaft *f.*
gezwel *n.* Geschwulst *f.*
gieter *m.* Gießkanne *f.*
gild *n.* Gilde, Zunft *f.*
gips *n.* Gips *m.*
git *n.* Gagath *m.*
glazuur *n.* Glasur *f.*
gloed *m.* Glut *f.*
golf *f.* Golf *m.*
gom *f.* Gummi *n.*
gordijn *f.* Vorhang *m.* (im Theater)
gorgel *m.* Gurgel *f.*
gracht *f.* Graben *m.*
graniet *n.* Granit *m.*
grap *f.* Spaß, Witz *m.*
graszode *f.* Rasen *m.*
grauw *n.* Pöbel *m.*
gravure *f.* Stich *m.*
greep *f.* Griff *m.*
grief *f.* Gram *m.*
griffel, grift *f.* Griffel *m.*
grint *f.* Kies *m.*
groente *f.* Gemüse *n.*
gruis *n.* Graus, Gries *m.*

H.

haag, heg *f.* Hag *m.*
halt, halte *f.* Halt *m.*
ham *f.* Schinken *m.*
harnas *n.* Harnisch *m.*
harpoen *m.* Harpune *f.*
hartstocht *m.* Leidenschaft *f.*

haspel *m.* Haspel *f.*
haven *f.* Hafen *m.*
haver *f.* Hafer *m.*
hecht *n.* Griff *m.*
hectare *f.* Hektar *n.*
heester *m.* Staude *f.*
hei *f.*, heiblok *n.* Rammblock *m.*
hek *n.* Zaun *m.*, Gitter *n.*
hekel *m.* Hechel *f.*
hengel *m.* Angelrute *f.*
her•enen *f. pl.* Gehirn, Hirn *m.*
herstel *m.* Wiederherstellung *f.*
hert *n.* Hirsch *m.*
hiel *m.* Ferse, Hacke *f.*
hoek *m.* Ecke, Straßenecke *f.*
hof (eines Fürsten) *n.* Hof *m.*
hofstede *f.* Gehöft *n.*
hok *n.* Schlag, Stall, Zwinger *m.*
hol *n.* Höhle *f.*
hommel *m.* Hummel *f.*
homp *f.* Humpen, Klumpen *m.*
hop *f.* Hopfen *m.*
horen, hoorn *m.* Horn *m.*
horloge *n.* Uhr, Taschenuhr *f.*
houwitser *m.* Haubitze *f.*
huig *f.* Zäpfchen *n.*
huisraad *n.* Hausrat *m.*
huwelijk *n.* Heirat, Ehe *f.*
hysop *f.* Hysop *m.*

I.

idee *f.* oder *n.* Idee *f.*
iep, ijp *m.* Ulme *f.*
ijk *m.* Eiche, Eichung *f.*
ijzel *m.* Glatteis *n.*
inboedel *m.* Inventar, Hausgerät *n.*
inborst *f.* Gemüt *n.*
inbraak *f.* Einbruch *m.*[1]
inbreuk *f.* Einbruch *m.*[2]
indigo *f.* Indigo *m.*
initiatief *n.* Initiative *f.*
inkeer *m.* Einkehr *f.*
inkt *m.* Dinte *f.*
inleg *m.* Einlage *f.*
instinct *n.* Instinkt *m.*
intrede *f.* Eintritt *m.*
inventaris *m.* Inventar *n.*
invoer *m.* Einfuhr *f.*
inzicht *n.* Einsicht *f.*

1) Diefstal met inbraak Diebstahl mittels Einbruch.
2) Verletzung des Rechts.

J.

jaargetijde *n.* Jahreszeit *f.*
jacht *n.* Jacht *f.*
jak *n.* Jacke *f.*
jammer *n.* Jammer *m.*
janhagel *n.* Janhagel, Pöbel *m.*
japon *f.* Kleid *n.*, Rock *m.*
jas *f.* Rock *m.*
jasmijn *f.* Jasmin *m.*
jenever *f.* Kornbranntwein *m.*
juffrouw *f.* Fräulein *n.*
jurk *f.* Oberkleid *n.* (für Mädchen).

K.

kaai *f.* Kai *m.*
kaam *f.* Rahm *m.*
kaap *f.* Kap *n.*
kaas *f.* Käse *m.*
kabel *m.* Kabel *n.*
kachel *f.* Ofen *m.*
kaf *n.* Kaff *m.*
kaliber *n.* Kaliber *m.*
kalk *f.* Kalk *m.*
kameel *m.* Kamel *n.*
kamfer *f.* Kampfer *m.*
kanaal *n.* Kanal *m.*
kanarie *f.* Kanarienvogel *m.*
kaneel *n.* Zimt *m.*
kanon *m.* Kanone *f.*
kansel *m.* Kanzel *f.*
kant = zijde *m.* Kante *f.*
kanteel *n.* Zinne *f.*
kanton *n.* Kanton *m.*
kar *f.* Karren *m.*
karabijn *f.* Karabiner *m.*
karakter *n.* Charakter *m.*
karmijn *n.* Karmin *m.*
kast *f.* Schrank *m.*
katoen *n.* Kattun *m.*
kavel *m.* Kabelung *f.*
kaviaar *f.* Kaviar *m.*
keer *m.* 1⁰. Wendung *f.*, 2⁰. Mal *n.*
kerf *f.* Kerb *m.*
kern *f.* Kern *m.*
kiem *f.* Keim *m.*
kies *f.* Backenzahn *m.*
kiezel, kies *n.* Kiesel *m.*
kijk *m.* Schau *f.*
kin *f.* Kinn *n.*
klad, kladde *f.* 1⁰. Klecks *m.*, 2⁰. Konzept *m.*
klauw *f.* Klaue *m.*

klaver *f.* Klee *m.*
klei *f.* Klei, Thon *m.*
klemtoon *m.* Betonung *f.*
klimop *n.* Epheu *m.*
klont, kluit *f.* Klumpen *m.*
klub *f.* Klub *m.*
kneep *f.* Kniff *m.*
kneu *f.* Hänfling *m.*
knie *f.* Knie *n.*
knoet *m.* Knute *f.*
koepel *m.* Kuppel *f.*
koffie *f.* Kaffee *m.*
kogel *m.* Kugel *f.*
koliek *n.* Kolik *f.*
kolk *f.* Strudel *m.*
kolom *f.* Pfeiler *m.*
komeet *f.* Komet *m.*
kompas *n.* Kompaß *m.*
konvooi *n.* Konvoi *m.*
kooi *f.* Käfig *m.* Bauer *n.*
kool *f.* Kohl (Kraut) *m.*
koorts *f.* Fieber *n.*
kopergroen *n.* Grünspan *m.*
koraal *n.* Choral *m.*
korrel *f.* Korn *n.*
kost *m.* Kost *f.*
kous *f.* Strumpf *m.*
kout *m.* Plauderei *f.*
kraam *f.* Kram *m.*
kraan *f.* Krahn *m.*
krakeling *m.* Bretzel *f.*
kramp *f.* Krampf *m.*
kreatuur *n.* Kreatur *f.*
krediet *n.* Kredit *m.*
krekel *m.* Grille *f.*
krijt *n.* Kreide *f.*
kristal *n.* Krystall *m.*
kroep *f.* Krupp *m.*
krokodil *m.* Krokodil *n.*
kruik *f.* Krug *m.*
kruin *f.* Gipfel, Wipfel *m.*
kuch *f.* Husten *m.*
kuil *m.* Grube *f.*, Loch *n.*
kuras *n.* Küraß *m.*
kurk *f.* (= Pfropf) Kork *m.*
kwartel *m.* Wachtel *f.*
kwarts *n.* Quarz *m.*
kwast *m.* Quaste *f.*

L.

laars *f.* Stiefel *m.*
lak *n.* Lack *m.*

lancet *n.* Lanzette *f.*
last *m.* Last *f.*, Bürde *f.*
laster *m.* Verleumdung *f.*
lats *f.* Latz *m.*
latuw *f.* Lattich *m.*
leem *n.* Lehm *n.*
leest *f.* Leisten *m.*
legioen *n.* Legion *f.*
lei *f.* Schiefer *n.*
lek *n.* Leck *m.*
lente *f.* Lenz *m.*
letter *f.* Buchstabe *m.*
leeuwerik *m.* Lerche *f.*
lichaam *n.* Körper *m.*
lidmaatschap *n.* Mitgliedschaft *f.*
lidteeken *n.* Narbe *f.*
lijf *n.* Leib *m.*
lijk *n.* Leiche *f.*
lijm *f.* Leim *m.*
lijnwaad *n.* Leinwand *f.*
lof *m.* Lob *n.*
lokaas *n.* Köder *m.*
loket *n.* Schalter *m.*
Lombardije *n.* Lombardei *f.*
look *n.* Lauch *m.*
loon *n.* Lohn *m.*
luik *n.* Lucke *f.*
lust *m.* Lust *f.*
luxe *f.* Luxus *m.*

M.

maag *f.* Magen *m.*
maal *n.*, maaltijd *m.* Mahlzeit *f.*
maan *f.* Mond *m.*
maand *f.* Monat *m.*
maat *f.* Maß *n.*
maïs *f.* Mais *m.*
mand *f.* Korb *m.*
mangel *n.* Mangel *m.*
manoeuvre *f.* Manöver *n.*
markt *f.* Markt *m.*
marmer *n.* Marmor *m.*
masker *n.* Maske *f.*
mee *f.* Met *m.*
meer *n.* See *m.*
meloen *m.* Melone *f.*
menie *f.* Mennig *m.*
mirt *m.* Mirte *f.*
misbruik *n.* Mißbrauch *m.*
mof *f.* Muff *m.*
molen *m.* Mühle *f.*
moment *n.* Moment *m.*

motie *f.* Antrag *m.*
mouw *f.* Ärmel *m.*
muil *m.* Maul *n.*
musch, mosch *f.* Spatz *m.*
muskus *f.* Moschus *m.*
muur *m.* Mauer, Wand *f.*

N.

naad *m.* Nat *f.*
nacht *m.* Nacht *f.*
nachtegaal *m.* Nachtigall *f.*
nadeel *n.* Nachteil *m.*
nauw *n.* Enge *f.*
nering *f.* Verkauf, Umsatz *m.*
neus *m.* Nase *f.*
nommer *n.* Nummer *f.*
nood *m.* Not *f.*
Normandije *n.* Normandie *f.*
nut *n.* Nutzen *m.*

O.

Oder *m.* Oder *f.*
oever *m.* Ufer, Gestade *n.*
oker *f.* Ocker *m.*
oksel *m.* Achsel *f.*
olie *f.* Öl *n.*
olm *m.* Ulme *f.*
omkeer *m.* Umkehr *f.*
omtrek *m.* Umgegend *f.*
onderhoud *n.* Unterhalt *m.*
onderscheid *n.* Unterschied *m.*
onderschrift *n.* Unterschrift *f.*
onderwijs *n.* Unterricht *m.*
ondeugd *f.* Laster *n.*
ongel *f.* Unschlitt *m.*
ontwerp *n.* Entwurf *m.*
ontzag *n.* Respekt *m.*
ontzet *n.* Entsatz *m.*
oogenblik *n.* oder *m.* Augenblick *m.*
oogst *m.* Ernte *f.*
oord *n.* Ort *m.*
ootmoed *m.* Demut *f.*
opdracht *f.* Auftrag *m.*
oponthoud *n.* Aufenthalt *m.*
oproer *n.* Aufruhr *m.*
orde *f.* Orden, Ritterorden *m.*
orgel *n.* Orgel *f.*
ornaat *n.* Ornat *m.*
otter *m.* Otter, Fischotter *f.*
ouderdom *m.* Alter *n.*
ouwel *m.* Oblate *f.*
overleg *n.* Überlegung *f.*, Bedacht *m.*
overzicht *n.* Übersicht *f.*

P.

pacht *f.* Pacht *m.*
pad *n.* Pfad *m.*
paleis *n.* Palast *m.*
palm *m.* Palme *f.*
pantoffel *f.* Pantoffel *m.*
panser, pantser *n.* Panzer *m.*
pap *f.* Brei *m.*
parapluie *f.* Regenschirm *m.*
parasol *f.* Sonnenschirm *m.*
pardon *n.* Pardon *m.*
parfum *n.* Parfum *m.*
park *n.* Park *m.*
parochie *f.* Kirchspiel *n.*
pastel *n.* Pastell *m.*
patrijs *m.* Rebhuhn *n.*
paviljoen *n.* Pavillon *m.*
peil *n.* Pegel *m.*
pekel *f.* Pökel *m.*
penseel *n.* Pinsel *m.*
pensioen *n.* Pension *f.*
peper *f.* Pfeffer *m.*
perk *n.* Schranke *f.*
perron *n.* Perron *m.*
peuluw, peluw *f.* Pfühl *m.*
piano, pianino *f.* Piano, Pianino *n.*
pier *f.* Wurm, Regenwurm *m.*
pijn *m.* Fichte *f.*
pin *f.* Nagel, Pflock *m.*
pit *f.* 1º. Kern *m.*, 2º. Docht *m.*
plaats *f.* Platz *m.*
plan *n.* Plan *m.*
planeet *f.* Planet *m.*
plein *n.* Platz *m.*
pleister *f.* Pflaster *n.*
plek *f.* 1º. Ort *m.*, 2º. Flecken *m.*
plicht *m.* Pflicht *f.*
pluim *f.* Busch *m.*
pluksel *n.* Charpie *f.*
poeder *n.* Puder *m.*
pook *m.* Schüreisen *n.*
pool *f.* Pol *m.*
poort *f.* Thor *n.*
poot *m.* Pfote *f.*
portefeuille *f.* Portefeuille *n.*
potlood *n.* Bleistift *m.*
prent *f.* Bild *n.*
prieël *n.* Laube *f.*
proces *n.* Prozeß *m.*
profijt *n.* Profit *m.*
prop *f.* Pfropfen *m.*
protest *n.* Protest *m.*

proza *n.* Prosa *f.*
puin *n.* Schutt *m.*
punt (= Lesezeichen) *f.* Punkt *m.*
punt (= Thema, Zeitpunkt) *n.*
   Punkt, Satz, Zeitpunkt *m.*
purper *m.* Purpur *m.*
put *m.* Pfütze *f.*

Q.

quotient *n.* Quotient *m.*

R.

raaf *f.* Rabe *m.*
raam *n.* Rahmen *m.*
rabat *n.* 1º. Rabatt *m.*, 2º. Rabatte *f.*
rantsoen *n.* Ranzion *f.*
ratel *m.* Raffel *f.*
ravijn *n.* Schlucht *f.*
ree *f.* Reh *n.*
reet *f.* Riß *m.*
regel *m.* 1º. Regel *f.* 2º. Zeile *f.*
respect *n.* Respekt *m.*
rest *f.* Rest *m.*
restant *n.* Rest, Rückstand *m.*
riem *m.* roeispaan *f.* Ruder *m.*
rif *n.* Riff, Felsenriff *m.*
rijm *f.* Reim *m.*
rijst *f.* Reis *m.*
rimpel *m.* Runzel *f.*
rivier *f.* Fluß *m.*
roet *n.* Ruß *m.*
rogge *f.* Roggen *m.*
rond *n.* Runde *f.*, Umkreis *m.*
rot *n.* Rotte, Schar *f.*
rots *f.* Fels, Felsen *m.*
rouw *m.* Trauer *f.*
ruim *n.* Raum, Schiffsraum *m.*
ruimte *f.* Raum, Platz *m.*

S.

sabel Säbel *m.*
saffraan *f.* Safran *m.*
sago *f.* Sago *m.*
salade, sla *f.* Salat *m.*
saldo *n.* Saldo *m.*
salmoniak *f.* Salmiak *m.*
salpeter *n.* Salpeter *m.*
saluut *n.* Gruß *m.*
salvo *n.* Geschützsalve *f.*
sop *n.* Saft *m.*

sarcophaag *f.* Sarkophag *m.*

satijn *n.* Satin *m.*

schaaf *f.* Hobel *m.*

schaats *f.* Schlittschuh *m.*

schacht, schaft *f.* Schaft *m.*

schade *f.* Schaden *m.*

schaduw *f.* Schatten *m.*

schakel *f.* Glied *n.*

schako *f.* Schako *m.*

schepter *m.* Scepter *n.*

scherm *n.* Schirm *m.*

scherp *n.* Scheide *f.*

scherts *f.* Scherz *m.*

scheur *f.* Riß *m.*

schild *n.* Schild (Schutzwaffe) *m.*

schim *f.* Schatten *n.*

schommel *m.* Schaukel *f.*

schot *n.* 1º. Schuß *m.*, 2º. Scheide=
  wand *f.*

schotel *m.* Schüssel *f.*

schouder *m.* Schulter *f.*

schouwburg *m.* Theater *n.*

schraag *f.* Schragen *m.*

schrede *f.* Schritt *m.*

schrift *n.* Schrift *f.*

schuier *m.* Bürste *f.*

schuif *f.* Schieber, Riegel *m.*

schuim *n.* Schaum, Gischt *m.*

schuit *f.* Kahn, Nachen *m.*

seizoen *n.* Saison *f.*

servet *n.* Serviette *f.*

sieraad *n.* 1º. Zierat *m.*, 2º. Zierde *f.*

sikkel *f.* Sichel *m.*

siroop, stroop *f.* Sirup *m.*

slag, veldslag *m.* Schlacht *f.*

slag *n.* 1º. Schlag *m.*, 2º. Art,
  Gattung *f.*

slede, slee *f.* Schlitten *m.*

sleep *m.* Schleppe *f.*

sleur *f.* Schlendrian *m.*

slib *f.* slijk, slik *n.* Schlamm *m.*

slijm *n.* Schleim *m.*

slinger *m.* Schleuder *f.*

slip *f.* Zipfel *m.*

sloot *f.* Graben *m.*

slot *n.* Schluß *m.*

slurf *f.* Rüssel *m.*

smaad *m.* Schmach *f.*

smart *f.* Schmerz *m.*

smeer *n.* Schmiere *f.*

smet *f.* 1º. Flecken *m.*, 2º. Schmutz *m.*

snede, snee *f.* Schnitt *m.*

sneeuw *f.* Schnee *m.*

snoer *n.* Schnur *f.*

snuif *f.* Schnupftabak *m.*

snuit *m.* Schnauze *f.*

snuiter *m.* Lichtschere *f.*

sofa *f.* Sofa *n.*

sold *n.*, soldij *f.* Sold *m.*

somp *f.* Sumpf *m.*

spaarpot *m.* Sparbüchse *f.*

spa, spade *f.* Spaten *m.*

spar *f.* Sparren *m.*

speeksel *f.* Speichel *m.*

speer *f.* Speer *m.*

spek *n.* Speck *m.*

spelt *f.* Spelt *m.*

spier *f.* Muskel *m.*

spies *f.* Spieß *m.*

spijt *f.* Ärger *m.* Leidwesen *n.*

spinazie *f.* Spinat *m.*

spit *n.* Bratspieß *m.*

spoed *m.* Eile *f.*

spons *f.* Schwamm *m.*

spook *n.* Spuk *m.*

spoor *n.* 1º. Zug *m.*, 2º. Eisbahn *f.*,
  3º. Spur *f.*

spoor *f.* Sporn *m.*

spreuk *f.* Spruch *m.*

spriet *m.* Spriet *n.*

spruit *f.* Sproß, Schößling *m.*

staal *n.* Stahl *m.*

star, ster *f.* Stern *m.*

station *n.* Station *f.*

steun *m.* Stütze *f.*

stift *f.* Stift *m.*

stof *n.* Staub *m.*

stof *f.* Stoff *n.*, Zeug *n.*

stop *f.* Stöpsel *m.*

stoppel *m.* Stoppel *f.*

strand *n.* Strand *m.*

streek *f.* Strich, Himmelsstrich *m.*

streep *f.* Strich, Streif *m.*

streng *f.* Strang *m.*

strook *f.* Streif, Riemen *m.*

strot *m.* Gurgel *f.*

studie *f.* Studium *n.*

stuip *f.* Krampf *m.*

stut *m.* Stütze *f.*

succes *n.* Erfolg *m.*

suiker *f.* Zucker *m.*

T.

tabak *f.* Tabak *m.*

taf *n.* Taffet *m.*

takel *m* Zugrolle *f.*
tal *n.* Menge, Zahl *f.*
talk *f.* Talg *m.*
tamboerijn *f.* Tambourin *n.*
tapijt *n.* Teppich *m.*
taptoe *f.* Zapfenstreich *m.*
tarief *n.* Tarif *m.*
Tartarije *n.* Tartarei *f.*
tarw(e) *f.* Weizen *m.*
teen *m.* Zehe *f.*
teen *f.* Weidenzweig *m.*
teer *f.* Teer *m.*
tegenspoed *m.* Unglück *n.*
tent *f.* Zelt *n.*
term *m.* 1º. Kunstwort *n.*, 2º. Redensart *f.*
terras *n.* Terrasse *f.*
teug *f.* Schluck, Zug *m.*
thee *f.* Thee *m.*
tiende *n.* Zehnt *m.*, Zehntabgabe *f.*
tij *n.* Ebbe und Flut *f.*
tijd *m.* Zeit *f.*
tijdstip *n.* Zeitpunkt *m.*
toer *m.* Tour *f.*
toestel *m.* Apparat *m.*
toeval *n.* Zufall *m.*
toevlucht *f.* Schutz *m.*
toevoer *m.* Zufuhr *f.*
toezicht *n.* Aufsicht *f.*
toilet *n.* Toilette *f.*
tombe *f.* Grabmal *n.*
tondel, tonder *n.* Zunder *m.*
tooneel *n.* Bühne *f.*
toonteeken *n.* Accent *m.*
tor *f.* Käfer *m.*
traan *m.* Thräne *f.*
traan *f.* Thran *m.*
tractaat *n.* Traktat *m.*
tractement *n.* Besoldung *f.*
traject *n.* Trajekt *m.*
tralie *f.* Gitter *n.*
transport *n.* Transport *m.*
trap *m.* 1º. Treppe *f.*, 2º. Stufe *f.*
tras *n.* Traß *m.*
trede *f.* Tritt *m.*
trek *m.* Neigung *f.*
tricot *n.* Triko *m.*
trijp *n.* Tripp *m.*
troef *f.* Trumpf
troffel *m.* Kelle *f.*
tromp *f.* Rüssel *m.*
tronie *f.* Antlitz *n.*
tumult *n.* Tumult *m.*

Turkije *n.* Türkei *f.*
tweespalt *f.* Zwiespalt *m.*
twijg *f.* Zweig *m.*
type *n.* Typhus.

U.

ui *m.* Zwiebel *f.*
uier *m.* Euter *n.*
uil *m.* Eule *f.*
uitschot *n.* Ausschuß *m.*
uitstel *n.* Aufschub *m.*, Frist *f.*
uitvlucht *f.* 1º. Ausflug *m.*, 2º. Vorwand *m.*
uitvoer *f.* Ausfuhr *m.*
uitwas *n.* Auswuchs *m.*
uitzicht *n.* Aussicht *f.*
uur, uurwerk *n.* Stunde *f.*, Uhr *f.*

V.

vallei *f.* Thal *n.*
varen *n.* Farn *m.*
veer *n.* Fähre *f.*
vel *n.* 1º. Haut *f.*, 2º. Bogen *m.* (Papier)
venkel *f.* Fenchel *m.*
verblijf *n.* Aufenthalt *m.*
verband *n.* Verband *m.*
verbond *n.* Bund *m.*
verdienste *f.* Verdienst *m.*
verdrag *n.* Vertrag *m.*
verdriet *n.* Verdruß *m.*
vergelijk *n.* Vergleich *m.*
vergezicht *n.* Fernsicht *f.*
vergrijp *n.* Verstoß *m.*
verhaal *n.* Erzählung *f.*
verhemelte *n.* 1º. Wölbung *f.*, 2º. Gaumen *m.*
verkeer *n.* Verkehr *m.*
verledene *n.* Vergangenheit *f.*
verlies *n.* Verlust *m.*
verlof *n.* 1º. Urlaub *m.*, 2º. Erlaubnis *f.*, Verlaub *m.*
verloop *n.* Verlauf *m.*
vernis *n.* Firniß *m.*
vernuft *u.* Geist *m.*
verraad *n.* Verrat *m.*
vers *n.* Vers *m.*
verschiet *n.* Hintergrund *m.*
verschil *n.* Unterschied *m.*, Uneinigkeit *f.*
verschot *n.* Vorschuß *m.*

verslag *n.* Bericht *m.*
verstand *n.* Verstand *m.*
vertier *n.* Handel, Absatz *m.*
vertoef *n.* Verzug *m.*
vertoog *n.* Beweisführung *f.*
verval *n.* Verfall *m.*
vervoer *n.* Transport *m.*
vervolg *n.* Verfolg *m.*, Fortsetzung *f.*
verwijl *n.* 1º. Aufschub *m.*, 2º. Aufenthalt *m.*
verwijt *n.* Verweis *m.*
verzet *n.* Widerstand *m.*
vest *n.* Weste *f.*
veter *m.* Schnur, Nestel *f.*
vezel *m.* Faser *f.*
viaduct *f.* Viadukt *m.*
vierhoek *m.* Viereck *n.*
vignet *n.* Vignette *f.*
vilt *n.* Filz *m.*
violoncel *f.* Violoncell *n.*
vitriool *n.* Vitriol *m.*
vlaag *f.* 1º. Anfall *m.* (von Wut), 2º. Windstoß *m.*
vlak *n.* Fläche *f.*
vlas *n.* Flachs *m.*
vlek *n.* Flecken *m.*
vlerk *f.* Fittig, Flügel *m.*
vlier *f.* Flieder *m.*
vlijt *f.* Fleiß *m.*
vloed *m.* Flut *f.*
vloo *f.* Floh *m.*
vlucht *f.* 1º. Flug *m.*, 2º. Schwarm *m.*
vocaal *f.* Vokal *m.*
vocht *n.* Flüssigkeit *f.*, Saft *m.*
vondst *f.* Fund *m.*
vonk *f.* Funke *m.*
voordeel *n.* Vorteil *m.*
voordracht *f.* Vortrag *m.*
voorkeur *f.* Vorzug *m.*
voorschot *n.* Vorschuß *m.*
voorspan *n.* Vorspann *m.*
voorspoed *m.* Glück *n.*, Wohlfahrt *f.*
voorval *n.* Vorfall *m.*
voorwerp *n.* Gegenstand *m.*
voren, voorn *m.* Föhre *f.*
vorm *m.* Form *f.*
vorst *f.* Forst *m.*
vrede *f.* Friede *m.*

W.

waarde *f.* Wert *m.*
waas *n.* Dunst *m.*
wak *n.* Wuhne *f.*
walg *f.* Ekel *m.*
walrus, walros *m.* Walroß *n.*
wals *f.* Walzer *m.*
walschot *n.* Wallrat *m.*
wand *m.* Wand *f.*
wapen *n.* Waffe *f.*
wed *n.* Schwemme *f.*
wedde *f.* Gehalt *n.*
wedloop *m.* Wettrennen *n.*
weelde *f.* Luxus *m.*
wellust *m.* Wollust *f.*
wet *f.* Gesetz *n.*
wezel *f.* Wiesel *n.*
wicht *n.* 1º. Wicht *m.*, 2º. Wucht *f.*
wig, wigge *f.* Keil *m.*
wijk *f.* Stadtviertel *n.*
wilg *m.* Weide *f.*
wissel *m.* Weiche *f.*
wortel *m.* Wurzel *f.*
woud *n.* Wald, Forst *m.*

Z.

zaad *n.* Samen *m.*
zaak, handelszaak *f.* Geschäft *n.*
zaal *f.* Saal *m.*
zand *n.* Sand *m.*
zee *f.* Meer *n.*
zeef, zift *f.* Sieb *n.*
zege *f.* Sieg *m.*
zegepraal *f.* Triumph *m.*
zenuw *f.* Nerv *m.*
zerk *f.* Grabstein *m.*
zink *n.* Zink *m.*
zode, zoo *f.* Rasen *m.*
zuiden *n.* Süden *m.*
zult *n.* Sülze, Sulze *f.*
zwam *f.* Zündschwamm *m.*
zwavel *f.* Schwefel *m.*
zweet *n.* Schweiß *m.*
zwerk *n.* Wolkenzug *m.*
zwier *m.* Anmut *f.*
zwilk *n.* Zwillich *m.*
Zwitserland *n.* Schweiz *f.*
zwoord *n.* Schwarte *f.*

Siebzehnte Lektion.

Genève.

Genève was de geboorte- of woonplaats · van een aantal mannen, wier namen algemeen bekend zijn. Hier oefende Calvijn in zijn tijd een grooten invloed; hier woonden en werkten, om maar eenigen te noemen, Beza, Rousseau, de Saussure, de Candolle, mevrouw de Stäel. Bijna geen straat die niet een huis bevat, welks bewoner naam in de wereld gemaakt heeft. Nog tegenwoordig is de stad op het gebied der fijne industrie vermaard en houdt daarin meer dan vier duizend personen bezig. Jaarlijks worden er minstens honderd duizend uurwerken gemaakt en naar het buitenland verzonden. Een der fraaiste plekjes te Genève is het eiland van Rousseau, dat met zijn bronzen standbeeld prijkt. Den 28ᵉⁿ (spr. acht en twintigsten) Juni 1836 (spr. achttien honderd zes en dertig) vierde de stad, die hem eenmaal uitgeworpen had, met veel plechtigheid het eeuwfeest der geboorte van den wijsgeer. Ook Voltaire bewoonde langen tijd de buitenplaats *les Délices* in de nabijheid van Genève, doch werd evenzeer door de onverdraagzaamheid vandaar verjaagd en begaf zich naar Lausanne, totdat hij eindelijk het armzalige Ferney met zijn acht hutten met rieten daken, wederom in de nabijheid van Genève, kocht.

Genève Genf
de geboorteplaats der Geburtsort
de woonplaats der Wohnort
een aantal eine Anzahl
de naam der Name
mevrouw de S. Frau von S.
de bewoner der Bewohner
de wereld die Welt
het gebied das Gebiet
de industrie die Industrie, das Gewerbe
de persoon *(m.* oder *f.)* die Person
het uurwerk die Uhr
het buitenland das Ausland
het plekje das Plätzchen
de plechtigheid die Feierlichkeit
het eeuwfeest das hundertjährige Jubiläum

de wijsgeer der Philosoph
de buitenplaats das Landgut
de nabijheid die Nähe
het eiland die Insel
de hut die Hütte
het dak das Dach
wier (namen) deren (Namen)
algemeen allgemein
bekend bekannt
eenigen einige
welks (bewoner) dessen Bew.
fijn fein
vermaard berühmt
vier duizend vier tausend
honderd duizend hundert t.
fraai, schoon schön, lieblich
bronzen ehern
armzalig ärmlich, elend
riet Rohr

een rieten dak ein Rohrdach	vandaar von dort
tegenwoordig jetzt, gegenwärtig	totdat bis; eindelijk endlich
jaarlijks *(Adv.)* jährlich	wederom wieder, von neuem
jaarlijksch *(Adj.)* jährlich	wonen wohnen
bijna fast	bewonen bewohnen
minstens wenigstens	noemen nennen
eenmaal einst	bevatten enthalten
éénmaal einmal	naam maken sich berühmt
veel viel	machen
langen tijd lange	bezig houden beschäftigen
doch aber, jedoch	prijken glänzen
evenzeer gleichfalls	vieren feiern

* zenden senden; ik zend, ik zond, ik heb gezonden
(*) verjagen wegjagen; *part.* verjaagd.

Übung.

Waardoor is Genève in de geschiedenis (Geschichte) bekend?
Wie hebben er zoo al gewoond en gewerkt?
Waaraan herinnert ons bijna elke straat?
Op welk gebied is de stad tegenwoordig nog vermaard?
Waarmede houdt zij meer dan 4000 personen bezig?
Hoeveel uurwerken worden er jaarlijks gemaakt?
Waarheen worden deze verzonden?
Noem een der fraaiste plekjes van Genève?
Wat vierde de stad den 28en Juni 1836?
Waar woonde Voltaire langen tijd?
Waarheen begaf hij zich?
Hoe lang bleef hij daar?

Das Zahlwort. Het telwoord.
I. Grundzahlen. Hoofdgetallen.

§ 234. Die Grundzahlen sind:

1	één eins	13	dertien dreizehn
2	twee zwei	14	veertien vierzehn
3	drie drei	15	vijftien fünfzehn
4	vier vier	16	zestien sechzehn
5	vijf fünf	17	zeventien siebzehn
6	zes sechs	18	achttien achtzehn
7	zeven sieben	19	negentien neunzehn
8	acht acht	20	twintig zwanzig
9	negen neun	21	één en twintig einundzwanzig
10	tien zehn	22	twee en twintig zweiundzwanzig
11	elf elf	30	dertig dreißig
12	twaalf zwölf	40	veertig vierzig

50 vijftig fünfzig	1000 duizend tausend
60 zestig sechzig	1001 duizend (en) één tausend
70 zeventig siebzig	eins
80 tachtig achtzig	1100 elfhonderd elfhundert
90 negentig neunzig	1200 twaalfhonderd zwölfhundert
100 honderd hundert	2000 twee duizend zweitausend
101 honderd (en) één hundert	3000 drie duizend dreitausend
eins	4000 vier duizend viertausend
102 honderd (en) twee hun=	10,000 tien duizend zehntausend
dert zwei	100,000 honderd duizend hun=
110 honderd (en) tien hun=	derttausend
dert zehn	1,000,000 één millioen eine
200 tweehonderd zweihundert	Million
300 driehonderd dreihundert	10,000,000 tien millioen zehn
400 vierhonderd vierhundert	Millionen.
500 vijfhonderd fünfhundert	

§ 235. Das Zahlwort **één** hat dieselbe Deklination wie der nicht bestimmende Artikel **een** (s. § 164), sowie auch die Negation **geen**. Neben **twee** steht das verbeugbare **beide**, welches wie der bestimmende Artikel dekliniert wird:

N. beide, *G.* beider, *D.* beiden, *A.* beide,

ausgenommen, wenn es s u b s t a n t i v i s c h gebraucht ist, in wel= chem Fall man im *N.* und *A.* **beiden** für Personen (**beide** nur für Sachen) gebraucht. Alle übrigen Grundzahlen sind unver= änderlich. Millioen, billioen Billion, trillioen Trillion, mil= liard Milliard sind im Niederländischen sächliche Substantive.

§ 236. Nur bei der Zeitangabe werden die Zahlen dekli= niert, wenn eine Präposition vorangeht und das Wort uren ausgelassen ist, z. B.: Hoe laat is het? Wie spät ist es? Het is zes uur, het is half zes, het is kwart (kwartier) voor **zessen** drei viertel auf sechs Uhr, het is kwart (kwartier) over **zessen** ein Viertel auf sieben Uhr, het is vijf minuten voor **zessen**, het is tien minuten voor **zessen**, het is bij **zessen** es geht auf sechs Uhr, het is over **zessen** es ist nach sechs Uhr, de klok heeft al zeven uur geslagen, ik ga om zes uur uit.

§ 237. Wie im Deutschen kann 1120 gelesen und ge= schrieben werden: elfhonderd (en) twintig oder één duizend één honderd (en) twintig; bei Daten würde man erstere Aus= drucksweise vorziehen.

§ 238. Wie aus obigem ersichtlich, schreibt man twee- honderd, driehonderd, vierhonderd u. s. w. in einem Worte, aber twee duizend, drie duizend, vier duizend u. s. w. mit zwei Wörtern.

II. **Ordnungszahlen.** Ranggetallen.

§ 239. Mit Ausnahme von *eerste* und *achtste* werden die Ordnungszahlen bis und mit „*negentiende*" von den Grund- zahlen gebildet mittels —**de** (statt *driede* und *drie*tiende steht **der**de und **der**tiende). Von 20 an wird —**ste** hinter die Grundzahlen gefügt.

De eerste der erste
„ tweede der zweite
„ derde der dritte
„ vierde der vierte
„ vijfde der fünfte
„ zesde der sechste
„ zevende der siebente
„ achtste der achte
„ negende der neunte
„ tiende der zehnte
„ elfde der elfte
„ twaalfde der zwölfte
„ dertiende der dreizehnte
„ veertiende der vierzehnte
„ vijftiende der fünfzehnte
„ zestiende der sechzehnte
„ zeventiende der siebzehnte

de achttiende der achtzehnte
„ negentiende der neunzehnte
„ twintigste der zwanzigste
„ één en twintigste der einundzwanzigste
„ dertigste der dreißigste
„ veertigste der vierzigste
„ vijftigste. der fünfzigste
„ zestigste der sechzigste
„ zeventigste der siebzigste
„ tachtigste der achtzigste
„ negentigste der neunzigste
„ honderdste der hundertste
„ vijfhonderdste der fünfhun-
  dertste
„ duizendste der tausendste
„ millioenste der millionste.

III. **Doppelungszahlen.** Verdubbelgetallen.

§ 240. Die Doppelungszahlen werden mittels des Suffixes —*voud* von den Grundzahlen gebildet: eenvoud (gebräuchlicher enkelvoud) einfach, tweevoud zweifach, drievoud dreifach, honderdvoud hundertfach; von diesen (nur substantivisch gebrauch- ten) werden wieder Adjektive und Adverbien gebildet mittels —**ig**: eenvoudig (gebr. enkelvoudig), tweevoudig oder dubbel, drievoudig, honderdvoudig.

IV. **Gattungs- oder Artzahlen.** Soortgetallen.

§ 241. Diese werden mittels -*hande* (= soort) gebildet mit Einfügung eines **er** bei één, twee, drie, acht, honderd, duizend und den Zehnern: eenerhande einerlei, tweeërhande zweierlei, drieërhande dreierlei, achterhande achterlei, hon- derderhande hunderterlei, duizenderhande tausenderlei, twin- tigerhande zwanzigerlei, vijftigerhande fünfzigerlei. Bei allen übrigen wird noch ein **d** eingeschoben: vierderhande viererlei, vijfderhande fünferlei, zesderhande sechserlei u. s. w.

Daneben stehen die gleichbedeutenden Zusammensetzungen mit **lei**: eenerlei, tweeërlei, drieërlei, vijfderlei, dertigerlei, u. s. w.

V. **Wiederholungszahlen.**   Herhalingsgetallen.

§ 242. Die Wiederholungszahlen sind Adverbien, welche mittels *maal*, *keer* oder *werf* von den Grundzahlen gebildet werden: eenmaal (oder eens) einmal, tweemaal, tweekeer, tweewerf zweimal, driemaal, driekeer, driewerf dreimal u. f. w. Das Zahlwort **een** wird auch mit **reis** zusammengesetzt: *eenreis*, abgekürzt zu *ereis* einmal.

VI. **Teilungs= oder Bruchzahlen.**   Breukgetallen.

§ 243. Außer *half* sind die Bruchzahlen den Ordnungs= zahlen gleich: $\frac{1}{2}$ = een half, $\frac{1}{3}$ = een derde, $\frac{1}{4}$ = een vierde oder een kwart, $\frac{1}{5}$ = een vijfde. 0.1 een tiende, 0.01 een honderdste, 0.001 een duizendste, 0.000001 een millioenste.

VII. **Unbestimmte Zahlwörter.**   Onbepaalde telwoorden.

§ 244. Die unbestimmten Zahlwörter sind: weinige wenige, enkele, ettelijke einzelne, eenige einige, sommige etliche, welche, verscheidene mehrere.

§ 245. Vele viele, alle, menig manch, (de) meeste die meisten, (de) minste geringste.

§ 246. *Eenig* kommt auch im Neutrum Singularis adjek= tivisch vor und zwar mit Sammelwörtern: eenig geld, eenig volk.

§ 247. *Menig* kommt nur in der Einzahl vor: menig man, menige vrouw, menig kind; der Genetiv fehlt und vor männlichen Personennamen verliert es überhaupt jede Endung, also: *N., D., A.* menig generaal.

§ 248. *Sommige, verscheidene, alle* müssen, *vele, weinige, enkele, eenige, beide* können ohne Artikel gebraucht werden, sie haben dann die gewöhnliche Deklination der Adjektive, z. B.:

N. sommige, alle, vele, eenige u. f. w. (menschen)
G. Umschreibung: van sommige u. f. w.
D. sommigen, allen, velen, eenigen (menschen)
A. sommige, alle, vele, eenige (menschen).

§ 249. Die in der Mehrzahl gebrauchten unbestimmten Zahlwörter können substantivisch gebraucht werden, aber nur von Personen; sie werden dann dekliniert wie die Substantive auf e (f. § 193); im *G.* tritt meistens noch die alte Endung **er** hervor, außer bei: weinige.

N. sommigen, *G.* sommiger, *D.* sommigen, *A.* sommigen.

Aufgabe.
30.

Übersetze: Einunddreißig Äpfel, einige Götzen, viele Bürgers-
leute, dreiundfünfzig Bücher, alle Blätter, hundert Brote, die ersten
Bäume, die zehnte Brigg, manches Bistum, etliche Tauben, den
achtzehnten Dezember, drei Dreimaster, die meisten Eichen, mancher
General, zweierlei Trompeten, allerlei Gesänge, viele Köpfe,
wenige Häuser, halb sieben, den 20. Juni, dreimal geschrieben,
es ist ein Viertel auf zwei Uhr, beide sahen es, keine Könige,
es ist nach drei Uhr, der achte Kaufmann, viererlei Lilien, vielerlei
Leute, der neunte Monat, die erste Mahlzeit, einiges Geld, den
einundzwanzigsten Juni achtzehnhundert sechsunddreißig, hunderttausend Uhren, vierhundert Straßen, viertausend Personen, ein
halb, ein Zehntel, drei Neunen, vier Achten, zehn Millionstel,
mehrere Minister, die beiden Welten, ein dreifaches Unglück,
neunzig Patienten, ein zweifaches Rätsel, St. Nikolaus ist am
(op den) sechsten Dezember, sein Geburtsfest ist am fünfzehnten
August, die elfte Rechnung, es ist schon nach zwölf Uhr, ein
andermal, zwei und ein halb, anderthalb (im Niederl. ohne t),
achtzig Bücher, sechserlei Bäume, komm mal zu (bij) mir, vier
hundertstel, den sechsten August achtzehnhundert achtundachtzig,
fünfzigerlei Uhren, etliche Kinder, einige Zahlwörter, viele Zeitwörter, der hundertste Mann, der wievielte (wieviel = hoeveel)
Brief ist das? Es ist der dritte, der erste, der achte.

Achtzehnte Lektion.
Gestrafte onbeschaamdheid.

Een hoveling, die Beaumarchais, den schrijver van
Figaro's Huwelijk, met een zeer mooien rok aan, in de
galerij van Versailles zag wandelen, meende den geestigen
tooneeldichter, die de zoon van een horlogemaker was,
eene gevoelige les te kunnen geven.

Hij ging naar hem toe en zeide: „Zoo, mijnheer
Beaumarchais, ik ben blij dat ik u ontmoet: mijn horloge
is geheel van streek; wees zoo goed er even naar te zien".
— „Volgaarne, mijnheer, maar ik moet u vooruit zeggen
dat ik zeer onhandig ben."

Toen de hoveling echter bleef aanhouden, nam hij
het horloge en liet het vallen.

„O! mijnheer, neem mij niet kwalijk. Ik had u immers gewaarschuwd, gij wildet echter niet anders."

En Beaumarchais verwijderde zich, den man, die hem
had willen vernederen, zeer verlegen latende staan.

De onbeschaamheid die Unver-
   verschämtheit

een hoveling ein Höfling

de schrijver der Schriftsteller,
   Autor, (auch der Schreiber,
   Kontorist).

het huwelijk die Hochzeit

een rok ein Rock, Frack

de galerij die Gallerie

de tooneeldichter der Schau-
   spieldichter

een horlogemaker ein Uhr-
   macher

eene les eine Lektion

mooi schön

geestig geistvoll

gevoelig empfindlich

naar hem toe auf ihn zu

volgaarne sehr gerne

vooruit im voraus

onhandig ungeschickt

echter aber, jedoch

immers ja

verlegen verlegen

wandelen spazieren

ontmoeten begegnen

vernederen erniedrigen

van streek zijn, deze man is
   van streek ist unwohl, is geheel van streek ist außer sich,
   het horloge is van streek die
   Uhr geht nicht mehr, ist in Un-
   stand

kwalijk nemen übel nehmen

* blijven bleiben; ik blijf, ik bleef, ik ben gebleven
* aanhouden anhalten; ik houd aan, ik hield aan, ik heb
   aangehouden.

Anmerkung. Wenn der Infinitiv eines Zeitwortes mit den
Hilfszeitwörtern: hebben, zijn, worden, kunnen, mogen u. s. w.
oder auch mit zien, hooren, helpen, maken, leeren verbunden ist,
so steht im Niederl. das Hauptzeitwort fast immer zuletzt in den
zusammengesetzten Zeiten und in den abhängigen Sätzen: Een hoveling, die B. zag *wandelen* spazieren sah, toen de hoveling
echter bleef *aanhouden* nicht aufhören wollte; vergl. ik heb hem
leeren kennen ich habe ihn kennen lernen, ik heb hem helpen
zoeken ich habe ihm suchen helfen, hij heeft mij laten komen
er hat mich kommen lassen, hij wist, dat ik hem had geroepen
(oder geroepen had) er wußte, daß ich ihn gerufen hatte.

Übung.

Hoe en waar wandelde eens Beaumarchais?

Van wien was Beaumarchais een zoon?

Wie zag hem daar wandelen?

Wat meende deze den tooneeldichter te kunnen geven?

Wat zeide hij daarom tot hem?

Wat meende B. vooruit te moeten zeggen?

Wat deed B., toen de hoveling bleef aanhouden?

Hoe verontschuldigde zich B.?

Wat deed B. daaran?

Von dem Fürwort. Van het voornaamwoord.

I. Persönliche Fürwörter. Persoonlijke voornaamwoorden.

§ 250. Die persönlichen Fürwörter deuten eine Person oder einen Gegenstand an und bestimmen dabei, ob es die sprechende (1. Pers.), die angeredete (2. Pers.), oder keine von beiden (3. Pers.) ist. Nur die dritte Person hat spezielle Formen für das Männliche, Weibliche und Sächliche. Die Deklination ist wie folgt:

1. Person.

Einzahl	Mehrzahl
N. Ik (*'k*) ich	*N.* Wij (*we*) wir
G. mijns, mijner meiner	*G.* ons, onzer unser
D. mij (*me*) mir	*D.* ons uns
A. mij (*me*) mich.	*A.* ons uns.

2. Person.

Einzahl und Mehrzahl

N. Gij (*ge*), jij (*je*)	du —	ihr
G. uws, uwer	deiner —	euer
D. u, jou (*je*)	dir —	euch
A. u, jou (*je*)	dich —	euch.

3. Person.

Einzahl

Männlich	Sächlich
N. Hij er	*N.* Het (*'t*) es
G. zijns, zijner seiner	*G.* — —
D. hem (*em, 'm*) ihm	*D.* het (*'t*) ihm
A. hem (*em, 'm*) ihn.	*A.* het (*'t*) es.

Weiblich

N. Zij (*ze*) sie
G. haars, harer ihrer
D. haar (*er*) ihr
A. haar (*er, ze*) sie.

Mehrzahl

Männlich und Sächlich	Weiblich
N. Zij (*ze*) sie	*N.* Zij (*ze*) sie
G. huns, hunner ihrer	*G.* haar, harer ihrer
D. hun ihnen	*D.* haar (*er*) ihnen
A. hen (*ze*) sie	*A.* haar (*er, ze*) sie.

§ 251. Das alte Pronom **du** ist gänzlich verloren gegangen und ersetzt worden durch die 2. Person P. und in der Umgangssprache durch jij, jou und je, welche fast nur in der Einzahl vorkommen, für die Mehrzahl wird dann gijlieden, ulieden, jelieden (verkürzt zu jelui und jullie) gebraucht.

§ 252. **Gij** kommt fast nur in der **Schriftsprache** vor. Als Höflichkeitsform wird U, eine Verkürzung von Uwe Edelheid, angewandt, daher neben u hebt auch u heeft.

§ 253. Der Genetiv *mijns, ons, uws, zijns, huns, haars* kommt nur in der Verbindung mit *zelfs* und *gelijke* vor, z. B. mijns gelijke meinesgleichen, uws gelijke deinesgleichen oder euresgleichen, om haars zelfs wil um ihretwillen. Der Genetiv *mijner, onzer, uwer, zijner, hunner* wird nur im höheren Stil gebraucht, wo er durch ein Verbum oder Adjektiv erheischt wird, z. B. gedenk mijner, hij is uwer niet waardig.

In allen andern Fällen wird der Genetiv umschrieben (mittels van) oder durch ein besitzanzeigendes Fürwort ersetzt, z. B. de kinderen van mijn vriend, de huizen van uw vader.

§ 254. Das persönliche Fürwort, welches sich auf das Subjekt desselben Satzes bezieht, nennt man *Pronomen reflexivum*. Die dritte Person hat eine eigene Form, nämlich **zich**, welche sowohl für den Dativ, als für den Akkusativ, Singular und Plural und für die drei Geschlechter gilt (vgl. § 227).

Dieses *zich* ist strenge reflexiv. Wo das deutsche Reflexivpronom den Sinn von ei n a n d e r hat, muß im Niederländischen stets *elkander* stehen, z. B. zij ontmoetten *elkander* fie begegneten sich, wij zullen *elkander* schrijven wir werden uns schreiben, hebt gij *elkander* (e u ch) de hand gegeven?

§ 255. Im Niederländischen wird das persönliche Fürwort bisweilen statt des hinweisenden (s. § 271) und häufig statt des determinativen (bestimmenden) gebraucht (s. § 273).

II. **Besitzanzeigende Fürwörter.** Bezittelijke voornaamwoorden.

§ 256. Die besitzanzeigenden Fürwörter sind: für die 1. Person S. *mijn* mein, P. *ons* unser; für die 2. Person S. und P. *uw* dein, euer; für die 3. Person männlich und sächlich S. *zijn* fein, P. *hun* ihr; für die 3. Person weiblich S. und P. *haar* ihr; für die Höflichkeitsform *Uw* Ihr.

§ 257. Diese Fürwörter werden alle in derselben Weise dekliniert, außer **ons**, welche im *N.* S. männlich **onze** lautet. Die Deklination ist folgende:

Männlich S.	Weiblich S.	Sächlich S.	P. M., W. u. S.
N. mijn	mijne	mijn	mijne
G. mijns	mijner	mijns	mijner
D. mijnen	mijne(r)	mijnen	mijnen
A. mijnen	mijne	mijn	mijne.

§ 258. Geht der bestimmende Artikel voran, so werden die besitzanzeigenden Fürwörter wie die gewöhnlichen Adjektive (s. § 202) dekliniert, wenn sie sich nämlich auf ein vorhergehendes Substantiv beziehen, z. B.:

N. Mijn vader of *de uwe* is hier mein Vater oder der deine ist hier

G. Het huis mijns vaders of dat *des uwen* das Haus meines Vaters oder des deinen

D. Ik gehoorzaam mijnen vader en gij *den uwen* ich gehorche meinem Vater und du dem deinen

A. Ik bemin mijnen vader en gij *den uwen* ich liebe meinen Vater und du den deinen.

Mehrzahl: *N.* mijne broeders en *de uwe*
G. mijner broeders en *der uwe*
D. mijnen broeders en *den uwen*
A. mijne broeders en *de uwe.*

Wenn sie sich nicht auf ein vorhergehendes Substantiv beziehen, also substantivisch gebraucht sind, können sie nur auf Personen hinweisen, und werden dekliniert wie männl. Personennamen auf e (s. § 193), z. B.:

S. *N.* Hoogachtend, blijf ik geheel *de uwe* hochachtungsvoll bleibe ich ganz der Ihre

A. Hoogachtend noem ik mij *den uwe* hochachtungsvoll nenne ich mich den Ihren

P. *N.* Geene menschen zijn hem dierbaarder dan *de zijnen* keine Menschen sind ihm teurer als die Seinen

G. Hij verwerft zich de liefde *der zijnen* er erwirbt sich die Liebe der Seinen

D. Hij geeft *den zijnen* een goed voorbeeld er geht den Seinigen mit gutem Beispiel voran

A. Hij zorgt goed voor *de zijnen* er sorgt gut für die Seinen.

§ 259. Seitdem das ursprüngliche Fürwort für die 2. Person S. verloren gegangen ist, wird in der Umgangssprache und im gewöhnlichen Stil das verbeugbare *jouw* und sogar das unveränderliche *je*, P. jelui oder jullie als besitzanzeigendes Fürwort der 2. Person S. gebraucht.

III. **Fragende Fürwörter.** Vragende voornaamwoorden.

§ 260. Als fragende Fürwörter werden gebraucht: das substantivische *wie*, welches nur nach Personen, das sächliche *wat*, welches nur nach Sachen fragen kann, und das adjektivische *welk.*

§ 261. Deklination des fragenden Fürwortes.

a) Wie:

	Männlich Einzahl	Weiblich Einzahl	Mehrzahl
N.	wie wer	wie	wie
G.	wiens wessen	(wier)	--
D.	wien wem	wie	—
A.	wien wen	wie	wie.

Der Genetiv *wier* kommt sehr selten vor, er wird meistens umschrieben: *van wie.*

b) Wat kommt nur im Nominativ und Akkusativ vor. In den übrigen Fällen gebraucht man eine Präposition und ersetzt *wat* durch *waar* wo: also statt *van wat, aan wat, in wat* u. s. w. sagt man waarvan, waaraan, waarin u. s. w.

c) Welk wird dekliniert wie das besitzanzeigende Fürwort, hat aber keine Genetivform, diese wird umschrieben mittels *van.*

	Einzahl			Mehrzahl
	Männlich	Weiblich	Sächlich	M., W. u. S.
N.	Welke welch(er)	welke welche	welk welch(es)	welke welche
G.	—	—	—	—
D.	welken welchem	welke welcher	welk welchem	welke(n) welchen
A.	welken welchen	welke welche	welk welch(es)	welke welche.

§ 262. Das Fürwort *welk* kann auch als wirkliches Adjektiv vorkommen, es heißt dann im *N.* und *A.* männlich Einzahl *welk* statt *welke* oder *welken* und hat die Bedeutung **was für ein,** z. B. welk soldaat? Welke moeder zal dat doen? Van welk soldaat kan men dat verwachten?

In der Einzahl kann immer das unveränderliche *wat voor een* (verkürzt *wat*) statt dieses welk gesetzt werden: wat voor een soldaat is hij? Wat voor een vrouw is dat? Wat man zou dat doen? In der Mehrzahl *wat voor:* Wat voor soldaten (vrouwen) zijn dat?

Aufgabe.
31.

Übersetze: Mein Buch. Deine Tochter. Unser Haus. Euer König. Seine Landhäuser. Welches Brot? Was für Leute? Welche Mutter? Wen siehst du? Wem hast du es gesagt? Wer war hier? Wessen Haus ist das? Wessen Tücher sind verloren? Mein Haus und das deine. Meine Bücher und die deinigen. An was denkst du? Von was spricht er? Habt ihr euch gesehen? Er denkt immer an die Seinen. Das Buch meines Bruders oder das des deinen. Die Seinen lieben ihn sehr. Das Kind hat sein Geld verloren, es ist traurig. Haben Sie Ihr Haus noch? Welches Haus?

Er findet seinesgleichen nicht. Wir sind Ihretwegen hingereist (er heen gereisd). Hattet ihr euch geschrieben? Was für Offiziere sind das? Ich weiß nicht, welche du meinst.

Neunzehnte Lektion.

Proza of poëzie.

De heer Jourdain wil eene dame een briefje schrijven en verzoekt zijn meester hem daaraan te helpen. Deze vraagt hem: Wilt gij haar verzen schrijven? poëzie?

De heer J. Neen, neen, geene verzen.

M. Dus proza?

J. Neen, noch proza, noch poëzie.

M. Het moet toch een van beide zijn.

J. Waarom dat?

M. Wel, mijnheer J., omdat wij slechts op tweeërlei wijzen onze gedachten kunnen uitdrukken, in proza of in poëzie.

J. Er is dus niets anders dan proza of poëzie?

M. Al wat geen proza is, is poëzie; en al wat geene poëzie is, heet proza.

J. En wat men nu zoo gewoonlijk spreekt, wat is dat dan?

M. Wel, dat is proza.

J. Wat: als ik bij voorbeeld zeg: Jan, breng me mijne pantoffels en geef mij mijne slaapmuts, is dat dan proza?

M. Zeker, mijnheer J.

J. Mijn hemel! dan heb ik al meer dan veertig jaren proza gesproken, zonder het zelf te weten, en ik ben u zeer verplicht dat gij mij dat geleerd hebt.

De proza die Prosa	het vers der Vers
de poëzie die Poesie [Dame	de wijze die Weise, Art
eene dame (P. dames) eine	onze gedachten unsere Gedanken
een briefje ein Briefchen	het voorbeeld das Beispiel
zijn meester[1]) sein (Meister), Lehrer.	bij voorbeeld (b. v.) zum Beispiel (z. B.)

---

1) Im Niederl. wird in der Umgangssprache häufig meester (schoolmeester) gebraucht statt onderwijzer Elementarlehrer; der Reallehrer heißt leeraar (aan de Hoogere Burgerschool), der Gymnasiallehrer leeraar (aan het Gymnasium), der Professor hoogleeraar in der Schriftsprache oder professor (spr. professer) in der Umgangssprache; die Universität heißt Universiteit oder Hoogeschool.

Jan [1] Johann [mütze	meer dan mehr als (denn)
mijne slaapmuts meine Schlaf=	helpen helfen
de hemel der Himmel	uitdrukken ausdrücken
mijn hemel! gerechter Himmel!	leeren 1º lernen, studieren; 2º
daaraan daran, dabei	= onderwijzen, onderrichten
gewoonlijk gewöhnlich	lehren

* helpen helfen; ik help, ik hielp, ik heb (ben) geholpen.

Übung.

Wat wil de heer Jourdain doen en wat verzoekt hij zijn
     meester?

Wat vraagt deze hem?

Wat wilde de heer Jourdain schrijven?

Waarom moest het proza of poëzie zijn?

Is er niets anders dan proza of poëzie?

Wat is dat, wat men zoo gewoonlijk spreekt?

Wat noemde de heer Jourdain als voorbeeld?

Wat had de heer J. meer dan veertig jaren gedaan?

Das Fürwort.   (Fortsetzung).

IV. **Hinweisende Fürwörter**. Aanwijzende voornaamwoorden.

§ 263. Hierzu gehören: 1º der Artikel **de**, 2º **deze** dieser,
die oder **gene** jene, **dezelfde, diezelfde** derselbe, welche sub=
stantivisch und adjektivisch gebraucht werden können, 3º **degene**
(diegene) derjenige, welches nur substantivisch, 4º **zelve**, welches
nur adjektivisch vorkommt.

§ 264. *De* hat dieselbe Deklination wie als Artikel.

§ 265. *Deze* und *die* haben folgende Deklination:

	Einzahl		Mehrzahl
Männlich	Weiblich	Sächlich	M., W. u. S.
N. deze dieser	deze diese	dit dieses	deze diese
G. dezes dieses	dezer dieses	(dezes) dieses	dezer dieser
D. dezen diesen	deze(r) dieser	(dezen) diesem	dezen diesen
A. dezen diesen	deze diese	dit dieses	deze diese.

Der Genetiv des substantivisch gebrauchten *deze* wird immer
umschrieben.

---

1) Jan ist im Niederl. der allgemeine Name für Bediente und Kell=
ner, so: Jan (geef) een vlammetje (ein Streichhölzchen), Jan (geef mij)
een glas bier.

	Einzahl		Mehrzahl
Männlich	Weiblich	Sächlich	M., W. u. S.
N. die jener	die jene	dat jenes	die jene
G. diens jenes	dier jener	(diens) jenes	dier jener
D. dien jenem	die(r) jener	(dien) jenem	dien jenen
A. dien jenen	die jene	dat jenes	die jene.

§ 266. *Gene* wird dekliniert wie *deze*, hat aber keine Ein=
zahl Neutr., man gebraucht dann das Adjektiv *gindsch* dortig.
Auch wird der Dativ umschrieben mittels aan, der Genetiv mit=
tels van, welches auch gewöhnlich mit *dit* und *dat* stattfindet.

§ 267. Statt des substantivischen *dit* oder *dat* mit einer
Präposition gebraucht man immer ein Pronominaladverbium, also
hierdoor (statt door dit), daarin (statt in dat), daarmede
(statt met dat), hiervoor (statt voor dit) u. s. w.

§ 268. *Dezelfde, hetzelfde, diezelfde, datzelfde*, adjek=
tivisch gebraucht, haben die Deklination eines vom Artikel voran=
gegangenen Adjektivs (s. § 202).

Substantivisch gebraucht, werden sie dekliniert wie ein sub=
stantivisch gebrauchtes Adjektiv (s. § 201), also folgenderweise:

M. E. *N.* dezelfde, *G.* deszelfden, *D.* und *A.* denzelfde

W. E. *N.* dezelfde, *G.* derzelfden, *D.* und *A.* dezelfde

S. E. *N.* hetzelfde, *D.* und *A.* hetzelfde.

Mehrzahl:

N. dezelfden, *G.* derzelfden, *D.* de(n)zelfden, *A.* dezelfden.

Diegene und *diezelfde* werden heutzutage wenig gebraucht.

§ 269. *Degene* hat keine Genetivform. Für das sächliche
(nur Einzahl) wird *datgene* gebraucht. Im übrigen wird es
dekliniert wie ein substantivisch gebrauchtes Adjektiv:

M. E. *N.* degene, *D.* und *A.* dengene

W. E. *N.*, *D.* und *A.* degene

S. E.   „   „   „   „ datgene

Mehrzahl: *N.* degenen, *D.* de(n)genen, *A.* degenen.

§ 270. *Zelve* wird zur stärkeren Betonung hinter Sub=
stantive und persönliche Fürwörter gesetzt. Es bleibt entweder
immer unverbogen, z. B. ik zelf, wij zelf, hem zelf, den man
zelf u. s. w., oder hat folgende Formen:

M. E. *N.* zelve, *G.* (zelfs), *D.* und *A.* zelven

W. E. In allen Fällen zelve

S. E. *N.* zelve, *G.* (zelfs), *D.* und *A.* zelve

Mehrzahl: *N.* zelve, *G.* zelve, *D.* zelve(n), *A.* zelve.

Der Genetiv M. und S. kommt hinter Substantiven nie vor; über die Verbindung mit einem persönl. Fürwort (f. § 253).

§ 271. Im Niederl. kommt bisweilen ein persönliches Fürwort als hinweisendes vor, vgl.

Kent gij *dien* officier?   Neen *hem* niet, wel den andere.
Kennst du jenen Offizier?   Nein, d e n nicht, wohl den andern.

V. Bestimmende Fürwörter.   Bepalingaankondigende voornaamwoorden.

§ 272. Wenn das hinweisende Fürwort auf eine Person oder auf einen Gegenstand deutet und dabei eine nähere Bestimmung in der Form eines Relativsatzes folgen läßt, so heißt es bestimmendes Fürwort.

§ 273. Als bestimmende Fürwörter werden gebraucht:

a) **degene, die**, oder **die, welke**, b) **wie**, c) **dat, wat, datgene, hetgeen**, d) die persönlichen Fürwörter **hij, zij**. Beispiele:

Degene is te beklagen, die geen vriend heeft derjenige ist zu
     beklagen, der keinen Freund hat.
Die, welke geen vriend heeft, is te beklagen.
Wie geen vriend heeft is te beklagen wer keinen Freund hat
     u. f. w.
Hij (zij), die geen vriend heeft, enz. (= en zoo voorts).
Wee hem, wiens leven onnuttig besteed is wehe dem (dem
     jenigen), dessen Leben unnüß verwendet worden ist.
Dat, wat ik bedoel (*wat* ik bedoel), zal ik u zeggen was ich
     meine, werde ich dir sagen; *wat* hij weet, zegt hij ook
     was er weiß, sagt er auch; aan *datgene* wat ik zeg (aan
     hetgeen ik zeg), behoeft gij niet te twijfelen an dem
     was ich sage, brauchst du nicht zu zweifeln.

VI. Beziehende Fürwörter.   Betrekkelijke voornaamwoorden.

§ 274. Als beziehende Fürwörter werden gebraucht: a) einige Kasus des hinweisenden *die* und des fragenden *wie*, b) das fragende Fürwort *welke* mit einer sächlichen Form *'t welk* oder *hetwelk*.

§ 275. Das beziehende Fürwort *die, wie* wird folgenderweise dekliniert:

| | Einzahl | | Mehrzahl |
	Männlich	Weiblich	Sächlich	M., W. u. S.
N.	die der	die die	dat, wat das	die die
G.	wiens dessen	wier deren	—	wier deren
D.	wien dem	wie(r) der	—	wien denen
A.	dien, wien den	die, wie die	dat, wat das	die, wie die.

§ 276. Der Akkusativ *wien* wird nur nach einer Präposition gebraucht, sonst muß man immer *dien* gebrauchen: De koning van *wien* ik gelezen heb der König, von dem ich gelesen habe; de koning *dien* ik gezien heb der König, den ich gesehen habe.

§ 277. Der N. und A. *wat* kommt nur in Verbindungen mit *het, alles, dat* und *datgene* vor, z. B. alles, wat wij gekocht hebben, was goedkoop alles, was wir gekauft haben, war billig.

§ 278. Die Genetive *wiens* und *wier* (E. und M.) werden nur von Personen gebraucht. Für S a c h e n und häufig auch für P e r s o n e n bedient man sich des Pronominaladverbiums *waarvan*. Für den Genetiv und Dativ des Neutrums kann man nur *waarvan* anwenden, und statt des mit einer Präposition gebrauchten *wat* muß man stets Pronominaladverbien gebrauchen: *waaruit, waarin, waardoor*, u. s. w.

§ 279. Die Deklination des beziehenden *welke* lautet:

	Einzahl		Mehrzahl
Männlich	Weiblich	Sächlich	M., W. u. S.
N. welke welcher	welke welche	hetwelk welches	welke welche
G. welks welches	welker welcher	welks welches	welker welcher
D. welken welchem	welke(r) welcher	—	welken welchen
A. welken welchen	welke welche	hetwelk welches	welke welche.

§ 280. Der männliche G. *welks* wird nur selten für Personen gebraucht. Der sächliche N. und A. lautet *welk*, wenn das Fürwort adjektivisch gebraucht ist.

VII. **Unbestimmte Fürwörter.** Onbepaalde voornaamwoorden.

§ 281. Einige unbestimmte Fürwörter kommen nur substantivisch vor: *men* man, *iemand* jemand, *niemand* niemand, *iets* etwas, *niets* nichts, *een iegelijk* ein jeglicher, *een ieder* ein jeder, *iedereen* jedermann, *elkeen* jeder, *elkander* einander und *malkander* sich einander; andere substantivisch oder adjektivisch: *ieder, elk*; endlich nur adjektivisch: *zeker* gewisser.

§ 282. *Men, iets* und *niets* stimmen in allem überein mit den deutschen Fürwörtern **man, etwas** und **nichts.**

§ 283. *Iemand* und *niemand* können nur im Genetiv eine Kasusendung (ein s) annehmen und zwar, wenn sie unmittelbar vor dem bestimmenden Substantiv stehen.

§ 284. *Iedereen* und *elkeen* bleiben stets unverbogen; *een iegelijk, een ieder* und die substantivisch gebrauchten *ieder* und *elk* haben keine Mehrzahl und stimmen im Genetiv mit *iemand* und *niemand* überein.

§ 285. *Ieder* und *elk* adjektivisch gebraucht haben keine Mehrzahl. Sie lauten im N. und A. weiblich iedere, elke im N. und A. sächlich ieder, elk, im D. und A. männlich iederen, elken und im N. männlich für Personen ieder, elk, sonst immer iedere, elke (ieder, elk man, aber iedere, elke hond). Die anderen Fälle werden umschrieben.

§ 286. *Zeker* wird dekliniert wie die eben besprochenen ieder und elk, hat aber außerdem eine Mehrzahl: N. und A. zekere, D. zekeren. Steht *zeker* mit dem nicht bestimmenden Artikel een, so wird es wie ein gewöhnliches Adjektiv dekliniert: zeker man — een zekere man.

§ 287. *Elkander* und *malkander* oder *mekaar* können wie iemand und niemand im G. s bekommen, in den andern Fällen läßt man sie unverändert.

§ 288. Zu den unbestimmten Fürwörtern werden noch gerechnet: a) das pers. Fürwort **het** als Subjekt eines unpers. Zeitwortes (s. § 216), b) das Zahlwort **een**, wenn es ein gewisser bedeutet; es hat dann im N. männlich die Form eene: *eene* mijnheer A. is hier ein (gewisser) Herr A. ist hier, c) das fragende Fürwort **wat**, wenn es etwas, ein bißchen bedeutet: wat moois etwas Schönes, wat brood ein bißchen Brot.

Aufgaben.
32.

Übersetze: Man sagt. Wovon sprichst du? Woran denkt er? Jeder weiß es. Ein jeder hat es gesehen. Wessen hast du dich erbarmt? Ein gewisser Herr B. war hier. Sage mir, mit wem du umgehst (verkeert), und ich sage dir, wer du bist. Wer das sagt, weiß es nicht. Wir beklagen denjenigen, der keinen Freund hat. Jeder weiß etwas davon. Niemand will nichts wissen. Hier sind zwei Bücher, dieses gehört dir, jenes gehört deinem Bruder. Er weiß nicht, was er sagt. Ich habe den da schon öfters gesehen. Kennst du die da? Ein Freund wollte ihn besuchen, er weiß aber nicht, welcher? Sie sind sich begegnet. In welcher Straße? Das weiß ich nicht. Sind jene Häuser die Ihrigen? Nein, diese hier. Sie halfen sich einander. Ich habe jemands (niemands) Bücher gefunden. Hast du es jemand (niemand) gesagt? Ja, jedem der bei mir stand. Gieb ihm etwas Fleisch! Hat er etwas Gutes gethan? Dies ist alles, was ich von ihm gelesen habe.

33.

Überſetze die eingeklammerten Wörter:

De lente[1]) en de herfst[2]) hebben (ihre) genoegens;[3]) (letterer) geeft vruchten,[4]) (erſterer) bloemen[5]). Hebt gij nog sigaren?[6]) Ja, ik heb (noch welche). (Was für ein) landsman[7]) is hij? Ik heb een boom gezien. (Was für einen)? Ik weet niet, (weſſen) kind hij is. Zeg mij, (wen) gij gezien en met (wem) gij ge- sproken hebt. Het is de wil[8]) (desjenigen), die mij gezonden heeft. (Derjenige), die goed geleefd[9]) heeft, kan gerust[10]) ster- ven[11]). De roem[12]) (desjenigen), die liegt,[13]) duurt[14]) niet lang. Vertel[15]) mij het lot (derjenigen), die terugkwamen[16]). Met (nichts) vangt[17]) men (nichts). Niet veel is toch (etwas). (Alle) zijn ziek[18]) en (jeder) heeft eene ander ziekte[19]). (Viele) zijn geroepen,[20]) maar (wenige) zijn uitverkoren[21]). Geef (jedem) het zijne. Hij is arm, (deſſen) uitgaven[22]) de ontvang- sten[23]) overtreffen[24]). Dat is de wees, (welcher) de dood haar ouders ontrukt[25]) heeft. Hij zeide „(guten) dag!", (welchen) groet[26]) zij vriendelijk beantwoordde. Het boek, (deſſen) in- houd[27]) ons zoo zeer beviel,[28]) is niet meer te krijgen[29]). Wij handelen (beide) dwaas. Draag zooveel[30]) gij kunt[31]) tot het geluk[32]) (anderer) bij. Zijt gij de persoon[33]) van (welcher) men mij gesproken heeft? Arm is niet (derjenige, welcher) weinig bezit, maar (derjenige, welcher) veel noodig[34]) heeft. Gedenk (unſer) in het buitenland, wij zullen u niet vergeten. (Wem) God een ambt[35]) geeft, (dem) geeft hij ook verstand. (Weſſen) brood ik eet, (deſſen) lied ik zing. Wij stonden op een heuvel,[36]) aan (deſſen) voet zich de stad uitstrekte,[37]) (die) wij verlaten[38]) hadden en (deren) huizen wij nog zien konden. Er is geen erger doove[39]) dan (wer) niet hooren[40]) wil. Ver- trouw[41]) niet op (das, was) hij zegt; hij is een van (den) menschen, van (denen) men zeggen kan: (wer) zich op (ſie) ver- laat, (der) is verlaten. Groet de (Deinen) hartelijk[42]) van mij. Heeft (jemand) ter wereld ooit[43]) zoo (etwas) beleefd![44]) (Ihr),

1) Der Lenz. 2) Der Herbſt. 3) Het genoegen die Freude. 4) De vrucht die Frucht. 5) De bloem die Blume. 6) De sigaar die Zigarre. 7) De landsman, P. de landslieden. 8) Der Wille. 9) Leven leben. 10) Ruhig. 11) Sterben. 12) Der Ruhm. 13) Lie- gen lügen. 14) Duren dauern, währen. 15) Vertellen erzählen. 16) Terugkomen zurückkommen. 17) Vangen fangen. 18) Krank. 19) Krankheit. 20) Roepen rufen. 21) Auserkoren. 22) De uitgave die Ausgabe. 23) De ontvangst die Einnahme. 24) Überſteigen. 25) Ontrukken entreißen. 26) Gruß. 27) Inhalt. 28) Bevallen ge- fallen. 29) Bekommen. 30) Soviel. 31) Gij kunt du kannſt. 32) Glück. 33) De persoon (m. und f.) die Perſon. 34) Noodig hebben brau- chen. 35) Amt. 36) Hügel. 37) Uitstrekken ausdehnen. 38) Ver- laſſen. 39) De (een) doove der Taube, ein Tauber. 40) Hören. 41) Vertrouwen trauen. 42) Herzlich. 43) Je. 44) Beleven erleben.

die zegt, dat gij God liefhebt[45]) en (euren) broeder haat,[46]) zijt leugenaars. Admiraal de Ruyter was een held ter zee[47]) die (seines) gelijken slechts (weinige) heeft. (Jeder) het zijne, dan krijgt gij het (deine) en ik het (meine). Ontfermt[48]) u (meiner) riep de oude man. De koning was er (selber). (Sogar) de koning was er. De vrienden[49]) omarmden[50]) (sich) en beloofden[51]) (sich) eeuwige[52]) trouw[53]) en vriendshap. Wij zullen (uns) spoedig[54]) weerzien[55]).

45) Liefhebben lieb haben, lieben. 46) Haten hassen. 47) Ter zee zur See, auf dem Meere. 48) Ontfermen erbarmen. 49) De vriend der Freund. 50) Omarmen (omhelzen) umarmen. 51) Beloven versprechen. 52) Eeuwig ewig. 53) Treue. 54) Bald. 55) Wiedersehen.

Zwanzigste Lektion.
Een Brief.

Hoorn, 5 Juni 1888.

Waarde Vriend!

Daar wij binnen zeven weken vacantie hebben, wordt het tijd onze reisplannen nader te bespreken. Hebt Gij lust dit jaar met mij Heidelberg en het Neckardal eens te bezoeken. Ik kan U verzekeren het is een der mooiste plekjes van geheel Duitschland en men moet al zeer verwend zijn, wil men daar niet volop genieten. Verleden jaar ben ik er ook geweest, maar men kan er gerust een tweede of derde maal heenreizen, het blijft altijd nieuw. Mocht Gij soms een ander plan hebben, wees dan zoo goed het mij spoedig mede te deelen. Zoo niet, dan zal ik onzen vriend Paul van onze komst verwittigen. Ik zou hem nog wel eens willen ontmoeten, ik mag hem gaarne lijden; daarenboven kent hij de schoonheden van Heidelberg en omstreken. Vraag of mijnheer R. een reisgids van Zuid-Duitschland voor ons heeft! Ik durf er hem niet lastig om vallen en kan er hier geen leenen.

Weet Gij hoe lang van te voren men de rondreis-biljetten moet bestellen?

Antwoord spoedig. Groetend

Uw vriend
N. N.

De vriend der Freund   ons reisplan (n.) unser Reiseplan
de week die Woche
de vacantie (W. E.) die Ferien   het Neckardal das Neckarthal

Duitschland Deutſchland
onze komst unſere Ankunft
de schoonheid die Schönheit
de omstreken die Umgegend
een reisgids ein Führer
Zuid-Duitschland Süd=Deutſch=
    land
het rondreisbiljet das Rund=
    reiſebillet
daar da, weil
nader näher
volop vollauf
gerust ruhig, ganz gut
spoedig bald

daarenboven außerdem
hoe lang wie lange
van te voren vorher, im voraus
het wordt tijd es wird Zeit
lust hebben Luſt haben
verzekeren verſichern
verwennen verwöhnen
(er) heenreizen hinreiſen
mededeelen mitteilen
verwittigen van benachrichtigen
lastig er om vallen damit be=
    läſtigen
leenen leihen
groeten grüßen

 * bezoeken beſuchen; ik bezoek, ik bezocht, ik heb bezocht
 * genieten genießen; ik geniet, ik genoot, ik heb genoten
(!) mogen mögen, dürfen, ſ. unten § 293
(!) durven dürfen, wagen, ſ. unten § 297.

Übung.

Ergänze:

Ik schrijf aan mijn vriend, dat het tijd wordt onze reis-
    plannen nader te bespreken, omdat . . . .

Ik vraag hem of hij lust heeft . . . .

Ik kan mijn vriend verzekeren, dat Heidelberg . . . .

Verleden jaar ben ik er reeds geweest, maar men . . .

Ik verzoek mijn vriend mij spoedig te schrijven, indien
. . . .

Mocht hij geen ander plan hebben, dan . . . . . .

Ik zou hem nog wel eens willen ontmoeten, want . . .,
    daarenboven . . . .

Ik verzoek mijn vriend aan mijnheer R. te vragen of hij
    soms . . . ., want . . . .

Ten slotte (ſchließlich) vraag ik of mijn vriend weet . . .
    en verzoek hem spoedig . . . .

Das Zeitwort. (Fortſetzung.)
Die unregelmäßigen Zeitwörter.

§ 289. Wir haben § 169 ſchon geſehen, welche Zeitwörter
unregelmäßig genannt werden. Es ſind folgende: a) die Zeit=
wörter mit verſchobener Zeitform: kunnen können, zullen
ſollen, werden, mogen mögen, dürfen, weten wiſſen, moeten
müſſen; b) willen wollen; c) zeggen ſagen, leggen legen,

werken arbeiten, wirken, brengen bringen, denken denken, dunken dünken, zoeken suchen, koopen kaufen, hebben haben; d) doen thun, gaan gehen, staan stehen und zijn sein.

§ 290. Die Zeitwörter mit verschobener Zeitform (oder mit verschobenem Imperfekt) haben das alte Imperfektum zum Präsens gemacht und sodann ein neues Imperfekt gebildet. Man beachte von diesen Zeitwörtern folgende von der gewöhnlichen Konjugation abweichende Formen.

§ 291. **Kunnen.** 2. Partizip gekund.

Indikativ.	**Konjunktiv.**

Präsens.

Ik kan ich kann	Ik kunne ich könne
— du kannst	— du könnest
hij kan er kann	hij kunne er könne
wij kunnen wir können	wij kunnen wir können
gij kunt ihr könnt	gij kunn(e)t ihr könnet
zij kunnen sie können.	zij kunnen sie können.

Imperfekt.

Ik kon(de) ich konnte	Ik konde ich könnte
— du konntest	— du könntest
hij kon(de) er konnte	hij konde er könnte
wij konden wir konnten	wij konden wir könnten
gij kondt ihr konntet	gij kondet ihr könntet
zij konden sie konnten.	zij konden sie könnten.

§ 292. **Zullen** (s. S. 57). Das Präsens Konjunktiv fehlt.

Zullen entspricht einem **werden** und einem **sollen.** Im letzteren Falle hat es den Hauptton, vergl. hij zal het doen er wird es thun, — hij zál het doen er soll es thun.

§ 293. **Mogen.** 2. Part. gemoogd gemocht.

Indikativ.	**Konjunktiv.**

Präsens.

Ik mag ich mag	Ik moge ich möge
— du magst	— du mögest
hij mag er mag	hij moge er möge
wij mogen wir mögen	wij mogen wir mögen
gij moogt ihr mögt	gij moogt ihr möget
zij mogen sie mögen.	zij mogen sie mögen.

Imperfekt.

Ik mocht ich mochte	Ik mocht ich möchte
— du mochtest	— du möchtest
hij mocht er mochte	hij mocht er möchte
wij mochten wir mochten	wij mochten wir möchten
gij mocht ihr mochtet	gij mocht ihr möchtet
zij mochten sie mochten.	zij mochten sie möchten.

Das Zeitwort vermogen (vermögen) hat als 2. Partizip vermocht (vermocht).

Mogen wird im Niederländischen gebraucht a) in der Bedeutung von b ü r f e n: hij mag niet uitgaan, want de doctor heeft het verboden er darf nicht ausgehen, denn der Arzt hat es verboten; b) für m ö g e n, g e r n h a b e n: ik mag mijn vriend P. wel ich mag meinen Freund P.; ik mag dat niet ich mag das nicht (essen); c) als umschriebener Konjunktiv für s o l l e n: *mocht* gij soms een ander plan hebben enz. s o l l t e st bu etwa einen andern Plan haben, u. s. w.

§ 294. Weten. 2. Part. geweten gewußt.

Indikativ.	**Konjunktiv.**
Präsens.	
Ik weet ich weiß	Ik wete ich wisse
— du weißt	— du wissest
hij weet er weiß	hij wete er wisse
wij weten wir wissen	wij weten wir wissen
gij weet ihr wißt	gij wetet ihr wisset
zij weten sie wissen.	zij weten sie wissen.
Imperfekt.	
Ik wist ich wußte	Ik wist ich wüßte
— du wußtest	— du wüßtest
hij wist er wußte	hij wist er wüßte
wij wisten wir wußten	wij wisten wir wüßten
gij wist ihr wußtet	gij wist ihr wüßtet
zij wisten sie wußten.	zij wisten sie wüßten.

§ 295. Moeten müssen, sollen. 2. Part. gemoeten.

Indikativ.	**Konjunktiv.**
Präsens.	
Ik moet ich muß oder soll	Ik moete ich müsse
— du mußt	— du müssest
hij moet er muß	hij moet er müsse
wij moeten wir müssen	wij moeten wir müssen
gij moet ihr müßt	gij moet(et) ihr müsset
zij moeten sie müssen.	zij moeten sie müssen.
Imperfekt.	
Ik moest ich mußte	Ik moest ich müßte
— du mußtest	— du müßtest
hij moest er mußte	hij moest er müßte
wij moesten wir mußten	wij moesten wir müßten
gij moest ihr mußtet	gij moest ihr müßtet
zij moesten sie mußten.	zij moesten sie müßten.

Moeten entspricht a) dem deutschen m ü s s e n: hij moet vele brieven schrijven er muß viele Briefe schreiben; b) dem deutschen ſollen 1°. als eine Notwendigkeit, welche von dem Befehl eines andern abhängt: gij *moet* dat niet doen, vader duldt het niet du ſollſt das nicht thun, der Vater duldet es nicht; 2°. als Notwendigkeit, welche ſich auf die Ausſage eines andern gründet: de vorst *moet* reeds lang ziek zijn der Fürſt ſoll ſchon lange krank ſein; man kann jedoch auch ſagen: men wil, zegt, beweert (behauptet), dat de vorst reeds lang ziek is.

§ 296. **Willen.** Obgleich dieſes Zeitwort in der 3. P. E. des Präſens Ind. kein t hat, gehört es doch nicht zu den vorigen. Es hat eigentlich kein Präſens Ind., man gebraucht ſtatt deſſen die Konjunktivform.   2. Part. gewild gewollt.

Präſens Indikativ und Konjunktiv.

Ik wil ich will, ich wolle
 —   du willſt, du wolleſt
hij wil er will, er wolle
wij willen wir wollen, wir wollen
gij wilt ihr wollt, ihr wollet
zij willen ſie wollen, ſie wollen.

Imperfekt Ind. und Konjunktiv.

Ik wilde, wou(de) ich wollte
 —   du wollteſt
hij wilde, wou(de) er wollte
wij wilden, wouden wir wollten
gij wildet, woudt ihr wolltet
zij wilden, wouden ſie wollten.

§ 297. *Durven* gehörte ehemals auch zu den Verben mit verſchobenem Imperfekt; jetzt wird es ſchwach konjugiert: ik durf, ik durfde, ik heb gedurfd; neben *durfde* hat ſich jedoch das alte Imperfekt *dorst* erhalten.

§ 298. Die Zeitwörter *leggen* und *zeggen* haben neben den regelmäßigen Formen legde, zegde; gelegd, gezegd auch leide, zeide; geleid, gezeid.

§ 299. *Werken* hat neben dem regelm. werkte ein Imperfekt wrocht und ein Part. gewrocht, wenn von künſtleriſcher Arbeit die Rede iſt; het gewrocht = das Kunſtwerk, Kunſtgebilde.

§ 300. *Brengen, denken, dunken* haben im Imperfektum einen andern Vokal, und am Ende kein e.   Das 2. Partizip kommt mit dem Imp. überein:

brengen, ik breng, ik bracht, ik heb gebracht
denken, ik denk, ik dacht, ik heb gedacht
dunken, mij dunkt, mij docht oder dacht.

§ 301. *Zoeken* und *koopen* haben im Imperf. und im 2. Part. einen kurzen Vokal, das e am Ende des Imperf. fehlt hier gleichfalls:

zoeken, ik zoek, ik zocht, ik heb gezocht
koopen, ik koop, ik kocht, ik heb gekocht.

§ 302. *Doen, gaan, slaan, staan, zien, zijn* sind die einzigen einsilbigen Zeitwörter:

doen, ik doe, hij doet, wij doen, gij doet, zij doen;
ik deed, hij deed, wij deden, gij deedt, zij deden;
ik heb gedaan, u. s. w.

gaan, ik ga, hij gaat, wij gaan, gij gaat, zij gaan;
ik ging, hij ging, wij gingen, gij gingt, zij gingen;
ik (heb) ben gegaan, u. s. w.

slaan, ik sla, hij slaat, wij slaan, gij slaat, zij slaan;
ik sloeg, hij sloeg, wij (zij) sloegen, gij sloegt;
ik heb geslagen, u. s. w.

staan, ik sta, hij staat, wij staan, gij staat, zij staan;
ik stond, hij stond, wij (zij) stonden, gij stondt;
ik heb gestaan, u. s. w.

zien, ik zie, hij ziet, wij zien, gij ziet, zij zien;
ik zag, hij zag, wij (zij) zagen, gij zaagt;
ik heb gezien, u. s. w.

zijn, s. S. 52.

Über den Gebrauch der Hilfszeitwörter.

§ 303. Mit *hebben* werden konjugiert: 1° die transitiven Zeitwörter: ik heb een brief geschreven; nur vergeten vergessen, volgen folgen und besluiten beschließen oder entschließen können auch *zijn* bei sich haben, wenn die Bedeutung verändert: ik *heb* mijn boek vergeten ich habe mein Buch vergessen; ik *was* glad vergeten, wat ik zeggen wilde ich hatte rein vergessen, was ich sagen wollte. *Vergeten zijn* kommt nur vor in der Bedeutung: s i c h   n i c h t   m e h r   e r i n n e r n. *Volgen* wird wie im Deutschen mit *hebben* konjugiert, wenn es ge= horchen, sich richten nach bedeutet: wij *hebben* uw voor- beeld gevolgd wir haben ihrem Beispiel gefolgt; mit sein, wenn es n a c h f o l g e n, h i n t e r   e i n e m   h e r g e h e n bedeutet: de politie *is* den dief gevolgd die Polizei ist dem Diebe ge- folgt. *Besluiten:* ik heb besloten mee te gaan ich habe be= schlossen, mitzugehen, ik ben besloten het niet te doen ich bin entschlossen, es ·nicht zu thun;

2° die r e f l e x i v e n Zeitwörter: hij *heeft* zich geschaamd, gewasschen;

3°· die unpersönlichen Zeitwörter: het *heeft* geregend, gehageld;

4°· die intransitiven Zeitwörter, welche eine Handlung oder einen Zustand andeuten (ausgenommen *zijn* und blijven bleiben): ik heb geslapen ich habe geschlafen; ik heb gereisd ich habe gereist. Wenn diese Zeitwörter eine Veränderung des Zustandes ausdrücken, wird *zijn* gebraucht: ik ben gevallen ich bin gefallen; dat kind is gegroeid das Kind ist gewachsen;

5°· die intransitiven Zeitwörter, welche eine Bewegung als einfache Handlung andeuten: ik *heb* gereisd; ist aber der Zweck der Handlung, das Woher oder Wohin mit angegeben, so haben sie **sein**: ik *ben* naar Berlijn gereisd, ik *ben* van Heidelberg naar Schwetzingen gewandeld.

§ 304. Einige Zeitwörter, welche sowohl transitiv als intransitiv sein können, werden je nach der Bedeutung mit *hebben* oder mit *zijn* konjugiert: de bediende *heeft* mijne bevelen opgevolgd der Bediente hat meine Befehle (befolgt) ausgeführt; Frederik I *is* onmiddellijk aan zijnen vadder als koning en keizer opgevolgd Friedrich I. ist unmittelbar seinem Vater als König und Kaiser gefolgt; hij volbracht, hetgeen hij begonnen *had* er vollendete, was er begonnen hatte; hij *was* reeds aan dit werk begonnen er hatte diese Arbeit schon angefangen; met zulke menschen *is* niets te beginnen mit solchen Leuten ist nichts anzufangen; *beginnen* mit einem Infinitiv hat immer *zijn*: de soldaten *waren* reeds begonnen de huizen in brand te steken die Soldaten hatten schon angefangen, die Häuser anzustecken.

§ 305. Die Zeitwörter *willen, zullen, moeten, mogen, kunnen, durven, gaan* haben den Infinitiv ohne **te** hinter sich: hij wil, zal, moet, mag wandelen, hij kan, durft spreken, hij gaat den geneesheer halen er holt den Arzt; aber hij waagt het niet *te* zeggen (= hij durft het niet zeggen) er wagt es nicht, dieses zu sagen.

Aufgaben.
34.

Übersetze: Er muß, wir wollen, sie sagen, er legte, er soll, er wird, er darf spazieren, ihr dürft schreiben, ich brachte, er dachte, mich dünkt, sie wollte, ihr solltet, wir suchten, sie kauften, ich habe gesucht und gekauft, er hat es gebracht, hat er es nicht gethan? er wird es noch thun, wir könnten und müßten es wissen, er ist nach Berlin gegangen, er sollte seinen Bruder suchen, es würde geregnet haben, hat es im Dezember gefroren? Wilhelm III., König der Niederlande, ist seinem Vater (in) 1849 gefolgt. Hat er lange da gestanden? Wir würden nach Basel gereist sein. Wohin ist er gegangen? Er mußte nach A. gehen. Hat er vergessen, was er Ihnen schreiben wollte? Der Schüler (leerling) hat seine Bücher vergessen. Die Schüler hatten mit ihrer Arbeit angefangen. Mit dem Manne ist nichts anzufangen. Er hat sich dessen (daarover) geschämt, statt sich dessen (daarop) zu rühmen. Die Kinder haben sich gewaschen. Die Polizei war dem Diebe gefolgt. Der Schüler hat dem Beispiel seines Lehrers gefolgt. Mich dünkt, wir gehen zu schnell. Er ist in seinem Vaterlande geblieben. Sind sie schon in Italien (Italië) gewesen? Das Kind ist auf der Straße gefallen. Diese Bäume sind stark gewachsen. Der König hatte schon angefangen, seine Befehle auszuteilen (uit te deelen). Hat die Magd (meid) Ihre Befehle ausgeführt? Wir thaten, was wir konnten und mußten. Habt ihr das auch gethan? Sie dachte, sie wäre schon hier gewesen. Die Stadt soll sehr gesund sein. Dieser Soldat soll sehr tapfer (dapper) gewesen sein.

35.

Ergänze die Präsens= und Perfektformen:

Een rechter,[1] een officier en een geestelijke[2] — met de post in eene kleine stad aangekomen, waar het posthuis[3] tevens[4] het hotel[5] voorstelde[6]. Nauwelijks[7] — zij afgestapt[8] of ieder verlangde een bed;[9] maar de logementhouder[10] — er slechts één; en het — bij hem steeds[11] als regel gegolden,[12] dat de gast, die het eerst aangekomen —, in het bed geslapen —, terwijl zij die later[13] aangekomen — met een strooleger[14] moesten tevreden zijn. Nu — er echter drie en alle drie maakten aanspraak[15] op het bed. De waard — dus beslissen[16].

„Wie is u," vroeg hij, zich tot den officier wendend,[17] „en waar — u tot nu toe geweest? „Ik — 15 jaar in B. als kapitein in garnizoen[18] gelegen,"[19] antwoordde de officier.

„En ik — 20 jaar te E. als rechter in de rechtbank[20] gezeten,"[21] zeide de rechter.

„En ik — reeds 25 jaar te H. als dominee[22] gestaan," zeide de geestelijke.

1) Richter. 2) Een (de) geestelijke ein Geistlicher (der Geistliche). 3) Posthaus. 4) Zugleich. 5) Der Gasthof. 6) Voorstellen vorstellen. 7) Kaum. 8) Afstappen aussteigen. 9) Bett. 10) Gastwirt. 11) Stets. 12) Gelden gelten. 13) Später. 14) Strohlager. 15) Aanspraak maken op Anspruch machen auf. 16) Entscheiden. 17) Zich wenden tot sich wenden an. 18) Het garnizoen die Garnison. 19) Liggen liegen. 20) Das Gericht. 21) Zitten sitzen. 22) Protestantischer Pfarrer.

„Welnu, dan — te twist op eens beslecht, riep de waard. U, mijnheer de kapitein, — 15 jaar gelegen; u, mijnheer de rechter, — 20 jaar gezeten, mijnheer de dominee evenwel — 25 jaar gestaan, hem komt bijgevolg[23]) het bed toe."

36.

Waarde Vriend! Gij — weten hoe het mij tegenwoordig gaat[24]). Welnu, ik — U meedeelen,[25]) dat mijne gezondheid[26]) langzamerhand[27]) beter —. Als de zon[28]) flink[29]) schijnt[30]) — ik reeds[31]) in den tuin wandelen en — dan een paar uren buiten blijven. 's Morgens en 's avonds — ik echter nog niet uitgaan,[31]) ik — mijne herstelling[32]) daarmede[33]) ook niet bespoedigen[34]). Zoodra[35]) ik geheel beter —, — ik U schrijven,[36]) wanneer[37]) ik U eens kom opzoeken[38]). — ik mijn vriend D. meebrengen?[39]) Hij — zoo gaarne[40]) uwen tuin eens zien en — U ook wel eens uitnoodigen[41]) om zijne bloemen te komen bewonderen[42]).

23) Demzufolge. 24) Gaan gehen. 25) Mitteilen. 26) Gesundheit. 27) Allmählich. 28) Sonne. 29) Tüchtig. 30) Schijnen scheinen. 31) Ausgehen. 32) Wiederherstellung. 33) Damit. 34) Beschleunigen. 35) Sobald. 36) Schreiben. 37) Wann. 38) Komen bezoeken besuchen, zu Besuch kommen. 39) Mitbringen. 40) Gerne. 41) Einladen. 42) Bewundern.

Einundzwanzigste Lektion.

Trek van zelfverloochening.

Szekuli, een Oostenrijksch kapitein, werd tot opsluiting in de vesting Szegedin veroordeeld. De bediende van dezen ongelukkige nam het besluit, zich tot den keizer te wenden, om hem te verzoeken, zijn meester in de vesting te mogen volgen. „Wat wilt ge bij uw meester doen?" vroeg hem de keizer, „ge weet immers, dat hij als misdadiger veroordeeld is." „Ik weet het", antwoordde de trouwe dienaar, „maar ik heb hem in zijn geluk gediend, en nu bied ik mij aan, hem ook in zijn ongeluk te volgen. Hij zal mijne diensten op zijn ouden dag noodig hebben en wanneer ik niets anders doen kan om zijn lot te verzachten, dan zal ik hem ten minste troosten en hem aanmoedigen om zijn straf geduldig te verdragen." De keizer, door zulk een zeldzame verknochtheid en trouw geroerd, veroorloofde hem, zijn meester te vergezellen en stond hem zelfs een klein pensioen toe.

De trek der Zug　　[gebung　de opsluiting die Einsperrung
de zelverloochening die Hin=　de vesting die Festung

de keizer der Kaiser

de misdadiger der Missethäter

de dienaar der Diener

het lot das Los, Schicksal

de straf die Strafe

de verknochtheid die Anhäng-
lichkeit

de trouw die Treue

het pensioen die Pension

het geluk das Glück

het ongeluk das Unglück

Oostenrijksch österreichisch

trouw treu

wanneer wenn, falls

niets anders nichts andres

dan so

ten minste wenigstens

zelfs sogar

veroordeelen verurteilen

een besluit nemen einen Entschluß fassen

verzoeken ersuchen, bitten

aanbieden anbieten

noodig hebben brauchen, bedür- [fen

verzachten mildern

troosten trösten

aanmoedigen ermutigen

verdragen ertragen, erdulden

roeren rühren

veroorloven erlauben

vergezellen begleiten

(!) toestaan gewähren; ik sta toe, ik stond toe, ik heb toe-
gestaan.

Anmerkungen. 1°. Im Niederländ. fehlt häufig der Artikel, wo er im Deutschen unerläßlich ist, z. B.: trek van zelfverloochening Zug der Hingebung, teekenen van berouw Zeichen der Reue, teekenen van rouw Zeichen der Trauer.

2°. Im Niederl. steht häufig *om* (um), wo man es im Deutschen nicht gebraucht. Vergl. zij ging om water te halen sie ging, Wasser zu holen; hij stond op om hem te verwelkomen er stand auf, ihn zu bewillkommnen.

Übung.

Waartoe werd Szekuli veroordeeld?

Welk besluit nam de bediende van den kapitein?

Wat vroeg hem de keizer?

Hoe luidde het antwoord van den trouwen dienaar?

Wat dacht de oude man ten minste nog te kunnen doen?

Waarom veroorloofde de keizer hem zijn meester te vergezellen?

Wat deed de keizer daarenboven?

Das Zeitwort. (Fortsetzung.)

Die starken Zeitwörter. De sterke werkwoorden.

§ 306. Wir haben schon § 168 gesehen, daß die starken Zeit-
wörter in der Konjugation ihren Stammvokal ändern, d. h. im Imperfekt oder im 2. Partizip (welches stets auf **en** endet) oder in beiden einen andern Vokal annehmen als im Infinitiv; in den übrigen Formen sind diese Zeitwörter den schwachen gleich, z. B.

Indikativ.   **Konjunktiv.**

Präsens.

Ik geef ich gebe	Ik geve ich gebe
— du giebst	— du gebeſt
hij geeft er giebt	hij geve er gebe
wij geven wir geben	wij geven wir geben
gij geeft ihr gebt	gij gevet ihr gebet
zij geven ſie geben.	zij geven ſie geben.

Perfekt.

Ik heb gegeven, enz. ich habe gegeben, u. ſ. w.	Ik hebbe gegeven enz. ich habc gegeben, u. ſ. w.

Plusquamperfekt.

Ik had gegeven, enz. ich hatte gegeben, u. ſ. w.	Ik hadde gegeven, enz. ich hätte gegeben, u. ſ. w.

Futurum.

Ik zal geven, enz. ich werde geben, u. ſ. w.	Fehlt im Ndl.

Futurum exaktum.

Ik zal gegeven hebben ich werde gegeben haben, u. ſ. w.	Fehlt im Ndl.

Futurum präteritum.

Ik zou(de) geven.	Ik zoude geven.

Ich würde geben.

Futurum exaktum präteritum.

Ik zou(de) gegeven hebben.	Ik zoude gegeven hebben.

Ich würde gegeben haben.

Imperativ.

S. Geef gieb.   P. Geeft gebet.

§ 307. Bei den niederl. ſtarken Zeitwörtern ſind alſo außer dem Infinitiv drei Formen zu betrachten: 1⁰ der Singular des Imperfekts Ind., 2⁰ der Plural des Imperfekts Ind. und 3⁰ das 2. Partizip.

§ 308. Von der Pluralform des Imperfekts Ind. wird das Imperfekt des Konjunktivs gebildet, z. B. geven, wij gaven, ik gave; schrijven, wij schreven, ik schreve.

Imperfekt des Konjunktivs.

Ik bevale ich beföhle	Ik schreve ich schriebe
— du beföhleſt	— du schriebeſt
hij bevale er beföhle	hij schreve er schriebe
wij bevalen wir beföhlen	wij schreven wir schrieben
gij bevaalt ihr beföhlet	gij schreeft ihr schriebet
zij bevalen ſie beföhlen.	zij schreven ſie schrieben.

§ 309. Nach ihrem Ablaut werden die ftarken Zeitwörter in fieben Klaffen eingeteilt:

	Präfens	Imperf. *S.*	Imperf. *P.*	2. Partizip
I {	berg	borg	borgen	geborgen
	bind	bond	bonden	gebonden
II	neem	nam	namen	genomen
III	lees	las	lazen	gelezen
IV	drijf	dreef	dreven	gedreven
V {	bied	bood	boden	geboden
	sluit	sloot	sloten	gesloten
VI	vaar	voer	voeren	gevaren
VII	a) hang	hing	hingen	gehangen
	b) val	viel	vielen	gevallen
	c) slaap	sliep	sliepen	geslapen
	d) loop	liep	liepen	geloopen
	e) roep	riep	riepen	geroepen

§ 310. Die Zeitwörter der erften Klaffe haben im Präfens o oder i mit zwei oder mehr nachfolgenden Konfonanten; im Imperf. *S.* und *P.*, fowie im 2. Partizip kurzes o.

Hierzu gehören: delven graben, gelden gelten, helpen helfen, melken, schelden fchelten, smelten fchmelzen, zwelgen fchwelgen, zwellen fchwellen; bergen, bersten (im Imperf. auch fchwach, im 2. P. gebarsten und geborsten), bederven verderben, kerven kerben, sterven fterben, worden, werpen werfen, zwerven fchwär= men, zwemmen fchwimmen, glimmen, glimpen glimpfen, klimmen, krimpen; binden, blinken, dringen, drinken, dwingen, zwingen, beginnen, ontginnen urbar machen, klinken klingen, verslin= den verfchlingen, slinken kleiner werden, spinnen, springen, stin= ken, vinden, winden, winnen, wringen ringen; zingen, zinken, verzwinden verfchwinden; vechten, vlechten. Aus der III. find in die I. übergetreten: treffen und schrikken (intr.) fchrecken. Dorschen drefchen ift jetzt fchwach. Von den früheren Zeitwörtern belgen und gerinnen find nur noch die Partizipien verbolgen er= grimmt und geronnen übrig.

Unregelmäßige Zeitwörter diefer Klaffe find: helpen, bederven, sterven, werpen, werven und zwerven, welche im Imp. ie ftatt o haben, z. B. hielp, hielpen. Über worden f. S. 58.

§ 311. Die Zeitwörter der zweiten Klaffe haben im Präfens ē (ee) mit nachfolgendem flüffigen Konfonanten oder k. Das Imp. hat im *S.* ǎ (a), im *Pl.* ā (a), im 2. P. ō (o).

Hierzu gehören: stelen, bevelen, nemen, breken brechen,

spreken, wreken rächen, steken stecken und stechen. Von helen ist nur noch das 2. P. verholen übrig, von beren das 2. P. geboren.

Unregelmäßig sind: kömen (köm, kwäm, kwämen, gekömen), zweren schwären (zweer, zwoor, zworen, gezworen) und scheren rasieren (scheer, schoor, schoren, geschoren). Wreken hat ein schwaches Imp.

§ 312. Die Zeitwörter der dritten Klasse haben ein langes e mit einem harten Konsonanten (außer k) im Präs. und im 2. P., ein kurzes a im Imp. S. und ein langes a im Imp. P.

Hierzu gehören: eten (2. P. gegeten), vreten fressen, vergeten, geven, lezen, meten messen, genezen, treden.

Unregelmäßig sind: wegen (weeg, woog, wogen, gewogen), bewegen (gleichfalls ee, oo, o, o); plegen = pleeg, placht, plachten, 2. P. fehlt, in der Bedeutung gewohnt sein, — in der Bedeutung begehen, verüben oder in der Zusammensetzung verplegen verpflegen ist es schwach. Bidden beten, liggen liegen und zitten haben i statt e im Präsens: bid, lig, zit, im übrigen sind sie regelmäßig. Hierzu gehört auch das unregelmäßige Zeitwort zien, zie, zäg, zägen, gezien.

§ 313. Die Zeitwörter der vierten Klasse haben ij im Präsens, ee im S. und e im P. des Imp. und im 2. P.

Zu dieser Klasse gehören: belijden bekennen, bijten beißen, blijken scheinen, blijven, drijven, verdwijnen, glijden gleiten, grijpen, hijschen hissen, kijken schauen, kijven keifen, knijpen kneifen, krijten weinen, kwijten vollbringen, lijden leiden, overlijden sterben, mijden meiden, nijgen neigen, nijpen, knijpen, prijzen loben, rijden reiten und fahren, rijgen schnüren, rijten reißen, rijven rechen, rijzen steigern, schijnen, schrijden schreiten, schrijven, slijpen schleifen, slijten schleißen, smijten schmeißen, snijden schneiden, splijten spalten, stijgen steigen, strijden streiten, strijken streichen, wijken weichen, wijten zeihen, wrijven reiben, zijgen seihen, zwijgen schweigen, bezwijken erliegen.

(Aan)tijgen zeihen, bezwijmen ohnmächtig werden, grijnen weinen, krijgen kriegen, bekommen, krijschen können schwach oder stark konjugiert werden. Krijgen = Krieg führen, stijven in fig. Sinne (z. B. in het kwaad stijven im Bösen bestärken) und pijpen in aanpijpen anpfeifen sind schwach.

§ 314. Die Zeitwörter der fünften Klasse haben im Präsens ie oder ui, im Imp. S. oo, im Imp. P. und im 2. P. o.

Hierzu gehören: a) bieden bieten, bedriegen betrügen, verdrieten verdrießen, gieten gießen, liegen lügen, genieten, schieten schießen, vlieden fliehen, vliegen fliegen, vlieten fließen, zieden sieden und drei Zeitwörter, welche im Imp. und im 2. P. z in r

verwandeln: verkiezen erwählen, verliezen verlieren, vriezen frieren;
b) buigen biegen, druipen triefen, duiken tauchen, kluiven klau-
ben, kruipen kriechen, luiken schließen, ontluiken sich erschließen,
ruiken riechen, schuiven schieben, sluipen schleichen, sluiten, snui-
ten schnauzen, snuiven schnauben, spruiten sprießen, spuiten spritzen,
stuiven stieben, zuigen saugen, zuipen saufen.

Kruien karren und schuilen sich verstecken, können schwach
oder stark konjugiert werden.

Brouwen brauen ist jetzt schwach, neben gebrouwd noch ge-
brouwen; vom veralteten tieën ziehen besteht noch das Imp. toog,
togen und das 2. P. getogen.

§ 315. Die Zeitwörter der **s e ch s t e n K l a s s e** haben ein
langes **a** im Präsens und im 2. P., **u** (oe) im Imp.

Hierzu gehören: a) dragen, graven graben, varen fahren;
b) laden, lachen und malen mahlen, welche ein schwaches Imp.
haben: laadde, lachte, maalde; c) zweren schwören mit abweichen-
dem Partizip: gezworen, sowie die unregelmäßigen slaan und staan,
s. S. 135; d) die Imperfektformen joeg, vroeg und woei neben
jaagde, vraagde, waaide von den schwachen Zeitwörtern jagen,
vragen, waaien wehen.

§ 316. Die Zeitwörter der **s i e b e n t e n K l a s s e** haben
im Präsens und Partizip denselben Vokal, im Imp. wie die
übereinstimmenden deutschen Verben ĭ oder ī (i — ie).

Hierzu gehören:
  a) hangen, vangen und die Imperfektformen des unregelmäßigen
     Zeitwortes gaan, s. S. 135;
  b) vallen fallen, wassen wachsen, wasschen waschen und die
     Imperfektformen hief — hieven, schiep — schiepen von den
     Zeitwörtern heffen und scheppen = machen, die im 2. P.
     geheven, geschapen haben; scheppen ist in jeder anderen
     Bedeutung schwach, z. B. hij schepte water er schöpfte Wasser;
  c) blazen blasen, laten, raden (Imp. ried und raadde);
  d) loopen, stooten stoßen und houwen (Imp. hieuw, P. ge-
     houwen);
  e) roepen rufen.

Die Zeitwörter bakken, bannen, braten braten, heeten heißen,
houden, scheiden, spannen, vouwen falten, zouten salzen, welche
früher ganz hierzu gehörten, haben jetzt ein schwaches Imp. und
nur noch ein schwaches Partizip; ontvouwen entfalten ist ganz in
die schwache Konjugation übergetreten.

Aufgaben.

37.

Wie lautet die erste Person *S.* des Präsens, die erste Person *S.* und die erste Person *P.* des Imperfekts Ind., die erste

Perſon S. des Imp. Konj. und das zweite Partizip der in den §§ 310—316 genannten Zeitwörter?

38.

Setze den eingeklammerten Infinitiv in die richtige Form:

De slimme poedel.

In een herberg (zijn) vier honden. Zoodra het in den winter avond (worden), (komen) zij na elkander in de gelag-kamer en (gaan) om de kachel heen liggen. De eene hond echter, een poedel, (komen) gewoonlijk wat later dan de overigen. Dan (zijn) de beste plaatsen bij de kachel reeds bezet en hij (moeten) verder af gaan liggen. Op zekeren avond (zijn) het zeer koud en zijn plaats, die zoo ver van de kachel (zijn), (willen) hem volstrekt niet bevallen. Reeds had hij meermalen heen en weer (kijken) of er geen betere plaats voor hem (zijn), maar hij (vinden) er geen. Toen (loopen) hij plotseling uit de gelagkamer en (beginnen) bij de huisdeur geducht te blaffen. Gezwind (springen) de andere honden op, (loopen) naar buiten en (blaffen) insgelijks. Toen de poedel echter de andere keffers zoo naar buiten (lokken) had, (snel-len) hij stil weer de deur in, (zoeken) voor zich de beste plaats uit, (gaan) bedaard liggen en (laten) zijne kameraden blaffen, zoolang als zij maar (willen). Zoo (leggen) hij 't later vaker (öfters) aan, wanneer de plaatsen om de kachel heen bezet (zijn), en de gasten in de kamer, die dat spoedig (merken), (hebben) er dan telkens vermaak in.

39.

Dankbaarheid van een olifant.

Een soldaat te Pondichery (hebben) de gewoonte,[1] een olifant, telkens als hij zijn soldij[2] (ontvangen), een zekere hoeveelheid[3] arak te geven. Eens (zijn) deze soldaat dron-ken,[4] en daar hij buitensporigheden[5] (begaan), (zetten) de wacht hem na om hem te arresteeren. In zijn onbezonnen-heid (nemen) hij zijn toevlucht tot den olifant, (gaan) onder hem liggen en (slapen) in. De wacht (beproeven)[6] te ver-geefs, hem er weg te trekken; de olifant (verdedigen) hem met zijn slurf![7] Toen de soldaat des anderen daags, na zijn roes[8] te hebben (uitslapen), (ontwaken) en (bemerken), dat hij onder het zware dier (liggen), (schrikken) hij hevig. Maar de olifant, die ongetwijfeld zijn schrik (bemerken), (benemen) hem zijn vrees door hem met zijn slurf te streelen![9]

1) Die Gewohnheit. 2) De soldij *(f.)* der Sold. 3) Quantität. 4) Berauſcht. 5) Ausſchweifungen. 6) Verſuchen. 7) Rüſſel. 8) Rauſch. 9) Streicheln.

40.

Gedenkteekenen. [10])

De dichter Prior (zijn) in Frankrijk als secretaris [11]) van Bentinck, den gezant van Willem III. Toen hij het paleis te Versailles (zien) en (komen) was bij de een en twintig prachtige schilderijen, [12]) waarop Lebrun de heldendaden van Lodewijk XIV had (voorstellen), (blijven) hij daarbij zoo koel, [13]) dat het de aandacht [14]) (trekken) van den Franschman [15]) die hem (rondleiden) [16]). Deze, die zijn handelwijze aan afgunst (toeschrijven), (willen) hem dit doen gevoelen en (vragen), of het paleis [17]) van Kensington ook op zulke schilderijen (kunnen) roemen? „Neen mijnheer," (antwoorden) Prior, „de gedenkteekenen der groote daden, die mijn meester (verrichten) heeft, zijn op [18]) vele plaatsen [19]) te zien, maar niet in zijn eigen huis."

10) Denkmäler. 11) Sekretär. 12) Gemälde. 13) Kühl. 14) Die Aufmerksamkeit. 15) Franzose, P. im Pl. de Franschen. 16) Leiden (= führen) ist schwach. 17) Der Palast. 18) An. 19) De plaats (f.) der Ort, Platz.

Zweiundzwanzigste Lektion.

De leeuw en de muis.

Eens lag de leeuw, vermoeid van de jacht, in de koele schaduw van een plataan; een diepe slaap had zijne oogleden gesloten. Daar kwamen eenige muizen te voorschijn en speelden driest om den leeuw heen. Weldra werden zij stouter en stouter en zonder achting voor den koning der dieren klouterden zij op zijnen rug en zetten het uitgelaten spel ook hier voort. Daar ontwaakte plotseling de koning der dieren. Schuw vloden de muizen naar alle zijden; maar ééne talmde wat en werd door den leeuw gevangen. Bevend bad zij om haar leven en herinnerde hem eraan, dat zij een zoo zwak schepsel was en de wraak van een zoo machtig heer onwaardig. De leeuw toonde zich edelmoedig en liet de muis loopen, die aanstonds ontvluchtte.

Kort daarop liep de leeuw door een duister woud om buit te vangen; maar op eens zag hij zich in het net eens jagers gevangen. Hij begon verschrikkelijk te brullen, zoodat geen dier het waagde, zijn hol te verlaten. Daar kwam de muis; zij knaagde de knoopen van het net door en vroolijk ging de leeuw verder door het woud. Hij had zijn leven **aan zijne grootmoedigheid te danken**.

De leeuw ber Löwe   uitgelaten ausgelaffen

de jacht bie Jagb   schuw fcheu

de schaduw ber Schatten   bevend bebenb

de plataan *(m.)* bie Platane   zwak fchwach

de slaap ber Schlaf   machtig mächtig

de achting ber Refpekt   onwaardig unwürbig

het dier bas Tier   edelmoedig edelmütig

de rug ber Rücken   duister bunkel

het leven bas Leben   verschrikkelijk erfchrecklich

het schepsel bas Geschöpf   vroolijk fröhlich

de wraak bie Rache   te voorschijn zum Vorschein, hervor

het woud ber Walb

de buit bie Beute   weldra balb

het net bas Netz   aanstonds fofort

de jager ber Jäger   kort daarop kurze Zeit nachher

het hol bie Höhle   spelen fpielen

de knoop ber Knoten   voortzetten (trennbar), fortfahren

de grootmoedigheid bie Groß=   ontwaken erwachen

    mut   herinneren erinnern

vermoeid ermübet   (zich) toonen (fich) zeigen

koel kühl   ontvluchten entfliehen

diep tief   brullen brüllen

driest, stout kühn, verwegen   knagen nagen

(!) verdergaan (trennbar), weitergehen

te danken hebben aan verbanken.

Übung.

Waar lag de vermoeide leeuw?

Welke dieren kwamen op eens te voorschijn en wat deden zij?

Wat deden zij, toen zij al stouter en stouter werden?

Wat gebeurde er, toen de koning der dieren ontwaakte?

Waarvoor bad de gevangen muis?

Waaraan herinnerde zij den leeuw?

Voldeed deze aan haar verzoek?

Wat overkwam den leeuw kort daarop?

Waarom durfde geen dier zijn hol verlaten?

Bleef de leeuw in het net?

Waaraan had hij zijn leven te danken?

Das Zeitwort. (Fortsetzung.)

§ 317. Alphabetisches Verzeichnis der starken Verba.[1]

Infinitiv	Imperf. S.	Imperf. P.	2. Partizip
Bakken backen	(bakte)	(bakten)	gebakken
bannen bannen	(bande)	(banden)	gebannen
bederven verderben	bedierf	bedierven	bedorven
bedriegen betrügen	bedroog	bedrogen	bedrogen
beginnen beginnen	begon	begonnen	begonnen
belijden bekennen	beleed	beleden	beleden
bergen bergen	borg	borgen	geborgen
bersten bersten	borst*	borsten*	geborsten, ge-barsten
bevelen befehlen	beval	bevalen	bevolen
bewegen bewegen	bewoog	bewogen	bewogen
bezwijken erliegen	bezweek	bezweken	bezweken
bezwijmen* in Ohn-macht fallen	bezweem	bezwemen	bezwemen
bidden bitten, beten	bad	baden	gebeden
bieden bieten	bood	boden	geboden
bijten beißen	beet	beten	gebeten
binden binden	bond	bonden	gebonden
blazen blasen	blies	bliezen	geblazen
blijken scheinen	bleek	bleken	gebleken
blijven bleiben	bleef	bleven	gebleven
blinken blinken	blonk	blonken	geblonken
braden braten	(braadde)	(braadden)	gebraden
breken brechen	brak	braken	gebroken
brouwen brauen	(brouwde)	(brouwden)	gebrouwen
buigen biegen	boog	bogen	gebogen
delven graben	dolf	dolven	gedolven
dingen dingen	dong	dongen	gedongen
doen thun	deed	deden	gedaan
dragen tragen	droeg	droegen	gedragen
drijven treiben	dreef	dreven	gedreven
dringen dringen	drong	drongen	gedrongen
drinken trinken	dronk	dronken	gedronken
druipen triefen	droop	dropen	gedropen
duiken tauchen	dook	doken	gedoken
dwingen zwingen	dwong	dwongen	gedwongen
eten essen	at	aten	gegeten
fluiten flöten	floot	floten	gefloten
gaan gehen	ging	gingen	gegaan
gelden gelten	gold	golden	gegolden
(ge)lijken gleichen	(ge)leek	(ge)leken	geleken
genezen genesen	genas	genazen	genezen
genieten genießen	genoot	genoten	genoten
geven geben	gaf	gaven	gegeven

---

1) Ein * hinter dem Infinitiv deutet an, daß das ganze Zeitwort, hinter dem Imperfekt oder dem 2. P., daß diese Form auch schwach konjugiert wird. Schwache Formen sind eingeklammert.

Infinitiv	Imperf. S.	Imperf. P.	2. Partizip
gieten gießen	goot	goten	gegoten
glijden gleiten	gleed	gleden	gegleden
glimmen glimmen	glom	glommen	geglommen
graven graben	groef	groeven	gegraven
grijnen* weinen	green	grenen	gegrenen
grijpen greifen	greep	grepen	gegrepen
hangen hangen	hing	hingen	gehangen
heeten heißen	(heette)	(heetten)	geheeten
heffen heben	hief	hieven	geheven
helpen helfen	hielp	hielpen	geholpen
hijschen heißen = hissen	heesch	heschen	geheschen
houden halten	hield	hielden	gehouden
houwen hauen	hieuw	hieuwen	gehouwen
jagen* jagen	joeg	joegen	(gejaagd)
kerven kerben	korf	korven	gekorven
kiezen küren	koos	kozen	gekozen
kijken schauen	keek	keken	gekeken
kijven keifen	keef	keven	gekeven
klimmen klimmen	klom	klommen	geklommen
klinken klingen	klonk	klonken	geklonken
kluiven klauben	kloof	kloven	gekloven
knijpen kneifen	kneep	knepen	geknepen
komen kommen	kwam	kwamen	gekomen
krijgen erhalten	kreeg	kregen	gekregen
krijschen* kreischen	kreesch	kreschen	gekreschen
krijten weinen	kreet	kreten	gekreten
krimpen einschrumpfen	kromp	krompen	gekrompen
kruien* karren	krooi	krooien	gekrooien
kruipen kriechen	kroop	kropen	gekropen
kwijten abtragen	kweet	kweten	gekweten
lachen lachen	(lachte)	(lachten)	gelachen
laden laden, aufladen	(laadde)	(laadden)	geladen
lezen lesen	las	lazen	gelezen
liegen lügen	loog	logen	gelogen
liggen liegen	lag	lagen	gelegen
lijden leiden	leed	leden	geleden
loopen laufen	liep	liepen	geloopen
luiken schließen	look	loken	geloken
malen mahlen	(maalde)	(maalden)	gemalen
melken melken	molk	molken	gemolken
meten messen	mat	maten	gemeten
mijden meiden	meed	meden	gemeden
nemen nehmen	nam	namen	genomen
nijgen neigen	neeg	negen	genegen
nijpen kneipen	neep	nepen	genepen
ontbijten frühstücken	ontbeet	ontbeten	ontbeten
ontginnen urbar machen	ontgon	ontgonnen	ontgonnen
ontluiken sich erschließen	ontlook	ontloken	ontloken
overlijden sterben	overleed	overleden	overleden
pijpen pfeifen, flöten	peep	pepen	gepepen
plegen pflegen	placht	plachten	(gepleegd)
pluizen abfasern	ploos	plozen	geplozen

Infinitiv	Imperf. S.	Imperf. P.	2. Partizip
prijzen preisen	prees	prezen	geprezen
raden raten	ried *	rieden *	geraden
rijden reiten, fahren	reed	reden	gereden
rijgen schnüren	reeg	regen	geregen
rijten reißen	reet	reten	gereten
rijven rechen	reef	reven	gereven
rijzen steigen	rees	rezen	gerezen
roepen rufen	riep	riepen	geroepen
ruiken riechen	rook	roken	geroken
scheiden scheiden	(scheidde)	(scheidden)	gescheiden
schelden schelten	schold	scholden	gescholden
schenden schänden	schond	schonden	geschonden
schenken schenken	schonk	schonken	geschonken
scheppen schaffen	schiep	schiepen	geschapen
scheren rasieren	schoor	schoren	geschoren
schieten schießen	schoot	schoten	geschoten
schijnen scheinen	scheen	schenen	geschenen
schrijden schreiten	schreed	schreden	geschreden
schrijven schreiben	schreef	schreven	geschreven
schrikken (intr.) schrecken	schrok	schrokken	geschrokken
schuilen * sich verstecken	school	scholen	gescholen
schuiven schieben	schoof	schoven	geschoven
slaan schlagen	sloeg	sloegen	geslagen
slapen schlafen	sliep	sliepen	geslapen
slijpen schleifen	sleep	slepen	geslepen
slijten schleißen	sleet	sleten	gesleten
slinken kleiner werden	slonk	slonken	geslonken
sluiken schleichen	slook	sloken	gesloken
sluipen schleichen	sloop	slopen	geslopen
sluiten schließen	sloot	sloten	gesloten
smelten schmelzen	smolt	smolten	gesmolten
smijten schmeißen	smeet	smeten	gesmeten
snijden schneiden	sneed	sneden	gesneden
snuiten schneuzen	snoot	snoten	gesnoten
snuiven schnauben	snoof	snoven	gesnoven
spannen spannen	(spande)	(spanden)	gespannen
spijten ärgern, leid thun	speet	—	gespeten
spinnen spinnen	spon	sponnen	gesponnen
splijten spalten	spleet	spleten	gespleten
spouwen spalten	(spouwde)	(spouwden)	gespouwen
spreken sprechen	sprak	spraken	gesproken
springen springen	sprong	sprongen	gesprongen
spruiten sprießen	sproot	sproten	gesproten
spugen speien	spoog	spogen	gespogen
spuiten spritzen	spoot	spoten	gespoten
staan stehen	stond	stonden	gestaan
steken stechen, stecken	stak	staken	gestoken
stelen stehlen	stal	stalen	gestolen
sterven sterben	stierf	stierven	gestorven
stijgen steigen	steeg	stegen	gestegen
stijven steifen	steef	steven	gesteven
stinken stinken	stonk	stonken	gestonken

Infinitiv	Imperf. S.	Imperf. P.	2. Partizip
stooten stoßen	stiet	stieten	gestooten
strijden streiten	streed	streden	gestreden
strijken streichen	streek	streken	gestreken
stuiven stieben	stoof	stoven	gestoven
(tieën) ziehen	toog	togen	getogen
tijgen zeihen	teeg	tegen	getegen
treden treten	trad	traden	getreden
treffen treffen	trof	troffen	getroffen
trekken ziehen	trok	trokken	getrokken
vallen fallen	viel	vielen	gevallen
vangen fangen	ving	vingen	gevangen
varen fahren	voer	voeren	gevaren
vechten fechten	vocht	vochten	gevochten
verdrieten verdrießen	verdroot	verdroten	verdroten
verdwijnen verschwinden	verdween	verdwenen	verdwenen
vergeten vergessen	vergat	vergaten	vergeten
verkiezen erwählen	verkoos	verkozen	verkozen
verliezen verlieren	verloor	verloren	verloren
verslinden verschlingen	verslond	verslonden	verslonden
verzwinden verschwinden	verzwond	verzwonden	verzwonden
vinden finden	vond	vonden	gevonden
vlechten flechten	vlocht	vlochten	gevlochten
vlieden fliehen	vlood	vloden	gevloden
vliegen fliegen	vloog	vlogen	gevlogen
vlieten fließen	vloot	vloten	gevloten
vouwen falten	(vouwde)	(vouwden)	gevouwen
vragen fragen	vroeg*	vroegen*	(gevraagd)
vreten fressen	vrat	vraten	gevreten
vriezen frieren	vroor	—	{ gevroren { gevrozen
waaien wehen	woei*	woeien*	(gewaaid)
wasschen waschen	wiesch*	wieschen*	gewasschen
wassen wachsen	wies	wiesen	gewassen
wegen wägen	woog	wogen	gewogen
werpen werfen	wierp	wierpen	geworpen
werven werben	wierf	wierven	geworven
weten wissen	wist	wisten	geweten
wezen (vgl. zijn) sein	was	waren	(geweest)
wijken weichen	week	weken	geweken
wijten vorwerfen	weet	weten	geweten
wijzen weisen	wees	wezen	gewezen
winden winden	wond	wonden	gewonden
winnen (ge)winnen	won	wonnen	gewonnen
worden werden	werd	werden	geworden
wreken rächen	(wreekte)	(wreekten)	gewroken
wrijven reiben	wreef	wreven	gewreven
wringen ringen	wrong	wrongen	gewrongen
zenden senden	zond	zonden	gezonden
zieden sieden	zood	zoden	gezoden
zien sehen	zag	zagen	gezien
zijgen seihen	zeeg	zegen	gezegen
zijn sein	was	waren	geweest

Infinitiv	Imperf. S.	Imperf. P.	2. Partizip
zingen singen	zong	zongen	gezongen
zinken sinken	zonk	zonken	gezonken
zinnen sinnen	zon	zonnen	gezonnen
zitten sitzen	zat	zaten	gezeten
zouten salzen	(zoutte)	(zoutten)	gezouten
zuigen saugen	zoog	zogen	gezogen
zuipen saufen	zoop	zopen	gezopen
zwelgen schwelgen	zwolg	zwolgen	gezwolgen
zwellen schwellen	zwol	zwollen	gezwollen
zwemmen schwimmen	zwom	zwommen	gezwommen
zweren schwören	zwoer	zwoeren	gezworen
zweren schwären	zwoor	zworen	gezworen
zwerven umherschweifen	zwierf	zwierven	gezworven
zwijgen schweigen	zweeg	zwegen	gezwegen.

Aufgaben.

Übersetze:

41.
Der Bauer und der Esel.

Ein Bauer ging eines Tages zu seinem Nachbar, um ihn zu bitten,[1]) ihm seinen Esel zu leihen.[2]) Dieser Nachbar, welcher nicht geneigt[3]) war, der Bitte zu willfahren,[4]) antwortete: „Es thut mir sehr leid, daß Sie ihn nicht früher verlangt haben; ich habe ihn einem andern geliehen." Während er sich so entschuldigte,[5]) fing der Esel an zu schreien.[6]) „Ach!" sagte der Bauer, „das ist Ihr Esel, welcher versichert, daß Sie ihn einem andern geliehen haben; man muß gestehen,[7]) daß Sie sehr dienstfertig sind." „Ich finde Sie sehr sonderbar",[8]) erwiderte[9]) ihm der Nachbar, „daß Sie eher meinem Esel als mir selbst glauben."

42.
Das zerbrochene[10]) Hufeisen.[11])

Ein Bauer ging mit seinem Sohn, dem kleinen Thomas, in die benachbarte[12]) Stadt. „Sieh", sagte er unterwegs[13]) zu ihm, „da liegt ein Stück von einem Hufeisen auf der Erde, hebe es auf und stecke es in deine Tasche."[14]) — „Ach", versetzte Thomas, „es ist nicht der[15]) Mühe wert, daß man sich dafür bückt." Der Vater erwiderte nichts, nahm das Eisen und steckte es in seine Tasche. Im nächsten[16]) Dorfe verkaufte er es dem Schmied für einen halben Stüber und kaufte Kirschen dafür.

Hierauf setzten sie ihren Weg fort. Die Hitze war sehr groß. Man sah weit und breit weder Haus, noch Wald, noch Quelle.[17]) Thomas starb beinahe vor[18]) Durst und konnte seinem Vater kaum folgen.

1) Vragen, verzoeken. 2) Leenen (schwach). 3) Geneigd. 4) Toestaan (mit A.). 5) Verontschuldigen. 6) Schreeuwen, balken. 7) Bekennen, zeggen. 8) Zonderling. 9) Antwoorden. 10) Übers.: gebrochen. 11) Hoefijzer. 12) Naburig. 13) Onderweg. 14) Zak (m.). 15) Übers.: die. 16) Eerstvolgend. 17) Bron, wel. 18) Übers.: von.

Dann ließ der Letztere, wie durch Zufall,[19]) eine Kirsche fallen. Thomas hob sie gierig[20]) auf und steckte sie in den Mund. Einige Schritte weiter ließ der Vater eine zweite Kirsche fallen, welche Thomas mit derselben Gierigkeit ergriff. Dies dauerte fort, bis er sie alle aufgehoben hatte.

Als er die letzte gegessen hatte, wandte der Vater sich zu ihm hin und sagte: „Sieh, wenn du dich ein einziges Mal hättest[21]) bücken wollen, um das Hufeisen aufzuheben, würdest du nicht nötig gehabt haben, dich hundertmal für die Kirschen zu bücken.

43.
Fontenelle.

Der französische Schriftsteller Fontenelle ist geboren[22]) in Rom[23]) im Jahre 1657 und gestorben in Paris[24]) im Jahre 1757, er hat also das hundertste Jahr erreicht. Er war so schwach, als er geboren wurde, daß man für das Leben des Kindes fürchtete, und man würde über einen Propheten[25]) gelacht haben, der sein Alter vorhergesagt[26]) hätte. Fontenelle machte sich zuerst[27]) durch kleinere Gedichte bekannt, schrieb im Jahre 1680 ein Trauerspiel,[28]) das keinen Erfolg[29]) hatte, nahm teil an dem berühmten Streit jener Zeit über die alten und neueren Schriftsteller, dichtete eine Oper[30]) und gab seine Totengespräche aus, die viel gelesen und bewundert wurden. Seit dieser Veröffentlichung wuchs sein Ruf. Im Jahre 1686 ließ er sein bekanntes Werk erscheinen: Über die Vielheit der Weltkörper,[31]) dann seine Geschichte der Orakel.[32]) Diese Werke brachten ihn in die französische Akademie. Im Jahre 1697 trat er in die Akademie der Wissenschaften[33]) ein. In dieser Eigenschaft[34]) schrieb er die Geschichte der Akademie. Er erwarb einen großen Ruf durch die Feinheit seines Geistes und durch sein Talent, wissenschaftliche Gegenstände populär[35]) zu behandeln.

19) Toeval. 20) Begeerig. 21) Inbikativ im Nbl. 22) S. § 311. 23) Rome. 24) Parijs. 25) Profeet. 26) Voorspellen. 27) Het eerst. 28) Treurspel. 29) Succes hebben, opgang maken. 30) Opera. 31) Wereldlichamen. 32) Orakel, P. — s. 33) Wetenschappen. 34) Hoedanigheid. 35) Populair.

Dreiundzwanzigste Lektion.
Fabricius en Pyrrhus.

Omstreeks 280 v. Chr. (spr. voor Christus) ging uit Epirus, een landschap van Noord-Griekenland, een machtig koning over de zee: hij heette Pyrrhus en wilde den Romeinen den oorlog aandoen. In den eersten slag overwon hij hoofdzakelijk met behulp van zekere dieren, die de Romeinen met de hoogste verbazing beschouwden; want nog nooit hadden zij zulke dieren gezien. Het waren olifanten. Op den rug van deze monsterachtige dieren waren 'houten torentjes bevestigd, waaruit 16 soldaten lansen en pijlen schoten. Ook de olifanten zelven, voornamelijk wanneer zij eerst door wonden getergd waren, pakten met hun snuit vijandelijke soldaten, wierpen ze op den grond en verpletterden ze met hunne pooten. In weerwil van het ongewone gezicht en den heimelijken schrik voor dezen onbekenden vijand, hadden de Romeinen met groote dapperheid tegenstand geboden, en Pyrrhus riep vol verwondering uit: „Met zulke soldaten zou ik de geheele wereld kunnen veroveren." Met zulk een vijand verlangde hij toch vrede te hebben en knoopte onderhandelingen aan. Maar de Romeinen, ofschoon overwonnen, verlangden vol trots, dat hij Italië zou ontruimen, anders kon er van vrede geen sprake zijn. En toen Pyrrhus zijn gezant vroeg, hoe hij Rome gevonden had, antwoordde deze: „Waarlijk, Rome kwam mij voor als een groote tempel en de senaat als eene verzameling van goden!"

Het landschap die Landschaft
Noord - Griekenland Nord=
   Griechenland
de zee die See, das Meer
het meer der See
de Romein der Römer
de oorlog der Krieg
het dier das Tier
de verbazing das Erstaunen
de olifant der Elefant
de rug der Rücken
het torentje das Türmchen
de lans die Lanze (s. § 194,
   Anm. zu 3º.).
de pijl der Pfeil
de wonde die Wunde
de snuit die Schnauze, der
   Rüssel
de grond der Grund, der Boden
de poot *(m.)* die Pfote, der Fuß
het gezicht das Gesicht
de schrik der Schreck(en)
de vijand der Feind
de dapperheid die Tapferkeit

de verwondering die Verwunde=
de wereld die Welt   [rung
de vrede der Friede
de onderhandeling die Unter=
   handlung
de trots der Stolz
Italië Italien
zijn (de) gezant sein Gesandter,
   der Gesandte
een tempel ein Tempel
eene verzameling 1º. eine Ver=
   sammlung, 2º. eine Sammlung
de senaat der Senat
zulke solche   [strös
monsterachtig [1]) scheußlich, mon=
houten hölzern
vijandelijk feindlich
ongewoon ungewohnt
heimelijk heimlich
onbekend unbekannt
geheel ganz
vol voll
omstreeks um, ungefähr
hoofdzakelijk hauptsächlich

---

1) Het monster 1º. das Ungeheuer; 2º. das Muster. Monsters zonder waarde Muster ohne Wert.

voornamelijk befonders
met behulp van mit Hilfe
in weerwil van trotz
ofschoon obfchon, obgleich
nooit nie   [ren mit
den oorlog aandoen Krieg füh=
*overwinnen fiegen
beschouwen befchauen
bevestigen befeftigen
pakken faffen, ergreifen

verpletteren zerfchmettern
tegenstand *bieden Widerftand
  leiften
veroveren erobern
aanknoopen anknüpfen
ontruimen räumen, verlaffen
er kan geen sprake zijn es kann
  nicht die Rede fein
*voorkomen vorkommen, fcheinen
het komt mij voor es fcheint mir.

Das Zeitwort. (Schluß.)
Trennbarkeit und Untrennbarkeit. Scheidbaarheid en onscheidbaarheid.

§ 318. Die zufammengefetzten Zeitwörter können trennbar (scheidbaar) oder untrennbar (onscheidbaar) fein. Einige find immer untrennbar, andere können je nach der Be= deutung trennbar oder untrennbar fein.

§ 319. Untrennbar find im Niederl. die eigentlichen Zufammenfetzungen mit Subftantiven, Adjektiven und Adverbien, z. B.: gekscheren fpaßen, fchäfern, logenstraffen lügenftrafen, pluimstrijken fuchsfchwänzen, raadplegen Rat pflegen, raaskallen fafeln, dwarsdrijven widerftreiten, dwarsboomen entgegenarbei= ten, vrijwaren gewährleiften, beeldhouwen in Stein hauen, waarschuwen warnen, doodverven bezeichnen (als), liefkoozen liebkofen und alle Zufammenfetzungen mit vol: voldoen befrie= bigen, volmaken vervollkommnen, u. f. w. Diefe Zeitwörter find ftets fchwach, auch dann, wenn das Zeitwort allein ge= braucht ftark fein follte; im 2. Partizip wird ge vor die Zu= fammenfetzung gefetzt, ausgenommen bei denen mit vol, alfo heißt es: gegekscheerd, gelogenstraft, gepluimstrijkt, ge= raadpleegd, geraaskald, gedwarsdrijfd, gedwarsboomd, ge= vrijwaard, gebeeldhouwd, gewaarschuwd, gedoodverfd, ge= liefkoosd, aber voldaan, volmaakt, u. f. w.

§ 320. Trennbar find im Niederl. die uneigent= lichen Zufammenfetzungen, d. h. folche, bei denen jeder Be= ftandteil für fich in der urfprünglichen Bedeutung gebraucht werden kann. Das Zeitwort behält feine urfprüngliche Konju= gation und das ge des 2. Partizips wird unmittelbar vor das Zeitwort gefetzt, z. B. weldoen wohlthun, ik doe wel, ik deed wel, ik heb welgedaan; rechtspreken Recht fprechen, ik spreek recht, ik sprak recht, ik heb rechtgesproken; paard-

rijden reiten, ik rijd paard, ik reed paard, ik heb paard-
gereden; stuksnijden zerſchneiden, ik snijd stuk, ik sneed
stuk, ik heb stukgesneden; goedendagzeggen grüßen, schaatsenrijden Schlittſchuh laufen, waarnemen wahrnehmen, aderlaten zur Ader laſſen, gadeslaan beobachten, kwijtraken los-
werden oder verluſtig gehen, gelijkstellen gleichſtellen, hoogachten hochachten, goedkeuren gutachten, goedvinden billi-
gen, prijsgeven drangeben, goedmaken wieder gut machen,
gevangennemen verhaften, doodslaan töten, schoonschrijven
ſchönſchreiben, snelschrijven ſchnellſchreiben (ſtenographieren), ꝛc.

Anmerkungen. 1⁰· Schoonschrijven, snelschrijven, hard-
rijden wettrennen, harddraven wettlaufen, hardzeilen ſchnellſegeln,
kroegloopen kneipen, buikspreken (de buikspreker = der Bauch-
redner) und koordedansen (auf dem Seil tanzen) werden nur im
Infinitiv gebraucht, für die übrigen Formen ſucht man eine andere
Ausdrucksweiſe.

2⁰· Mit den Zuſammenſetzungen verwechſle man nicht Ausdrücke
wie: acht geven und acht slaan acht geben, plaats grijpen ſtatt-
finden, prijs stellen ſchätzen, hoog schatten den Wert hoch ſchätzen,
snel schrijven ſchnell ſchreiben, u. ſ. w. Dieſe Ausdrücke ſind
leicht von den (in einem Worte zu ſchreibenden) Zuſammenſetzungen
zu unterſcheiden, da man ſtets ein Adjektiv oder Zahlwort vor das
Subſtantiv ſetzen kann und das Adjektiv oder Adverb die Steigerung zuläßt, z. B.: geen acht geven oder slaan, hoogen prijs
stellen, hooger schatten, sneller schrijven; nicht aber: geen wel
doen, beter keuren (in der Bedeutung von gutachten).

§ 321. Von den mit Partikeln zuſammengeſetzten ſind einige
ſtets untrennbar, andere ſtets trennbar, wieder andere je nach
der Bedeutung trennbar oder untrennbar.

§ 322. Die u n t r e n n b a r e n haben immer den Ton auf
dem Z e i t w o r t und bekommen im 2. Part. nie **ge**; hierzu gehören die Zuſammenſetzungen mit

ge: gevoelen fühlen, gebruiken gebrauchen, zich getroosten
ſich getröſten, gelukken glücen, geraken geraten;

her: herroepen widerrufen, herkrijgen wiedernehmen oder erwidern, herleven wieder aufleben, hernieuwen erneuern,
herzien aufs neue durchſehen;

ver: verdrijven vertreiben, verjagen verjagen, verdragen ver-
tragen, verbedden umbetten, verzetten verſetzen, verleenen
verleihen, verschenken verſchenken, vertellen erzählen, verdwalen verirren, vergaan vergehen;

be: (urſpr. **bij** bei) beweenen beweinen, behandelen behandeln, bespotten verſpotten, bevriezen erfrieren;

er: erlangen bekommen, erkennen anerkennen, ervaren er=
     fahren, erbarmen (= ontfermen) erbarmen;

ont: ontmoeten begegnen, ontkomen entkommen, ontgaan
     entgehen, ontknoopen entknüpfen, ontleden zergliedern,
     ontspannen abspannen, (zich -- sich erholen).

§ 323. Die Trennbaren haben den Ton auf der Par=
tikel, im 2. Partizip tritt **ge** zwischen die Partikel und das Zeit=
wort. Hierzu gehören die Zusammensetzungen mit: aan an,
achter hinter, af ab, bij bei, door durch, heen hin, in in, mede
mit, om um, onder unter, op auf, over über, samen zusammen,
tegen gegen (wider), terug zurück, toe zu, uit aus, voor vor,
weder oder weer wieder, weg weg, u. a. m.   Beispiele:

* **aanspreken** anreden; ik sprak aan, aangesproken
* **aanstooten** anstoßen; ik stiet aan, aangestooten
   aantoonen zeigen; ik toonde aan, aangetoond
(!) **achterblijven** zurückbleiben; ik bleef achter, achtergebleven
* **achterhouden** zurückhalten; ik hield achter, achtergehouden
(!) **achterstaan** zurückstehen; ik stond achter, achtergestaan
(!) **afdoen** abmachen; ik deed af, afgedaan
   afdanken abdanken; ik dankte af, afgedankt
   afkeeren abwenden; ik keerde af, afgekeerd
* **bijdragen** beitragen; ik droeg bij, bijgedragen
   bijmengen beimengen; ik mengde bij, bijgemengd
* **bijspringen** beispringen; ik sprong bij, bijgesprongen
(!) **doorbrengen** durchbringen; ik bracht door, doorgebracht
   doorscheuren zerreißen; ik scheurde door, doorgescheurd
* **doorspringen** durchspringen; ik sprong door, doorgesprongen
(!) **heengaan** fortgehen; ik ging heen, heengegaan
* **inbinden** einbinden; ik bond in, ingebonden
   indienen einreichen; ik diende in, ingediend
* **innemen** einnehmen; ik nam in, ingenomen
* **medeloopen** mitlaufen; ik liep mede, medegeloopen
   medepraten mitsprechen; ik praatte mede, medegepraat
   medewerken mitarbeiten; ik werkte mede, medegewerkt
(!) **ombrengen** umbringen; ik bracht om, omgebracht
* **omkomen** umkommen; ik kwam om, omgekomen
* **omloopen** umlaufen; ik liep om, omgeloopen
* **onderliggen** unterliegen; ik lag onder, ondergelegen
   onderregenen vom R. überschwemmt werden; ondergeregend
   ondersneeuwen beschneien, einschneien; ondergesneeuwd
   opdagen heranrücken; ik daagde op, opgedaagd
   opeischen auffordern; ik eischte op, opgeeischt
   opgaren sammeln; ik gaarde op, opgegaard
* **overblijven** übrig bleiben; ik bleef over, overgebleven
   overboeken übertragen; ik boekte over, overgeboekt
   overmaken übermachen; ik maakte over, overgemaakt

(!) **samengaan** zusammengehen; ging(en) samen, samengegaan
(!) **tegengaan** verhindern; ik ging tegen, tegengegaan
* **tegenhouden** zurückhalten; ik hield tegen, tegengehouden
  tegenwerken widerstreben; ik werkte tegen, tegengewerkt
(!) **teruggaan** zurückgehen; ik ging terug, teruggegaan
  terugeischen zurückfordern; ik eischte terug, teruggeëischt
* **terugwijzen** zurückweisen; ik wees terug, teruggewezen
* **toeloopen** zulaufen; ik liep toe, toegeloopen
* **toespreken** anreden; ik sprak toe, toegesproken
* **toetreden** zutreten; ik trad toe, toegetreden
  uitcijferen ausrechnen; ik cijferde uit, uitgecijferd
  uitdeelen austeilen; ik deelde uit, uitgedeeld
* **uitlachen** auslachen; ik lachte uit, uitgelachen
* **voorbidden** vorbeten; ik bad voor, voorgebeden
(!) **voorgaan** vorgehen; ik ging voor, voorgegaan
* **voorlezen** vorlesen; ik las voor, voorgelezen
* **wederkomen** wiederkommen; ik kwam weder, wedergekomen
* **wedervinden** wiederfinden; ik vond weder, wedergevonden
(!) **wederzien** wiedersehen; ik zag weder, wedergezien
* **wegblijven** wegbleiben; ik bleef weg, weggebleven
(*) **wegjagen** fortjagen; ik joeg weg, weggejaagd
(*) **wegwaaien** wegwehen; ik woei weg, weggewaaid.

§ 324. Die Zusammensetzungen mit **door, om, onder, voor,** und **mis** können je nach der Bedeutung trennbar oder untrennbar sein. Wenn die Partikel ihre ursprüngliche Bedeutung behält, so hat diese den Hauptton und das Zeitwort ist trennbar; hat jedoch die Partikel ihre Bedeutung verloren oder ist diese gänzlich abgeschwächt, so hat das Zeitwort den Hauptton und ist untrennbar. Vgl. *door*reizen durchreisen: de vorst reist hier door und door*reizen*: de vorst doorreist het land; *door*steken durchstechen: de vijand stak de dijken (die Deiche) door und door*steken*: de soldaat doorstak zijn vijand; *om*spannen umspannen: de koetsier spande de paarden om und om*spannen*: de knapen konden den boom niet omspannen; *om*vliegen umherfliegen, schnell vergehen: de tijd vliegt snel om und om*vliegen*: de kauwen (die Dohlen) omvliegen den toren; *onder*gaan untergehen: de zon gaat onder und onder*gaan* leiden, dulden, straf ondergaan; *onder*houden unterhalten: hij hield den hond onder (water) und onder*houden*: de koning heeft die arme familie onderhouden; *voor*spellen vorbuchstabieren: de onderwijzer spelt voor, de kinderen spellen na und voor*spellen* weissagen: de sterrenwichelaar (Sterndeuter, Astrolog) voorspelt de toekomst uit de sterren; *voor*zeggen vorsagen: deze leerling heeft zijn vriend alles

voorgezegd und **voor***zeggen* vorherjagen: niemand kan voor-
zeggen **wat de** toekomst brengen zal; *mis*doen verkehrt (falſch)
thun: wij hebben dit misgedaan und mis*doen* ſich zu Schulden
kommen laſſen: wat heeft die man misdaan? — *misrekenen*
mißrechnen: hij heeft misgerekend und mis*rekenen:* hij heeft
zich misrekend.

Anmerkung. *Aan* in aan*bid*den kann getrennt werden oder
nicht; aan*schou*wen anſchauen, achter*hal*en einholen, achter*vol*gen
nachſetzen ſind im Niederl. u n t r e n n b a r.

Aufgabe.
44.

Wie lautet die erſte Perſon P. des Präſens, die erſte Perſ.
P. des Imperfekts und die erſte Perſ. P. des Perfekts Ind.
nachſtehender Zeitwörter:

aanbidden, afkeeren, afdoen, afdanken, aanschouwen, achterstaan, achterhouden, achterhalen, achterblijven, aantoonen,
achtervolgen, aanstooten, aanspreken, aderlaten, beweenen,
bijmengen, beeldhouwen, bijspringen, behandelen, bijdragen,
bevriezen, bespotten, doorbrengen, doodslaan, doorscheuren,
dwarsdrijven, doodverven, dwarsboomen, doorreizen, erlangen, erbarmen, erkennen, ervaren, geraken, gekscheren, gelukken, gadeslaan, gebruiken, gelijkstellen, goedkeuren, gevoelen, gevangennemen, goedmaken, goedvinden, goedendagzeggen, herroepen, herzien, hernieuwen, hoogachten, herkrijgen,
herleven, inbinden, indienen, innemen, kwijtraken, logenstraffen, liefkozen, medewerken, medeloopen, ontmoeten, overmaken, ombrengen, omkomen, ontkomen, omloopen, overblijven,
ontgaan, opeischen, zich ontspannen, onderliggen, ontleden,
prijsgeven, paardrijden, pluimstrijken, raadplegen, rechtspreken,
raaskallen, samengaan, stuksnijden, schaatsenrijden, terugwijzen, toeloopen, tegengaan, terugeischen, tegenhouden, teruggaan, toetreden, tegenwerken, toespreken, uitlachen, uitcijferen,
uitdeelen, voorbidden, verdrijven, vrijwaren, verjagen, voorgaan, verdragen, voldoen, voorlezen, verzetten, verleenen, volmaken, verdwalen, wederkomen, waarschuwen, wedervinden,
wegjagen, wederzien, waarnemen, wegblijven, weldoen.

Gesprek.

Is uw vertrek al bepaald?	Ja, ik vertrek aanstaanden (ver-kürzt a. s.) Maandag.
Gaat gij met een gewonen trein of met een sneltrein?	Met een sneltrein, ik heb geen lust om lang onder weg te blijven.
Hoe lang blijft gij weg?	Ongeveer veertien dagen.
Wilt gij mij een dienst be-wijzen?	Zeer gaarne, als ik daartoe in staat ben.

Neem dan dit pakje voor mij mee; het is voor onzen vriend N.

Zeer gaarne, ik zal hem tevens uwe groeten overbrengen.

Gij weet immers in welke straat hij thans woont.

Ja in de Kalverstraat, vooraan.

Vaarwel! Aangename reis.

Ik dank U. — Tot weerziens!

Vierundzwanzigste Lektion.

Fabricius en Pyrrhus. (Fortsetzung.)

Bij deze onderhandelingen kwam ook een Romein als afgezant in het leger van Pyrrhus, met name Fabricius, die zich door zijn rechtschapenheid de algemeene achting had verworven. Daar de koning wist, welk aanzien hij in Rome genoot, zocht hij hem te winnen, om door hem den verlangden vrede te bewerken. Hij liet hem daarom alleen tot zich komen en sprak tot hem: „Ik weet, waarde Fabricius, dat gij een in den krijg ervaren en deugdzaam man en nochtans arm zijt; dat spijt mij. Sta mij daarom toe, dat ik u van mijn schatten zooveel geef, dat gij rijker zijt dan de andere senatoren. Want dat is het beste gebruik, dat vorsten van hun rijkdommen kunnen maken, dat zij groote mannen daarmee te hulp komen. Ik verlang van u daarvoor niets onteerends, maar alleen, dat gij uw volk tot den vrede raadt. Ik heb een deugdzamen en trouwen vriend noodig, en gij een koning, die u door zijn mildheid in staat stelt, meer goeds dan tot nu toe te stichten." Was dat niet keurig gezegd, en aangenaam om te hooren? En had de koning zijn doel, om Fabricius om te koopen, niet goed verborgen? En wat zei Fabricius daarop? Hij antwoordde: „Ik dank u, waarde koning, voor de goede meening, die gij van mij hebt, maar ik wensch ook, dat gij ze behoudt. Neem daarom uw geld terug."

De onderhandeling die Unterhandlung

de afgezant der Gesandte

de rechtschapenheid die Rechtschaffenheit.

de achting die Achtung

het aanzien das Ansehen

de vrede der Friede

de krijg, de oorlog der Krieg

de senator der Senator

de hulp die Hilfe

de mildheid die Mildthätigkeit

het doel der Zweck, das Ziel

de meening die Meinung

daarmee damit

daarvoor dafür

aangenaam angenehm

onteerend entehrend
keurig fein, schön
*verwerven erwerben
zoeken suchen, trachten
bewerken bewirken
het spijt mij ich bedaure
(!) toestaan erlauben

verlangen verlangen, fordern
noodig hebben brauchen
in staat stellen in stand setzen
stichten stiften, goeds stichten
        gutthun
te hulp komen zu Hilfe kommen.

Das Adverb. Het bijwoord.

§ 325. Das Adverb lehnt sich zur näheren Bestimmung an ein Verbum oder Adjektiv, oder auch an ein anderes Adverb.

§ 326. Je nach der Art ihrer Thätigkeit werden die Adverbien eingeteilt in: 1°. Adverbien der Art und Weise, 2°. des Ortes, 3°. der Zeit, 4°. des Modus und des Grades.

§ 327. Die Adverbien der Art und Weise können 1°. die reine Form eines Adjektivs haben, z. B. zij is schoon, zij zingt *schoon*; de vijand is moedig, de vijand heeft *moedig* gestreden; das alte adverbiale —e, welches im Deutschen noch viel vorkommt, ist im Niederl. fast ganz verschwunden, vergl.: dichtebij nahebei, verre fern, gaarne gern; 2°. von einem Substantiv oder Adjektiv abgeleitet sein mittels —*lijk*, —*lijks*, —*lings*, —*ens*, —*s*, —*pjes*, —*jes*, —*tjes*, —*kens*; z. B.: eigen eigen, eigenlijk; krachtig kräftig, krachtiglijk; open offen, openlijk; oprecht aufrichtig, oprechtelijk; strikt genau, striktelijk; waar wahr, waarlijk: zeker sicher, zekerlijk; dag Tag, dagelijks; jaar Jahr, jaarlijks; maand Monat, maandelijks; week Woche, wekelijks; blind blind, blindelings; kort kurz, kortelings; mond Mund, mondeling; rug Rücken, ruggelings; zijde Seite, zijdelings; hoogst höchst, hoogstens; minst mindeste, minstens; recht rechte, rechts; link linke, links; ander andre, anders; lang, langs; warm, warmpjes; zoet süß, zoetjes; stil stille, stilletjes; zacht sanft, zachtkens.

Anmerkungen. 1°. Die Adverbien, welche die reine Form eines Adjektivs haben, können in derselben Weise gesteigert werden wie die Adjektive, s. Lektion 13.

2°. Viele Wörter auf —*lijk* sind wirkliche Adjektive und werden in derselben Form als Adverbien gebraucht, z. B. eerlijk ehrlich, gevaarlijk gefährlich, goddelijk göttlich, heerlijk herrlich, lichamelijk körperlich, weekelijk weichlich, ziekelijk kränklich.

3°. Die Adverbien auf —*lijks* sind nicht zu verwechseln mit den Adjektiven auf —*lijksch*: dagelijksch, jaarlijksch, maandelijksch, u. s. w. kommen nur als Adjektive vor.

4°: Soll die adverbiale Kraft eines Wortes, das zur Bestimmung eines Adjektivs dient, hervortreten, so gebraucht man stets die Bildung auf —lijk, vergl. hij spreekt waar und een *waarlijk* schoon gezegde.

§ 328. Adverbien des **Ortes**:

achter hinten
af ab
beneden unten
binnen darin
buiten draußen
boven oben
daar da, dort
dicht bij in der Nähe
ergens irgendwo
ginder dort, hinten
ginds dort
heen, henen hin
heinde en ver, van — von nah
  und fern

heen en weer hin und her
hier hier
links links
na nahe; nabij nahe bei
nergens nirgendwo
omhoog empor
onder unten
op auf, oben
overal überall
rondom umher, ringsumher
thuis daheim
ver fern
waar wo
wijd en zijd weit und breit.

§ 329. Adverbien der **Zeit**:

aanstonds gleich
af en toe ab und zu
allengs, allengskens allmählich
altijd, altoos, steeds immer, stets
dadelijk, terstond sofort, sogleich
dan dann
dikwijls, dikwerf, vaak, vaker
  oft, öfters, häufig
doorgaans durchgängig
eergisteren vorgestern
gedurig fortwährend
gisteren gestern
heden heute
immer immer
laat, later spät, später
lang lange, al lang schon längst,
  op zijn langst längstens
naderhand nachher
nimmer nimmer
nog noch
nooit nie, niemals

nu, thans nun, jetzt
nu en dan dann und wann
onlangs neulich, jüngst
ooit je
overmorgen übermorgen
sedert seit
soms, somtijds bisweilen, zuwei=
spoedig bald   [len
straks, strakjes bald
telkens jedesmal
tegelijk, tevens zugleich
toen, toenmaals damals
uiterlijk spätestens
vervolgens nachher, sodann
voorheen, vroeger sonst
voortdurend fortwährend
wanneer? wann?
weldra, dra bald
weleer ehemals
zelden selten
zooeven soeben.

§ 330. Adverbien des **Modus** und des **Grades**.

al te allzu, gar zu
in 't algemeen überhaupt
als, gelijk als, wie

als 't ware gleichsam
althans, ten minste wenigstens
anders anders, sonst

Niederländ. Konv.-Gramm.   **11**

bijna, bijkans beinahe, fast
bloot bloß
eenigszins irgend, einigermaßen
enkel, louter eitel, lauter
evenzoo ebenso
fluks flugs
gaarne gern
geenszins keineswegs
geheel en al, heelemaal ganz
  und gar
in 't geheel niet gar nicht
grootelijks gar sehr
hoe? wie?
hoe ... hoe, hoe ... des te
  je ... je, je ... desto
hoogstens höchstens
immers, ja ja
maar, slechts nur
misschien vielleicht

nauwelijks kaum
neen nein
niet nicht
om niet, te vergeefs umsonst,
  vergebens
ronduit geradezu
ruggelings rücklings
soms etwa
tamelijk, vrij ziemlich
terloops beiläufig
verreweg weit, weitaus
volstrekt durchaus
wel is waar freilich, zwar
welzeker gewiß, freilich
zeer, ten zeerste sehr, bestens
zelfs selbst, sogar
zoo (mogelijk) wo (möglich)
zoo (niet) wo (nicht)
zoodanig dermaßen.

Aufgabe.

45.

Übersetze: Wir kommen morgen. Kommt dein Bruder heute schon? Nein, er kommt übermorgen mit dem Zug um halb drei. Ich werde sogleich ausgehen. Dann und wann besucht er mich. Wir wohnten unten, unser Onkel wohnt oben. Hole sofort den Arzt. Meine Schwester singt fortwährend. Ab und zu gehe ich nach Mannheim. Haben Sie je so etwas gesehen! Draußen ist es nicht angenehm, wir wollen hier bleiben. Solche Bücher sieht man selten, bisweilen, manchmal, gar nicht, höchstens in einer Bibliothek[1]). Dies sei beiläufig bemerkt[2]). Das ist kaum möglich. Je länger, je schöner. So etwas kann man überhaupt nicht sagen. Flugs sprang ich über den Graben[3]), weitaus die meisten konnten es nicht. Kannst du es etwa? Ich habe es vergebens versucht[4]). Der Graben ist ja höchstens zwei Ellen[5]) breit. Durchaus nicht. Neulich habe ich ihm noch geschrieben. Er fiel rücklings in den Fluß[6]) und wäre fast ertrunken. Wie lange hast du spaziert?[7]) Höchstens eine halbe Stunde. Als Schauspieler[8]) hat er einen guten Namen, als Dichter ist er gar nicht bekannt. Kannst du mir etwa einen Gulden leihen? Wie die Arbeit, so der Lohn[9]). Ist niemand

1) Bibliotheek. 2) Bemerken opmerken, die Bemerkung de opmerking. 3) Gracht (f.), sloot (f.). 4) Versuchen beproeven, probeeren. 5) Die Elle de el, P. de ellen. 6) Rivier (f.). 7) Spazieren wandelen. 8) Tooneelspeler. 9) Der Lohn het loon.

zu Hause? Wann sehen wir uns wieder? Sobald der Lenz ins Land zieht. Dieses Gedicht ist zwar kein Quark[10]), aber noch viel weniger ein klassisches[11]) Werk. Ehemals war alles viel billiger, vielleicht kommt die alte Zeit noch mal wieder. Diese Statue[12]) ist wahrhaft schön zu nennen. Er hat schön gesungen. Das wundert mich nicht, er übt täglich zwei Stunden und geht wöchentlich viermal zur Musikstunde[13]). Wieviel kostet das im allgemeinen? Das wird öffentlich bekannt gemacht. Heute rot, morgen tot. Eigentlich hätte ich gehen sollen. Die Soldaten haben tapfer gekämpft. Er hat sich ruhig (still s. § 327) nach Hause begeben. Ich danke Ihnen bestens. Der Bote hat uns die Nachricht[14]) mündlich überbracht. Kürzlich habe ich ihn noch gesehen, wenn ich mich nicht etwa irre[15]). Der König der Niederlande geht jährlich einmal nach Amsterdam. Er handelt immer ehrlich. Ehrlich[16]) währt am längsten (übersetze: das längste). Wer bald giebt, giebt doppelt[17]).

10) Der Quark het prul. 11) Klassiek, de klassieken die Klassiker. 12) Standbeeld oder beeld (n.). 13) Muziekles. 14) Tijding. 15) Sich irren zich vergissen. 16) Eerlijk. 17) Dubbel.

Gesprek.

Hier zijn wij te Amsterdam.

Neen, Mijnheer. Zullen wij samen een hotel opzoeken.

Is het een duur hotel.

Hebt u koffers bij u.

Zeer goed, ik zal een rijtuig bestellen.

Koetsier, breng ons naar het Hotel X.

Flink doorrijden! Is het ver, waar wij moeten zijn?

Koetsier zet die koffers op het rijtuig.

Is dit het Hotel?

Hoeveel moeten wij betalen?

Is u hier bekend?

Zeer gaarne. Men heeft mij het Hotel X. aanbevolen.

Dat geloof ik niet.

Ja, als u het goedvindt, zullen wij een rijtuig nemen.

Intusschen zal ik voor de koffers zorgen.

Zeer goed, Mijnheer!

Neen, Mijnheer, wij hebben geen tien minuten te rijden.

Wilt u den kleinen koffer bij u houden?

Ja, (Mijne) Heeren.

Een gulden, als het u belieft.

Fünfundzwanzigste Lektion.
Fabricius en Pyrrhus. (Fortsetzung.)

„Ik heb een kleinen akker en een huisje en leef niet van renten en slavenarbeid; maar toch ben ik gelukkig, want ik word door mijn medeburgers geacht en ga met

11*

de rijksten en aanzienlijksten als mijns gelijken om. Mijn akker geeft mij het noodzakelijke. Iedere spijs smaakt mij, omdat de honger haar gekruid heeft, en na den arbeid beloont mij een geruste slaap. Wel is waar kan ik geen behoeftigen bijstaan; maar ik geef van het weinige, dat ik heb, gaarne zooveel als ik vermag. Ik heb dikwijls gelegenheid gehad, als consul rijkdommen te verzamelen, zonder misdadig te handelen; maar ik maakte liever mijn soldaten rijk en bleef zelf arm, omdat ik mij dan gelukkig gevoelde. Behoud dus uw geld, en ik wil mijn armoede en mijn goeden naam behouden." De koning hoorde niet zonder stille ergernis, maar toch ook niet zonder bewondering het manhaftige en trotsche antwoord. Hij besloot te probeeren, of vrees even weinig macht over dit Romeinsch karakter had als de prikkel van het goud. Den volgenden dag liet hij daarom zijn grootsten olifant achter een gordijn plaatsen en zorgde, dat Fabricius vlak daarvoor zijn plaats kreeg. Pyrrhus sprak luid en wrevelig; toen ging snel het gordijn op, en brullend stak de olifant zijn verbazenden kop met de groote slurf over Fabricius heen. Maar Fabricius keerde zich onverschrokken om, zag het dier van boven tot beneden aan en sprak toen bedaard: „Evenzoo weinig als mij gisteren uw geld heeft verleid, verschrikt mij heden uw olifant.''

De akker der Acker	noodzakelijk notwendig
de rente der Zins	behoeftig arm, notleidend
de slavenarbeid die Sklaven= arbeit	misdadig verbrecherisch
de medeburgers die Mitbürger	vlak (daarvoor) unmittelbar
de spijs die Speise	luid laut
de slaap der Schlaf	wrevelig ärgerlich
de gelegenheid die Gelegenheit	verbazend erstaunend
de consul (P. -s) der Konsul	onverschrokken unerschroden
de rijkdom der Reichtum	smaken schmeden
de armoede die Armut	kruiden würzen; de kruidenier
de ergernis die Ärgernis	der Spezereihändler
de vrees die Furcht	bijstaan beistehen, helfen
het karakter der Charakter	verzamelen im Nbl. von Gegen=
de prikkel der Reiz, Stachel	ständen und von Personen: sam=
het gordijn die Gardine, der	meln, versammeln
Vorhang	gevoelen, zich — sich fühlen
de slurf der Rüssel	behouden behalten
aanzienlijk angesehen	probeeren probieren, versuchen
	omkeeren, zich — sich umwenden.

Die Präpositionen. De voorzetsels.

§ 331. Wir haben schon § 165 gesehen, daß alle Prä-positionen im Niederl. den 4. Fall regieren. In einigen stehen-den Ausdrücken sind jedoch noch Spuren eines alten G. und D. übrig geblieben, z. B. buitenslands ausländisch, naderhand später, ter dood zum Tode, na den eten nach dem Essen, u. a. m.

§ 332. Die gebräuchlichsten Präpositionen sind:

aan an	omstreeks um
achter hinter	omtrent über, von
behalve außer	onder unter
beneden unter	op auf
benevens nebst, samt	over über
bij bei, zu	rondom um
binnen binnen, innerhalb	sedert ⎫ seit
boven über	sinds ⎭
buiten außerhalb, außer	tegen gegen, wider
door durch, von	te zu, in
gedurende während	tot bis, zu
in in	tijdens während, zur Zeit
ingevolge infolge	trots (in spijt van, in weerwil
jegens gegen	van) trotz
krachtens kraft	tusschen zwischen
langs längs, entlang	uit aus
met mit	van von, vor
na ⎫ nach	volgens laut, nach, zufolge
naar ⎭	voor für, vor, auf
naast neben	wegens wegen
om um	zonder sonder, ohne.

§ 333. **Aan** dient, wie schon bei der Deklination gesagt worden ist, zur Umschreibung des Dativs (selten bei den persönl. Fürwörtern): geef dit boek aan uwen broeder, zend het aan uwe zuster, schrijf dit aan uwe ouders, zeg het niet aan de kinderen; aber: geef het mij, zend het hem, schrijf dit ons, zeg het haar niet.

§ 334. **Bij** steht im Niederl. sowohl mit Zeitwörtern, welche ein Ortsverbleiben, als mit denen, welche eine Ortsveränderung ausdrücken, z. B. wij stonden bij zijn broeder, vlak bij het huis; wij gingen bij hem, kom bij mij.

§ 335. **Buiten** entspricht der deutschen Präp. a u ß e r h a l b in: de kinderen spelen buiten de stad; a u ß e r in: buiten mijn vader weet het niemand außer meinem Vater weiß keiner es.

§ 336. **Door** entspricht sowohl dem deutschen d u r c h als dem v o n in Sätzen wie: deze brief is door mij geschreven en door Jan op de post gebracht dieſer Brief iſt von mir geſchrieben und durch Johann auf die Poſt getragen worden.

§ 337. **Jegens** und **tegen** drücken ſowohl eine freund-ſchaftliche als eine feindliche Beziehung aus: (on)dank-baar jegens zijne ouders zijn, zijn vriend was lief tegen hem, de soldaten vochten tegen de oproermakers (Empörer).

§ 338. **Na** deutet auf die Zeit oder Reihenfolge hin, **naar** auf den Ort, auf das „Wohin“? z. B. wie na mij komt, komt te laat; na den koning, is de kroonprins de eerste burger van den staat; wij gaan naar de stad, naar het dorp, naar onze vrienden, naar school.

§ 339. **Omstreeks** entſpricht dem deutſchen um (ungefähr): omstreeks Paschen (Oſtern) heb ik hem bezocht.

§ 340. **Omtrent** hat die Bedeutung von über oder von: hij heeft mij omtrent den diefstal niets geschreven (über den Diebſtahl), weet gij iets omtrent die gebeurtenis? (von jenem Ereignis?)

§ 341. **Van** wird, wie ſchon aus den Deklinationsregeln hervorgegangen iſt, häufig zur Umſchreibung des Genetivs ge-braucht: het huis van den burgemeester, het boek van dien leerling. Vergl. **door** (§ 336).

§ 342. **Voor** entſpricht 1º dem deutſchen für: a) in Wert-beſtimmungen, z. B. ik heb dit boek voor een halven gul-den gekocht; b) wenn etwas zu Gunſten einer andern Perſon geſchieht, z. B. wilt gij voor uwen zieken broeder naar de stad gaan; c) wenn eine Stellvertretung ausgedrückt wird, z. B. de minister onderteekent voor den koning; 2º dem deut-ſchen vor: a) in Ortsbeſtimmungen, z. B. het standbeeld staat voor het paleis; b) in Zeitbeſtimmungen, z. B. vóór een jaar woonde ik te Heidelberg, vóór aanstaanden Maan-dag; c) mit einigen Zeitwörtern, wo im Deutſchen vor den Dativ regiert, z. B. bevreesd zijn voor den dood, zich in acht nemen voor zakkenrollers (Taſchendieben); 3º dem deutſchen auf in Zeitbeſtimmungen: voor altijd auf immer, voor een jaar op reis gaan.

Aufgabe.
46.

Überſetze: Die Reiſenden gingen den Berg hinunter. Ohne Geld kann man nicht reiſen. Wegen ſeiner vielen Verbrechen[1] ward der Miſſethäter[2] verurteilt. Das Kind ſteht hinter der Thüre. Laut des Berichts überſteigen die Einnahmen die Aus-

1) De misdaad (f.).　2) De misdadiger.

gaben. Außer dem General wurde keiner getötet. Der General nebst seinen Offizieren sind verraten worden. Zwischen den Büchern lagen Manuskripte³). Aus dem Regen in die Traufe⁴) kommen. Von ihnen wußte er nichts zu sagen. Die Mut= ter fürchtete für das Leben ihres Kindes. Innerhalb der Stadt sind mehrere große Gärten. Er kam zu mir, als ich bei meinem Vater stand. Außerhalb des Dorfes ist ein schöner Teich⁵). Über unsrem Haupte saß ein Raubvogel⁶). Lissabon ward durch ein Erdbeben⁷) zerstört. Dieses Buch ist von einem bekannten Schriftsteller verfaßt. Während des achtzigjährigen Krieges haben die Niederländer tapfer gefochten. In wenigen Tagen sehen wir uns wieder. Infolge des starken⁸) Regens gehen wir nicht aus. Der Stein sprang wider die Mauer. Kraft seiner Macht verbot er solche Spiele. Trotz der vielen Opfer⁹) gewann er nichts. Wir wollen warten bis übermorgen. War der Bettler unfreundlich gegen seine Wohlthäter?¹⁰) Seit wenigen Tagen wohnt er in Berlin. Wir sprachen über die Mutter und deren Kinder. Ich rechne auf dich, werter Freund. Um Ostern wird er uns besuchen. Das Brot wird unter die Armen verteilt. Das Pferd geht den Kanal¹¹) entlang. Nach dem Regen kommt der Sonnenschein. Der Senf kam nach der Mahlzeit. Mit diesen Leuten ist nichts anzufangen. Mancher fürchtet sich vor einer kleinen Spinne¹²). Sende deinem Bru= der das verlangte Geld. Hüte dich vor Schmeichlern¹³). Von wem ist der Leitartikel¹⁴) geschrieben worden? Mit wem ver= kehrst du? Ich habe nichts gegen ihn. Wer nicht für mich ist, ist wider mich. Über die Ereignisse in Afrika kann ich dir nichts mitteilen. Um Pfingsten¹⁵) wird alles grün. In einem Wagen fahren. Mit einem Dampfer¹⁶) fahren.

3) Het manuscript. 4) Drup ober drop *(m)*. 5) Vijver. 6) Roof-vogel. 7) De aardbeving *(f.)*. 8) Hard. 9) Offer, *P.* — s. 10) Wel-doener. 11) Het kanaal. 12) Spin. 13) Vleier. 14) Het hoofd-artikel. 15) Pinksteren. 16) Stoomboot.

Gesprek.

Laat ons thans de stad eens bezien!

Mij dunkt wij moesten eerst naar het Rijksmuseum gaan.

Niet langer dan gij zelf goed-vindt, het moet altijd een uitspanning blijven.

Waar zullen wij later naar toe gaan?

Waar wilt gij het eerst naar toe?

Zeer goed, als gij er maar niet al te lang blijft.

Zoo denk ik er ook over en ik vind niets zoo vermoeiend als het bezoeken van museums.

Liefst naar den Dierentuin, daar is het koel.

Wij moeten zorgen vóór een nur terug te zijn.

Hebt gij dan onze afspraak van gisteren reeds vergeten?

Ik wist niet, dat wij aan eenigen tijd gebonden waren.

O ja, nu herinner ik het mij. N. zou om een uur aan ons hotel zijn.

Sechsundzwanzigste Lektion.

Fabricius en Pyrrhus. (Schluß.)

Fabricius was weer teruggekeerd. Daar ontving hij op zekeren dag van den lijfarts van Pyrrhus een brief, waarin deze aanbood, zijn heer te vergiftigen, wanneer de Romein hem daarvoor een goede belooning wilde geven. Fabricius ijsde van zulk een schandelijke daad. Hij zond daarom den brief aan Pyrrhus zelven, opdat deze zich in veiligheid zou stellen voor zulk een booswicht. Wie schildert de verbazing van Pyrrhus? Zulk een edelmoedigheid van een vijand? „Waarlijk!" riep hij uit, „eer zal de zon van haar baan, dan Fabricius van het pad der deugd wijken!" Den arts liet hij ter dood brengen, maar aan de Romeinen zond hij, om zijn dankbaarheid te bewijzen, de gevangenen zonder losgeld terug, en nogmals deed hij vredesvoorslagen. De Romeinen zeiden: „Wij laten ons niet betalen voor de rechtvaardigheid, die wij den vijand verschuldigd zijn," en zonden even zooveel krijgsgevangenen terug; de vredesvoorslagen werden verworpen.

In een tweeden slag overwon Pyrrhus nogmaals door zijn olifanten, maar verloor zooveel soldaten, dat hij uitriep: „Nog zulk een overwinning en ik ben verloren!"

In den derden slag werd hij geslagen en vluchtte ontsteld naar zijn land terug. De Romeinen waren nu meester van geheel Italië.

Hun schoonste roem was echter de republikeinsche eenvoudigheid, de rechtschapenheid en liefde voor de deugd, waardoor juist hunne hoogste ambtenaren zich het meest onderscheidden.

De lijfarts	der Leibarzt	de deugd	die Tugend
de daad	die That	de dankbaarheid	die Dankbarkeit
de veiligheid	die Sicherheit	het losgeld	das Lösegeld
de booswicht	der Bösewicht	de vredesvoorslag	der Friedens=
de edelmoedigheid	der Edel=	antrag	[tigkeit
de baan	die Bahn [mut	de rechtvaardigheid	die Gerech=

de overwinning der Sieg
de eenvoudigheid die Einfalt
de liefde die Liebe
de ambtenaar der Beamte
schandelijk schändlich, eene —e
  daad eine Schandthat
republikeinsch republikanisch
verschuldigd schuldig
even zooveel gleich viel, gerade
juist gerade   [so viel
het meest am meisten

vergiftigen, vergiften, vergeven
  vergeben, vergiften
ijzen (ijsde, geijsd) zurückschau-
  dern vor
wijken weichen
betalen bezahlen
verwerpen verwerfen
vluchten fliehen
ontstellen sich entsetzen; ontsteld
  bestürzt   [nen.
zich onderscheiden sich auszeich-

Die Bindewörter.   De voegwoorden.

§ 343. Die Bindewörter zerfallen in zwei Hauptklassen: a) beiordnende nevenschikkende, b) unterordnende onderschikkende. Erstere reihen Hauptsätze aneinander, letztere verbinden Hauptsätze mit Nebensätzen.

§ 344. Die rein beiordnenden sind verbindend und entgegensetzend. Zu den verbindenden gehören: en und, ook auch, buitendien, daarenboven, bovendien außerdem, zoowel — als (ook) sowohl — als, niet alleen — maar (ook) nicht allein — sondern (auch), niet slechts — maar (ook) nicht nur — sondern; noch noch, noch — noch weder — noch; eerst erst, dan dann, sodann, verder, voorts weiter, daarop darauf, eindelijk endlich, ten slotte schließlich, ten eerste erstens, ten tweede zweitens, u. s. w.; deels — deels teils — teils, eensdeels — anderdeels einesteils — andern=teils. Zu den entgegensetzenden gehören: maar aber, allein, integendeel im Gegenteil, daarentegen dagegen, doch, toch, evenwel, nochtans doch, dennoch, niettemin, desniet-temin jedoch, gleichwohl, desniettegenstaande desungeachtet, echter aber, ondertusschen unterdessen, veeleer vielmehr; of oder, of — of entweder — oder, hetzij — of, hetzij — hetzij entweder — oder, sei es — sei es.

§ 345. Nach ihrer Bedeutung werden die beiordnen=den weiter eingeteilt in:

1º· Begründende: want denn, namelijk nämlich, im-mers ja, toch doch.

2º· Folgernde: dus, alzoo also, derhalve, bijgevolg folglich, mithin, vandaar daher, daarom, hierom darum.

3º· Beabſichtigende: daartoe, te dien einde des=
wegen, daarom deshalb.

4º· Einräumende: al wenn, wel is waar — maar
zwar — aber (allein), wel — maar freilich — aber
(allein).

§ 346. Die unterordnenden in:

1º· Begründende: omdat weil, daar da, doordien, doordat, dewijl, wijl, vermits, aangezien, nu da, weil.

2º· Folgernde: weshalve weshalb, vandaar dat, zoo dat
ſo daß, dat daß, waarom weshalb.

3º· Beabſichtigende: opdat, ten einde damit, dat daß,
om te um zu.

4º· Einräumende: ofschoon obſchon, hoewel, alhoewel,
hoezeer wiewohl, niettegenstaande obgleich, hetzij —
hetzij ſei es — ſei es, in weerwil dat trotzdem.

5º· Bedingende: als, wanneer, indien, zoo wenn, of
oder, mits falls, tenzij es ſei denn, tenware es wäre
denn.

6º· Zeitliche: toen, als als, wanneer wann, terwijl
während, eer, eerdat, voor, voordat, alvorens bevor,
tot, totdat bis, sinds, sedert ſeitdem, nadat nachdem.

7º· Vergleichende: als wie, zooals gleichwie, dan als,
evenmin als ſowenig als, hoe — hoe je — je, hoe —
deste je — deſto, gelijk als gleichwie, als of als ob.

8º· Einſchränkende: (voor) zoover als inſoweit, inſo=
fern, behalve dat außer daß, zonder dat ohne daß.

§ 347. Man unterſcheide: a) **doch** und **toch**, doch hat
einen gegenüberſtellenden Sinn und entſpricht dem deutſchen a b e r
oder je d o c h: hij zegt het wel, doch meent het niet er ſagt
es zwar, aber meint es nicht; toch hat 1º· den Sinn von
b e n n o c h: hij belooft het en toch zal hij het niet doen
er verſpricht es und dennoch wird er es nicht thun, 2º· den eines
Zuredens, Befehles ꝛc., z. B. kom toch komme doch, speel
toch maar ſpiele immerhin, nur; b) **noch** und **nog**: noch iſt
eine Konjunktion: ik heb noch geld, noch boeken; hij heeft
kind noch kraai (Krähe), er hat weder Kind noch Kegel; —
nog iſt ein Adverb: hoe lang blijft uw vader nog? Ik weet
het nog niet; er zijn er nog es ſind noch welche da; nogmaals nochmals, nog eens noch einmal, nog ál ziemlich, nóg
al (altijd) niet noch immer nicht.

Die Interjektion.   Het tusschenwerpsel.

§ 348. Die Interjektionen kann man einteilen in:

1°. Schallnachahmungen: bom! plomp! krik! krek! pief! paf! poef! miaauw! bimbam! holderdebolder!

2°. Empfindungswörter:

    a) der Freude: ha! heisa! hoezee! hoerá! vivát!

    b) des Schmerzes: ach! ai! ou! och! helaas! o wee!

    c) des Abscheues: aba! ba! foei!

    d) des Zweifels: ei! ei ei! hm!

    e) des Verlangens: ei! eilieve!

3°. Ausruf= und Ermunterungswörter: he! hei! hm! heidaar! holla! pst! st!

Anmerkung. Ausrufe wie: God helpe mij! Goede hemel! O God! weg! marsch! hoor eens! zachtjes! u. s. w. sind nicht zu den Interjektionen zu rechnen, es sind meistens verkürzte Sätze oder auch Substantive im Vokativ.

Aufgabe.

47.

Übersetze: Ich gehe nicht aus, denn es regnet. Wenn es nicht schneit, komme ich zu dir. Ich habe diesem Manne geholfen, zwar rühme ich mich dessen nicht, aber ich schäme mich dessen auch nicht. Wenn die Not am größten[1]), ist die Hilfe am nächsten. Er ist nicht reich, sondern arm. Freilich ist wenig mehr zu hoffen; gleichwohl werden wir unser möglichstes[2]) thun. Große Hunde erregen Schrecken, wenn sie auch nicht gefährlich sind. Falls du genau thust, was man von dir verlangt, wirst du gut belohnt werden. Er ist der Bruder meiner Mutter, also mein Oheim. Da unsre Freunde nicht gekommen sind, muß irgend etwas Außerordentliches[3]) sich ereignet haben. Ich muß Abschied nehmen, weil der Urlaub[4]) herum[5]) ist. Als die Kinder den Vater sahen, liefen sie ihm entgegen[6]). Kaum waren wir zurück, als es zu donnern und zu blitzen anfing. Ehe ich mich dessen versah, hatten alle Gäste den Saal verlassen. Ich weiß nicht, ob er das Unglück gesehen hat. Schreibe für ihn, bevor er in die Stadt kommt, es sei denn, daß du es lieber deinem Bruder überlassen[7]) willst. Nur zu, er weiß ja, daß wir kommen. Hat der Vater es dir geschrieben, damit du es weiter erzählest. Ich weiß nicht, weshalb er heute abreist. Komme

1) Übers.: das höchste ist. 2) Al het mogelijke. 3) Buitengewoons. 4) Verlof. 5) Om. 6) Te gemoet. 7) Iets overlaten aan iemand.

je eher je lieber zu uns. Je schwerer **der Kampf**⁸), desto größer
der Lohn. Statt in die Schule zu gehen, ging er spazieren.
Mancher verspricht viel, doch hält wenig. Glauben Sie, daß
der König dennoch kommen wird? Trotz der großen Tapferkeit
sind die Feinde doch geschlagen worden. Pfui! wie schlecht ist
dieser Brief geschrieben! Halt! wir haben den falschen⁹) Weg.
Ach, welch ein Unglück! Ich folge euch, damit ihr nicht saget,
daß ich euch verlassen habe, als euch eure Feinde bedrängten¹⁰).
Da ihr mich fragt, werde ich euch antworten. Ei, glauben Sie
solche Märchen!¹¹) Heisa, morgen ist's Feiertag!¹²) Heda,
fahre mich hinüber! Noch ist es Zeit, also weiter! Wieviel
Bücher haben Sie noch gefunden? Ich weiß noch immer nicht,
ob noch welche da sind. Daß er seinen Zweck verfehlt¹³) hat,
liegt teils an den ungünstigen Zuständen¹⁴), teils an ihm selbst.
Alle Matrosen sind leider ertrunken. Man soll nicht nur die
Regeln der Grammatik¹⁵) lernen, sondern auch den Gebrauch¹⁶)
und den Sinn¹⁷) der Wörter.

8) Strijd. 9) Verkeerd. 10) In 't nauw brengen. 11) Sprookjes.
12) Rustdag. 13) Zijn doel missen. 14) Toestanden. 15) Taalkunde. 16) Het gebruik. 17) Zin, beteekenis.

Gesprek.

Hoe lang is u al met de studie van het Nederlandsch bezig?	Ik geloof ongeveer twee jaar.
Vindt u de taal nog al lastig; is de taalkunde moeielijk?	Ja, vooral het juist gebruik van sommige rededeelen en woorden.
Zou dat niet van alle talen gezegd kunnen worden?	In zekeren zin ja!
Het Nederlandsch heeft toch een groote overeenkomst met het Duitsch.	Maar de overeenkomst van sommige woorden en het groote verschil van vele anderen bieden juist groote moeielijkheden.
Hoe bestudeert gij de taal? Hebt gij een goede taal-kunde?	De regels der taalkunde leer ik uit een taalboek; het taaleigen hoop ik door veel lezen te leeren.
Hebt gij geen romans voor mij?	Ja, hier zijn de romans van Van Lennep.
Hoe lang mag ik die boeken houden?	Zoo lang gij verkiest, er is volstrekt geen haast bij.

Zweiter Teil.

Drittes Buch.

Gebrauch der Redeteile.

Siebenundzwanzigste Lektion.

De veroveraar en de zeeroover.

De beruchte zeeroover Diomedes maakte zich ten tijde van Alexander den Grooten door zijne zeerooverijen wijd en zijd geducht. Eindelijk werd hij gevangen genomen en voor den Macedonischen koning gevoerd.

„Vermetele," voert Alexander hem te gemoet, „hoe durft ge 't wagen, de geheele zee en de kusten der Middellandsche zee onveilig te maken en alles te rooven, wat u voorkomt?" Zonder in 't minst verlegen te zijn, zegt de zeeroover: „Wel, machtige koning, ik doe het slechts om mijn voordeel. Daar ik echter maar één schip heb en mij dus slechts kleinigheden kan toeëigenen, heet ik zeeroover en wordt veracht en vervolgd. U echter, die eene geheele vloot tot uwe beschikking hebt en geheele koninkrijken vermeestert, u noemt men veroveraar en looft en roemt u. In het wezen der zaak echter verschilt ons beider handwerk niets." Dit stoute antwoord beviel den koning zoodanig, dat hij Diomedes in zijn dienst nam.

Über den Artikel.

§ 349. Der Gebrauch des Artikels stimmt im allgemeinen in den beiden Sprachen überein. Nur in sehr wenigen Fällen steht im Ndl. der Artikel, wo er im Deutschen fehlt. Größer ist die Anzahl der Fälle, in denen das Umgekehrte stattfindet.

I. Über den Gebrauch des bestimmenden Artikels.

§ 350. Der bestimmende Artikel wird im Ndl. gebraucht, im Deutschen nicht:

1°. Nach dem Anredewort *Mijnheer*, wenn der Titel folgt, z. B. Mijnheer *de* Baron! Herr Baron!

Anmerkung. Im allgemeinen ist diese Anredeweise nicht sehr gebräuchlich im Ndl.; zu bekannten Personen sagt man wohl: Baron! Burgemeester! Dokter![1]) Dominee Herr Pfarrer! Kapitein! Herr Hauptmann! Majoor! Overste Herr Oberstleutnant! u. s. w., meistens aber Mijnheer! oder mit dem Familiennamen Mijnheer N.!

Frauen werden nie mit dem Titel des Mannes angeredet; zu einer verheirateten Dame abligen oder vornehmeren Standes sagt man Mevrouw! Unverheiratete ablige Damen redet man an mit Freule Gnädiges Fräulein! Alle anderen Frauen mit Mejuffrouw oder Juffrouw! — Vrouw N.! Frau N.! sagt man nur zu verheirateten Frauen des Arbeiterstandes.

2°. Bei den Namen der Himmelsgegenden, welche eine Richtung andeuten, z. B. *de* landverhuizers trokken naar *het* Westen die Auswanderer zogen gegen Westen, de zwaluwen trekken in den winter naar *het* Zuiden die Schwalben ziehen im Winter nach Süden.

3°. Nach dem unbestimmten Zahlwort *al*, z. B. al *het* geld alles Geld, al *het* volk, alles Volk.

4°. Vor *een*, wenn es in unbestimmter Bedeutung dem Worte *ander* gegenüber steht, z. B. *de* eene kraai pikt de andere de oogen niet uit eine Krähe hackt der anderen die Augen nicht aus.

5°. Bei Substantiven mit einer Präposition, wenn ein Superlativ vorangeht, z. B. in *de* grootste haast in größter Eile, in *den* hoogsten nood in höchster Not.

6°. In einigen adverbialischen Ausdrücken und Redensarten, z. B. na *den* middag nach Mittag, tegen *den* avond gegen Abend, bij *het* begin of einde zu Anfang oder zu Ende, onder (boven) *de* honderd man unter (über) hundert Mann.

§ 351. Wie schon bemerkt worden, bedient man sich im Deutschen manchmal des Artikels, während man im Ndl. kein Bestimmwort oder jedenfalls ein anderes gebraucht. Es geschieht dies besonders in Fällen, in denen der Artikel im Deutschen demonstrative Kraft besitzt, oder auch wenn dieser den Kasus oder den Zusammenhang der Rede andeutet.

§ 352. Der Artikel mit demonstrativer Kraft f e h l t im Ndl.:

1°. Bei E i g e n n a m e n von Verwandten, Freunden, Bekannten u. s. w. oder bei G a t t u n g s n a m e n, welche die Bedeutung

---

1) Siehe Lektion 9, S. 63, Anm. 1.

von Eigennamen erhalten haben: besonders bei solchen, welche einen Verwandtschaftsgrad ausdrücken. Im Ndl. wird in diesen Fällen kein Bestimmwort gebraucht, z. B. Willem is hier der Wilhelm ist hier, ik heb Anna zoo even gezien ich habe die Anna soeben gesehen; so auch: dokter heeft het gezegd der Arzt hat es gesagt, dominee weet het der Pfarrer weiß es, meester[1]) is hier geweest der Lehrer ist hier gewesen.

2° Bei Gattungsnamen, besonders Körperteilen, Kleidungsstücken, Waffen u. s. w., wenn das Verhältnis zum Besitzer näher angedeutet wird. Im Ndl. steht hier meistens das Possessivpronom, sowie auch in transitiven Sätzen, in denen der Name des Besitzers zugleich persönliches Objekt ist, z. B. hij wischte alles uit met *zijn* vingers er löschte alles aus mit den Fingern, een litteeken ontsierde *zijn* gezicht eine Narbe entstellte das Gesicht, hij hing *zijn* mantel aan den kapstok er hängte den Mantel an den Mantelstock, hier staat *uw* parapluie hier steht der Schirm, ik heb *mijn* voet verzwikt ich habe mir den Fuß verstaucht.

§ 353. Der Artikel, welcher den Kasus oder den Zusammenhang der Rede andeutet, fehlt im Ndl.:

1° Bei Eigennamen aus den klassischen Sprachen oder bei sonstigen Namen, denen ein Titel oder eine Bezeichnung vorangeht. Im Ndl. wird dann **van** oder **aan** gebraucht, z. B. de moed *van* Leonidas der Mut des Leonidas, het leger *van* Xerxes das Heer des Xerxes, de Grieken hadden veel *aan* Socrates te danken die Griechen verdankten dem Sokrates vieles.

2° Bei Gattungsnamen:

a) bei abstrakten Substantiven ohne Adjektiv in allgemeiner Bedeutung und abhängig von einem anderen Substantiv, von einem Adjektiv oder Verb. Im Ndl. steht **van** oder **aan**, z. B. woorden *van* troost Worte des Trostes, tranen *van* vreugde Thränen der Freude, een toestand *van* verdooving ein Zustand der Betäubung;

b) bei denselben Substantiven und bei Personennamen in abstrakter Bedeutung, abhängig von einer Präposition. Im Ndl. steht kein Artikel oder ausnahmsweise der nicht bestimmende, z. B. op goed geluk aufs geratewohl, in geval im Falle, in tegendeel im Gegenteil, ge-

---

1) Siehe Lektion 19, S. 123, Anmerkung 1.
Niederländ. Konv.-Gramm.

middeld im Durchschnitt, *een* verrader worden zum Verräter werden, tot *een* krans vlechten zum Kranz winden.

Vgl. noch: ein Bett zum Schlafen een bed om op te slapen, Wasser zum Trinken water om te drinken, das ist zum Verzweifeln dat is om wanhopig te worden, das ist nicht zum Aushalten dat is niet om uit te houden, das ist zum Davonlaufen, zum Rasendwerden dat is om weg te loopen, om razend te worden, es ist zu heiß zum Arbeiten het is te warm om te werken, sie war schön zum Entzücken zij was verrukkelijk mooi.

3°: In gewissen Fällen, wo im Deutschen ein Eigenname als Gattungsname behandelt wird, so bei Namen von Schrift=stellern zur Andeutung ihrer Werke und bei den Namen der Monate und Tage. Im Ndl. fehlt der Artikel, z. B. ik heb Schiller gelezen ich habe den Schiller gelesen, hij kent Wil=manns van buiten er kann den Wilmanns auswendig, Januari heeft 31 dagen der Januar hat 31 Tage, Zondag is een rustdag der Sonntag ist ein Ruhetag.

Anmerkung. Bei einigen Ländernamen steht der Artikel in der einen Sprache, wo er in der andren fehlt, vgl. die Türkei Turkije, die Schweiz Zwitserland, das Elsaß Elzas, 's-Hertogenbosch Herzogenbusch.

Vergl. Die Länder des nördlichen Europa de landen van Noord-Europa, die Flüsse des mittleren Asien de rivieren van Midden-Azië.

Aufgaben. [1])

48.

Beispiele zur Übersetzung: (s. § 350)

Die Soldaten zogen nach Osten. Der Wind geht nach Nor=den. Alles Vieh. Alles Holz. Zu einem Ohre hinein, zum andren wieder heraus. Eins ins andre rechnen. In bester Mei=nung. Mit vollster Zuversicht. In Asche legen. Zu Boden fallen. Zu Ohren kommen. Dem König zu Ehren. Etwas zu Herzen nehmen. Gut zu Fuße sein. Zu teil werden. Zu Gebote stehen. Zu Gunsten seines Bruders. Zu Grabe tragen. In Folge des Krieges. Zu Markte bringen.

(S. §§ 352—353.) Ich habe den Vater und die Mutter deinen Brief lesen lassen. Gieb dieses dem Onkel oder dem Neffen. Die Kinder haben sich das Gesicht schlecht gewaschen. Der Hund bleckte

---

1) Die schwierigsten Wörter der Aufgaben des 3. und 4. Buches sind im Wortregister am Ende des Buches aufgeführt.

auf einmal die Zähne. Die Fahrt des Königs Friedrich. Ein
dem Kaiser Napoleon gewidmetes Gedicht. Zeit des Elends. Im
Fall der Not. Ein Zeichen der Trauer. Das Gefühl der Dank-
barkeit. Ein Beweis der Freundschaft. Die Kunst der Verstellung.
Er ist des Betrugs verdächtig. Er wird des Diebstahls beschuldigt.
Der Gang der Geschäfte. Die Soldaten waren der Kälte und
dem Hunger ausgesetzt. Ich ziehe Bier dem Weine vor. Im Ver-
trauen. In der Stille. Im Einvernehmen mit. Im Gebrauch
sein. Am (übers.: in) Leben sein. Im stande sein. Im Ernst.
In die Hände fallen. Im Hause. Im Namen des Königs. Im
Gegensatz zu (übers.: mit). Im Himmel und auf Erden. In
(übers.: nach) die Schule gehen. Auf der Schule. Aufs neue.
Auf dem Wege. Auf der Straße. Zum Besuch kommen. Zur
Vernunft bringen. Ein Mädchen zur Frau nehmen. Einen zum
Präsidenten erwählen. Einen zum Freunde haben. Zum Zeitver-
treib. Zur Warnung gereichen. Zur Lehre dienen. Zum Beschluß.
Zum Vorschein. Zum Schweigen bringen. Wir haben den Vondel
und den Bilderdijk gelesen. Er hat den Heise tüchtig studiert. Der
Februar hat im Schaltjahr 29 Tage. Der Montag ist für einige
ein Feiertag. Die Wallachei. Die Moldau. In der Schweiz.

49.

Übersetze folgende in beiden Sprachen übereinstimmende Ausdrücke:

Zu Bette gehen. Zu Fuß gehen. Zu Pferde reiten. Etwas
zu Schanden machen. Zu Grunde gehen. Alles zu Grunde richten.
Jemand zu Hilfe kommen. Etwas zu nichte machen. Zu wege
bringen. Das alles wird dir zu gute, zu statten kommen. Heute
ist mir nicht wohl zu mute. Er that alles mit kaltem Blute und
mit gutem Bedacht. Zu guter Stunde kam Hilfe. Sie sind von
gutem Hause. Alles wird zu Asche werden. Kräuter zu Pulver
reiben. — Einen zum Tode verurteilen. Sich zur Ruhe begeben.
Sich zur Verfügung stellen. Zur Schule gehen. Bis zum nächsten
Dorf spazieren. Zum Tode betrübt sein. Zur Seite stehen. Zum
Verderben gereichen. Etwas zur Hand nehmen. Ein Leutnant zur
See. Das thut nichts zur Sache.

50.

Übersetze: Anfang Mai war ich bei meiner Tante zum Besuch;
sie war sehr liebenswürdig und ich habe einige sehr angenehme
Tage mit ihr verbracht. — Haben Sie Müllers dort noch ange-
troffen? — Leider nicht, die ganze Familie war schon verreist. —
Kennen Sie die beiden jungen Damen? Wie gefallen ihnen die-
selben? — Ich kenne sie recht gut; beide sind reizende Mädchen,
ich begreife nicht, weshalb man die Louise der Bertha vorzieht. —
Ihr Herr Vater ist zum Inspektor ernannt worden, wie ich höre. —
Ja, Herr Müller ist ein sehr verdienter Mann; es gereicht ihm zur
Ehre, daß er sich zu dieser Stelle emporgearbeitet hat. — Wohnt

Ihre Tante immer noch allein in dem großen Hause? — Nein, sie bewohnt jetzt den ersten Stock, zu Weihnachten bekommt sie einen Mieter für den unbewohnten Teil.

Gesprek.

Gaat gij mee wandelen?	Gaarne, maar ik zal het eerst aan Mama zeggen.
Welken weg zullen wij gaan?	Laten wij naar N. gaan; ik zou gaarne Louise bezoeken, ik heb haar lang niet meer gezien.
Ik ga mee, als het niet te ver is.	Het zal nauwelijks drie kwartier ver zijn.
Het is verrukkelijk mooi weer; beter konden wij het niet verlangen.	Ja, maar de lucht betrekt; als wij maar geen onweer krijgen.
Zijt gij bang voor den bliksem?	Sedert de bliksem in het huis van onzen buurman is ingeslagen, ben ik bang voor onweer.
De lucht zal wel weer opklaren, in geval van nood nemen wij een rijtuig.	Neen, ik ga liever te voet; ik houd niet van rijden.
Gij schijnt goed ter been te zijn.	Ja, ik ben een goed wandelaarster.
Loop ik ook soms te langzaam voor u?	Toch niet, ik voeg mij gaarne naar u en wij hebben tijd genoeg.

Achtundzwanzigste Lektion.

Goede raad van Esopus.

Esopus, de beroemde Grieksche fabeldichter, ging eens te voet naar een klein stadje.

Een wandelaar komt hem te gemoet, groet hem en vraagt: „Vriend, hoe lang moet ik nog loopen, voor ik het stadje, dat daar ginds ligt, bereikt heb?" „Loop," zegt Esopus. „Ja, ik weet wel," antwoordde de andere, „dat ik loopen moet, wanneer ik verder komen wil, maar ik wensch van u te weten, hoe lang ik loopen moet." „Loop," is wederom 't antwoord van Esopus. „Die kerel is zeker gek," zegt de andere en gaat brommende heen. Pas is hij eenige schreden gegaan of Esopus roept hem na: „Hé vriend, een woordje; in twee uren kunt gij in het stadje zijn." Verrast blijft de wandelaar staan. „Ei," roept deze, „waarom zegt gij mij dat nu en niet zooeven, toen ik het u vroeg?" „Wel man", antwoordde Esopus, „hoe kon ik dat zeggen, daar ik u nog niet had zien loopen en dus niet weten kon, of uw gang snel of langzaam was."

Über den Artikel. (Schluß.)

II. Über den Gebrauch des nicht bestimmenden Artikels.

§ 354. Der nicht bestimmende Artikel steht im Ndl. in vielen Fällen, in denen ein Substantiv in allgemeiner Bedeutung gebraucht wird und demselben ein Adjektiv vorangeht. Im Deutschen fehlt der Artikel, z. B. met *een* blij gemoed mit frohem Mute, op *een* kiesche manier in zarter Weise, uit *een* goed hart aus gutem Herzen.

§ 355. Der nicht best. Artikel kommt im Ndl. n i c h t vor:

1º In offiziellen Benennungen u. dgl., wo **ein** demonstrative Bedeutung hat. Im Ndl. wird hier der bestimmende Artikel gebraucht, z. B. aan *het* Eerwaarde Kerkbestuur einem hochwürdigen Kirchenvorstand, aan *het* geachte publiek wordt bekend gemaakt einem geehrten Publikum wird mitgeteilt ...

2º Bei Personennamen in abstrakter Bedeutung, wo **ein** den Zusammenhang der Rede andeutet. Im Ndl. steht **van**, z. B. onder den titel *van* consul unter dem Titel eines Konsuls, het beroep *van* notaris der Beruf eines Notars.

3º In einigen Redensarten bei Adjektiven im Neutrum, die einen allgemeinen Begriff ausdrücken. Im Ndl. wird meistens ein adverbialer Ausdruck angewandt, z. B. in Ermangelung **eines** Besseren bij gebrek aan iets beters, er hat **ein** langes und breites darüber geredet hij heeft er lang en breed over gesproken, das ist mir **ein** Leichtes dat valt mij gemakkelijk oder dat is voor mij eene kleinigheid, über **ein** kleines korten tijd daarna, over een poos(je), um **ein** erkleckliches wachsen belangrijk toenemen, einen **eines** Besseren belehren iemand terechtwijzen, um **ein** kleines zu groß een (klein) beetje te groot. Vgl. noch: om den anderen dag **einen** um den andren Tag.

III. Der Artikel vor Eigennamen.

§ 356. Wenn der Artikel zum Eigennamen gehört, bleibt er in allen Fällen unverbogen, z. B. *Den* Haag is eene schoone stad der Haag ist eine schöne Stadt, zij wonen in *Den* Haag sie wohnen im Haag. Als Eigennamen werden auch die Titel

der Zeitungen, Zeitschriften u. s. w. betrachtet, z. B. de eerste
jaargang van *De* Gids der erste Jahrgang vom „Gids", de
schrijver van *De* Vader des Vaderlands der Autor der Ge=
schichte „Wilhelms des Verschwiegenen."

IV. Wiederholung des Artikels.

§ 357. Vor mehreren Substantiven braucht der Artikel nicht
wiederholt zu werden, auch nicht bei verschiedenem Geschlecht oder
Kasus, wenn der Artikel nur **dieselbe Form** hat, z. B. de
broeder en zusters van Willem der Bruder und die Schwestern
des Wilhelm, het huis en erf das Haus und der Hof, de
pennen en potlooden die Federn und Bleistifte; aber *het* huis
en *de* tuin zijn verkocht das Haus und der Garten sind verkauft.

§ 358. Bei Aufzählungen wird jedoch der bestimmende Ar=
tikel **meistens**, der nicht bestimmende **immer** wiederholt, z. B.
ik heb *de* stoelen, *de* tafels en *de* kasten gekocht ich habe
die Stühle, die Tische und die Schränke gekauft, in zijn kamer
stond *een* bed, *een* waschtafel, *een* canapé en *een* leuning-
stoel in seinem Zimmer stand ein Bett, ein Waschtisch, ein
Kanapee und ein Lehnsessel.

§ 359. In einigen Fällen wird mit Unterschied der Be=
deutung der Artikel wiederholt, vgl. *de* koning en *de* groothertog der König und der Großherzog (zwei Personen), de
koning en groothertog (eine Person); de oom en de voogd
der kinderen der Onkel und der Vormund der Kinder (zwei
Personen), de oom en voogd (eine Person).

Das Pronom.
I. Das Personalpronomen.

§ 360. Das Personalpronomen richtet sich im Ndl. meistens
nach dem Naturgeschlecht, z. B. het arme meisje was zeer
treurig, *zij* weende bitter das arme Mädchen war sehr traurig,
es weinte bitter.

§ 361. Die partitiven Genetive **unser, euer, ihrer** vor
einem Zahlwort müssen im Ndl. umschrieben werden, z. B. es
waren unser zehn wij waren *met ons* tienen, es waren ihrer
wenige, die das verstanden slechts weinigen *van hen* begrepen
dat, unsereiner versteht das nicht menschen (lieden, lui) als
wij, begrijpen dat niet.

§ 362. Das Personalpronomen nach einem Relativum wird
im Ndl. nicht wiederholt, z. B. ich, der ich es selbst gesehen

habe ik, die het zelf gezien heb; ihr, die ihr selbst zugegen wart gij, die zelf tegenwoordig waart.

§ 363. Außer **me** und **je** werden im Ndl. selten Pronomen im Dativ zum Verb gefügt, ohne weitere Andeutung eines Be- sitzers; in einigen Sätzen läßt man dieses Pronom sogar ganz weg; vgl. dat was *me* daar een leven das war mir dort ein Getöse, dat heeft hij *je* daar eens flink gedaan das hat er mal tüchtig gemacht; vgl.: nur greift **mir** zu und seid nicht faul grijpt echter flink toe en weest niet lui, sei **mir** ge- grüßt du alte Stadt wees gegroet gij oude stad!

II. Das Reflexivpronomen.

§ 364. **Sich** wird im Ndl. gebraucht a) statt des reciproken *einander*; b) in aktiver Form statt eines Passivums.

§ 365. In beiden Fällen darf man im Ndl. nicht **zich** anwenden. Wie wir schon § 254 gesehen haben, soll statt des ersteren stets **elkander** gebraucht werden. Im zweiten Fall ge- braucht man die passive Form, z. B. alle Fenster öffneten sich alle vensters werden geopend, der Schlüssel hat sich gefunden de sleutel is gevonden.

§ 366. Bisweilen wählt man im Ndl. eine ganz andere Form, z. B. das versteht sich dat spreekt vanzelf, es fragt sich het is de vraag, es tanzt sich hier angenehm het is hier aangenaam dansen, es spricht sich hier leicht men spreekt hier gemakkelijk oder het spreken valt hier gemakkelijk.

III. Unbestimmte Fürwörter.

§ 367. **iemand** kann näher bestimmt werden durch die Pro- nomen **die** und **zeker** (s. § 286), z. B. die iemand is een schilder diese Person ist ein Maler, zeker iemand heeft het mij verteld irgend jemand hat es mir erzählt.

§ 368. Das Wort **irgend,** welches im Deutschen die Un- bestimmtheit eines Pronoms oder Adverbs noch steigert, verdient besondere Beachtung: hat irgend jemand so etwas erlebt heeft *iemand ter wereld* zoo iets beleefd? Irgendwer wie dan ook, irgendwo waar dan ook, irgend etwas wat dan ook, irgendwie hoe dan ook, irgendwo sonst, anderswo ergens el- ders, wenn irgend möglich indien eenigszins mogelijk.

§ 369. **Het** entspricht dem deutschen **es: a)** als Subjekt eines unpersönlichen Zeitwortes, z. B. *het* bliksemt es blitzt; b) als grammatisches Subjekt oder Objekt, zur Ankündigung des logischen Subjekts oder Objekts, z. B. *het is zeker, dat wij slagen* es ist gewiß, daß wir durchkommen; *ik kon het niet gelooven, dat zijn vader een dief zijn zou* ich konnte es nicht glauben, daß sein Vater ein Dieb sein sollte; *het was de koning, die daar voorbijreed* es war der König, der dort vorüberritt; c) mit Adjektiven und Zeitwörtern, die früher den Genetiv erforderten, z. B. *ik ben het moede* ich bin es müde, *ik herinner het mij niet meer* ich erinnere es mich nicht mehr.

§ 370. Wenn **es** aber mit einer unpersönlichen Passivform gebraucht wird oder auch mit dem Zeitworte **sein** oder **geben** in unpersönlichen Ausdrücken, steht im Ndl. das Adverb **er**, z. B. es wird getanzt *er wordt gedanst*, es wird viel geredet *er wordt veel gesproken*, es ist einer an der Thüre *er is iemand aan de deur*, es war mal ein König *er was eens een koning*, **es giebt** Bäume, die hier nicht wachsen wollen *er zijn boomen, die hier niet willen groeien*, **es gab** Menschen, die so etwas glaubten *er waren menschen, die zoo iets geloofden*.

IV. Possessivpronomen.

§ 371. Das Possessivpronomen richtet sich wie das Personal= pronomen meistens nach dem Naturgeschlecht, z. B. *het meisje was treurig, haar moeder is gestorven* das Mädchen war traurig, seine Mutter ist gestorben.

§ 372. Das Possessivpronomen wird im Deutschen häufig ersetzt durch **dessen, deren**; im Ndl. gebraucht man **diens, dier** nur dann, wenn Doppelsinn zu befürchten ist, z. B. wir sprachen über den Mann und **dessen** Kinder, über die Frau und **deren** Arbeitskreis, über die Könige und **deren** Unterthanen *wij spraken over den man en zijne kinderen, over de vrouw en haren werkkring, over de koningen en hunne onderdanen*; der Lehrer sprach über den Nachbar und dessen Kinder *de onderwijzer sprak over den buurman en diens kinderen*, sie sprachen über die Autoren und deren Werke *zij spraken over de schrijvers en dier werken*.

§ 373. In der Umgangssprache setzt man im Ndl. häufig das Possessivpronomen hinter ein Substantiv oder ein Interro= gativpronom, z. B. *Jan zijn boeken* die Bücher des Johann, *uw zuster haar kleeren* die Kleider deiner Schwester, *wie zijn pet is dat* wessen Kappe ist das?

Vgl.: Was war's so dunkel in dem Wolf **seinem** Leib (Grimm) *wat was het akelig donker in den wolf zijn lijf.*

Aufgaben.

51.

Übersetze: Mit ruhigem Gewissen. Mit trauriger Miene. Mit tiefer Verbeugung. In schwarzem Frack. Bei (übers.: in) guter Laune. Mit schwerem Herzen. Unter fremdem Namen. Mit lahmem Fuße. Die Würde eines Bürgermeisters. Der Name eines Verräters. Er spielte die Rolle eines Betrügers. Die Einwohner des Haag. Die Redaktion der wissenschaftlichen Blätter. Der Dom von Herzogenbusch. Das Buch und das Heft sind auf den Boden gefallen. Der Onkel und die Tante des Wilhelm kommen heute zum Besuch. In meinem Zimmer steht ein Tisch, ein Schreibtisch, ein Bücherschrank, ein Lehnsessel und ein Sopha. Der König und der Großherzog gingen voran. Ich habe den König und Großherzog früher schon mal gesehen. Kätchen ist sehr unglücklich, es hat seinen Vater und seine Mutter verloren. Es ist dasselbe Mädchen, das uns gestern besuchte. Hat man je so was gehört! Alle Thüren öffneten sich, als der Minister hereintrat. Es fragt sich, ob er kommen wird. Wenn irgend einer es irgendwo gelesen hat, soll er es mir mitteilen. Es war einmal ein Mann, der sehr reich und angesehen war. Es klopft einer, soll ich aufmachen? Es giebt noch viele Menschen, die an Gespenster glauben. Wir sprachen über den Lehrer und dessen Schüler, als Sie hereintraten. Wessen Bücher sind das? Wenn ich mich nicht irre, sind es die Bücher des Johann.

52.

Guten Abend, werter Freund, ich freue mich, dich hier zu treffen; ich wollte eben zu dir gehen, um dich um einen Dienst zu bitten. — Und was kann ich für dich thun? Wenn es mir möglich ist, dir in irgend einer Sache behilflich zu sein, werde ich mich darüber freuen. — Ich brauche die neueste Ausgabe der Werke Bilderdijks, aber sie ist nicht in der Bibliothek und nun habe ich an dich gedacht, um mich aus der Verlegenheit zu ziehen. Weißt du niemand, der mir diese Ausgabe auf (übers.: für) einige Tage leihen will. — Da werde ich dir kaum helfen können; niederländische Werke, besonders Gedichte sind sehr selten in Deutschland, sogar in den großen Bibliotheken findet man selten welche. Aber weshalb wendest du dich nicht an den Bibliothekar? — Ich kenne ihn nicht und wie ich gehört habe, soll er sehr unfreundlich sein. — Ich glaube, daß ihr ihn falsch beurteilt, du und alle diejenigen, welche dieser Ansicht sind. Ich, der ich ihn seit vielen Jahren kenne, habe ihn niemals ungefällig gesehen. Wenn du willst, werde ich dich ihm vorstellen. — Recht gern, wie spät willst du mich abholen? Etwa um vier Uhr? — Es fragt sich, ob dann die Bibliothek noch offen ist. — So komme um drei Uhr, ich bin auf (übers.: in) jeden Fall zu Hause.

Gesprek.

Gaat gij dezen zomer nog op reis?

Dat hangt er van of, ik weet niet of ik met mijn werk klaar kom. En gij dan?

Ik zal dit jaar thuis blijven; ik heb verleden jaar een groote reis gemaakt. Waarheen denkt gij te gaan?

Indien mijne bezigheden het veroorloven, ga ik dit maal eens naar het schoone Italië.

Kent gij de taal van het land?

Tot mijn spijt niet; maar zou men zich daar niet met Duitsch of Fransch kunnen redden?

In de hotels zeker, maar verder geloof ik niet; de meeste menschen kennen alleen hun moedertaal.

Nu ja, dat is in de meeste landen wel het geval.

Hoe lang denkt gij in Italië te blijven?

Indien eenigszins mogelijk blijf ik er vier weken.

Zijt gij ook nog van plan eenige steden in Zwitserland aan te doen?

Neen, ik ga regelrecht door naar Italië.

Hebt gij reeds een en ander over land en volk gelezen?

Wel zeker, de voornaamste reisgidsen heb ik geraadpleegd.

Mocht ik nog iets voor u kunnen doen, wil dan maar vrij over mij beschikken.

Ik dank u, gij zijt als altijd zeer vriendelijk. Zoodra ik van mijn reis terug ben, zal ik u onmiddellijk bezoeken.

En wanneer kan dat zoo wat zijn?

In elk geval ben ik vóór September weer in het lieve vaderland.

Neunundzwanzigste Lektion.
Koelbloedigheid.

Toen Karel XII, koning van Zweden, eens eene stad belegerde, liet hij op zekeren dag zijnen geheimschrijver eenen brief schrijven. De schrijver zat aan eenen lessenaar, en de koning wandelde met de handen op den rug de kamer op en neer, terwijl hij den ambtenaar den brief dicteerde. Plotseling viel er ·eene bom door het dak en kwam in de kamer naast het vertrek, waarin de koning werkte, terecht. De deur van die kamer stond open. Met een hevigen knal sprong de bom uiteen. Vreeselijk was de uitwerking: de glazen werden verbrijzeld en alle meubelen lagen aan splinters. Gelukkig voor den koning was

zijn vertrek van stevige muren voorzien, en maakte het
een deel van een toren uit. De geheimschrijver begon
over al zijne leden te trillen; zijn gelaat werd doodsbleek,
en de pen ontviel aan zijne handen. „Hoe is het?"
vroeg de koning, die zijne wandeling geen oogenblik ge-
staakt had, „waarom gaat gij niet voort met schrijven?"
„Ach, Sire!", was 't antwoord, „die bom!" ... en verder
kon de arme man geen woord uitbrengen. „Welnu!"
hervatte de koning, „wat heeft die bom met den brief te
maken, dien ik u dicteerde? Schrijf maar rustig door, en
laat u door zoo'n kleinigheid niet vervaard maken."

Das Pronom. (Schluß.)
V. Demonstrativpronomen.

§ 374. Wie wir schon § 372 gesehen haben, wird **diens,
dier** nur dann gebraucht, wenn Doppelsinn zu befürchten ist,
sonst gebraucht man das Possivpronomen. Für Sachen steht
statt des Genetivs des Demonstrativpronomens: **hiervan, daarvan, er van, er**, z. B. **Dessen** erinnere ich mich kein Wort mehr
hiervan (daarvan) herinner ik mij geen woord meer, er
leerte seine Taschen und packte **deren** Inhalt in ein Körbchen
hij ledigde zijne zakken en pakte den inhoud *er van (hun
inhoud)* in een mandje. Hast du Lesebücher genug? Ja, ich
bedarf **deren** nicht mehr hebt gij leesboeken genoeg? Ja, ik
heb *er* geen meer noodig. Ja, ik heb *er* nog een. Ik heb
er geen meer.

§ 375. Im Ndl. bedient man sich häufig des Pronoms
die, dat, wo man im Deutschen **dieser, dieses, diese** gebraucht,
z. B. van wien zijn *die* boeken daar wem gehören **diese**
Bücher hier, *dat* is dus uw broeder **dies** ist also ihr Bruder,
wij zijn aan *dat* leven gewend wir sind an **diesen** Spektakel
gewöhnt; wij spraken over Van Lennep, kent gij *dien*
schrijver wir sprachen über Van Lennep, kennst du **diesen**
Schriftsteller?

VI. Relativpronomen.

§ 376. Das Relativpronomen richtet sich im Ndl. nach dem
Naturgeschlecht (vgl. § 360 und § 371), z. B. hier is Jantje, *die*
(nicht dat) mij de boeken heeft gebracht hier ist Hänschen,
das mir gestern die Bücher gebracht hat; uws broeders dienst-
meisje, *die* gij wellicht kent, vertelde het das Mädchen deines
Bruders, welches du vielleicht kennst, erzählte es.

§ 377. **Welke** wird faft ausschließlich in gehobener Rede gebraucht; über **welks** siehe § 280. Bisweilen steht *welke*:

a) statt **die**, **wie**, wenn das Demonstrativpronomen **die** unmittelbar im Hauptsatz vorangeht, z. B. *die bewijzen, welke gij aanvoert, waren reeds lang bekend* diese Beweise, welche du anführst, waren schon lange bekannt;

b) in einem der zwei Relativsätze, wenn der eine abhängig ist vom anderen (vorangehenden), z. B. *de meid, die (welke) de vaas gebroken heeft, welke (die) ik dezen morgen ten geschenke heb gekregen, is weggejaagd* die Magd, welche die Vase zerbrochen hat, welche ich heute morgen geschenkt bekommen habe, ist fortgeschickt.

§ 378. Wenn das Relativpronomen sich auf ein Personalpronomen bezieht, wird stets **die** (**der**, **die**) nie *welke* gebraucht, siehe § 362.

§ 379. Wenn das Relativpronomen sich auf einen ganzen Satz bezieht, gebraucht man meistens **wat** oder **hetgeen** (**'tgeen**) nie *welke*, z. B. *hij is door zijn examen gekomen, wat (hetgeen) ons zeer verwonderde* er hat seine Prüfung richtig bestanden, was uns sehr wunderte; vgl. der Feind bekam die starke Festung in seine Gewalt, **welches** den General an fernerem Vorrücken hinderte *de vijand kreeg de sterke vesting in zijne macht, hetgeen den generaal belette verder door te dringen.*

§ 380. Häufig bedient man sich im Ndl. der Relativadverbien: **waar, waarop, waarmede, waarvan** u. s. w. (siehe § 278) oder auch der Konjunktionen **toen, als, dat, of** u. s. w. statt der Relativpronomen, z. B. *dat is de man, waarvan (van wien) ik gesproken heb* dies ist der Mann, von dem ich gesprochen habe; *dat is de reden, dat (waarom) hij gezwegen heeft* dies ist der Grund, weshalb er geschwiegen hat; *de man, daar hij op vertrouwde, heeft hem verraden* der Mann, dem er traute, hat ihn verraten; *hier is de plaats, waar (waarop) Willem de Zwijger vermoord werd* hier ist die Stelle, wo Wilhelm der Verschwiegene ermordet wurde; *de jaren, toen (waarin) hij regeerde, waren gelukkig voor ons land* die Jahre, wo er regierte, waren glücklich für das Land; *in den tijd, als er veel regen valt, zijn de zandgronden vruchtbaar* in der Zeit, wo (da) viel Regen fällt, ist der Sandboden fruchtbar; *niemand mag in de wachtkamer gaan, of hij moet een biljet hebben* keiner darf in das Wartezimmer gehen, der nicht ein Billet hat.

VII. Interrogativpronomen.

§ 381. Statt des Pronoms **wat voor (een)?** in Frage=
sätzen oder des **wat een!** welk een! in Ausrufsätzen, gebraucht
man besonders in gehobener Sprache auch **wat** für die drei Geschlech=
ter S. und P., z. B. *wat* hoop koestert gij thans nog welche
Hoffnung hegen Sie jetzt noch? *Wat* moeder zal haar kind
verlaten welche Mutter wird ihr Kind verlassen? Vgl. Wat
landen hebt gij reeds bezocht! Wat al menschen ontmoet!
Wieviel Länder hast du schon besucht! Wieviel Leute schon
gesehen!

In der Umgangssprache gebraucht man in Ausrufsätzen auch
wat een = hoeveel, z. B. *wat een* lui staan daar wieviel Leute
dort stehen!

§ 382. **Wie?** kann abweichend vom Deutschen mit -der
Pluralform des Zeitwortes gebraucht werden; z. B. *wie hebben*
het gedaan wer hat es gethan, *wie komen* er al vandaag
wer kommt denn alles heute? *Wie zitten* daar voor de deur
welche Leute sitzen dort vor der Thüre? *Wie gaan* er alzoo
mee wer geht denn alles mit?

Das Adjektiv.

§ 383. Wie im Deutschen steht das Adjektiv nur selten
h i n t e r dem Substantiv. Im Ndl. kommt solches nur vor in
einigen stehenden Ausdrücken oder auch wenn dem Adjektiv eine
nähere Bestimmung folgt, z. B. vaderlief lieber Vater, moeder-
lief liebe Mutter, jongenlief lieber Knabe, God almachtig
der allmächtige Gott, de gouverneur-generaal van Indië der
Statthalter der (ndl.) Indischen Kolonien, de Staten-generaal
die Reichsstände; daar gaat de oude moeder, *geleund* op den
arm van hare dochter dort geht die alte Mutter, auf den Arm
ihrer Tochter sich stützend. Wie aus obigen Beispielen hervor=
geht, bleibt das Adjektiv in diesen Fällen unverändert.

§ 384. Steht das Adjektiv mit einem Artikel hinter dem
Substantiv, so wird es gewöhnlich schwach dekliniert, z. B.
Karel *de Stoute* volgde zijnen vader, Philips *den Goeden*,
op Karl der Kühne folgte seinem Vater, Philipp dem Guten,
nach. Der Genetiv wird gewöhnlich umschrieben, ausgenommen
wenn er vor dem bestimmenden Substantiv steht, z. B. Karel —
de — Vijfdes politiek die Politik Karls des Fünften.

§ 385. Einige Adjektive werden nie prädikativ gebraucht:

a) die, welche umschrieben werden können durch den Genetiv des Substantivs, von dem sie gebildet sind, z. B. vaderlandsch vaterländisch, aardrijkskundig geographisch;

b) die, welche mittels **en** oder **sch** von Stoffnamen gebildet sind, z. B. stalen stählern, lakensch tuchen;

c) die, welche von Adverbien auf **—lings**, **—lijks**, **—waarts** abgeleitet sind, z. B. ruggelingsch rücklings, dagelijksch täglich, voorwaartsch vorwärtsgehend;

d) außerdem noch: naburig benachbart, voormalig ehemalig, verleden vergangen, rechter recht, linker link u. e. a.

§ 386.   Andere Adjektive werden nicht attributiv gebraucht, so: afhandig (maken) abhanden, beducht (zijn) besorgt, behept (zijn) behaftet, benieuwd (zijn) neugierig, bestand (zijn) gewachsen, bijster (zijn) verirrt, braak (liggen) brach, gedachtig (zijn) eingedenk, gestand (doen) in: zijn woord (zijn belofte) gestand doen sein Wort (Versprechen) halten, handgemeen (zijn, worden) handgemein, kond (doen) kund, meester (zijn) mächtig.

Aufgaben.

53.

Derjenige würde sehr enttäuscht sein, welcher nach Spanien gehen würde mit (übers.: in) der Hoffnung, dort die üppige Vegetation und die lachenden Landschaften Italiens wiederzufinden. Spanien besitzt keinen der Reize, welche die Einbildung sehr vieler Leute ihm zuschreibt. Es ist im Gegenteil ein Land von einem monotonen und strengen Anblick, reich an weiten baumlosen Ebenen und durchschnitten von kahlen Gebirgen, ein Land, von dem ein Reisender gesagt hat, daß neben ihm sogar die Sandhügel von Brandenburg den Eindruck eines Gartens machen.

Einige Provinzen machen allerdings eine Ausnahme. Es sind dies besonders Andalusien und Valencia, wo man dasselbe Klima, dieselbe Vegetation, dieselbe Fruchtbarkeit findet, wie in Italien. Aber im allgemeinen hat das Land den wilden und einsamen Charakter Afrikas, mehr als denjenigen des südlichen Europa. Was die Einsamkeit der Landschaft noch vermehrt, ist die Abwesenheit von Singvögeln. Es ist dies eine natürliche Folge des Mangels an Hecken und Gebüschen. Die einzigen Vögel, welche man in den Lüften schweben sieht, sind der Adler und der Geier: jene Myriaden kleiner Vögel, welche anderswo die Landschaft beleben, finden sich nur in wenigen Provinzen, und selbst in jenen trifft man sie selten außerhalb der Gärten und Haine, welche die Wohnungen der Menschen umgeben.

54.

In welchem Jahre brach der siebenjährige Krieg aus? — Wer begann diesen Krieg? — Was bestimmte Friedrich den Zweiten zu diesem Angriff? — Durch wen war er von der Koalition benachrichtigt worden, die ihn bedrohte? — Woher empfing er außerdem Nachrichten? — Welche Mächte hatten sich gegen ihn verbündet? — Welchen seiner Feinde griff er zuerst an? — Bis wohin hoffte er in dem Feldzuge des Jahres 1756 zu gelangen? — Was verhinderte das Gelingen seines Planes? — Unter wessen Führung stand das Heer, welches zum Entsatz in Sachsen vorrückte? — In welcher Schlacht wurden die Österreicher geschlagen? — Was geschah nach dieser Schlacht? — Auf welche Weise eröffnete der König den Feldzug des Jahres 1757? — Wen beauftragte er mit der Regierung während seiner Abwesenheit? — Welchem seiner Generale verdankt Friedrich den Sieg bei Zorndorf? — Welches der sieben Jahre des Krieges war für Preußen das unheilvollste? — Wessen Tod rettete Friedrich den Großen in dem Augenblick der größten Gefahr? — Was würde aus Preußen geworden sein, wenn Friedrich der Große seinen Feinden unterlegen wäre?

55.

Ein gewisser Marquis, der an dem Hofe Ludwigs XIV. eine bedeutende Rolle spielte, wünschte zum Mitglied der französischen Akademie gewählt zu werden. Der Sitte gemäß wandte er sich an die verschiedenen Mitglieder, um ihre Unterstützung zu erbitten. Eine vornehme Dame seiner Bekanntschaft unternahm es, für ihn um die Stimme des gefürchteten Boileau zu werben. Sie begab sich zu dem Dichter, und um ihm die Talente ihres adligen Schützlings zu rühmen, zeigte sie ihm ein kleines Gedicht, dessen Verfasser der Marquis war. Kaum hatte Boileau es gelesen, als er ausrief: „Welche alberne Idee? Wenn das der einzige Anspruch des Herrn Marquis ist, so soll er nicht auf mich rechnen. Ich gebe meine Stimme nicht einem Manne, der so schlechte Verse macht, und noch dazu Verse, die eine wenig anständige Moral enthalten." Am Tage der Wahl ging er eigens in die Akademie, um ihm seine schwarze Kugel zu geben. Da ein Akademiker ihm vorstellte, daß der Marquis ein vornehmer Herr sei, welcher mehr Rücksichten verdiente als ein gewöhnlicher Kandidat, so erwiderte Boileau: „Mein lieber (übers.: Werter R.) Kollege, es handelt sich nicht um seinen Adel, sondern um seine Verse. Ich zweifle nicht, daß er ein sehr wackerer Mann ist, aber ich behaupte, daß er ein schlechter Dichter ist, und wenn Sie sein Freund sind, so sollten Sie ihm das sagen. Ein Mann, der nicht wagt, seinen Freunden die Wahrheit zu sagen, ist ein falscher Freund, und ein Mann, welcher alles bewundert an denen, die einen vornehmen Namen tragen, ist in meinen Augen ein armseliger Wicht. Wenn Sie aber den schlechten Geschmack haben, die Verse dieses Herrn aufrichtig zu bewundern, so werden Sie mir ein großes Vergnügen machen, indem Sie die meinigen verachten."

Gesprek.

Waarom zijt gij gisteren niet op het concert geweest?	Twee oude bekenden van mijn vader kwamen ons bezoeken.
Moest gij daarvoor thuis blijven?	Ja, de oude vrienden van mijn vader zijn ook mijne vrienden.
Waren zij al eerder in Holland geweest?	Neen, zoolang wij in Amsterdam wonen, hebben zij ons nooit opgezocht, zij kenden alleen het oostelijke gedeelte van ons land.
Dan hadden ze zeker heel wat te kijken en te bezien!	Dat kunt gij denken, onze groote waterwerken wekken altijd de bewondering der vreemden op.
Hebt gij hen niet aan het IJ gebracht om het fraaie uitzicht te genieten?	Ja, wij zijn zelfs met een klein bootje tot aan IJmuiden geweest om Amsterdam bij de terugkomst ook van den waterkant te bezichtigen.
Blijven zij nog lang hier?	Ik geloof tot het einde dezer week.
Mocht gij morgen soms geen tijd hebben, dan zal ik gaarne met hen naar het Rijksmuseum gaan, ik moet er toch zijn.	Zeer vriendelijk! Ik zal gaarne van uw aanbod gebruik maken, want ik heb in den voormiddag geen tijd.
Hoe laat zal ik uwe gasten komen afhalen?	Gij kunt komen, wanneer gij wilt; gij weet dat vreemdelingen doorgaans vroeger opstaan dan wij Amsterdammers.

Dreißigste Lektion.

Peter de Groote op de werf der Oost-Indische Compagnie.

Peter kon den spijt niet verbergen, dat hij zijn oogmerk, in *Zaandam* onbekend en in stilte op eene werf te leven en te werken, had zien mislukken. Hij wilde zijn voornemen, zelf den scheepsbouw als timmerman practisch te leeren, niet opgeven. Daar Witsen destijds Bewindhebber der *Oost-Indische Compagnie* was, is de reden niet verre te zoeken, waarom hij te rade werd, heeren Bewindhebberen te verzoeken, dat men hem eene woning op hunne werf toestond, een door het beginnen en aftimmeren van een nieuw galjoot of fregat, hem gelegenheid zou geven, om alles, wat tot het bouwen van een schip vereischt wordt, te kunnen gadeslaan.

Reeds op den negenentwintigsten der maand Augustus werd dit voorstel door den tolk van den Czaar, den Luitenant van der Hulst, uit naam van het groote Gezantschap, in eene buitengewone vergadering van Bewindhebberen gedaan en met de meeste heuschheid ingewilligd.

Peter vond de woning op de werf zeer naar genoegen en betrok haar met een klein gevolg, waaronder zekere Prins Bagration was, en vermoedelijk ook Graaf Peter Apraxin, later Opper-Admiraal van Rusland. De eerste maakte zich bijzonder bemind door zich in alle deelen naar de begeerte van den Czaar te schikken. Hij was zeer nauwlettend op alles, wat hij zag of hoorde, zoodat hij al de kunsttermen van scheepsbouw en zeevaart weldra van buiten kende. Ook aan boord van den boeier was hij eerlang een kundig en handig schipper.

Das Zeitwort.

I. Modale Zeitwörter.

§ 387. **Kunnen** (f. § 291) entſpricht a) dem deutſchen **können**; b) dem deutſchen **mögen** in einigen Konzeſſivſätzen, z. B. dat kan wel waar zijn das mag wohl wahr ſein, hij kan een eerlijk man zijn er mag ein ehrlicher Mann ſein; vgl. es **mochten** etwa zwei Jahre vergangen ſein er waren misschien twee jaren verloopen.

§ 388. **Zullen** (f. § 292) drückt wie **werden** die reine Zukunft aus, z. B. ik zal spoedig bij u komen ich werde bald zu Ihnen kommen. Im Deutſchen ſteht bisweilen **wollen** ſtatt werden, um den Willen des Sprechenden auszudrücken; vgl. wollen wir jetzt nach Hauſe gehen *zullen* wij nu naar huis gaan? Ich will Ihnen mal erzählen, wie das alles ſo gekommen· iſt ik *zal* U eens vertellen, hoe dat zoo gebeurd is.

Der Futur des Infinitivs wird ausgedrückt durch te **zullen**, z. B. wij beloofden, morgen *te zullen* komen wir verſprachen, morgen kommen zu wollen, hij vreesde, spoedig *te zullen* sterven er fürchtete, bald sterben zu müſſen.

Zullen entſpricht auch dem deutſchen **sollen** a) in Befehlſätzen, z. B. gij zult niet stelen du ſollſt nicht ſtehlen, gij zult doen, wat ik u zeg du ſollſt thun, was ich dir befehle;

b) wenn eine Absicht, eine Verabredung angedeutet werden soll: wij zouden samen naar de kermis gaan wir sollten zusammen zur Kirmes gehen, er zou van avond gespeeld worden es sollte heute abend gespielt werden.

§ 389. **Mogen** (s. § 293) bezeichnet a) den Willen eines andren, z. B. gij moogt heden uitgaan du darffst (magst) heute ausgehen, hij mag dat niet doen er darf das nicht thun;

b) den Willen des Sprechenden: ik mag aan geen oorlog denken ich mag an keinen Krieg denken, ik mag zulke boeken niet lezen oder ik heb geen lust zulke boeken te lezen ich mag solche Bücher nicht lesen;

c) eine Hypothese, z. B. mocht hij niet thuis zijn, kom dan bij mij sollte er nicht zu Hause sein, so komme zu mir, mocht dat waar zijn, wees dan voorzichtig sollte dieses wahr sein, so sei vorsichtig;

d) einen Wunsch: moge hij toch slagen gelänge es ihm doch! Moge hij steeds zoo gezond blijven bliebe er doch immer so gesund!

e) ein Mißlingen, eine Fruchtlosigkeit: niets heeft hem mogen baten es hat ihm alles nichts genützt, het heeft niet mogen zijn es hat nicht sein sollen.

§ 390. **Durven** (s. § 297) hat meistens die Bedeutung von **wagen, sich getrauen**, welche im Deutschen nur selten durch **dürfen** ausgedrückt wird, z. B. hij durft 's avonds niet alleen uitgaan er getraut sich nicht, abends allein auszugehen, zulke menschen durven alles zeggen solche Leute wagen es, alles zu sagen.

Vereinzelt kommt **durven** vor in der Bedeutung von **wollen**: ik *durf* wedden, dat hij zich vergist heeft ich will wetten, daß er sich geirrt hat.

§ 391. **Moeten** (s. § 295) entspricht a) dem deutschen **müssen**, z. B. ik moet nog vele brieven beantwoorden ich muß noch viele Briefe beantworten;

b) dem deutschen **sollen** in Befehlsätzen, z. B. de bediente *moet* naar de post gaan der Bediente soll zur Post gehen, kinderen *moeten* hunne ouders eeren Kinder sollen ihre Eltern ehren; vgl. *zullen*;

c) dem deutschen **sollen** = man behauptet, man will u. s. w., z. B. deze stad moet zeer gezond zijn diese Stadt soll sehr gesund sein, hij moet er bij geweest zijn er soll mit dabei gewesen sein.

§ 392. **Willen** (f. § 296) entspricht dem deutschen **wollen** nur in der gewöhnlichen Bedeutung (den Willen haben), z. B. de koning wil het land verlaten der König will das Land verlassen; mijne vrienden wilden alle meegaan meine Freunde wollten alle mitgehen.

Die Konditionalform: ik zou willen entspricht der deutschen Konjunktivform von mögen: ich möchte, z. B. ik zou wel willen uitgaan, maar ik heb geen tijd ich möchte wohl ausgehen, allein ich habe keine Zeit. Vgl. auch zullen und durven.

§ 393. **Laten** entspricht dem deutschen **lassen,** z. B. laat wat papier halen laß ein wenig Papier holen, laat mij maar begaan laß mich nur gewähren, hij laat (= doet) zijn huis verbouwen er läßt sein Haus umbauen.

Wenn *laten* eine Anregung oder eine Zustimmung andeutet, so kann es einen Nominativ nach sich haben, z. B. laat *ik* niet te veel zeggen laß mich nicht zuviel sagen! Laten *wij* ons daaraan niet storen kümmern wir uns nicht darum, laat *hij* komen, als hij kan laß ihn kommen, wenn er kann.

In diesen Beispielen bildet *laten* mit dem nachfolgenden Zeitwort eine Art Optativform. *Laten* kann jedoch auch dienen zur Bildung eines Imperativs und dann folgt ein Akkusativ, z. B. laat *mij* naar huis gaan, het uur is om laß mich nach Hause gehen, die Stunde ist herum.

§ 394. **Weten** (f. § 294) wird wie das deutsche **wissen** selten als Modalhilfszeitwort gebraucht. Gewöhnlich hat es einen Infinitiv (f. dort) mit te nach sich, außer etwa in Sätzen wie: wij *weten* hem wonen (auch te wonen), *weet* gij het liggen (auch te liggen)?

II. Reflexive Zeitwörter.

§ 395. Einige Zeitwörter kommen wie im Deutschen nur als Reflexive vor, sie sind rein reflexiv, z. B. zich aanstellen sich stellen, zich afgeven (inlaten) sich abgeben, zich belgen (ergeren) sich ärgern, zich behelpen sich behelfen, zich bekommeren sich bekümmern, zich beroepen sich berufen, zich bevinden sich befinden, zich bezinnen sich besinnen, zich erbarmen (ontfermen) sich erbarmen, zich gedragen sich betragen, zich haasten sich beeilen (haast u langzaam eile mit Weile), zich herinneren sich erinnern, zich houden f. gehaben (hou je goed gehab dich wohl!), zich onthouden sich enthalten, zich ontspannen sich erholen, zich ontzetten over iets sich ent-

setzen über etwas, zich ontzien (mit te und Infinitiv) sich
scheuen (hij ontziet zich niet al zijne vrienden om geld
te vragen er scheut sich nicht, all seine Freunde anzubetteln),
zich schamen sich schämen, zich schikken (voegen) sich schicken
(bequemen, fügen), zich toedragen sich ereignen, zich toeleg-
gen (op) sich befleißen, zich vergissen sich irren, zich ver-
meten sich vermessen, zich veroorloven sich erlauben, zich verstouten sich erkühnen, zich verwonderen sich wundern, zich
voordoen sich stellen (auch sich ereignen), zich wegpakken sich
scheren oder trollen, zich weren (verweren) sich wehren, zich
in acht nemen sich in acht nehmen (sich vorsehen), zich driftig
(warm) maken sich ereifern.

§ 396. Einige deutschen reflexiven Zeitwörter gehen der Ndl.
Sprache ab, oder sind nur in gewissen Bedeutungen reflexiv:
sich ausbitten verzoeken (om iets), sich bewerben (um) staan
oder dingen (naar), sich drücken wegsluipen, sich eignen geschikt zijn, sich entschließen besluiten, sich ereignen gebeuren,
sich ergeben (aus etwas) volgen, sich (Rats) erholen (raad) inwinnen, sich erkälten kou vatten, sich erkundigen vragen (naar)
oder inlichtingen inwinnen (omtrent), sich fürchten bevreesd
zijn, sich gedulden geduld hebben, sich getrauen durven, sich
grämen [1]) kniezen, sich räuspern kuchen oder rochelen, sich
sehnen reikhalzen oder smachtend verlangen, sich sträuben [2])
tegenstribbelen oder tegenspartelen, sich (etwas) verbitten
verzoeken om van iets verschoond te blijven, sich verbeugen
buigen oder eene buiging maken, sich verlaufen 1° weg-
loopen oder vallen (vom Wasser), 2° verloopen [3]), 3° verdwalen (fehl gehen), sich verlohnen loonen, sich verstehen s. § 366,
sich weigern weigeren oder weigerachtig zijn, sich ziemen
betamen.

§ 397. Wie im Deutschen werden viele transitiven oder intransitiven Zeitwörter reflexiv gebraucht, z. B. zich baden,
zich wasschen, zich kleeden. Vgl. sich ändern veranderen,
sich drängen dringen, sich enden oder endigen eindigen, sich
erzürnen boos (toornig) worden, sich finden voorkomen, gevonden worden, es fragt sich het is de vraag of, sich legen
gaan liggen (der Wind legt sich de wind gaat liggen), sich
nahen oder nähern naderen, sich ruhen uitrusten, sich (davon)

---

1) Sich zu Tode grämen zich dood kniezen.

2) Seine Haare sträubten sich zijne haren rezen te berge.

3) De soldaten verliepen; een verloopen (verkommener) kerel.

schleichen wegsluipen, sich umschlagen verkeeren, sich versammeln vergaderen (bijeenkomen), sich verweilen verwijlen (vertoeven), sich zeigen blijken.

§ 398. Die ndl. reflexiven Zeitwörter können nicht in die passive Form gesetzt werden, mithin darf statt des Passivums nicht die aktive Form mit sich angewandt werden, wie solches im Deutschen (und mehr noch im Frz.) vorkommt, z. B. der Räuber verlor sich bald in der Finsternis de roover was spoedig in de duisternis verdwenen (uit het oog verloren), das ändert sich leicht dat wordt gemakkelijk veranderd, ein solches Unglück trägt sich leicht zulk een ongeluk wordt gemakkelijk gedragen, so etwas vergiebt sich leicht zoo iets wordt gemakkelijk vergeven.

§ 399. In der Poesie findet man bisweilen reflexive statt intransitiver Zeitwörter, wenn der Dichter leblose Gegenstände als Personen aufführt, z. B. de velden *tooiden zich* = begonnen te bloeien (Bilderdijk) die Felder schmückten sich, en als *zich* 't hok *ontsluit* = opengaat und als der Zwinger sich öffnet (aufthut). So auch in Ausdrücken wie: de deur *opende zich* = ging open die Thüre öffnete sich (nicht: ward geöffnet), het kwaad *straft zich* zelf das Übel straft sich selbst (nicht: wird bestraft).

§ 400. In Sätzen wie: dat laat zich wel hooren das läßt sich wohl hören, dat laat zich beter gevoelen dan beschrijven das fühlt sich besser, als es sich beschreiben läßt, dat laat zich gemakkelijk verklaren das erklärt sich leicht, wird kein passiver Begriff ausgedrückt; es heißt in obigen Sätzen nicht: kan gehoord, gevoeld, beschreven, verklaard worden, sondern: laat toe erlaubt; vgl. hij laat zich bedriegen er läßt sich betrügen = laat het bedriegen van zich zelf toe.

Aufgaben.

56.

Werter Freund!

Du wirst wahrscheinlich von meinem Vater schon vernommen haben, daß ich zur Wiederherstellung meiner Gesundheit ꝛc. auf einige Zeit verlassen muß. Ich möchte am liebsten den Winter in Süd-Deutschland zubringen, das Klima soll dort ein sehr mildes sein. Der Arzt hat mir Heidelberg empfohlen, weil man dort gegen den kalten Nordwind geschützt ist. Ich darf aber noch nicht auf Reisen gehen, weil ich noch zu schwach bin und das Wetter sehr ungünstig ist. Sollte es irgendwie möglich sein, so gehe ich doch Ende dieses Monats von hier weg, ich mag nun nicht länger in dieser ungesunden Gegend bleiben. Weißt Du vielleicht, wie man die Reise nach H. am besten macht? Ich will den ersten Tag nur bis Köln reisen, sonst ermüde ich mich zuviel. Solltest Du Zeit haben, mich vor meiner Abreise noch einmal zu besuchen, dann könnten wir manches besprechen, was ich Dir sonst schreiben muß. Die Bücher, welche ich noch von Dir habe, will ich Dir morgen zurückschicken. Die meinigen darfst du so lange behalten, wie Du willst, vor meiner Rückkehr brauche ich sie doch nicht. Hast Du in letzter Zeit noch etwas von unserem Freunde N. gehört? Ich will wetten, daß er mir ein wenig böse ist, weil ich seinen letzten Brief so lange unbeantwortet ließ. Er sollte aber einsehen, daß ein Kranker wenig Lust zum Schreiben hat, übrigens hat der Arzt mir jede Arbeit verboten; ich durfte nicht einmal die Zeitung lesen. Wie ich gehört habe, hat er sein Haus umbauen lassen. Ist Dir das bekannt? Der Vater wollte ja alles beim alten lassen und sollte der nun so große Änderungen erlaubt haben? Schreibe recht bald. Mit vielen Grüßen

X., den 15. April 1890.						Dein
												N.

57.

Wer nicht malen kann, soll Farben reiben. — Wer A sagt, muß auch B sagen. — Wer einen Bauer betrügen will, muß einen Bauer mitbringen. — Niemand kann zwei Herren dienen. — Wer den Zweck will, muß auch die Mittel wollen. — Sage mir, mit wem du umgehst, und ich will dir sagen, wer du bist. — Man muß die Bärenhaut nicht verkaufen, ehe der Bär gestochen (übers.: gefangen) ist. — Schlafende Hunde soll man nicht wecken. — Wer nicht hören will, muß fühlen. — Wenn der Hund wacht, darf der Hirt schlafen. — Es lacht mancher, der lieber weinen möchte. — Ein Thor, der fragen darf, sieht gescheiter aus, als ein Gescheiter, der antworten muß. — Was ein guter Haken werden will, krümmt sich bei Zeiten. — Die linke Hand soll nicht wissen, was die rechte thut. — Der Fisch will schwimmen. — Gute Ware lobt sich selbst. — Man kann nicht vom Winde leben. — Das schwerste muß am schwersten wiegen.

58.

Weißt du, ob unser Freund sich um die Stelle im Haag beworben hat? — Nein, ich glaube, er hat sich noch nicht entschließen können. — Aus den letzten Nachrichten ergiebt sich, daß schon viele Bewerber sich angemeldet haben. — Ich glaube, er will zuerst noch zu seinem Oheim reisen, um sich Rats zu erholen. — Wenn dieser es ihm abrät, soll er sich nur nicht sträuben, und sich nicht weigern, das zu thun, was der alte Mann haben will. — Wir wollen uns schleunigst mal erkundigen, ob er auch in diese Stadt kommt, ich sehne mich nach einem gemütlichen Zusammensein. — Es fragt sich, ob er Zeit hat, uns zu besuchen, und wenn er nicht ein paar Tage bleiben kann, verlohnt es sich kaum der Mühe, einen so weiten Umweg zu

machen. — Das versteht sich. — Wollen wir sofort zum Telegraphen=
amt gehen? — Mir recht, nimm deinen Schirm mit, wenn der
Wind sich legt, bekommen wir Regen. — Ich hoffe nur, daß das Wetter
sich jetzt nicht ändern wird. — Ich wundere mich nur, daß es noch
nicht geregnet hat. — Weißt du, wo unser Freund eben jetzt sich
befindet, ich erinnere mich seiner Adresse nicht. — Besinne dich nur,
ist er nicht in Arnheim? — Du hast recht, das hat er auch ge=
schrieben. — Komme rasch, wir müssen uns beeilen. — Wieviel Leute
am Telegraphenamt stehen! Sollte sich etwas Besonderes ereignet
haben. — Das scheint so, wir haben aber keine Zeit, uns um die
Leute zu kümmern. — Wenn du so wenig Zeit hast, gehe lieber nach
Hause, ich werde schon alles besorgen. — Wenn du willst, recht
gern, besten Dank für die Mühe. Auf Wiedersehen. — Gehab dich
wohl, bester Freund.

Gesprek.

Wat dunkt u, zal het concert van avond doorgaan?	Ik denk het wel, het weer laat ten minste niets te wenschen over.
Zult gij er heengaan?	Ik zou wel graag willen, maar ik weet niet of ik er tijd voor zal hebben.
Als gij gaat, mag ik u dan vergezellen?	Het zal mij een bijzonder genoegen zijn: kunt gij wachten tot ik u kom afhalen?
O ja, maar een ding moet ge mij beloven; gij moogt geen kaartje voor mij nemen, ik wil zelf betalen, anders ga ik niet mee.	Zooals gij verkiest; maar het is niet waard om er over te spreken.
Wij zullen wel bijtijds moeten gaan, want het zal verbazend vol zijn.	Dat denk ik ook. Zouden wij ook eene paraplu(ie) mee moeten nemen?
Wel neen, de lucht is zoo helder mogelijk, er zal bepaald geen regen komen.	Nu ik mag het lijden, het zou niet prettig zijn door een regenbui overvallen te worden.
Wij willen het beste hopen! Nu tot van avond dan.	Mocht ik soms verhinderd zijn, dan laat ik het u bij tijds weten.
Ik hoop, dat dit niet het geval zal zijn, adieu!	Tot ziens! Tot van avond!

Einunddreißigste Lektion.

Peter de Groote op de werf der Oost-Indische Compagnie. (Slot.)

In het eerst werd de tafel van den Czaar door den
kastelein van het Heeren-logement bediend, dan Peter

verdroot dit spoedig, en hij hield zijn eigen huishouding.
Gewoon vroeg op te staan, had hij voor het middagmaal
geen vasten tijd, maar at, wanneer hij honger had; hij
stookte dan zelf zijn vuurtje en kookte zelf den pot. In
alles leefde hij aldaar als scheepstimmerman en verkoos
Pieter Timmerman van Zaandam genoemd te worden.
In het jaar 1754 leefde er nog een geloofwaardig com-
mandeur, die verhaalde, dat hij den Czaar meermalen, als
werkman gekleed, aan den arbeid gezien had. Kwam er
iemand om hem te spreken, dan ging hij wel, met den
bijl tusschen de beenen, op de kromhouten zitten. Doch
dit moest niet te lang duren, of hij maakte hieraan een
einde, om het hem toevertrouwde hout naar het mal of
model te bewerken. Een zeer aanzienlijk man wenschte
hem eens onbemerkt te zien arbeiden en vervoegde zich
daartoe bij den baas. Deze beloofde, den Czaar door het
noemen van zijn naam te zullen aanwijzen, en het duurde
niet lang, of eenig werkvolk, een zwaar stuk hout dra-
gende, ging hen voorbij. De baas vroeg: „Pieter Timmerman van Zaandam, waarom helpt gij die mannen niet?"
Hij gehoorzaamde aanstonds, zette er zijn schouder mede
onder en bracht het stuk hout, waar het wezen moest.

Men bracht hem hier zoowel als te *Zaandam* in een
goede luim, wanneer men hem eenvoudig *Pieterbuas*
noemde. Hij keerde hun den nek toe, die hem *Uwe
Majesteit* of *Mijnheer* noemden, wanneer hij als scheepstimmerman gekleed was.

In de eerste dagen, dat hij op deze werf was, ontving hij een brief van den Patriarch van Rusland; hij
antwoordde dezen onder anderen, dat hij te Amsterdam
het woord Gods, tot Adam gesproken, volgde: „In het
zweet uws aangezichts zult gij uw brood eten."

(Jac. Scheltema.)

Das Zeitwort. (Schluß.)

III. Transitive und intransitive Zeitwörter.

§ 401. Weitaus die meisten Zeitwörter, welche im Deutschen
transitiv sind, sind dies auch im Ndl. Einige ursprünglich intransitiven Zeitwörter sind jedoch allmählich transitiv geworden,
z. B. helpen helfen, volgen folgen, ontmoeten begegnen: hij
volgt *hen* und zij worden gevolgd, gij helpt *hen* und zij
worden geholpen, ik ontmoette *hen* und zij werden ontmoet.

Andere Verba, wie: baten frommen, schaden. gehoorzamen gehorchen, gelukwenschen gratulieren, sind als Aktiva
meistens noch intransitiv, im Passivum werden sie aber als transitiv behandelt, z. B. *de* koning (statt *den*) werd gehoorzaamd
dem König ward gehorcht, *de* jarige (statt *den*) werd geluk-
gewenscht man gratulierte ihm zu seinem Geburtstage. — In
der Konversationssprache hört man sogar: *hij* werd in de rede
gevallen (= ihm wurde in die Rede gefallen) er ward unter-
brochen, *hij* werd lastig gevallen er ward belästigt.

§ 402. Viele mit einer Präposition zusammengesetzten Verba,
die ehemals den Dativ regierten, werden jetzt transitiv und passiv
gebraucht, so: aankijken ansehen, aanstaren fixieren, aanvallen
angreifen, achternaloopen hinterherlaufen, bijstaan beistehen,
doorwaken durchwachen, nakijken nachsehen, naleven nachkommen, naschreeuwen nachschreien, overvallen überfallen, voor-
bijgaan vorübergehen, voorkomen zuvorkommen.

Beispiele: hij werd aangekeken, aangestaard, aangevallen, achternageloopen, nagekeken, nageschreeuwd, overvallen, voorbijgegaan, de nacht werd doorwaakt, de be-
palingen der wet werden getrouw nageleefd man kam den
Bestimmungen des Gesetzes treu nach, zulke ongelukken moesten voorkomen worden solchen Unglücken müßte man vor-
beugen.

§ 403. Wie wir schon gesehen haben, können einige Zeitwörter eine Akkusativbestimmung beim Objekt, also zwei Akkusative
haben. Folgende (vom Deutschen abweichende) Verba haben
jedoch nur ein Objekt:

onderwijzen, leeren (= lehren): de onderwijzer leert *hun*
de taalkunde der Lehrer lehrt sie die Grammatik; aber hij on-
derwijst *hen* in de taalkunde; *vragen* (= bitten), verzoeken
(= einladen): ik vraag (verzoek) *uw vader* op dat feest
ich lade deinen Vater zu dem Feste ein, ik verzoek u binnen
te komen ich bitte Sie, herein zu kommen; — in jeder anderen
Bedeutung haben diese Verba die Person im Dativ bei sich,
z. B. ik vroeg *hun* het geld oder om het geld ich bat sie
um das Geld, ik verzocht *hun* dat voortdurend gelach te
laten ich verbat mir das fortwährende Lachen; *kosten*: deze
boeken kosten *hun* veel geld diese Bücher kosten sie vieles
Geld, dat kost *hun* moeite das kostet sie Mühe.

Übereinstimmend mit dem Deutschen sind u. a. betalen und
roepen: eene rekening betalen eine Rechnung bezahlen, ik

heb *hen* betaald ich habe sie bezahlt, ik heb *hun* de rekening
betaald ich habe ihnen die Rechnung bezahlt; ik riep *hen* ich
rief sie, ik riep *hun* toe door te gaan ich rief ihnen zu,
weiter zu gehen.

§ 404. Verba, welche aus einem einfachen intransitiven Verb
und einer Präposition bestehen, können kein Objekt haben, wohl
aber eine durch die Präposition regierte Bestimmung, z. B. hij
sprong *de koets* uit er sprang aus dem Wagen heraus, Jan
is den muur overgeklommen der Johann ist über die Mauer
geklettert, ze wandelen *den singel* om sie spazieren um den
Ringgraben herum.

In den Zusammensetzungen mit **ont—** und **toe—** hat sich der
Dativbegriff meistens noch lebendig erhalten: het kind is *hun*
gisteren ontloopen das Kind ist ihnen gestern entlaufen, wij
knikten *hun* vriendelijk toe wir nickten ihnen freundlich zu.

§ 405. Die oben erwähnten Akkusativbestimmungen finden
sich auch bei transitiven Verba, z. B. hij joeg mij *de deur* uit er
jagte mich zur Thüre hinaus, wij brachten u *het huis* door
wir führten Sie durchs Haus, er kwamen drie ruiters *de
poort* binnen es kamen drei Reiter zum Thore herein.

Das Prädikatwort.

I. Das Substantiv als Prädikatwort.

§ 406. Mit dem Subjekt kann ein Substantiv oder Pronom
im Nominativ verbunden werden, sowie auch mit dem Objekt
im Akkusativ, z. B. hij is, wordt, schijnt, blijft *mijn vriend*
er ist, wird, scheint, bleibt mein Freund, hij heet *Willem* er
heißt Wilhelm, deze jongen wordt *een domoor* genoemd
dieser Knabe wird ein Dummkopf genannt, uw broeder is benoemd (aangesteld) als *officier* dein Bruder ist ernannt zum
Offizier, de advocaat is als *voorzitter* gekozen der Advokat
ist zum Präsidenten erwählt worden; — deze soldaat heeft
zich *een flinken vent* getoond dieser Soldat hat sich als einen
tüchtigen Kerl gezeigt, wij vinden, achten, rekenen dien
jongen *een grooten gek* wir halten diesen Knaben für einen
großen Narren, men heet, noemt hem eenen geleerde man
heißt, nennt ihn einen Gelehrten, hij teekent zich Muller er
schreibt sich Müller, ik prijs, acht, eer, bemin u als *mijn
weldoener* ich preise, achte, verehre Sie als meinen Wohlthäter,
men doodverft den heer M. als *mijn opvolger* man bezeichnet
Herrn M. als meinen Nachfolger.

§ 407. Das Substantiv wird als Prädikatwort gewöhnlich mittels der Konjunktion **als** mit dem Subjekt oder Objekt verbunden, ausgenommen mit den Zeitwörtern: worden, zijn, blijven, schijnen, blijken oder lijken scheinen; zich toonen sich zeigen, zich betoonen sich erweisen, zich teekenen sich unterschreiben; heeten heißen, noemen nennen, doopen taufen, achten (= rekenen halten für, achten als = ehren), vinden finden, rekenen halten für, schatten schätzen, maken machen.

Bei den Zeitwörtern, welche die Bedeutung haben von „ernennen, einsetzen in ein Amt, wählen", wird **als** häufig ersetzt durch **tot**, das regierte Substantiv ist dann kein Prädikatwort mehr, vgl. ik maak hem *tot mijn oppasser* und ik maak hem *mijn oppasser* ich mache ihn zu meinem Burschen.

§ 408. Auch zu den eigentlichen Bestimmungen kann ein Substantiv als Prädikatwort treten, z. B. dien dag als *den tijd* van rust wordt er door niemand gearbeid keiner arbeitet an dem Tage, als der Zeit der Ruhe, men brengt hem *als vorst* alle hulde man huldigt ihm als Fürsten in jeder Hinsicht, zij werden door hem *als voorzitter* benoemd tot leden van het comité sie wurden von ihm als Präsidenten zu Mitgliedern des Ausschusses ernannt.

§ 409. Das Substantiv muß als Prädikat im Kasus übereinstimmen mit dem Worte wozu es gehört; vgl. obige Beispiele.

§ 410. Abweichend vom Deutschen kommt mit den reflexiven Zeitwörtern zich toonen sich zeigen, zich betoonen sich beweisen das Prädikatwort nur im Akkusativ vor, z. B. hij toont zich een groot*en* kenner van muziek er zeigt sich als **ein (einen)** Kenner der Musik.

§ 411. Zu dem Geschlecht und der Zahl des Subjekts oder Objekts stimmt das Prädikatwort nicht immer, z. B. hij is mijne toevlucht er ist meine Zuflucht, de ministers zijn vaak de rechterhand van den koning die Minister sind häufig die rechte Hand (Stütze) des Königs. Man soll aber sagen: men noemt de luiheid *de moeder* (nicht *den vader*) van alle kwaad man nennt die Faulheit die Mutter alles Übels.

II. Das Adjektiv und das Partizip als Prädikatwort.

§ 412. Ein Adjektiv oder Partizip kann dem Substantiv beigefügt werden, um anzudeuten, wie der Zustand des Subjekts oder Objekts ist oder wird, z. B. zijn vader wordt *oud* sein Vater wird alt, de kerk loopt *leeg* die Kirche leert sich, zij

gaat *dood* sie liegt in den letzten Zügen, *kermend* viel de
soldaat op den ground ächzend fiel der Soldat zu Boden,
geschild zijnde wordt de appel in stukken gesneden geschält wird der Apfel in Stücke geschnitten; — hij toont zich
verstandig er zeigt sich vernünftig, wij hebben ons *moe* ge-
loopen wir haben uns müde gegangen, wij vonden den soldaat *stervend* wir fanden den Soldaten sterbend, *geschild*
zijnde werpt men de appels in kokend water geschält wirft
man die Äpfel in siedendes Wasser.

§ 413. Das Adjektiv und Partizip stimmt als Prädikatwort
in allem überein mit dem Worte wozu es gehört. Da jedoch
das prädikativ gebrauchte Adj. und Part. unverändert bleibt, ist
die Form stets dieselbe. Daher: *zij is dat vak geheel en al
meester* sie ist mit diesem Fache ganz und gar vertraut, *de
vijanden* zijn den wal *meester* die Feinde haben den Wall
in ihrer Macht; — das Wort *meester* ist in dieser Bedeutung
ein Adjektiv.

Die Apposition.

§ 414. Die Apposition (appositie, bijstelling) steht wie
im Deutschen im selben Kasus als das Wort wozu sie gehört,
z. B. Balthazar Gerards heeft Willem, *den vader* des Vaderlands, vermoord B. G. hat Wilhelm, den Vater des Vater-
landes (W. den Verschwiegenen), ermordet.

Man denke daran, daß die im Ndl. gebräuchliche Umschreibung des Genetivs mittels *van* stets eine Apposition im
Akkusativ fordert, z. B. de daden van Karel *den Stouten*
die Thaten Karls des Kühnen.

Wenn die Apposition im Genetiv ein Eigenname ist und
hinter dem bestimmenden Worte steht, so bleibt dieselbe unverbogen, z. B. de zaak des heeren Koopman das Geschäft des
Herrn K.; aber: *Oom Willems* kinderen Onkel Wilhelms Kinder, *Tante Maries* boeken Tante Mariens Bücher.

Aufgaben.

59.

Gestern begegnete ich zwei alten Bedienten meines Vaters.
Beide baten mich, ihnen zu helfen, da sie das ersparte Geld verloren haben. Sie sind einem Schwindler in die Hände gefallen und
besitzen nun keinen Gulden mehr. Wenn du mir eine kleine Summe
schicken wolltest, könnten wir zusammen den armen Leuten helfen.
Du weißt ja, daß sie sich immer (als) ehrliche und anständige Be-

diente gezeigt haben. Sie werden uns stets als ihre größten Wohlthäter beschauen, wenn wir ihnen jetzt beistehen. Ich möchte den
Jüngern gern zu meinem Knecht machen, wenn ich nicht schon einen
guten hätte (Ind.). Kannst du ihn vielleicht brauchen?

Weiter möchte ich dich fragen, ob du die Adresse des Herrn
N., des Bürgermeisters von X., kennst; er soll zum Mitglied der
„Zweiten Kammer" gewählt worden sein. Ich werde ihm gratulieren, so bald ich seine Adresse bekommen habe. Herr N. ist ein
alter Bekannter von mir, mit dem ich vor vielen Jahren in Paris
war, er hat sich dort (als) einen großen Kenner der Kunst erwiesen
und diese später stets beschirmt. Er ehrte jeden guten Maler als
einen Priester der Kunst und schätzte sich glücklich, mit jedem bekannt zu werden, den er dafür hielt. Sein Kunstsinn hat ihn, wie
du leicht denken kannst, viel Geld gekostet, allein dies halte ich doch
für die beste Art, sein großes Vermögen anzuwenden.

60.
Das Rotkehlchen.

Ein Rotkehlchen kam in der Strenge des Winters an das Fenster
eines frommes Landmanns, als ob es gern hinein möchte. Da
öffnete der Landmann sein Fenster und nahm das zutrauliche Tierchen freundlich in seine Wohnung. Nun pickte es die Brosamen
und Krümchen auf, die von seinem Tische fielen. Auch hielten die
Kinder des Landmanns das Vöglein lieb und wert. Aber als nun der
Frühling wieder in das Land kam, und die Gebüsche sich belaubten,
da öffnete der Landmann sein Fenster, und der kleine Gast entfloh
in das nahe Wäldchen und baute sein Nest und sang sein fröhliches
Liedchen.

Und siehe, als der Winter wiederkehrte, da kam das Rotkehlchen abermals in die Wohnung des Landmanns und hatte sein
Weibchen mitgebracht. Der Landmann aber samt seinen Kindern
freuten sich sehr, als sie die beiden Tierchen sahen, wie sie aus den
klaren Äuglein zutraulich umherschauten. — Und die Kinder sagten:
„Die Vögelchen sehen uns an, als ob sie etwas sagen wollten!"

Da antwortete der Vater: „Wenn sie reden könnten, so würden sie sagen: „Freundliches Zutrauen erweckt Zutrauen, und Liebe
erzeugt Gegenliebe!"

30.
Der beleidigte Elefant.

Die zahmen Elefanten werden häufig zum Wasser getrieben,
um zu trinken und sich durch Baden zu reinigen. Sie thun dies
mit großer Geschicklichkeit, indem sie in den Fluß treten, den Rüssel
mit Wasser füllen, sodann ihn über den Rücken und die Seiten
biegen und das Wasser darüber hinblasen.

In Pondichery, einer Stadt Ostindiens, pflegten mehrere Elefanten vor einem an der Straße gelegenen Schneiderladen vorüber
zum Baden getrieben zu werden. Eines Tages nun legte einer

derselben, vielleicht aus Neugierde oder um eine zufällig dort liegende Frucht zu erhalten, seinen Rüssel auf den offenen Laden. Die Schneider aber prickelten ihm den Rüssel mit Nadeln, ohne zu bedenken, wie gefährlich es sei, ein so großes und starkes Tier gegen sich aufzureizen. Der Führer, welcher die Empfindlichkeit des Elefanten kannte und seinen Zorn fürchtete, trieb die Tiere schnell vorwärts zum Flusse. Sie badeten sich wie gewöhnlich. Jener beleidigte Elefant aber sammelte, nachdem er seinen Durst gelöscht, eine große Menge von Wasser und Schlamm in seinem Rüssel, der mehrere Eimer fassen kann. Als er nun auf dem Rückwege wiederum zu der Schneiderwerkstatt kam, überschüttete er seine Necker mit dem ganzen Strom der dazu aufbehaltenen Flüssigkeit. Die Schneider konnten sich freuen, daß ein so starkes Tier die unbedachte Neckerei nicht härter bestraft hatte.

Gesprek.

Eindelijk zijn wij te Hannover! In welk hotel zullen wij gaan?

Kent gij dat of heeft iemand het u aanbevolen?

Mij dunkt, het best zijn wij in Kastens Hotel.

Neen, ik kan uit ondervinding spreken, ik heb daar ook eenige jaren geleden gelogeerd.

Is het gunstig gelegen en niet te duur?

Het ligt vlak bij den stadsschouwburg en niet ver van het station.

En de prijzen? Zijn die er niet verbazend hoog? En dan nog de vele fooien?

Die zijn er niet hooger dan in een ander goed hotel, daarenboven is het fooienstelsel daar afgeschaft.

Nu, dat is veel waard, want al die fooien bedragen samen heel wat en dan nog waarvoor geeft men ze eigenlijk?

Is het ver?

Laten wij dan onze koffers afgeven en te voet gaan.

Gij gaat dus mee naar Kasten's Hotel; daar staat de hotelwagen of wilt gij liever te voet gaan?

Neen, het is vlak bij.

Mij goed; eer wij verder gaan, moet gij het station eens goed bezien; is het niet een prachtig gebouw?

Werkelijk, dat was mij zoo even niet eens opgevallen. Het is prachtig en tevens naar het schijnt zeer doelmatig.

Daar zie ik reeds den grooten schouwburg.

Ja en dat kan men niet van alle groote gebouwen zeggen. Zie zoo nu deze straat door en dan links om.

Welnu, dan zijn wij ook aan ons Hotel.

Zweiunddreißigste Lektion.

Van Amsterdam naar Batavia.

Beste Vriend!

Eerst gisteren aan wal gestapt, haast ik mij toch mijn gegeven woord gestand te doen en u een verslag te zenden van mijn reis. Daar ik het gaarne nog per eerst-vertrekkende mailboot verzenden wil, zal ik niet zeer uit-voerig kunnen wezen.

Zaterdag, den 6^{den} October ging ik 's morgens tegen tien uren te Amsterdam aan boord van de mailboot *Hollandia*. Het was een fraai ijzeren schroefstoomschip, twee duizend achthonderd ton metende, met eene machine van vijfhonderd paardenkracht nominaal. Als een der snelvarendste booten der Maatschappij, had deze reeds tal van gelukkige reizen gedaan. De kapitein, een bevaren zeeman, was een allergezelligst mensch.

Na eenige minuten van heen— en weergeloop, ver-ward gedruis en beweging, werden de kabels, die ons aan den oever hielden, losgegooid en onder het spelen van de muziek, wendde het stoomschip den steven westwaarts om het IJ op te varen.

Links lag daar de stad, met hare kaden vol koop-mansgoederen, haar talrijke steigers, haar massa's huizen. Een menigte kleine stoombooten en schepen passeerden ons en het water bood een allerlevendigst schouwspel aan. Maar spoedig gingen we het kanaal in en de stad ver-dween uit ons oog. De reizigers waren vrij talrijk aan boord. De meesten bleven op het dek om het schilder-achtig gezicht op de stad te genieten.

Nominal- und Verbalrektion.

I. Genetiv.

A. Partitiver Genetiv.

§ 415. Der partitive Genetiv ist im Ndl. nur noch in sehr wenigen Fällen erkenntlich, z. B. een aantal *mijner vrienden* eine Anzahl meiner Freunde. Im gehobenen Stil findet man bisweilen noch alte Reste dieses fast verschwundenen Genetivs, z. B. een dronk (teug) [1] *waters* ein Trunk Wasser,

---

1) In één teug uitdrinken in einem Zuge leeren.

een bete *broods* ein Bissen Brot, eene som *gelds* eine Summe Geldes, een eind *weegs* ein Stück Wegs; — aber: een baal wol ein Ballen Wolle, een pond suiker ein Pfund Zucker, een glas water ein Glas Wasser, een flesch wijn eine Flasche Wein, een vat azijn ein Faß Essig.

Das zweite Substantiv in diesen Beispielen gilt jetzt als Apposition; also: ik drink een glas *rooden* wijn ich trinke ein Glas Rotwein.

§ 416. Außer in der gehobenen Rede findet man den partitiven G. noch bei einigen substantivisch gebrauchten Adjektiven, z. B. iets *goeds* etwas Gutes, veel *kwaads* viel Böses, niet veel *liefs* nicht viel Artiges, weinig *aangenaams* wenig Angenehmes. Statt veel *kwaads* sagt man auch veel *kwaad*.

B. Attributiver Genetiv.

§ 417. Der attributive Genetiv steht meistens hinter dem Worte, von welchem er abhängt, z. B. het huis mijns vaders das Haus meines Vaters; dieser Genetiv wird stets mittels eines Artikels oder Pronoms ausgedrückt, außer etwa in stehenden Ausdrücken, wie: mijn grootvader zaliger (nagedachtenis) der Großvater seliger u. s. w. Eine männliche und sächliche Genetivbestimmung kann jedoch auch vor dem bestimmenden Substantiv stehen, z. B. *mijns vaders* huis; seltener im Plural, z. B. in onzer dagen strijd im Kampfe unserer Tage.

§ 418. Der Genetiv der Eigennamen muß im Ndl. immer vorangehen, vgl. *Frankrijks* rijkdom und der Reichtum Frankreichs, *Willems* huis und das Haus Wilhelms. Auch weibliche Eigennamen und Familiennamen werden in ähnlicher Weise gebraucht, z. B. Johanna's boeken Johannas Bücher, moeders lieveling Mutters Liebling.

§ 419. Der Genetiv der Eigennamen darf also im Ndl. nicht nachstehen wie im Deutschen; **das Leben Jesu, die Gedichte Vondels** müssen also übersetzt werden: het leven van Jezus oder Jezus' leven, de gedichten van Vondel oder Vondels gedichten. Ausnahmen findet man nur in einigen biblischen Ausdrücken, z. B. het rijk Gods das Reich Gottes, de psalmen Davids, de Spreuken Salomo's die Sprüche Salomos u. s. w.

§ 420. Die selbständigen Pronomen und unbestimmten Zahlwörter gehen als attributiver Genetiv voran, z. B. ulieder huis euer Haus, niemands vriend der Freund niemandes, beider

ouders beider Eltern. Ausgenommen sind 1° solche Wörter,
welche mit einem Artikel zusammengesetzt sind, wie degene der=
jenige, dezelfde derselbe, de zulken oder de zoodanigen solche;
2° die substantivisch gebrauchten Possessivpronomina; 3° die
Personalpr. im partitiven Genetiv, z. B. één *uwer* einer von
euch, velen *onzer* viele von uns, zes *hunner* sechs von ihnen.

C. Adjektive mit dem Genetiv.

§ 421. Heutzutage werden nur noch wenige Adjektive mit
dem Genetiv gebraucht und zwar im höheren Stil; sonst regieren
dieselben jetzt den Akkusativ. Beispiele: verkwik u aan zijne
zangen der liefde, *vol gloeds* (Potgieter), erquicke dich an
seinen Gesängen der Liebe, voller Glut; zijne nieuwe jachtge=
zellen waren *der streek onkundig* (Van Lennep), seine neuen
Jagdgesellen waren der Gegend nicht kundig; was hij nog niet
overtuigd, of deze *zijner* wel *indachtig* zoude zijn? (Van
Lennep) war er noch nicht überzeugt, daß dieser seiner schon
eingedenk sein sollte? Hij alleen is *uwer*, gij zijt *zijner
waardig* (Beets), er allein ist deiner, du bist seiner würdig.

Vgl. *desbewust* dessen (der Sache) bewußt,
deskundig der Sache kundig,
een *deskundige* ein Sachverständiger.

§ 422. **Moe** mit dem Gen. heißt müde, ermattet von....:
zwervens moe ermüdet vom Umherschweifen; mit dem Akkusativ
= abhold, abgeneigt: *het zwerven* moe des Umherschweifens
(das Umherschweifen) müde.

§ 423. **Schuldig** kommt mit dem Genetiv nur noch vor in
dem Ausdruck des doods schuldig zijn des Todes schuldig sein;
vgl. *aan* een misdaad schuldig zijn an einer Missethat schuldig
sein. *Schuldig* = zur Zahlung oder Leistung von etwas ver=
pflichtet sein, steht mit dem Akkusativ, z. B. een aanzienlijke
som schuldig zijn eine bedeutende Summe schuldig sein.

D. Zeitwörter mit dem Genetiv.

§ 424. Von den vielen Zeitwörtern, die ehemals den Genetiv
regierten, kommen jetzt in gehobener Rede nur noch vor: ge=
denken gedenken, zich aantrekken sich annehmen, zich be=
kommeren sich kümmern, zich erbarmen oder ontfermen sich
erbarmen, zich herinneren sich erinnern, zich schamen sich
schämen, z. B. wellicht komen zij van tijd tot tijd weder
om *uwer* te *gedenken* (Beets), vielleicht kommen sie zu Zeiten
wieder, um deiner zu gedenken; misschien *herinnerde* hij zich

mijner nog (Van Lennep), vielleicht erinnerte er sich meiner noch; dit schaap behoort aan dengene, die zich *zijner erbarmen* zal (Van Lennep), dieses Schaf gehört dem, der sich dessen erbarmen wird; uit medelijden *trok* ik mij *uwer aan* (Van Lennep), aus Mitleid nahm ich mich deiner an; zoo zullen we *Uwer* ons nooit *schamen* so werden wir uns nie Deiner schämen.

§ 425. Einige von den Zeitwörtern, welche ehemals den G. regierten, sind transitiv geworden; die meisten aber werden jetzt mit einer Präposition gebraucht, z. B. ik kan mij zijnen naam niet meer herinneren ich kann mich seines Namens nicht mehr erinnern, *over* zijn handwerk moet niemand zich schamen seines Handwerks soll sich keiner schämen, de koning ontfermde zich *over* de ongelukkigen der König erbarmte sich der Unglücklichen, de straatjongens beroemde zich op zijn dievenstreken der Gassenjunge rühmte sich seiner Gaunerei.

Aufgaben.

62.

Übersetze folgende Beispiele:

Ein Haufen prächtigen Kornes. Eine Anzahl fröhlicher Kinder. Ein Pfund des besten Zuckers. Ein Glas alten Weines. Laß mir den besten Becher Weins in purem Golde reichen. Du hast des Greuels Hälfte nur erfahren. Einige Ellen des feinsten Tuches. Viel Neues und wenig Angenehmes. Der Reichtum und die Pracht Thüringens. Der Mut Johannas rettete dem König Reich und Krone. Welch ein Gedankenreichtum findet sich in den Werken Goethes! Sei deiner Väter eingedenk! Das ist unsterblich des Liedes wert. Auch du hältst mich der schweren Sünde schuldig? Des langen Haderns endlich müde, versöhnten sich die Brüder. Noch erinner' ich mich heute des halbverbrannten Gebälks. Gedenk', o König, deines edeln Wortes. Einer großen Furcht sind wir entledigt. Hat jemand ein Amt, so warte er des Amtes. Ich pflegte deiner mit weiblich sorgender Geschäftigkeit. Du darfst dich deiner Wahl nicht schämen. Der Naturmensch bedient sich der Hände statt der Gabeln und Messer. Überall sieht er den Tod und freut sich des Bluts und freut sich des heulenden Jammers. Auch ich lebe der Hoffnung, einmal meine heißesten Wünsche erfüllt zu sehen. Jeder darf sich seines Fleißes rühmen. Wie lieb ist es mir, meiner Übereilung sobald gewahr zu werden. Er lebt seines Glückes genießend.

63.

Bonaparte nach dem Sieg bei Arcole.

Nach dem Sieg bei Arcole durchschritt der unermüdliche Bonaparte in der Nacht das Lager. Er bemerkte eine eingeschlafene

Schildwache. Er nimmt ihm leise und ohne ihn zu wecken, das Gewehr weg, steht an seiner Stelle Schildwache und wartet, bis man ihn ablöst. Der Soldat wacht endlich auf. Wie groß ist seine Verlegenheit, als er seinen General in dieser Stellung sieht. Er ruft aus: „Was sehe ich! ich bin verloren!" — Beruhige dich, mein Freund," antwortete ihm der General, „nach so vielen Anstrengungen ist es einem Tapfern, wie du bist, wohl erlaubt, einzuschlafen; aber ein andres Mal wähle deine Zeit besser."

64.
Alexander, König von Macedonien.

Während eines langen und mühsamen Marsches in einer dürren Gegend litten Alexander und seine Armee äußerst von dem Durst. Einige Soldaten, welche auf Entdeckung ausgeschickt wurden, fanden ein wenig Wasser in der Höhlung eines Felsens und brachten es dem König in einem Helm. Alexander zeigte dieses Wasser seinen Soldaten, um sie zu ermutigen, den Durst mit Geduld zu ertragen, weil es ihnen eine benachbarte Quelle ankündigte, aber, anstatt es zu trinken, schüttete er es auf den Boden, vor den Augen der ganzen Armee.

Die Macedonier klatschten dieser heldenmütigen Enthaltsamkeit Beifall, dachten nicht mehr an ihren Durst und sagten dem König, daß er sie überall hinführen könnte, wo er wolle, und daß sie nie müde würden, ihm zu folgen.

65.
Der Löwe und der Hase.

Ein Löwe würdigte einen drollichten Hasen seiner nähern Bekanntschaft. „Aber ist es denn wahr," fragte ihn einst der Hase, „daß euch Löwen ein elender krähender Hahn so leicht verjagen kann?"

„Allerdings ist es wahr," antwortete der Löwe; „und es ist eine allgemeine Bemerkung,. daß wir großen Tiere durchgängig eine gewisse kleine Schwachheit an uns haben. So wirst du zum Beispiel von dem Elefanten gehört haben, daß ihm das Grunzen eines Schweines Schauder und Entsetzen erweckt."

„Wahrhaftig," unterbrach ihn der Hase, „Ja, nun begreife ich auch, warum wir Hasen uns so entsetzlich vor den Hunden fürchten."

Gesprek.

Wel ben je heden nacht ook bij den brand geweest?

Mijn hemel, hoe is dat mogelijk? Hebt je dan de klokken niet hooren luiden?

De brandspuiten waren gelukkig spoedig ter plaatse.

Vlak over de groote kerk, in het meubelmagazijn van X.

Bij den brand vraag je? Ik heb van geen brand gehoord.

Wanneer ik eenmaal vast in slaap ben, word ik van zoo iets niet wakker.

Maar waar dan toch? Vertel mij dat eerst eens.

Dat zal zeker een flinke brand geweest zijn?

14*

Betrekkelijk niet. Door het flinke optreden der brandweer is er veel gered.

Neen, de brand is op zolder begonnen en daar is dan ook alles verbrand; beneden is alleen wat waterschade geleden.

Dat niet, maar er liggen veel spaanders en krullen.

De oorzaak is alsnog onbekend, men vermoedt echter onvoorzichtigheid van een der knechts, die daarboven gerookt heeft.

Gelukkig zijn er geen ongelukken te betreuren en was alles verzekerd.

Is de brand dan niet in het magazijn begonnen? Zijn de meubels niet verbrand?

Hoe is dat mogelijk op zolder, daar zal toch wel niet gewerkt worden?

O, dan is er zeker weer een onvoorzichtigheid in het spel.

Zie je, ik dacht het al. Het rooken moest echter op zoo'n plaats ten strengste worden verboden.

Dat is ten minste nog een geluk bij het ongeluk.

Dreiunddreißigste Lektion.

Van Amsterdam naar Batavia. (Vervolg).

Na te IJmuiden geschut te zijn, kozen wij 's middags het ruime sop, en weldra vloog de boot met volle kracht over de Noordzee, zoodat het niet lang duurde, of wij verloren de vaderlandsche kust uit het gezicht. Gelijk de meeste reizigers begaf ik mij nu naar mijn hut. 's Anderendaags ankerden wij op de reede van Southampton, van waar wij den 10den weer vertrokken na de Indische mail aan boord genomen te hebben. Daar dit gedeelte van mijn reis weinig bijzonders aanbood, zal ik u alleen maar vertellen, dat we den 14den kaap St. Vincent omvoeren en den 18den te Marseille aankwamen. We bleven er net lang genoeg om eenige reizigers aan boord te nemen, die dit gedeelte van hun overtocht over land hadden gedaan om zich in die stad bij ons aan te sluiten.

Den 24sten October waren wij eindelijk op de hoogte van Port-Saïd, aan den ingang van het groote Suezkanaal. Dit grootsche gewrocht van Ferdinand de Lesseps is, wat er ook de gebreken van mogen zijn, van onberekenbaar belang voor de Europeesche handelsvolken, want het 160 kilometers lange kanaal verkort den vroegeren weg van Europa naar Indië om de Kaap de Goede Hoop met de helft. De geheele lengte van het kanaal en zijne wijkplaatsen, de reede en de invaart worden goed bevaarbaar en op de behoorlijke diepte gehouden door op bepaalde tijden vastgestelde uitbaggering en thans is men ijverig bezig met aan de verbetering te arbeiden. Het blijkt niettemin, dat het kanaal niet meer aan de behoeften van de scheepvaart en den wereldhandel, die een steeds aanzienlijker uitbreiding verkrijgen, voldoet. Men denkt er dan ook ernstig over een tweeden zeeweg van de eene naar de andere zee te graven.

Nominal- und Verbalrektion. (Schluß.)

II. Dativ.

A. Adjektive mit dem Dativ.

§ 426. Die Adjektive, welche den Dativ regieren, sind: aangenaam *angenehm*, onaangenaam *unangenehm*, dienstig *dienlich*, eigen *eigen*, eigenaardig *eigentümlich*, gelijk *ähnlich*, ongelijk *unähnlich*, hatelijk *widrig*, lief *lieb*, nadeelig *nachteilig*, nuttig *nützlich*, vijandig *feind*, voordeelig *vorteilhaft*, vreemd *fremd*, welgevallig *wohlgefällig*, welkom *willkommen*.

§ 427. Der Dativ einiger Adjektive (nicht aller) kann umschrieben werden, z. B. eigen, gelijk, ongelijk, welgevallig *aan*; dienstig, nadeelig, nuttig, voordeelig *voor*.

§ 428. Einige von den obengenannten Adjektiven, z. B. aangenaam, gelijk, nuttig, vijandig, vreemd müssen mit einem Substantiv verbunden werden, um einen vollständigen Begriff auszudrücken, z. B. het reizen met het spoor was *den ouden man* zeer vreemd das Reisen mit dem Zug war dem alten Mann sehr fremd.

B. Verben mit dem Dativ.

§ 429. Wie im Deutschen haben viele transitiven Zeitwörter außer dem Objekt der Sache eine Bestimmung der Person im Dativ, z. B. iemand (D.) iets (A.) geven, zeggen, toonen, bevelen, verbieden, meedeelen, zenden enz. einem etwas geben, sagen, zeigen, befehlen, verbieten, mitteilen, senden u. s. w.

§ 430. Das reflexive Fürwort steht im Dativ bei: zich aanmatigen *sich anmaßen*, zich getroosten *sich getrösten*, zich verbeelden *sich einbilden*, zich voorstellen *sich denken*, zich voornemen *sich vornehmen*.

Zich ontzien sich scheuen hat stets ein Reflexivum im Dativ, wenn es einen Infinitiv mit **te** zum Objekt hat, z. B. hij ontziet *zich* niet iedereen lastig te vallen om geld er scheut sich nicht, einen jeden anzubetteln.

Zich herinneren (ein der deutschen Sprache entlehntes Verb) hat einen Dativ der Person und einen Akkusativ der Sache, z. B. ik herinner *mij* die zaak zeer goed ich erinnere mich der Sache recht wohl; vgl. herinner *hen* aan hunne belofte erinnere sie an ihr Versprechen.

§ 431. Zu den gebräuchlichsten Intransitiva mit dem Dativ gehören:

a) die einfach intransitiven Zeitwörter: baten frommen, behagen behagen, (toe)behooren (zu)gehören, bekomen (goed of slecht) bekommen (gut oder schlecht), believen belieben, berouwen gereuen, betamen ziemen, bevallen gefallen, blijken einleuchten, danken verdanken, dunken dünken, falen fehlen, gehoorzamen gehorchen, gelijken gleichen, gelukken gelingen, heugen [1]) gedenken, invallen einfallen, lusten gelüsten, mangelen mangeln, mankeeren fehlen, mishagen mißfallen, mislukken mißlingen, ontbreken gebrechen, passen passen, schaden schaden, schelen fehlen (wat scheelt U was fehlt Ihnen? het kan mij niet schelen es ist mir gleichgültig), (toe) schijnen (zu) scheinen, schikken schicken, slachten ähneln, smaken schmecken, smarten schmerzen, spijten (het spijt mij ich bedaure), staan (= aankunnen) gewachsen sein, verdrieten verdrießen, vleien schmeicheln, voegen passen, voorkomen zuvorkommen, walgen ekeln;

b) die unpersönlichen: mij hongert mich hungert, mij dorst mich dürstet;

c) dem Deutschen entsprechend viele Verben mit **ont**— und einige mit **tegen**—, z. B. outloopen entlaufen, ontgaan entgehen, ontvluchten entfliehen, ontvlieden entweichen; tegenkomen begegnen, tegenvallen [2]) nicht gefallen u. s. w.

§ 432. Ein Dativ des Interesses kommt weiter vor

---

1) Het geheugen das Gedächtnis.

2) De afgevaardigde is allen tegengevallen der Abgeordnete hat alle in ihren Erwartungen getäuscht; hij is ons tegengevallen wir haben uns in ihm getäuscht; het nieuwe tooneelstuk viel mij tegen das neue Schauspiel entsprach meinen Erwartungen nicht. Vgl. mij loopt alles tegen ich habe immer Pech.

Häufig gebraucht man statt tegenvallen die Negation **niet** meevallen, z. B. het vertalen in eene vreemde taal valt niet altijd mee das Übersetzen in eine fremde Sprache ist nicht immer leicht, het bier valt niet mee das Bier gefällt mir nicht.

in einigen stehenden Ausdrücken, z. B. iemand te hulp komen
(snellen) einem zur Hilfe kommen (eilen), te pas komen zu
statten kommen, ter oore komen zu Ohren kommen, te staan
komen zu stehen kommen, ten deel vallen oder te beurt
vallen zu teil werden, ter zijde staan zur Seite stehen, voor
den geest komen vor die Seele treten, te doen staan zu
thun haben, iemand goed (slecht, leelijk) staan gut (schlecht,
häßlich) stehen, kleiden. Vgl. zij weten niet wat *hen* (Objekt)
nog te wachten staat sie wissen nicht, was **ihnen** noch bevorsteht
(was sie zu gewärtigen haben).

§ 433. Auch Zeitwörter, die sonst keinen Dativ regieren,
können einen Dativ haben zur Ersetzung einer Genetivbe=
stimmung oder eines Possessivpronoms, z. B. hij sloeg dezen
man den arm (= den arm dezes mans) stuk er zerschmetterte
diesem Manne den Arm, hij drukte mij de hand (= mijne
hand). — In den Ausdrücken: iemand den pols voelen einem
an den Puls fühlen, iemand aan den tand voelen einem auf
den Zahn fühlen, kann der Dativ nicht umgestellt werden.

§ 434. Ein ethischer Dativ **mij** (me) und **jou** (je)
kommt nicht selten in der gewöhnlichen Umgangssprache vor, um
eine Mitteilung besonders hervorzuheben, z. B. dat was *me* daar
een leventje was war das ein herrliches Leben dort! Daar
zitten *je* de bengels, als of ze geen drie kunnen tellen
da sitzen nun die Bengel, als könnten sie nicht bis zu drei zählen.
Vgl. § 363.

§ 435. Im Ndl. steht gewöhnlich die Dativbestimmung
v o r dem Objekt, z. B. ik geef mijnen broeder al deze boeken
ich gebe all diese Bücher meinem Bruder, geef uw(en) vader
deze courant gieb diese Zeitung deinem Vater, schrijf mij alles.

Der mittels **aan** oder **voor** umschriebene Dativ kann vor
oder nach dem Objekt stehen, z. B. ik geef aan mijn broeder
al deze boeken oder al deze boeken aan mijn broeder,
haal voor uw vader de courant eens oder haal de courant
eens voor uw vader.

III. Akkusativ.

§ 436. Viele Adjektive, die früher einen Genetiv regierten
(s. § 421), werden jetzt mit dem Akkusativ gebraucht. Es sind
besonders folgende: meester oder machtig mächtig, deelachtig
teilhaft, vol voll, kwijt verlustig, bijster (het spoor bijster
zijn verirrt sein); zeker sicher, gewis gewiß, gewaar gewahr,
bewust bewußt, gedachtig oder indachtig eingedenk; schul-

dig oder verschuldigd schuldig; waard wert, waardig würdig,
onwaardig unwürdig; moe müde, zat satt;[1] gewoon gewohnt,
gewend gewöhnt, getroost getröst, veilig sicher.

§ 437. Die Zeitwörter, welche eine Bestimmung im Akkusativ (Objekt) haben können, sind schon in der 31. Lektion besprochen worden.

Auch bei einigen intransitiven Zeitwörtern kann eine Akkusativbestimmung vorkommen, welche dann zur Verstärkung dient;
gleichfalls bei unpersönlichen Zeitwörtern, wenn diese figürlich gebraucht werden. Beispiele: *den slaap* des rechtvaardigen
slapen den Schlaf des Gerechten schlafen, *een ellendigen dood*
sterven eines elenden Todes sterben, iemand *zijn gang* laten
gaan einen gewähren lassen, het regende *bloemen* in het
theater es regnete Blumen im Theater, het hagelde pijlen en
steenen es hagelte Pfeile und Steine.

§ 438. Weitere Akkusativbestimmungen kommen wie im
Deutschen vor, wenn die Entfernung (de afstand), das Maß
(de maat), das Gewicht (het gewicht), der Preis (de prijs)
oder die Zeit (de tijd) näher angedeutet wird. Im Ndl. stehen
diese Substantive (auch die weiblichen) gewöhnlich in der Einzahl
vgl. § 199. Beispiele: dit touw is drie el lang dieses Seil
ist drei Ellen lang, dat dorp is anderhalve mijl ver jenes
Dorf ist anderthalb Meilen entfernt, den zesden Augustus is
mij vader jarig den sechsten August feiert mein Vater seinen
Geburtstag, wij zijn den geheelen zomer op reis geweest
wir waren den ganzen Sommer verreist.

§ 439. Ein absoluter Akkusativ kommt vor wie im Deutschen in Sätzen wie: hij trad binnen *den hoed* op het hoofd
en *den stok* in de hand er trat herein, den Hut auf dem Kopf
und den Stock in der Hand, verstrooid liep hij op en neer
een boek onder iederen arm zerstreut ging er auf und ab
mit einem Buch unter jedem Arm.

Aufgaben.

66.

Beispiele zur Übersetzung:

Ich wohnte manchem Gespräch mit ihm darüber bei. Wenn
du mir damals gefolgt hättest, da ich dir anlag, mit mir nach

---

1) *Zat zijn* heißt (in der Volkssprache) **berauscht sein** dronken
zijn. Das Deutsche **satt sein** = seinen Appetit befriedigt haben, darf
nicht buchstäblich übersetzt werden, man sagt im Ndl. verzadigd zijn
und in der höflichen Sprache beim Ablehnen von Speisen: ik dank u
(ik heb heerlijk gegeten).

Brabant zu ziehen! Dir werde ich so wenig trauen, als ich mir selbst hätte trauen sollen. Und gewinnt das Ufer und eilet fort und danket dem rettenden Gotte. Und doch war mir so bang ums Herz. Sie mögen nicht mehr hin, ihnen graut es vor dem Orte. Jetzt gehen mir die Augen auf. Sie hören nicht — sie wollen mir nicht stehen; gelöst sind alle Bande des Gehorsams. Man sieht dir's an den Augen an: gewiß, du hast geweint. Wenn man von den Leuten Pflichten fordert und ihnen keine Rechte zugestehen will, muß man sie gut bezahlen. So könnt Ihr mich für ganz gewiß versichern, daß in dem Bund mein Name nicht genannt ist. An einem Turm gingen wir vorüber. Er ist der niederländischen Sprache mächtig. Da war ein Garten voll der schönsten Blumen. Ein Schluß des Parlaments erklärt dich des Throns verlustig. Er ist hier seines Lebens nicht mehr sicher. Man wird hier einer wohlgebauten Stadt gewahr. Ich war mir wohl mancher Gebrechen bewußt. Doch blieben sie des Ursprungs stets gedenk. Eine Liebe ist der andern wert. Freiheit und eigner Herd sind großes Geldes wert. Wenn wir ihn unseres Mitleides nur im geringsten würdig fänden. So zweifle nicht, daß sie dort drüben auch — des Dranges müd' sind und des harten Jochs. Und die Armee, von der wir Hilfe erwarten, verführt, verwildert, aller Zucht entwohnt. Er ist nicht gewohnt zu schweigen, wenn andre reden.

67.
Kosciuszkos Pferd.

Kosciuszko, der edle Pole, wollte einem Geistlichen zu Solothurn einige Flaschen guten Weines übersenden. Er wählte dazu einen jungen Mann mit Namen Zeltner, und überließ ihm für die Reise sein eigenes Reitpferd. Als Zeltner zurückkam, sagte er: „Mein Feldherr! ich werde Ihr Pferd nicht wieder reiten, wenn Sie mir nicht zugleich Ihre Börse mitgeben." — „Wie meinst Du das?" fragte Kosciuszko. Zeltner antwortete: „Sobald ein armer Mann auf der Straße den Hut abnahm und um ein Almosen bat, stand das Pferd augenblicklich still und ging nicht eher von der Stelle, als bis der Bettler etwas empfangen hatte, und als mir endlich das Geld ausging, wußte ich das Pferd nur dadurch zufrieden zu stellen und vorwärts zu bringen, daß ich that, als ob ich den Bittenden etwas gäbe."

68.
Der Hühnerhabicht.

Einer unserer gefährlichsten Raubvögel ist der zwei Fuß lange Hühnerhabicht. Er nimmt junge Hasen, Tauben, verfolgt die Sperlinge bis unters Dach und holt ohne Scheu das junge Geflügel vom Hofe weg. Lerchen lassen sich bei seinem Anblick plötzlich aus der Luft herunterfallen und suchen sich in Kraut und Gras zu verbergen. Sperlinge geraten, wenn ein solcher Feind unter sie fährt, so in Schreck, daß sie sich in Hecken und Löcher flüchten, aber nicht merken, wenn eine Menschenhand nach ihnen greift. Andere Vögel, z. B. Baumlerchen oder Reiher, suchen sich nach oben zu retten. Der Falke folgt ihnen und strebt sie zu überholen. So steigen beide höher und höher, bis sie oft in dichten Wolken verschwinden. Doch bleiben sie den erwartungsvollen Blicken der Menschen nicht lange entzogen, welche unwillkürlich durch den Kampf in hoher Luft angezogen werden. Man sieht beide Vögel kämpfend sich wieder herunterlassen. Der verfolgte Reiher ist überholt worden. Eine Zeit lang gelingt diesem noch eine eigentümliche Art der Vertheidigung. Er legt seinen Hals zurück und hält den scharfen, spitzen Schnabel in die Höhe; so kann der Raubvogel unmöglich seinen Hals oder Kopf treffen, ohne Gefahr zu laufen, auf die scharfe Spitze des Schnabels zu stoßen und sich selbst zu verwunden. Allein lange dauert die Abwehr nicht; der Reiher fällt verwundet auf die Erde und wird nun vollends getötet.

Gesprek.

Waarmede kan ik u van dienst zijn, Mijnheer?

Die zijn op dit oogenblik niet voorhanden, maar ik kan ze onmiddellijk voor u bestellen.

Op zijn langst zal het drie dagen duren. Verschillende andere werken kunt u onmiddellijk krijgen.

Die roode bandjes zijn de werken van Van Lennep. Hier zijn ook de gedichten van Beets en van De Genestet in prachtband.

Heeft Mijnheer dit nieuwe werk over Indië al gezien? Het verschijnt onder den titel van „Het Land van Jan Pieterszoon Coen".

Ik zal eens zien wat er nog aanwezig is. Mag ik u ook eenige geschiedkundige romans ter kennismaking toezenden?

Ik wenschte de gedichten van Vondel en Bilderdijk.

Wanneer kan ik ze dan hebben? Zij zijn bestemd voor een verjaargeschenk.

Mag ik die prachtbanden daar links in den hoek eens zien. Zijn het romans of gedichten?

Stuur mij maar eens eenige prachtbandjes ter inzage, ik zal dan morgen eene keuze daaruit doen en het niet gewenschte terugzenden.

Daarop heb ik reeds ingeteekend, het is van den wel bekenden schrijver van „De Vader des Vaderlands." Hebt u nog andere werken op geschiedkundig gebied?

Ik dank u, dan wordt de keuze al te moeielijk; wees zoo goed mij deze werken heden nog te zenden.

Vierunddreißigste Lektion.

Van Amsterdam naar Batavia. (Vervolg.)

Des anderen daags, 25 October, van Port-Saïd vertrokken, voeren wij langs de hooge, zandige oevers van het kanaal, kwamen toen in het meer Timsah uit, waarin het zoetwaterkanaal uitmondt dat, bij Caïro beginnende, de gemeenschap onderhoudt tusschen den Nijl en het zeekanaal. Na de Bittere Meren te zijn doorgestoomd, kwam de boot den 26sten voor Suez aan. Een heele bende pakjesdragers en fellahs schoot toe naar de .kade. Een tiental bootjes staken van wal en kwamen de Hollandia tegemoet. Daar zij te Suez slechts zou stilliggen om de noodige kolen in te nemen, had ik geen gelegenheid de stad te bezichtigen. Nog kort te voren een armoedig gehucht, heeft zij zich thans verbazend ontwikkeld en alles voorspelt, dat Suez een groote toekomst tegemoet gaat. Het stoomschip verliet dien dag nog de haven en daar de vuren goed werden opgestookt, vlogen wij met volle kracht over de Roode zee om den afstand tusschen Suez en Aden, namelijk precies 1310 mijlen, af te leggen, een afstand, dien de boot in ongeveer 150 uren doorloopt.

De meeste reizigers hadden Batavia tot bestemming; andere begaven zich naar Samarang, nog andere naar Soerabaja. Onder hen telde men verschillende burgerlijke ambtenaren en officieren, allen hoog gesalarieerd. Er werd dus goed van geleefd aan boord van de Hollandia in dien kring van ambtenaren, waarbij zich ook eenige jonge Hollanders aansloten, die in de Oost handelskantoren gingen oprichten. De hofmeester had alles op groote schaal ingericht. 's Morgens bij het ontbijt, om twee uren bij het koffiedrinken, om half zes bij het diner en om acht uur bij het souper bezweken de tafels onder de schotels versch vleesch en de tusschengerechten door de slachterij en de voorraadskamers van de mailboot geleverd. De dames verwisselden tweemaal per dag van toilet. Er werd gemusiceerd, gedanst zelfs, als de zee zulks toeliet.

Zeit- und Modusverhältnisse.
I. Die Zeitformen.

§ 440. Im allgemeinen stimmen die Zeitformen des Indikativs in den beiden Sprachen überein. Nur werden diese

Formen im Ndl. häufig gebraucht statt der deutschen Konjunktiv=
formen, wie wir unten bei der Besprechung des Konjunktivs
sehen werden.

§ 441. Das Futurum kommt im Ndl. nur im Indikativ
vor, nicht auch wie im Deutschen im Konjunktiv, vgl. ich hoffe,
daß er es thun **werde** ik hoop, dat hij doen *zal*.

§ 442. Das Futurum präteritum hat im Ndl. eine spezielle
Form für den Konjunktiv: vgl. *gij zoudt* het zoo niet gedaan
hebben Sie würden es so nicht gemacht haben, und — hij
dacht, dat gij het zoo *zoudet* doen er meinte, daß Sie es
so thun würden.

§ 443. Im Ndl. gebraucht man bisweilen das Perfekt,
wo im Deutschen ein Imperfekt steht, vgl. hoe lang *zijt* gij
in Engeland *geweest* wie lange waren Sie in England, zijn
oom *is* verleden jaar *gestorven* sein Onkel starb voriges Jahr.

§ 444. Um die Dauer einer Handlung anzudeuten, ge=
braucht man wie im Englischen im Präsens und Imperfekt die
u m s c h r e i b e n d e K o n j u g a t i o n; vgl. ik ben schrijvende *I
am writing*, ik was schrijvende *I was writing*.

Diese Konjugation ist jedoch im Ndl. viel beschränkter als im
Englischen, bei den unpersönlichen Zeitwörtern z. B. kommt die=
selbe nicht in Anwendung, vgl. *it is raining* het regent oder
het is aan het regenen, *it was raining* het regende oder
het was aan het regenen.

II. Indikativ und Konjunktiv.

§ 445. Die Konjunktivformen kommen im Ndl. viel seltener
vor als im Deutschen. Teils erklärt sich dieses aus der Übereinstim=
mung einiger Formen des Konjunktivs mit denen des Indikativs,
teils ist dieses einem fortdauernden Streben nach Vereinfachung
aller grammatischen Formen zuzuschreiben. Im höheren Stil und
auf der Rednerbühne wird der Konjunktiv noch mannigfach gebraucht,
in der gebildeten Konversationssprache findet man denselben schon
seltener, in der Volkssprache schon gar nicht mehr. Die niederl.
Sprache hält in dieser Hinsicht, wie in mancher anderen, die
Mitte zwischen der engl. und der deutschen Sprache. Die Kon=
versationssprache weicht schon derartig von der Schriftsprache ab,
daß Prof. v a n H e l t e n in seiner „*Kleine Nederlandsche
Spraakkunst*" die Syntax einteilt in einen praktischen „Zins=
bouw met betrekking tot de praktijk" und in einen theo=
retischen Teil „Zinsbouw, Theorie".

§ 446. Der Konjunktiv muß im Ndl. noch gebraucht werden:

1º in Hauptsätzen, in denen ein Wunsch oder eine Zustimmung ausgedrückt wird, z. B. God *geve* het Gott gebe es, uw wensch *zij* ingewilligd deine Bitte sei dir gewährt;

2º in den abhängigen Konzessivsätzen, wenn solche nicht mit einer Konjunktion, mit einem Interrogativpronom oder einem Interrogativadverb anfangen, z. B. men *geloove* het of niet, waar is het toch man glaube es oder nicht, wahr ist es doch. In diesen Sätzen findet man bisweilen ein Präsens des Konj., wo im Deutschen der Indikativ steht, vgl. hij *moge* zeggen, wat hij wil, mij praat hij toch niet om er **mag** sagen, was er will, ich lasse mich doch nicht bereden; hoe koud het ook zijn *moge*, zij gaan wandelen wie kalt es auch sein **mag,** sie gehen spazieren.

Anmerkung. Im Imperfekt und Plusquamperfekt ist die Ersetzung des Konj. durch den Indikativ schon zur Regel geworden.

§ 447. In gehobenem Stil wird der Konjunktiv vielfach noch gebraucht:

1º in den untergeordneten Sätzen, welche einen Wunsch, eine Furcht oder eine Möglichkeit ausdrücken, z. B. wij hopen, dat hij *slage* (slaagt) wir hoffen, daß es ihm gelingen werde; sta mij toe, dat ik u dat *zegge* (zeg) erlauben Sie, daß ich Ihnen dieses sage; ik vreesde, dat hij misgeloopen *ware* (was) ich fürchtete, er habe sich verirrt; het is beter, dat hij alleen *ga* (gaat) es ist besser, daß er allein geht;

2º in den Finalsätzen, welche mit den Konjunktionen *opdat, dat, ten einde* anfangen, z. B. hij werkt ijverig, opdat hij u *inhale* (inhaalt) er arbeitet emsig, damit er dich einholt; ik bond den hond vast, dat hij u niet *bete* (beet oder zou bijten) ich band den Hund fest, damit er dich nicht beißen sollte; verberg u, ten einde men u niet *bemerke* (bemerkt) verbirg dich, damit man dich nicht bemerke;

3º in solchen Konditionalsätzen, in denen die Bedingung als eine erwünschte dargestellt wird, z. B. hij kan hier blijven, zoo hij zich maar behoorlijk *gedrage* (gedraagt) er kann hier bleiben, falls er sich nur gut aufführe.

§ 448. Das Imperfekt und Plusquamperfekt des Konj. bezieht sich gewöhnlich auf eine Vergangenheit, vgl. ik bond den hond vast, dat hij u niet bete; of dit vroeger ook wel eens geoorloofd *ware* (was), tegenwoordig mag het in

geen geval geschieden wenn dies früher auch schon mal er=
laubt war, heutzutage darf es in keinem Falle mehr geschehen.

In gehobenem Stil findet sich jedoch auch ein Imperfekt
und Plusquamperfekt des Konj. in Bezug auf eine Gegenwart:

1º in Konditional= und Konzessivsätzen, in denen die Be=
dingung oder Einräumung als eine unwahrscheinliche dargestellt
wird, z. B. zoo hij zich maar meer moeite *gave* (gaf), dan
kwame (kwam) hij er wel wenn er sich nur mehr Mühe gäbe,
würde er sein Ziel schon erreichen; al *gave* (gaf) hij zich nog
zooveel moeite, hij *kwame* (kwam) toch niet door zijn
examen gäbe er sich auch noch soviel Mühe, so käme er doch
nicht durchs Examen;

2º in adverbialen Komperativsätzen, welche mit den Kon=
junktionen *alsof, als* anfangen; auch diese drücken eine Unwahr=
scheinlichkeit aus, z. B. hij leeft, alsof hij millionair *ware*
(was) er lebt, als ob er Millionär wäre.

§ 449. Das Imperfekt und Plusquamperfekt k a n n durch
zoude umschrieben werden, ausgenommen:

a) in den im vorigen Paragraphen genannten Konditional=,
Konzessiv= und Komperativsätzen;

b) in den abhängigen Objektivsätzen, wenn im Hauptsatz ein
Imperfekt in Bezug auf eine Gegenwart steht, z. B. ik wou,
dat hij *gekomen ware* (was) ich wollte, er wäre gekommen.

§ 450. Man bedient sich stets der Umschreibung mit *zoude*
in abhängigen Sätzen, in denen der Zweifel oder die Unwahr=
scheinlichkeit stark hervorgehoben werden soll, z. B. ik weet niet,
of hij wel *zou toegeven* ich weiß nicht, ob er wohl zugeben
werde; gelooft gij, dat het *lukken zou?* glauben Sie, daß
es gelingen werde? Meent gij, dat hij *zou toegestemd hebben?*
glauben Sie, daß er zugestimmt haben würde?

Ebenfalls in abhängigen Sätzen, wenn der Hauptsatz ver=
schwiegen ist, z. B. *zou* hij 't *doen, zou* hij *terugkeeren?*
glaubst du, daß er es thun, daß er zurückkehren werde?

§ 451. Wenn ein Wunsch oder eine Möglichkeit ausge=
drückt wird, gebraucht man häufig den Konj. von **mögen** mit
dem Infinitiv statt der einfachen Konjunktivform; vgl. *moge*
God *geven* und *geve* God; hij *moge* mij zooveel *bieden*, als
hij wil, ik sta het toch niet af und hij *biede* mij zooveel
als hij wil ... er mag soviel bieten als er will, ich trete es
ihm doch nicht ab.

§ 452. In Sätzen, in denen ein Wunsch als eine An = regung geäußert wird, ist die Umschreibung mit *laten* sehr ge= bräuchlich, z. B. *laat* ik niet te veel *zeggen* = zegge ik niet te veel ich will (möchte) nicht zu viel sagen, *laten* wij ons niet als kinderen aan onze droefheid *overgeven* übergeben wir uns nicht wie die Kinder unserer Betrübnis.

Auch in Konzessivsätzen findet sich diese Umschreibung bis= weilen, z. B. *laat* hij *komen*, als hij kan = hij *kome*, als hij kan laß ihn kommen, wenn er kann.

§ 453. Die indirekte Redeform erfordert als solche niemals den Konjunktiv im Ndl. Vgl. hij zegt, dat hij het gezien *heeft* er sagt, daß er es gesehen **habe;** hij zeide, dat hij het gezien *had* oder hij *had* het gezien er sagte, daß er es gesehen **habe** oder er **habe** es gesehen; ik vroeg hem, of hij het gezien *had* ich fragte ihn, ob er es gesehen **habe;** hij meende, dat zulk een maatregel overbodig *is (was)* er meinte, solch eine Maßregel **sei** überflüssig.

III. Imperativ.

§ 454. Der Imperativ wird im Ndl. häufig ausgedrückt durch *laten* mit einem Objekt,[1] vgl. oben § 452, z. B. laat mij van hier gaan laß mich weiter gehen, laat ons opstappen brechen wir auf! (wir wollen aufbrechen).

§ 455. Der Imperativ kommt auch statt des Optativs vor: leef gelukkig! lebe glücklich!

§ 456. Als Befehlform kann man statt des Imperativs auch anwenden:

a) einen Infinitiv: flink *werken* jongens tüchtig arbeiten J.!

b) die 2. P. des Präsens Ind., wenn der Ton den Befehl andeutet: gij *doet* dat onmiddellijk ihr thut das sofort!

c) die 2. P. des Präsens Ind. der Zeitwörter *moeten* oder *zullen:* gij *moet (zult)* dat onmiddellijk doen;

d) ein Part. Perf.: nu de handen uit de mouw *gestoken* nun tüchtig angefaßt!

Aufgaben.

69.

Als Heinrich IV. zu Merseburg das prächtige Grabmal seines ehemaligen Gegners, Rudolfs von Schwaben sah, sagten einige

---

1) In Cosijn-Te Winkels Nederl. Spraakkunst, Syntaxis S. 19 wird diese Ergänzung als Objekt bezeichnet; in van Heltens Kleine Nederl. Spr. S. 82, Anm. 2 als Dativbestimmung.

Schmeichler, man müßte dieses Grabmal zerstören, weil es für einen Rebellen zu prächtig wäre. Aber der Kaiser erwiderte: „Wollte Gott, daß alle meine Feinde ebenso prächtig begraben wären."

70.

Der König Jakob I. fragte einst zwei seiner Bischöfe, ob sie glaubten, daß er das Recht hätte, das Geld seiner Unterthanen zu nehmen, ohne die Einwilligung des Parlaments. Der eine versicherte, ohne zu zögern, daß der König dies Recht hätte, da er König wäre. Der andere, aufgefordert seine Meinung zu sagen, erwiderte, er glaube in der That, daß der König das Geld des Bischofs, seines Bruders, nehmen könne, weil dieser es anbiete.

71.

Man sagt, daß der berühmte Philosoph Descartes nicht unempfindlich gegen (übers.: für) die Reize einer wohl besetzten Tafel war. Ein Edelmann, welcher einst mit ihm bei Tische saß und sah, daß der Gelehrte die Güte des Mahles zu schätzen wußte, sagte ihm in spöttischen Tone, er wisse nicht, daß ein Philosoph auch ein Freund von Leckerbissen sein könne. — „Warum nicht?" erwiderte Descartes, „bilden Sie sich nur nicht ein, daß die Natur diese guten Dinge ausschließlich für die Ignoranten hervorgebracht hat!" —

72.

Die Wahrsager hatten der Agrippina verkündigt, daß, wenn Nero den Thron bestiege, er seine Mutter ermorden würde. Sie antwortete: „Möge er mich töten, wenn er nur zur Herrschaft kommt." In der That hat dieser Fürst, welcher nie Kaiser geworden wäre, wenn seine Mutter ihm nicht den Weg zum Throne geebnet hätte, seinen Schandthaten durch die Ermordung seiner Wohlthäterin die Krone aufgesetzt. „Mögen sie mich hassen, wenn sie mich nur fürchten!" Dieses Wort, welches der Wahlspruch Neros gewesen zu sein scheint, ist durch Caligula ausgesprochen worden. Von demselben Kaiser erzählt man, daß er einst sagte: „Wollte der Himmel, daß das römische Volk nur einen Kopf hätte, damit ich ihn mit einem einzigen Streich abschlagen könnte!"

73.

Ein einziger von den Rittern, welche Wilhelm dem Eroberer nach England gefolgt waren, weigerte sich, irgend etwas von der Beute anzunehmen. Er sagte, er habe seinen Herrn begleitet, weil das seine Schuldigkeit gewesen sei; aber das gestohlene Gut reize ihn nicht; er sei zufrieden mit seinem eigenen Lose und werde nach der Normandie zurückkehren, um dort von seinem mäßigen Erbteil zu leben, ohne sich auf Kosten anderer zu bereichern. Unglücklicherweise für die Besiegten hat diese edle Selbstlosigkeit keine Nachahmer gefunden; wenigstens wüßte ich nicht, daß die Chronisten ein zweites Beispiel davon berichten. Selbst wenn Wilhelm gewünscht hätte, die Sachsen zu schonen, würde es ihm unmöglich gewesen sein, es zu thun, denn die Güter der Besiegten waren im voraus versprochen und verteilt.

74.

Schon bevor Wallenstein abgesetzt war, war ein neuer Gegner des Kaisers auf dem Kriegsschauplatz erschienen; dies war Gustav Adolf, König von Schweden, der sich berufen fühlte, der Vorkämpfer und der Retter des Protestantismus in Deutschland zu werden. Nicht als ob der Wunsch, seinen Glaubensgenossen zu helfen, der einzige Grund seiner Einmischung gewesen ist, im Gegenteil, es ist wahrscheinlich, daß er auch an die Erwerbung Pommerns gedacht hat, denn dieses Land war mit Preußen das einzige, welches ihm fehlte, damit die Ostsee gleichsam ein schwedischer See wurde. Außerdem hielt er es für nötig, dem Ehrgeiz des Kaisers entgegenzutreten, damit nicht die habsburgische Macht sich bis zum Meere ausdehnte. Man weiß, daß Wallenstein sich bereits Mecklenburgs bemächtigt hatte und ein Bündnis mit Polen und Spanien plante, dessen Flotte sich mit den Resten der alten hanseatischen Macht vereinigen sollte, so daß Schweden von zwei Seiten auf einmal bedroht würde. Im Fall dieser Plan sich verwirklicht hätte, ist es nicht zweifelhaft, daß Schweden einer ernstlichen Gefahr ausgesetzt gewesen wäre.

Gesprek.

Zijt gij al eens in den Harz (in het Harzgebergte) geweest?

Neen, maar ik ben van plan er dezen zomer heen te gaan. Hebt gij soms een wegwijzer door den Harz?

Ja, maar de mijne is al eenige jaren oud; vraag liever eens aan onzen vriend B., die heeft een nieuwedruk.

Denkt gij, dat die mij het boek zal leenen? Ik geloof niet, dat hij gaarne boeken uitleent; hij zeide onlangs nog, dat hij het liever niet deed.

Zal ik u eenige punten aanwijzen, die gij niet moet vergeten?

Zeer gaarne, dan ben ik ten minste eenigszins op de hoogte.

Als ik in uw plaats was, zou ik in Goslar de voetreis beginnen.

En gij hebt mij meer dan eens verteld, dat gij in Harzburg uw reis begonnen zijt.

Dat is zoo, later is mij echter gebleken, dat ik daardoor veel moois niet heb gezien.

Goed, laat ons dus aannemen, dat ik Goslar als uitgangspunt neem, hoe dan verder?

Van Goslar gaat gij dan door het Ockerdal naar het Ilsendal, van hier naar het Bodendal en zoo vervolgens naar het Selkedal.

Dat is dus door den heelen noordelijken Harz! Zou dat niet te vermoeiend zijn, of denkt gij, dat dit alles best te voet kan worden afgedaan in 14 dagen?

Ik geloof wel, dat het een ver-
moeiende toer is, maar een
goed voetganger moet daar
niet tegen opzien.

Zeker, in alle hoofdplaatsen
zijn rijtuigen te huur. Ik zou
u echter aanraden er niet te
veel gebruik van te maken.

Al was het ook niet zoo duur,
ik voor mij houd niet van
rijden door zulk een pracht-
tige streek.

Zeer gaarne, kom dan later
nog maar eens bij mij.

Weet gij ook of men in geval
van nood een rijtuig zou
kunnen huren?

Dat was ook mijn plan niet,
ik weet zeer goed, dat rijtuigen duur zijn en dat men
het meeste ziet, als men te
voet gaat.

Mag ik u nog verzoeken, mij
eenigszins breedvoerig de
reisroute op te geven?

Als gij tijd hebt, kom ik aanstaanden Maandag.

Fünfunddreißigste Lettion.

Van Amsterdam naar Batavia. (Vervolg.)

Maar de Roode Zee is zeer grillig en het kan er geducht spoken, zooals in al zulke smalle en lange golven.
Wanneer de wind, hetzij van de Aziatische, hetzij van
de Afrikaansche kust woei, dan slingerde de Hollandia,
van ter zijde aangevallen, op eene vreeselijke wijze. Dan
verdwenen de dames, zwegen de piano's, en zang en dans
hielden tegelijk op. En toch ondanks den rukwind, ondanks de deining liep de mailboot zonder toeven naar de
straat van Bab-el-Mandeb.

Gelukkig had de zeeziekte geen vat op mij. Ik at
als een hongerige wolf, 't gevolg van de zeelucht, zonder
dat ooit noch het slingeren, noch het stampen mijn uitstekend werkende eetmachine van streek konden brengen.
Waar ik vreeselijk van te lijden had, dat was de on-
dragelijke hitte. Niets is dan ook minder zeldzaam dan
dat een arme stoker, flauw gevallen voor de gloeiende
haarden van de machine, op het dek wordt gedragen.
Men gooit hem een puts water over het lichaam, en langzamerhand komt hij weer bij.

Intusschen kwam de boot snel vooruit. Den 30sten
kregen we Mokka in 't gezicht, dat te midden van zijn
tot puin gevallen ringmuur, waarboven eenige groenende
dadelboomen uitstaken, verrees. In de verte strekten zich
in 't gebergte uitgebreide koffietuinen uit.

Zeit- und Modusverhältnisse. (Fortsetzung.)
IV. Infinitiv.
A. Der Infinitiv als Substantiv und Adjektiv.

§ 457. Der Infinitiv kann wie im Deutschen die Bedeutung eines Substantivs, eines Adjektivs oder einer Verbalform haben.

§ 458. Wenn dem Infinitiv ein Bestimmwort vorangeht, so ist er gänzlich zum Substantiv (Verbalsubstantiv) geworden. Im Ndl. darf ein solcher Inf. stets gebraucht werden, auch wenn ein gleichbedeutendes Substantiv besteht, vgl. het op- en ondergaan der zon der Auf- und Untergang der Sonne, het opvoeden der kinderen die Erziehung der Kinder. Derartige Infinitive werden jetzt nicht mehr dekliniert, es bestehen noch die alten Genetive und Dative: zwervensmoe(de) des Umherirrens müde, peinzensmoe des Nachgrübelns müde, worstelensmoe des Ringens (Treibens) müde; op beziens zur Ansicht, tot onkenbaar wordens toe bis zur Unkenntlichkeit, tot schreiens toe bis zu Thränen, tot vervelens toe bis zum Überdruß, tot walgens toe bis zum Ekel, tot wederopzeggens toe bis zur Aufkündigung, tot weerziens auf Wiedersehen.

Auch im Plural kommen derartige Infinitive im Ndl. nicht mehr vor, vgl. die Andenken de herinneringen, die Bedenken de bedenkingen, die Erdbeben de aardbevingen, die Essen de maaltijden, die Schreiben de brieven, die Rundschreiben de circulaires, die Beglaubigungsschreiben de geloofsbrieven.

§ 459. Der Infinitiv hat wie im Deutschen die Bedeutung eines Substantivs, wenn er als Subjekt, Prädikatsnomen, Apposition, Bestimmung oder Objekt gebraucht ist.

§ 460. Wenn der Inf. mit einem Substantiv verbunden ist, wird im Ndl. **om** gebraucht; meistens auch wenn ein substantivisch gebrauchter Superlativ vorangeht. Beispiele: de freule heeft mij verlof gegeven *om* mijnen oom te bezoeken das gnädige Fräulein hat mir die Erlaubnis erteilt, meinen Oheim zu besuchen; niemand wilde de eerste zijn *om* zijne meening te uiten keiner wollte der erste sein, seine Meinung zu äußern.

§ 461. Abweichend vom Deutschen kann ein Inf. als Bestimmung gebraucht werden bei den Verben: *gaan, komen, loopen, blijven*. Beispiele: *ga* de courant eens *halen* geh und hole mal die Zeitung; hij *kwam* mij *afhalen, bezoeken* er kam mich abzuholen, zu besuchen; dat *loop* ik gauw aan vader *vertellen* das **will** ich gleich dem Vater erzählen; ik *blijf* hier *eten* ich **bleibe** hier zum Essen.

Anmerkungen. 1°. *Blijven* kann auch Kopula sein im Ndl., z. B. ik *blijf werken* tot gij komt ich arbeite weiter, bis du kommst, ik *bleef eten* tot hij kwam ich aß bis er kam.

2°. *Komen* kann auch bedeuten **geraten** (zu etwas), vgl. hij *kwam te sterven, te overlijden, te vallen* er starb, verschied (Und als er kam zu sterben...); hij *kwam* alles *te weten* er erfuhr alles; gij *komt* alles *te hooren* Sie werden alles hören.

Komen hat bisweilen einen Infinitiv bei sich statt des 2. Partizips, welches im Deutschen stets gebraucht werden muß, vgl. de trein *kwam aanrollen* der Zug kam herangedonnert, er kwam een vogeltje *aanvliegen* (aangevlogen) es kam ein Vöglein geflogen; daar komt mijn vriend *aankuieren* (aangekuierd) da kommt mein Freund heranspaziert; een kogel *kwam* door ons venster *aanvliegen* (aangevlogen) es kam eine Kugel durch unser Fenster hereingeflogen.

§ 462. Dem Deutschen entsprechend, steht ein Inf. als Bestimmung:

a) bei einigen transitiven Zeitwörtern: veroordeelen verurteilen, noodzaken und dwingen zwingen, overhalen überreden, bewegen, aansporen anspornen, hebben (hij *heeft* iets *te zeggen*), verhinderen und beletten verhindern;

b) bei einigen reflexiven Zeitwörtern: zich gewennen sich gewöhnen, zich vleien sich schmeicheln, zich haasten sich beeilen, zich wachten sich hüten, zich beroemen sich rühmen, zich verheugen sich freuen, zich bedroeven sich grämen, zich beklagen, zich verwonderen, zich schamen, zich verbazen sich wundern;

c) bei einigen intransitiven Zeitwörtern: ophouden aufhören, voortgaan fortfahren, aarzelen und dralen zaudern, schroomen scheuen; auch bei leeren (= aus Erfahrung) lernen und komen = geraten zu etwas, siehe oben § 461, Anm. 2.

§ 463. Abweichend vom Deutschen steht ein Infinitiv bei den Zeitwörtern: *liggen, loopen, staan, zitten* zur Bezeichnung einer gleichzeitigen Thätigkeit, z. B. het kind *ligt te slapen* das Kind schläft, de soldaten *liggen* op het gras *te slapen* die Soldaten liegen auf dem Rasen und schlafen; hij *loopt te zingen* er geht und singt, hij *loopt zich te vervelen* er langweilt sich; hij *staat te loeren* er steht auf der Lauer, hij *staat te babbelen* er steht und schwatzt, wat *staat* gij daar *te kijken* was stehst du da und guckst, wij *zaten* gezellig samen *te rooken* wir faßen gemütlich zufammen und rauchten, *wij zaten* juist *te spelen* toen hij binnenkwam wir fpielten ge= rade, als er hereintrat.

In den zufammengefetzten Zeiten fteht der Inf. ftatt eines 2. Partizips, wie wir weiter unten fehen werden; im Deutfchen bleiben dann gewöhnlich die genannten Zeitwörter weg.

§ 464. Mit einigen Verben kann im Ndl. ein Inf. mittels **om** verbunden werden (vgl. § 460); diefes *om* fehlt im Deutfchen meiftens: deze mededeeling dient *om* het u duidelijk *te maken* diefe Mitteilung dient es dir zu erklären, ik ben hier gekomen *om* u alles *mee te deelen* ich bin hierhergekommen, Ihnen alles mitzuteilen, ik poogde hem te bewegen *om* ook eens iets *te zingen* ich verfuchte ihn zu bewegen, auch mal etwas zu fingen.

§ 465. Der Infinitiv mit **te** kann mittels einer Präpofition mit einem andern Verb verbunden werden; im Deutfchen find nur 3 Präp. zuläffig: ftatt in plaats (in stede) van, ohne zonder um om, im Ndl. außerdem noch: *door, met, na, van, al- vorens, ten einde.* Beifpiele: hij waarschuwde ons *door* hard *te schreeuwen* er warnte uns durch lautes Schreien; *door* zoo *te handelen* zult gij velen verbitteren durch diefe Handlungsweife wirft du viele erbittern; hij begon *met te ver- tellen, met mede te deelen, met* zich *te verontschuldigen* er fing an mit der Erzählung, mit der Mitteilung, er fing damit an, daß er fich entfchuldigte; *na* ons gegroet *te hebben,* ging hij weg nachdem er uns gegrüßt hatte, entfernte er fich; die jongen heeft de slechte gewoonte *van* iedereen in de rede *te vallen* diefer Knabe hat die fchlechte Gewohnheit, einem jeden ins Wort zu fallen; klop aan *alvorens* weder binnen *te komen* klopfe, bevor du wieder hereinkommft; ik kwam hier, *ten einde* u *te waarschuwen* ich kam her, dich zu warnen.

§ 466. Auch andere Präpofitionen können dem Inf. mit **te** vorangehen. Diefe Präpofitionen werden dann zu Adverbien und bilden mit einem vorangehenden **er** Prominaladverbien: hij denkt *er aan te gaan* reizen er denkt daran, auf Reife zu gehen, de soldaten zagen *er* geen kwaad *in* alles *te ver- nielen* die Soldaten fcheuten nicht alles zu vernichten.

Auch hier findet fich bisweilen **om** als Lückenbüßer: wij gingen *er* dus *op* uit *om* een schuitje *te huren* wir machten uns alfo auf den Weg, einen Kahn zu mieten, men sprak *er over om* den president niet *te herkiezen* man fprach darüber, den Präfidenten nicht wieder zu wählen.

§ 467. Der Infinitiv mit **te** oder **om te** steht wie im Deutschen als Akkusativbestimmung bei einigen Adjektiven: bedacht bedacht, verbaasd erstaunt, versteld (staan) entsetzt, zeker gewiß, bewust bewußt, waard wert, waardig würdig, gewoon gewohnt, getroost getröst u. e. a.

Vereinzelt kommt auch **met te** vor: hij was juist *bezig met te overleggen* wat hem te doen stond er überlegte gerade, was zu thun sei.

§ 468. Nach Adjektiven, denen das Adverb **zoo** vorangeht, folgt eine Infinitivbestimmung mit **te**: wees *zoo goed* ons alles haarklein te vertellen habe die Güte, uns alles haarklein zu erzählen.

§ 469. Nach Adjektiven oder Adverben, denen **te** vorangeht oder **genoeg** folgt, steht die Infinitivbestimmung mit **om te**: zij is nog *te jong om* aan een huwelijk *te denken* sie ist noch zu jung, um an eine Heirat zu denken, het is *te laat om uit te gaan* es ist zu spät zum Ausgehen, het is *te warm om te werken* es ist zu heiß zum Arbeiten, vele werklieden hebben *te weinig om te leven* en *te veel om te sterven* viele Arbeiter haben zu wenig zum Leben und zu viel zum Sterben.

§ 470. Der Infinitiv wird mit der Bedeutung eines Adjektivs gebraucht: 1°. als Prädikat mit dem Zeitwort **zein**: dat boek *is te lezen* (= leesbaar) das Buch ist lesbar, dit verschijnsel *is* gemakkelijk *te verklaren* diese Erscheinung erklärt sich leicht; *staan* und *vallen* kommen bisweilen gleichbedeutend mit *zijn* vor: dat zal *te bezien staan* das steht noch dahin, het *valt* niet *te ontkennen* es ist nicht zu leugnen, het *valt* niet *te betwisten* es ist nicht in Abrede zu stellen; 2°. attributiv als Gerundivum: de *te lezen* boeken die zu lesenden Bücher, de *te verwachten* gasten die zu erwartenden Gäste, een gemakkelijk *te vervullen wensch* ein leicht zu erfüllender Wunsch, de *te nemen* maatregelen die zu ergreifenden Maßregeln. Da diese Infinitive passive Bedeutung haben, können nur transitive Zeitwörter zur Anwendung kommen; sie sind im Ndl. unabänderlich.

Aufgaben.
75.
Beispiele zur Übersetzung:

Es ist die Pflicht aller guten Leute, solchem Unfug zu steuern. Er hat die Gewohnheit, jeden Abend auszugehen. Die Sucht zu glänzen, hat den reichen Mann gestürzt. Wilhelm, geh und besuche die Mama. Wann wollen Sie kommen, mich abzuholen? Ich laufe schnell, Ihnen die Zeitung zu holen. Bleibe doch hier bis zum Frühstück! Und als er kam zu sterben, zählt' er seine Städt' im Reich. Ich komme noch auf ihn zu sprechen. Sie kam neben ihm zu sitzen. Unser Freund kam eben heranspaziert, als der Zug herangedonnert kam. Der alte Mann steht noch jeden Tag am Flusse und fischt. Wir saßen im Walde und pflückten Blumen und Waldbeeren. Ein großer Tiger lag im Rohr auf der Lauer. Er bewog mich, Ihnen zu helfen. Der Schüler ist noch nicht im stande, ein selbständiges Urteil zu bilden. Morgen werde ich zu Ihnen kommen, Ihnen alles mitzuteilen. Der alte Mann nickte beifällig, ohne aufzusehen. Zeigen Sie mir, daß alles zwischen uns vergessen ist, indem Sie zu mir auf Besuch (Inf.) kommen. Du wirst mir eine große Freude machen, wenn du mal zum Bürgermeister gehst (Inf.). Bevor wir ausgingen (Inf.), schlossen wir alle Thüren und Fenster zu. Durch solch eine That (Inf.) giebst du dich verloren. Er blieb lange aus, statt sofort zurückzukommen. Mein Freund denkt daran, ein neues Geschäft anzufangen (mit gaan). Die Gassenbuben scheuten sich nicht, einem jeden nachzuschreien. Wir machten uns auf den Weg, einen Wagen zu mieten. Ich sinne darüber nach, alles verändern zu lassen. Er überlegte gerade (Inf.), wohin er heute gehen sollte, als ich hereintrat. Dieses Mädchen ist noch zu jung, um allein auf Reise zu gehen. Es ist zu kalt zum Spazierengehen. Diese Gründe sind unwiderlegbar (Inf.). Die zu lesenden Bücher fand ich in meinem Zimmer. Die zu verkaufenden Pferde standen auf dem Markte.

76.

Nach dem Tode des Kardinals Mazarin glaubten die jungen Höflinge, das Günstlingsregiment zu erneuern; jeder Minister wünschte, den Verstorbenen zu ersetzen; jeder hoffte, die erste Stelle zu erlangen; keiner glaubte, daß der junge König es wagen würde, die Zügel der Regierung selbst zu ergreifen.

Der Erzbischof von Rouen suchte den König auf, unmittelbar nachdem er den Tod des Kardinals erfahren hatte. „Sire," sagte er, „Ew. Majestät haben mir ehemals gesagt, dem Kardinal in allem zu gehorchen. Jetzt ist er tot; geruhen Sie mir zu sagen, an wen ich mich von nun an wenden soll." — „An mich," erwiderte der König. Erschreckt eilte der Erzbischof, die Nachricht der Königin-Mutter mitzuteilen. Diese schien so wenig auf ein solches Ereignis gefaßt zu sein, daß sie zuerst glaubte, schlecht gehört zu haben, und schließlich in ein Gelächter ausbrach. Dann erklärt sie, daß sie diese Worte des jungen Königs nicht ernsthaft nehmen könne. Hatte sie ihn doch stets eine kindliche Gefügigkeit gegen den eben verstorbenen Minister zeigen sehen! Wußte sie doch, daß er es liebte, zu jagen, zu tanzen, der Mittelpunkt eines glänzenden Hofes zu sein, aber nicht seine Zeit trocknen Arbeiten zu widmen. Wie sollte sie glauben, daß mit zweiundzwanzig Jahren er lieber die schwere Last der Regierung auf sich nehmen, als das bequeme Leben fortsetzen würde, das er geführt hatte? Die Ereignisse sollten ihr bald beweisen, daß sie es nicht verstanden hatte, in dem Herzen ihres Sohnes zu lesen. An demselben Tage ließ der junge König die Minister holen: „Meine Herren," sagte er ihnen, „ich habe Sie kommen lassen, um Ihnen zu sagen, daß in Zukunft ich selbst mein erster Minister sein werde, Sie werden die Güte haben, mich mit Ihren Ratschlägen zu unterstützen, wenn ich Sie darum ersuchen werde."

Gesprek.

Hebt gij nog niet aan N. geschreven?	Neen ik heb nog geen tijd gehad, maar ik zal het nu gaan doen.
Vergeet niet hem te vragen, wanneer hij komt logeeren.	Hij zal waarschijnlijk niet bij ons komen logeeren, ik geloof dat hij in deze vacantie zijn oom te X. moet gaan opzoeken.
Hoe jammer! Het spijt mij zulks niet eerder geweten te hebben.	Nu ja, weten doe ik het ook niet, maar ik vermoed zulks.
Vraag hem dan, of hij in de zomervacantie komt en of hij dan zijn jongste broertje wil meebrengen.	En waar wilt gij hen bergen, wij hebben nu al ruimte te weinig, sinds Willem in de logeerkamer slaapt.
Dat is een zorg van lateren datum (tijd)! Wie dan leeft dan zorgt! Schrijf maar!	Mij goed, als het u goed is; later zal alles wel in orde komen.
Ik heb hier ook nog een postpakket voor N., dat zoudt gij te gelijk kunnen verzenden.	Ik loop even op het kantoor pen en inkt halen, dan zullen wij spoedig klaar zijn.
Is er nog meer aan hem te zenden? Ik geloof hier alles bij elkaar gepakt te hebben.	Mij dunkt ook, dat er weinig aan ontbreken zal; mocht er nog iets zijn, dan zenden wij het later.
Haast u wat, dan kan de knecht het meenemen, hij moet toch nog andere boodschappen voor mij doen.	Over een paar minuten zal alles klaar zijn. Nu nog het adres op het pakket. Zie zoo, Jan kan alles meenemen.
Hebt gij soms nog meer te bestellen, dan loopt alles in eene moeite af, want heden avond heeft Jan zijn uitgangsavond.	Laat ik eens bedenken. Neen, ik zou niet weten, wat er nog voor mij gehaald moest worden. Laat Jan maar gaan.

Sechsunddreißigste Lektion.

Van Amsterdam naar Batavia. (Slot.)

Den volgenden nacht stoomde de Hollandia de straat
van Bab-el-Mandeb door, welke Arabische naam de Poort
der Tranen beteekent, en 's anderendaags, den 31ᵉ, deden
we Steamer Point aan, ten noordwesten van de reede
van Aden; dáár moest zij nieuwen vooraad van brandstof
opdoen.

Dat is een ernstige en gewichtige zaak, die voeding
van den vuurhaard der mailbooten op zulke afstanden van
de centra van voortbrenging. Men heeft in verscheidene
havens voorraadschuren moeten vestigen en in die verre
zeeën komt de steenkool op 40 gulden de ton.

's Avonds om zes uur zweepte de stoomboot met de
vinnen van haar schroef de wateren van Adens reede en
liep spoedig daarna de Indische Zee in. Deze was ons
gunstig; de wind bleef noordwest en de zeilen kwamen
den stoom te hulp.

Het schip, dat nu vaster lag, slingerde minder. De
dames verschenen weer in luchtige kleedjes op het dek en
's avonds vingen zang en dans weer aan, zoodat de reis
verder in de beste omstandigheden werd volbracht. Den
16ᵈᵉⁿ November kwamen wij op de reede van Batavia
aan. Doch hier moet ik eindigen; in mijn volgenden
brief meer. Doe mijn beleefde groeten aan uw vader en
moeder en vele complimenten aan uwe overige huisgenooten.
Geloof mij steeds

Uw toegenegen vriend
N.

Zeit- und Modusverhältnisse. (Schluß.)

IV. Der Infinitiv. (Schluß.)

B. Der reine Infinitiv und das Partizip.

§ 471. Die Zeitwörter *kunnen, moeten, zullen* (= sollen),
mogen (dürfen), *laten, durven* (wagen), *willen, pogen* und
trachten werden in der gewöhnlichen Bedeutung stets mit dem
Inf. eines andren Zeitwortes gebraucht; bei pogen und trachten folgt der Inf. mit **te**.

§ 472. Wenn andre Zeitwörter als Synonyme der
soeben genannten gebraucht werden, erfordern auch diese stets

einen Infinitiv und zwar mit **te**, so: *vermogen* = können, *weten* = im Stande sein, *behooren* und *dienen* = sollen, (niet) *behoeven* = (nicht) brauchen, *wagen* = dürfen, *wenschen, begeeren, verlangen, verkiezen* und *gelieven* = belieben, *denken, meenen, zien* und *zoeken* = versuchen, *beproeven* = trachten.

§ 473. Bei einigen Zeitwörtern steht ein Infinitiv statt des 1. Partizips, und zwar mit **te** bei: blijken, lijken, heeten, schijnen, staan, voorkomen; ein Inf. o h n e **te** bei: blijven, doen, gaan, hebben, hooren, houden, laten, vinden, voelen, zien.

Blijven: de voorwerpen *bleven hangen, liggen, steken* waar zij waren die Gegenstände blieben hängen, liegen, stecken, wo sie waren; zij bleven *staan, zitten, wonen* sie blieben stehen, sitzen, wohnen; de leerlingen *bleven werken* die Schüler fuhren fort, zu arbeiten; hij *blijft zich verzetten* er bleibt widerspenstig; hij *blijft* op zijn stuk *staan* er besteht auf seinem Kopf; vgl. ik *blijf* maar *eten* ich esse nur weiter, ik *blijf* bij u *eten* ich bleibe bei dir zum Essen;

doen: hij heeft mij niets *doen* weten er hat mich nichts wissen **lassen,** zu wissen gethan; dat *doet* mij *denken* aan een schilderij van Rubens das **erinnert** mich an ein Gemälde von R.; *doen* lachen = lachen **machen,** *doen* gelooven glauben **machen,** van zich *doen* spreken = von sich reden **machen,** zich *doen* gelden sich geltend **machen,** iemand iets *doen* doen einen etwas thun **machen** (heißen), zich *doen* kennen als sich **zeigen** als (wie), (zich) *doen* hooren (sich) hören **lassen,** *doen* bouwen bauen **lassen,** doen zinken senken, doen springen sprengen, iemand *doen* schrikken einen erschrecken;

gaan: hij *gaat* wandelen, jagen, bedelen, slapen er geht spazieren, jagen, betteln, schlafen; hij *ging* zijn vriend *bezoeken* er ging, seinen Freund **zu besuchen;** hij *ging* een brief *schrijven* er schickte sich an, einen Brief **zu schreiben;** hij *ging werken* er ging an die Arbeit; hij *ging* in den waggon *zitten* er **setzte sich** in den Wagen (Zug); hij *ging* op de brug *staan* er **stellte sich** auf die Brücke; *gaan dienen* unter die Leute gehen, unter die Soldaten gehen; *gaan eten* zu Tische gehen, sich zu Tische setzen;

hebben: ik *heb* daar een kapitaaltje *liggen* ich habe dort ein kleines Kapital liegen:

heeten: hij *heet* het *te weten* er soll es wissen;

hooren: ik *hoor* hem *komen* ich höre ihn kommen;

houden: in dem Ausdruck iemand *staan houden* einen anhalten, stehen machen; vgl. eene zaak *slepende* houden etwas hinziehen, in die Länge ziehen;

laten: *laat* hem *komen* laß ihn kommen, *laat* mij *weten* laß mich wissen, *laat* mij eens *zien* laß mich mal schauen, gucken, iemand iets *laten zien* einem etwas **zeigen,** Gods water over Gods akker *laten loopen* den lieben Gott einen guten Mann sein lassen;

lijken, blijken, schijnen, voorkomen: gij lijkt, blijkt, schijnt, komt mij voor dat *te weten* Sie scheinen das zu wissen;

staan: wat *staat* gij *te luisteren* was steht ihr und horcht, vgl. was steht Ihr horchen? (Schiller). — Hij *stond* zijn tijd te *verpraten* er verschwatzte seine Zeit, hij *stond* bij de deur een liedje *te fluiten* er stand bei der Thüre und pfiff ein Lied, hij *stond* op een been *te dansen* er tanzte auf einem Bein;

vinden: wij *vonden* een armen man in de sloot *liggen* wir fanden einen armen Mann im Graben liegen;

voelen: ik *voelde* zijn pols *slaan* ich fühlte seinen Puls schlagen, iedereen *voelde* den storm *aankomen* ein jeder fühlte den Sturm sich nähern;

zien: hij *zag* zijne beminde beurtelings *blozen* en *verbleeken* er sah seine Geliebte abwechselnd erröten und erbleichen;

zijn (nur in dem Ausdruck): te wachten zijn erwarten, ik *ben* mijn vriend N. te wachten ich erwarte meinen Freund N.

Im Deutschen bedient man sich noch anderer Infinitive, vgl. spazieren reiten een wandelrit maken, spazieren fahren eene rijtoer maken, spazieren führen (met iemand) wandelen oder (iemand) rondleiden; regnen thun, reisen thun u. s. w. regenen, reizen enz.

§ 474. Der Infinitiv steht statt des 2. Partizips in den zusammengesetzten Zeiten der Verba:

a) *kunnen, moeten, mogen, laten, durven, willen;* — *blijven, doen, leeren, helpen, wezen, gaan, komen, loopen, staan, zitten, liggen, vinden, zien, hooren, voelen,* bei denen der 2. Inf. ohne **te** steht;

b) *vermogen, weten* u. s. w. siehe § 473, bei denen der 2. Inf. mit **te** steht.

Bei *pogen* und *trachten* ist sowohl der Inf. als das 2. Part. zulässig.

Im Deutschen steht manchmal das 2. Part.; das Hauptwort geht aber immer voran:

kunnen: wie zou dat *kunnen doen* wer würde das thun können;

moeten: de politie had dit *moeten verbieden* die Polizei hätte dies verbieten sollen;

mogen: het heeft niet *mogen zijn* es hat nicht sein sollen, het kind had dit niet *mogen doen* das Kind hätte dieses nicht thun sollen, tot aan de brug zullen zij wel *mogen gaan* bis an die Brücke werden sie wohl gehen dürfen!

laten: hij heeft zich een nieuw pak *laten maken* er hat sich einen neuen Anzug machen lassen;

durven: ik *heb* U niet *durven storen* ich habe Sie nicht stören wollen, de soldaten hebben den vijand niet *durven aan-vallen* die Soldaten haben es nicht gewagt, den Feind anzugreifen, zij hebben niet alles *durven zeggen*, wat zij wisten sie haben sich nicht getraut, alles zu sagen, was sie wußten;

willen: wij hebben zijn aanbood niet *willen aannemen* wir haben seine Anerbietung nicht annehmen wollen;

blijven: vele toeschouwers zijn *blijven staan, zitten* viele Zuschauer sind stehen, sitzen geblieben, ik ben *blijven werken* ich bin an der Arbeit geblieben, de schutters zijn *blijven schieten*, totdat zij geen kruit meer hadden die Schützen haben so lange geschossen, bis sie kein Pulver mehr hatten; ik heb lang *staan kijken* ich habe lange gestanden und zugeschaut; siehe auch § 473;

doen: ik heb mijn knecht *doen roepen* ich habe meinen Knecht rufen lassen, ik heb hem *doen weten* ich habe ihn wissen lassen, ik zal u alle boeken *doen toekomen* ich werde Ihnen alle Bücher zuschicken; s. auch § 473;

leeren: a) de hoogleeraar heeft ons *leeren werken* der Pro-fessor hat uns arbeiten lehren (gelehrt), een matroos heeft mij *leeren zwemmen* ein Matrose hat mich schwimmen gelehrt; — b) de studenten hebben *leeren werken* die Studenten haben arbeiten gelernt, ik heb *leeren zwemmen* ich habe schwimmen gelernt;

helpen: wij heeft u *helpen werken* wer hat dir arbeiten helfen (geholfen)?

wezen: hij is *wezen roeien, schaatsenrijden* er hat gerudert, Schlittschuh gelaufen;

gaan: wij waren *gaan wandelen* wir waren spazieren ge-gangen, hij was zijn gewoon werk *gaan verrichten* er war seiner gewohnten Beschäftigung nachgegangen; s. auch § 473;

komen: er is een lief vogeltje *komen aanvliegen* es ist ein hübsches Vögelchen herangeflogen kommen;

loopen: hij is dat gauw *loopen vertellen* er hat das rasch überbracht, hij is dat even *loopen halen* er will das eben holen gehen;

staan: zij hebben daar lang *staan praten* sie haben dort lange geplaudert, wat hebt gij daar *staan kijken* was gab's dort zu sehen?

zitten: wij hebben nog lang *zitten praten* wir haben noch lange zusammen geplaudert, wij hebben gezellig ons pijpje *zitten rooken* wir saßen gemütlich beisammen und schmauchten eine Pfeife;

liggen: het kind heeft op het gras *liggen spelen* das Kind hat auf dem Rasen gelegen und gespielt; in bed hebben zij nog lang *liggen lachen* im Bette haben sie noch lange gelacht;

vinden: men had in de laan een man *vinden liggen* man hatte in der Allee einen Mann liegen gefunden;

zien: ik heb al die bloempjes *zien bloeien* ich habe all diese Blümlein blühen sehen;

hooren: ik heb het zelf *hooren voorlezen* ich habe es selbst vorlesen hören;

voelen: de dokter heeft zijn pols nog voelen slaan der Arzt hat seinen Puls noch schlagen fühlen;

vermogen: de keizer heeft het niet *vermogen te doen* der Kaiser hat es nicht zu thun vermocht;

weten: de tegenstanders hebben zich niet *weten te beheerschen* die Gegner haben sich nicht zu beherrschen gewußt;

behooren, dienen: de commandant had de vesting niet *behooren, dienen over te geven* der Kommandant hätte die Festung nicht überliefern sollen;

(niet) behoeven! de minister had de inspecteurs niet *behoeven te raadplegen* der Minister hätte die Inspektoren nicht zu Rate zu ziehen brauchen;

wagen: de soldaten hebben niet de vesting *wagen te bestormen* die Soldaten haben die Festung nicht zu erstürmen gewagt;

wenschen, begeeren, verlangen: vóór zijn vertrek heeft hij zijn ouden vader nog eens *wenschen, begeeren, verlangen te zien* vor seiner Abreise hat er seinen alten Vater noch einmal zu sehen gewünscht, begehrt, verlangt;

verkiezen: mijn vriend heeft mij niet *verkiezen te antwoorden* mein Freund hat mir nicht antworten wollen; vgl. hij heeft *verkozen* mij *te antwoorden* er hat vorgezogen, mir zu antworten;

gelieven: hij heeft mij niet *gelieven te bezoeken* es hat ihm nicht beliebt, mich zu besuchen;

denken, meenen: ik heb dat huis *denken, meenen te huren* ich habe die Absicht gehabt, jenes Haus zu mieten;

zien: ik heb mijn vader *zien over te halen* de vereischte toestemming te geven ich habe meinen Vater zu überreden versucht, die erforderte Zustimmung zu verleihen;

zoeken, beproeven: wilt gij nu eens *zoeken, beproeven* hem gunstig *te stemmen* willst du nun einmal versuchen, ihn günstig zu stimmen;

pogen, trachten: wij hebben alles in het werk *pogen, trachten* te stellen oder wij hebben *gepoogd, getracht* alles in het werk te stellen wir haben alle Kräfte aufzubieten versucht.

Aufgaben.

77.

Beispiele zur Übersetzung:

Er fand einen Jagdhund auf dem Wege liegen. Laß sie betteln gehen, wenn sie hungrig sind. Ich fühlte eine Spinne über meine Hand kriechen. Der Fürst fuhr mit seinem Gefolge spazieren. Und der Knabe ging zu jagen. Die Soldaten blieben nicht lange widerspenstig. Er machte die Waffen des Kaisers siegen. Ein Gemälde, das in der Ausstellung viel von sich reden machte. Er wollte uns glauben machen, er habe die ganze Ausstellung in drei Tagen gesehen. Die Herannahung des Feindes veranlaßte den Kommandanten, die Brücken in der Umgegend zu sprengen. Während der Prüfung hat der Student nichts zu antworten gewußt. Von Jugend auf haben wir arbeiten gelernt. Ein berühmter Meister in Rom hatte ihn malen gelehrt. Die Kinder haben getrachtet, den Lehrer zu hintergehen; sie haben schlittschuhgelaufen, statt die Schule zu besuchen. Ich habe gethan, was ich nicht lassen konnte. Das steht nicht zu ändern. Hier bleibt nun einiges über Vokale und Konsonanten zu erörtern. Ich komme noch auf ihn zu sprechen. Ich weiß schon, was ich zu thun und zu lassen habe. Erwarten (mit zijn) Sie morgen noch Gäste? Das Kind beginnt zu reden, wie es anhebt zu denken. Neben sich hatte sie einen Korb stehen. Der Geist, der im ganzen Chor thut leben. So lange der Wallenstein thut walten. Wohl ein erstaunlich neues Werk hab' ich bereiten sehen. Das hast du wohl sagen hören. Unter einem Baum fand ich ihn eingeschlafen. Wir finden ihn gewiß bei jenen Pappeln stehen. Man brachte die Waren eben getragen, als ich von meiner Reise zurückkehrte. Die Häscher führten den Dieb an ein Seil gebunden. Der Bediente brachte die Bücher getragen, die ich geschenkt bekommen hatte. Da bringt er dem Grafen sein Roß zurück, bescheiden am Zügel geführt.

78.

Bevor er Stanislaus Lesczinski auf den polnischen Thron setzte, hatte Karl XII einen Augenblick den Gedanken gehabt, selbst die Stelle des Königs August einzunehmen. Sein Minister hatte ihm geraten, sich wählen zu lassen, indem er ihm vorstellte, wie ruhmvoll und leicht es sein würde, in Polen zu thun, was Gustav Wasa in Schweden gethan hatte, nämlich die lutherische Religion dort einzuführen und das von dem Adel und der Geistlichkeit geknechtete Volk zu befreien. Karl war einen Augenblick versucht, diesen Rat zu befolgen, „aber," sagt Voltaire, „er opferte schließlich sein Interesse dem Ruhme und erwiderte dem Grafen Piper, daß es ihm ehrenvoller schiene, Königreiche zu verschenken, als zu erwerben."

Es ist erlaubt, zu bezweifeln, daß dieser Grund der einzige ist, welcher ihn bestimmt hat. Allerdings hatte er damals die Macht, den Polen den Fürsten seiner Wahl aufzuzwingen, aber unter der

Bedingung, daß er einen Polen und einen Katholiken wählte. Wenn es ihm beliebt hätte, sich selbst wählen zu lassen, so hätte er sein Ansehen nur aufrecht erhalten können, wenn er im Lande blieb. Nun hatte er aber die Absicht, in Rußland einzufallen: vielleicht fürchtete er, daß er durch seine Wahl einen Aufstand in Polen hervorrufen würde, der ihn verhindern würde, seine ganzen Kräfte gegen den Czaren zu wenden. Kurz, zufrieden damit, seinen Feind entthront zu haben, verzichtete er darauf, selbst diesen Thron zu besteigen, und verbot seinem Minister, einem Plane Folge zu geben, den zu verwirklichen gefährlich, wenn nicht unmöglich gewesen wäre.

Gesprek.

Hoe ben je toch op het idee gekomen, om dat huis te nemen?

Maar het huis is in slechten staat, en de tuin is een wildernis.

Laat de huisheer alles in orde brengen?

En welke voorwaarden heb je gemaakt? Heb je ook aan verplaatsing naar eene andere stad gedacht?

Wat ben je van plan in den tuin te zetten?

In het midden moest je een of anderen mooien boom laten zetten, b. v. een bruinen beuk.

Later, na heel wat jaren, ja; maar dan zult gij wel niet meer in dezen tuin werken.

Zoudt gij daar achter niet wat maandroosjes planten, die bloeien bijna het heele jaar.

Ik lees daar juist in de courant, dat Boskoop bij Gouda een eersten prijs op de Parijsche tentoonstelling voor rozen heeft behaald.

Als je tuintje klaar is, kom ik eens kijken.

Deze woning bevalt mij en mijne vrouw tamelijk goed.

Voor een en ander zal weldra worden gezorgd.

Neen, ik zal het laten doen, maar de huisheer draagt de kosten.

Ik heb voor drie jaar gehuurd. In geval van verplaatsing eindigt de huur met de loopende drie maanden.

Langs de muren wat leiboompjes aan den zonkant en eenige heesters aan den anderen kant.

Daar heb ik ook al over gedacht, maar zal die niet te veel schaduw werpen?

En wat zal ik op deze ronde bedden zetten? Mij dunkt wat viooltjes en vergeet-mij-nietjes.

Dat is een goed idee, weet gij ook soms een goed adres voor me?

Dan zal ik eens naar Boskoop schrijven, ik heb daar nog een ouden vriend wonen en die zal de boomkweekers wel allen kennen.

Doe dat, je zult me steeds welkom zijn.

Siebenunddreißigste Lektion.

Waarom wordt men klerk?

Gij hebt zeker wel eens eene school zien uitgaan, — eene burgeravondschool, meen ik, eene armenschool zelfs, en u vermeid in het weergaloos schouwspel, dat de jeugd aanbood? Welk eene gelijkheid en welk eene verscheidenheid tevens! Een wereld in het klein! Houdt er oogen op als gij kunt. Soldaatjespelen, — de eerste stok de beste is een generaalsstaf voor dien flinken borst; paardenmennen, — wie denkt gij dat het spoedigst moê zal zijn, de koetsier of de rossen? — scheepje zeilen, — de klomp gaat te water, als zij maar een touwtje vinden om hem aan te vieren, — wij hebben het nauwelijks opgemerkt, of de woeligsten zijn al uit ons gezicht; er schuilen matrozen, voerlieden, krijgslui in. Dàar plaagt een krullebol een aardig meisje, — maar dat zullen zij eens allen doen, dat is het algemeen menschelijke, — ik wilde u tot den bijzonderen aard, blijkbaar uit de keuze van het een of ander beroep, bepalen. — Welnu, wij zien arbeids- en handwerkslieden in menigte — toekomstige metselaars, die naar dat half voltooide gebouw kijken, of zij de evenredigheid der zwaarte tusschen balken en muren berekenen; — toekomstige hoveniers, die gadeslaan, of de lentezon de knoppen van het geboomte sedert gisteren verder heeft doen uitbotten; — toekomstige kastenmakers, die een voorbijgedragen meubel begluren, of het open moest springen voor hun nieuwsgierigen blik; — maar er zou geen einde aan zijn, zoo wij alles wilden bespieden, wat hier in den dop te zien valt. —

V. Das Partizip.

§ 475. Wie im Deutschen wird das 2. Partizip einiger Verben statt eines Substantivs gebraucht, z. B. een afgevaardigde ein Abgeordneter, een bekende ein Bekannter, een beminde ein Geliebter, een beschonkene ein Betrunkener, een bezetene ein Besessener, een eerstgeborene ein Erstgeborener, een gedaagde ein Beklagter, een (oud)gediende ein (Alt)gediender, het gegeven (Pl. de gegevens) die Angabe(-n), de gelastigde der Beauftragte, de geleerde der Gelehrte, de geliefde der Geliebte, de gevangene der Gefangene, de gezworene der Verschworene, de saamgezworenen die Verschworenen, de uitgewekene der Emigrant, de uitverkorene der Auserwählte, de verloofde der Verlobte, de vertrouwde der Vertraute.

Im Deutschen werden mehr solche Partizipien gebraucht, vgl. ein Vorgesetzter een meerdere, ein Untergebener een mindere, ein Gefreiter een korporaal.

§ 476. Ein 1. Partizip ist selten zu einem Substantiv geworden, z. B. een razende ein Rasender; vgl. der Reisende de reiziger.

§ 477. Die Partizipien werden zu Adjektiven, wenn der Begriff der Zeit dem einer bleibenden Eigenschaft weichen muß. Sie können dann a) als einfaches Prädikat vorkommen, in welchem Falle im Deutschen meistens ein Verb oder ein Adj. gebraucht wird und b) attributiv. Beispiele: a) dat is vervelend das ist langweilig, dat is stuitend voor mijn gevoel das ist meinem Gefühl zuwider, hij is bekrompen in zijn oordeel er ist beschränkt in seinem Urteil, deze teekening is uitstekend[1] diese Zeichnung ist ausgezeichnet, hij is bijziende maar welvarende er ist kurzsichtig, aber gesund, mijn broeder is sukkelende mein Bruder kränkelt, hij is herstellende er bessert sich, hij was slapende, wakende, stervende er schlief, wachte, lag am Tode, het water is wassende, vallende das Wasser wächst, steigt; b) een betooverend gezicht ein bezaubernder Anblick, loopend water fließendes Wasser, een loopend vuurtje ein Lauffeuer, stilstaand water stehendes Wasser, een beslissende slag eine entscheidende Schlacht.

Diese Partizipien können auch mit dem Präfix on— gebraucht werden: onbekrompen nicht beschränkt, ongedwongen ungezwungen, onoplettend unaufmerksam; einige kommen sogar ausschließlich als Adjektive vor: ondeugend boshaft (schalkhaft), onwetend unwissend, onbeduidend, onbeteekenend unbedeutend, onbehouwen ungeschlacht.

§ 478. Zusammengesetzte Partizipien kommen im Ndl., besonders in Prosa, nur selten vor, z. B. hemeltergend himmelschreiend, blindgeboren, jongstleden neulich (unlängst); vgl. eine moosbedeckte Hütte eene hut, met mos bedekt, waldbewachsene Berge bergen, met bosschen begroeid, mühsam erworbenes Geld met moeite bijeengezameld geld.

§ 479. Bisweilen steht das 1. Partizip seiner Bedeutung

---

[1] Über die Betonung siehe § 136.

Niederländ. Konv.-Gramm.   16

zuwider als Adjektiv in passivem Sinn: brekende (statt breek-
bare) waren zerbrechliche Waren, roerend goed fahrende Habe,
onroerende goederen Immobilien, ijlende koorts Fieber, in
dem der Kranke irre redet, de vallende ziekte die fallende
Sucht, een zittend leven eine sitzende Lebensweise, eene stil-
zwijgende voorwaarde eine stillschweigende Bedingung.

§ 480. Das 2. Partizip steht bisweilen seiner Natur zuwider, in aktivem Sinne: eene gesprongen snaar eine ge-
sprungene Saite, een godvergeten (eervergeten) schurk ein
gottvergessener (ehrvergessener) Schurke, een gestudeerd man
ein studierter Mann, een bevaren matroos ein geübter Matrose,
een bereden gendarm ein berittener Gendarm, een (on)be-
leefd mensch ein (un)höflicher Mensch, een dronken soldaat
ein berauschter Soldat.

§ 481. Wie wir schon § 473 gesehen haben, kommt der
Infinitiv manchmal vor mit der Bedeutung eines Partizips. Nur
vereinzelt steht ein Partizip statt eines Infinitivs, eigentlich nur
noch in älteren Sprichwörtern und Redensarten, z. B. het is
boter aan de galg gesmeerd es ist Hopfen und Malz daran
verloren, het is aan eens dooven mans deur geklopt das ist
vergebliche Mühe (da wird man kein geneigtes Gehör finden),
het is den moriaan geschuurd das ist einen Mohren gewaschen.

Solche Partizipien können auch als Subjekt vorkommen:
beter hard geblazen dan den mond verbrand hart blasen
ist besser als sich den Mund verbrennen, fig.: wer viel Worte
macht, kommt selten zur That; beter ten halve gekeerd, dan
ten heele gedwaald wer auf halbem Wege umkehrt, irrt nur
zur Hälfte.

§ 482. Das Partizip steht gewöhnlich unmittelbar vor dem
Substantiv, welches es bestimmt und mit dem es an Geschlecht,
Zahl und Kasus übereinstimmt.

Das 1. Part., vor einem männl. Substantiv stehend, hat
im Nom. S. stets e und im Akk. en: zijn broeder was een
boven allen úitstekende man sein Bruder war ein über alle
Menschen hervorragender Mann, wij zagen eenen boven allen
úitstekenden man.

Wenn das 2. Part. nicht die Person, sondern deren Beruf
oder Qualität bestimmt, wird es gerade dekliniert wie ein Adjektiv, welches in ähnlichem Fall gebraucht ist; siehe § 203.

Vor einem Neutrum hat das Partizip im Nom. und Akk.
S. stets die starke Biegung ohne e, wenn een oder ein Possessiv-

pronom, ein unbestimmtes Pronom oder ein unbestimmtes Zahl=
wort vorangeht, z. B. *uw pas gebouwd huis* dein jüngst ge=
bautes Haus.

§ 483. Wie im Deutschen bleibt das Partizip unverbogen,
wenn es prädikativ gebraucht ist, oder wenn noch eine Bestim=
mung folgt.

§ 484. In Adverbialsätzen und Partizipialkonstruktionen
kann das 1. Part. unverändert bleiben, es bekommt aber meistens
das *e* der schwachen Biegung; das 2. Part. bleibt unverändert.
Beispiele: *huilende en schreeuwende begaf ik mij op weg
naar huis* weinend und schreiend schlug ich den Weg nach Hause
ein; *ontwaakt deelt hij zijnen makkers alles mede als er
erwacht war, teilte er seinen Gefährten alles mit; dit gezegd
hebbende, verwijderde hij zich in drift* nachdem er dies ge=
sagt, entfernte er sich im Zorn; *dit bij mij zelf denkende,*
slief ik in dieses bei mir denkend, schlief ich ein.

§ 485. Das absolut gebrauchte 2. Part. bleibt wie im
Deutschen unverändert, z. B. *dit vooropgesteld* dieses voraus=
gesetzt, *van een anderen kant beschouwd, is regel of voor-
schrift hier zelfs nog slechter dan de leer* von einer andren
Seite betrachtet, ist Regel oder Vorschrift hier sogar noch schlech=
ter als die Lehre, *alles bij elkaar genomen, staan de zaken
slecht* alles in allem genommen, steht es schlecht mit der Sache.

Aufgaben.

79.

Beispiele zur Übersetzung:

Die vor uns liegende Landschaft bot einen überraschenden An=
blick dar. Eine erstaunliche Hitze zwang uns, den Saal zu ver=
lassen, obgleich ein wohlberedter Mann eben das Wort ergriffen
hatte. Ein Altgedienter saß vor der Kaserne. In schnellem Lauf
durchzog ich Frankreich, das gepriesene Italien mit heißem Wunsche
suchend. Zu weit getrieben, verfehlt die Strenge ihres weisen Zweckes,
und allzu straff gespannt, zerspringt der Bogen. Für die heilige
Sache kämpfend, traf ihn das feindliche Schwert. Dieser von jeder=
mann geliebte Schauspieler hat leider das Land verlassen. Diese
leicht zu beseitigenden Hindernisse sollen dich nicht in deinem Vor=
haben stören. Dies Geschäft berichtigt, eilten alle Statthalter in
ihre Provinzen. Wenn Sie diesen Weg einschlagen (1. Part.), wer=
den Sie in zwei Stunden Berlin erreichen. Über dem Warten
(Al + 1. Part.) wurden wir hungrig. Er zog sich zurück unter
dem Vorwande (1. Part.), daß er keine Zeit habe, länger zu bleiben.
In der Hoffnung (1. Part.), daß Sie mir helfen wollen, bitte ich

16*

um Ihre Unterstützung. Vorausgesetzt, er habe es selbst geschrieben, könnte er sich nicht geirrt haben? Ich habe neulich einen Vondel und einen Bilderdijk geschenkt bekommen. Er verkauft seine Immobilien und schenkt seine fahrende Habe seinem besten Freunde.

80.
Der Krieg gegen Holland.[1]

Im Jahre 1671 unternahm Ludwig XIV., der vor Begierde brannte, sich an den Holländern zu rächen, seinen zweiten Eroberungskrieg. England und Schweden waren im voraus gewonnen worden, und nachdem die Trippelallianz aufgehört hatte, zu existieren, schien das Verderben der Holländer unvermeidlich. Der Kaiser, der das größte Interesse daran hatte, sich der Eroberungspolitik Ludwigs XIV. zu widersetzen, that zuerst nichts, um ihnen zu helfen, und da der Kaiser unthätig blieb, so war von dem Reiche nichts zu erwarten. Der Kurfürst von Brandenburg war der einzige, der, in richtiger Erkenntnis der Gefahr, es wagte, sich für die Holländer zu erklären; aber sein kleiner Staat, trotzdem er schon eine wichtige Rolle in den europäischen Angelegenheiten spielte, konnte auf die Dauer nicht gegen seinen mächtigen Nachbar ankämpfen, und indem er die rheinischen Besitzungen des Kurfürsten eroberte, zwang Ludwig XIV. ihn bald, von dem holländischen Bündnisse zurückzutreten.

Holland wurde von zwei Heeren angegriffen, welche mehr als hunderttausend Mann zählten und von dem Könige in Person befehligt wurden. Dank dieser erdrückenden Übermacht und den ausgezeichneten Dispositionen seiner Generale, glich der Marsch des Königs mehr einer militärischen Reise, als einem Feldzuge. Er belagerte keine Stadt, die er nicht einnahm, da der berühmte Vauban, welcher die Operationen leitete, es meisterhaft verstand, nicht nur die Städte zu befestigen, sondern auch sie einzunehmen. Aber Ludwig beging einen großen Fehler, indem er seine Eroberung nicht schnell genug verfolgte. Condé und Turenne rieten ihm, die meisten der eingenommenen Plätze zu zerstören und auf die Hauptstadt zu marschieren, indem er nur eine oder zwei Festungen für den Rückzug besetzte; Louvois, im Gegenteil wollte, daß jeder Platz durch eine Besatzung gesichert wurde. Indem der König diesen Rat befolgte und den Angriff gegen Amsterdam aufschob, schwächte er sein Heer und ließ den Holländern Zeit, den heldenmütigen Entschluß auszuführen, welcher die Hauptstadt rettete. Man weiß, daß sie das Land überschwemmten, indem sie die Dämme durchstachen und die Schleusen öffneten. Zur See waren sie ebenfalls glücklich gewesen, da die eben entstehende Marine Ludwigs XIV. nicht imstande war, sich mit einer Flotte zu messen, welche damals die erste der Welt war. Ihr Admiral, de Ruijter, der es wagte, die vereinigten Flotten Englands und Frankreichs anzugreifen, verhinderte die geplante Landung

---

1) Die Nebensätze sind wo möglich durch Partizipalkonstruktionen zu übersetzen.

an der holländischen Küste und rettete sogar die aus Indien zurück=
kehrende Handelsflotte. All die Umstände gaben dem Kriege eine
von seinem ersten Anfang sehr verschiedene Wendung.

Ludwig XIV., trotzdem er auf den Ruhm eines Eroberers An=
spruch machte, war nicht geneigt, ihn durch ermübende Anstrengun=
gen zu erkaufen; er verließ das Land und kehrte nach Saint=Ger=
main zurück, indem er seinen Feldherren die Sorge überließ, den
Krieg zu beenden.

Gesprek.

Hebt gij het nieuwe werk over
Nederland en de Nederlan-
ders al gelezen?
Als gij tijd en lust hebt, zal
ik het u morgen leenen.

Veel nieuws zult gij er niet
uit leeren, maar toch is het
aardig te zien hoe de vreemden ons beoordeelen.

Ik geloof niet, dat men zich
daarover moet ergeren, tenzij
die dwaasheden uit boos opzet voortspruiten, zooals in de
reisherinneringen van Hans-
jakob.
Daarom kan men zulk een
schrijver veel vergeven.

Kent gij Sicherers „Lorelei.
Plaudereien über Holland
und seine Bewohner"?
Dan zal Sicherer ook wel niet
per sneltrein ons land door-
reisd hebben.

Dan verwondert het mij ook
niet, dat hij ons leven over
het algemeen zoo juist weet
te beschrijven. Hebt gij den
schrijver ooit ontmoet?
Zooals afgesproken, morgen
krijgt gij het pas verschenen
werk. Wees zoo goed mij
later eens uw oordeel er
over te zeggen.

Neen, ik weet wel, dat het
verschenen is, maar gelezen
heb ik het nog niet.
Zeer vriendelijk! Maar is het
wel de moeite waard om
het te lezen?
Ik weet niet wat gij aardig
noemt, ik heb mij wel eens
geergerd over de dwaasheden,
die soms over ons land en zijne
bewoners geschreven worden.
Nu ja, daar noemt gij ook al
een van de meeste onbeduidend werken over Nederland;
de schrijver heeft, zooals hij
zelf bekent in een paar dagen heel Nederland bereisd.
Dat vind ik niet, zulk een snel-
reiziger heeft geen recht van
schrijven.
Ja, dit werk bevalt mij nog het
best, het is met kennis van
land en bevolking geschreven.
Wel neen, hij is een groot deel
van zijn leven als docent
hier te lande werkzaam geweest.
Neen, tot mijn spijt niet, maar
het moet een aangenaam
man in gezelschap en een
kundig man in zijn vak geweest zijn.
Zeer goed, ik zal het met op-
lettendheid lezen, later praten wij er dan nog wel eens
over.

Achtunddreißigste Lektion.

Waarom wordt men klerk? (Vervolg.)

En echter, het is aardig naar het gindsche groepje te kijken: een der jongens heeft een stuk krijt gevonden, en zie eens, hoe hij teekent, hoe hij karikatureert! Hij hinkt aan hetzelfde euvel, waaraan wij allen lijden; hij overdrijft! Die neus van den meester steekt den draak met alle proportie. Doch, geen nood, er zijn critici om hem heen, recensenten voor ieder, die zijn werk der beschouwing van het algemeen prijsgeeft; wat is billijker? — Indien gij uw aanstaanden timmerman vindt in de drie voet hooge wijsheid, die dáár een stroowisch tot passer bezigt, vergun mij op te hebben met den vluggerd, welke een weinig verder een vlinder naloopt: hij zal blaken van lust om te ondernemen; hij zal koopman worden; hij zal wagen en winnen. Winkeliersgeest, die te huis blijft zitten en verbeidt, ik zie hem te over bij dien knikkerenden hoop. „Valsch doen" hoor ik roepen. Arme jongen! die u zoo boos maakt over 't gepleegde onrecht; die den kleinen bedrogene de hand boven 't hoofd houdt; die, nu ge hem hebt gewroken, zoo ernstig naar den blauwen hemel opziet, toekomstige dichter! wat deedt ge bij het spel? Hij heeft geen antwoord, verloren als hij is in de beschouwing eener bloem, die aan den weg groeit; liefde voor het schoone bij zin voor het edele, ik mag dien jongen. — Toch verlies ik hem uit het oog, om den wil van gindschen manke; gebrekkige jeugd is zulk een deerniswaardig schouwspel! — Maar ge hebt gelijk, hij kan klermaeker of schoenenflik worden, en als hij geld en geest heeft, zoo goed een graad aan eene der drie faculteiten verwerven, als een van deze rechtsgeleerden, geneesheeren of leeraars *in spe*. —

Das Adverb.

§ 486. Bisweilen kommen Adverbien als Prädikatsnomen vor, der adverbiale Superlativ wird dann stets mit *het* gebraucht, z. B. de deur is *toe* (vgl. eene toe deur) die Thüre ist zu; hij is *het gelukkigst*, wanneer hij alleen is er ist am glücklichsten, wenn er allein ist; zulke lieden zijn er toch in alle geval *het ergste* aan toe solche Leute sind doch jedenfalls am schlimmsten dran.

§ 487. Wenn die Adverbien *meer* und *meest* nicht zur Umschreibung der Steigerung dienen, sondern zur Bestimmung eines Verbums oder einer verbalen Lokution, so dürfen sie mit dem folgenden Adjektiv nicht durch einen Komparativ oder Superlativ ersetzt werden, z. B. dit is *meer vernuftig* (nicht vernuftiger) dan waar dieses ist mehr witzig als wahr, ik ben *meer bedroefd* (nicht bedroefder) dan boos ich bin mehr traurig als böse; vgl. das ist scharfsinniger als wahr (Lessing).

§ 488. Betreffs des Gebrauchs einiger ndl. Adverbien merke man sich besonders folgende:

1° **Aan:** er is niets (veel) van — · es ist nichts (viel) Wahres daran,

de deur staat - - · die Thüre ist nicht (ganz) zu,

is de post (trein) al — · ist die Post (der Zug) schon angekommen?

de kerk is nog niet — · der Gottesdienst hat noch nicht angefangen,

mijn cigaar (pijp) is niet goed — · meine Zigarre (Pfeife) ist nicht gut angebrannt,

de lamp is al — · die Lampe ist schon angezündet,

is het vuur al —? · brennt das Feuer schon?

tegen den muur — · wider die Wand (Mauer).

2° **Af:** van jongs — aan · von Kindesbeinen an,

van meet — aau · vom Anfange an,

op de rij — · der Reihe nach,

op het gevaar — · auf die Gefahr hin,

daar zijn wij nog verre van — · davon sind wir noch weit entfernt,

het nieuwtje is er al — · es hat den Reiz der Neuheit schon verloren,

wij zijn voor goed van elkander — · wir sind auf immer geschiedene Leute,

hij is koning — · er ist kein König mehr,

alles is — · alles ist fertig,

3° **Al:** hij is — te goed · er ist allzu (gar zu) gut,

— dan niet · ja oder nein,

het is — wel · es ist schon gut.

Wenn **al** einem Part. Präs. vorangeht, wird es gar nicht übersetzt oder wenn im Deutschen statt des Part. ein Substantiv zur Anwendung kommt, durch eine Präposition ersetzt:

— schreeuwende kwam hij nader · schreiend kam er heran,

— lezende zag ik het · unter dem Lesen sah ich es,

— zingende en springende · mit Gesang und Tanz kamen

kwamen de boeren op het tooneel	die Bauern auf die Bühne,
— doende leert men	Übung macht den Meister.
4º. **Beneden:** — wonen	im Erdgeschoß wohnen,
hier —	hienieden,
hij ging naar —	er ging nach unten, (er sank in die Tiefe).
5º. **Binnen:** — zijn	1º. im Hause sein, 2º. versorgt sein,
— en buiten	innen und außen,
te — schieten	einfallen,
te — brengen	erinnern.
6º. **Boven:** Oranje —	Oranien hoch!
te — komen	überwinden,
te — gaan	überschreiten, übersteigen.
7º. **Buiten:** — wonen	auf dem Lande wohnen,
van — kennen, leeren	auswendig können, lernen,
zich te — gaan in eten of drinken	übermäßig essen oder trinken,
laat mij er —	lassen Sie mich aus dem Spiele,
ik wil er — blijven	ich will nichts damit zu schaffen haben.
8º. **Dan:** nu en —	dann und wann,
nu dit, — dat	bald dies, bald das,
nu eens regen, — weer zonneschijn	bald Regen, bald Sonnenschein.
9º. **Er:** zijt gij — ook geweest	waren Sie auch da?
eindelijk zijn wij —	endlich sind wir da,
ik ga — niet heen	ich gehe nicht hin,
leg het — in	lege es hinein,
is — iemand?	ist jemand hier?
— zijn — velen, die dat niet weten	es giebt viele Leute, die das nicht wissen,
waren — velen?	gab es viele?
wat is —?	was ist los?
10º. **Heen, hin, hier, her:**	
ga niet heen, kom hier	gehe nicht hin, komme her,
zet u hier of daar	setzen Sie sich hierher oder dorthin,
waar moet dat heen?	wo soll das hinaus?

Die zusammengesetzten Adverbia herein, hinein, herunter, hinunter, herüber, hinüber u. s. w. werden im Ndl. in anderer Weise ausgedrückt, vgl.:

(kommen Sie) herein	(kom) binnen,
wir wollen hinausgehen	wij zullen naar buiten gaan,
er ging hinauf	hij ging naar boven,

der Luftballon kam langsam hinunter	de luchtballon daalde langzaam,
wir fuhren hinüber	wij voeren naar den overkant,
er ruderte uns hinüber	hij zette ons over,
wir stiegen den Berg hinan	wij stegen den berg op.

Om ... heen, herum, hinum, umhin:

zij stonden om het graf —	sie standen um das Grab herum,
om de stad —	um die Stadt herum,
er om — praten	um den Brei herumgehen,
om den hoek —	um die Ecke hinum;
vgl. ik kan niet nalaten	ich kann nicht umhin.

11°. **In** in Zusammensetzungen = **in** und **ein:**

leg het boek er —	lege das Buch hinein,
het ligt er —	es liegt darin.

12°. **Met:** tot en — bladzijde 20   bis einschließlich Seite 20,

— kwam hij binnen	im selben Augenblick trat er herein.

13°. **Na:** iemand te — komen   einem zu nahe treten,

op een —	bis auf einen,
op verre — niet	bei weitem nicht,
op een haar —	es fehlte nur wenig.

14°. **Om:** dit is —, deze weg loopt —   dies ist ein Umweg,

het verlof is —	der Urlaub ist zu Ende,
de wind is —	der Wind hat sich gedreht,
mijn hoofd loopt —	ich weiß nicht, wo mir der Kopf steht,
hij is den hoek —	er ist um die Ecke; fig. er ist mit Tode abgegangen.

15°. **Op:** — en neer gaan   auf und ab gehen,

hij ging de trap —	er ging die Treppe hinauf,
hij is bijna —	es geht zu Ende mit ihm.

16°. **Open** = auf und offen:

de deur is —	die Thüre ist offen,
maak de deur —	mache die Thüre auf.

17°. **Toch:** 1°. denn; 2°. doch, dennoch:

waar was hij —	wo war er denn,
hij heeft het — gedaan	er hat es dennoch gethan.

18°. **Voorheen** — vorhin:

men leefde voorheen (vroeger) veel zuiniger	man lebte ehemals viel sparsamer,
zooals ik *zooeven* zeide	wie ich vorhin sagte.

19°. **Vroeger:** 1°. früher; 2°. ehemals:

vroeger kwam de post veel vroeger dan thans	ehemals (sonst) kam die Post viel früher als jetzt.

20°. **Weg** = weg und fort:

hij is zoo even — gegaan	er ift foeben weggegangen,
pak je —	fchier dich fort.

21°. **Wel**: 1°. fchon; 2°. zwar; 3°. wohl:

de boeken zullen — komen	die Bücher werden fchon kommen,
daar zijn ze en — gauwer	da find diefelben, und zwar eher,
dan ik dacht	als ich erwartete,
gelooft hij het wel?	glaubt er es wohl?

Vgl. noch:

wel doen	Gutes thun,
doe wel en zie niet om	thue recht und fcheue niemand.

§ 489. Von den deutfchen Adverbien, welche im Ndl. in anderer Weife wiedergegeben werden, erwähnen wir:

1°. **Freilich**: 1°. wel zeker (ja); 2°. wel, wel is waar:

Du kommſt doch? Freilich!	gij komt immers? Wel zeker!
Das iſt freilich recht fchön,	dat is wel (is waar) zeer mooi,
aber auch recht teuer	maar ook zeer duur.

2°. **Gar**:

fo war es ja — nicht gemeint	zoo was het immers in het geheel niet gemeend,
— viele wiffen das	zeer velen weten dat,
fo etwas lefe ich — zu gern	zoo iets lees ik maar al te gaarne,
das war — zu dumm	dat was al te mal (dom),
fchimpfe — noch	scheld nu nog op den koop toe,
das iſt ganz und — erdichtet	dat is van voren tot achteren verzonnen,
ganz und — verloren	geheel en al verloren.

3°. **Immer**: 1°. altijd; 2°. eenigszins; 3°. ook:

es wird — fo bleiben	het zal altijd zoo blijven,
fo viel wie nur — möglich	zooveel als maar eenigszins mogelijk,
wer — es auch fein mag	wie het ook mag zijn,
wo — er auch fein mag	waar hij zich ook ophoudt.

4°. **Ja**: 1°. ja; 2°. immers; 3°. toch (vooral):

Nun ja, das kann ja nicht wahr fein	nu ja, dat kan immers niet waar zijn,
er kann fich ja geirrt haben	hij kan zich immers vergist hebben,
komme ja recht früh	kom toch vooral zeer vroeg,
fchreiben Sie ja recht bald	schrijf toch vooral zeer spoedig,
vergiß es ja nicht	vergeet het toch niet.

Die Konjunktion.

§ 490. **Al** = und, wenn, wenn auch:

ik waag dit, al kost het ook het leven — ich wage dies, und koſtet's auch das Leben,

alles wordt aangenomen, al is het ook nog zoo gering — alles wird angenommen, wenn es auch noch ſo gering iſt.

§ 491. **Als:** 1º· = als im Poſitiv: zoo groot als ſo groß als; 2º· = als und wie in Komparativſätzen: hij handelde als eerlijk man er handelte als ein Ehrenmann, hij handelde als *een* eerlijk man wie ein Ehrenmann, als man als ein Mann, als een man (gelijk een man) wie ein Mann; 3º· = wenn (mit konditionaler Bedeutung): als (indien) gij het weet, moet gij het zeggen wenn du es weißt, mußt du es ſagen; als (indien) ik het wist, zou ik het zeggen wenn ich es wüßte, würde ich es ſagen; 4º· = ſo oft: de tranen komen in zijn oogen, als hij over zijn vader spreekt die Thränen treten ihm in die Augen, ſo oft er über den Vater ſpricht.

Als, da = toen: als er heimkam, freuten wir uns toen hij thuis kwam, waren wij blij; eben als ich ausgehen wollte juist toen ik wilde uitgaan.

Da, weil = omdat: ich bleibe zu Hauſe, da es regnet ik blijf thuis, omdat het regent.

Da, wo = nu (in temporeller oder kauſaler Bedeutung): da ich dieſes weiß, wird mir alles deutlich nu ik dat weet, begrijp ik alles.

Als het ware = gleichſam, ſo zu ſagen.

§ 492. **Dan:** 1º· = als (denn) nach Komparativen, ſiehe § 215; 2º· = ſo: als hij dat weet, dan komt hij zeker wenn er dies weiß, ſo kommt er gewiß.

§ 493. **Dewijl, terwijl.**

Dewijl (omdat, daar = weil) iſt ein kauſales Bindewort, terwijl = während (indem) iſt ein temporales Bindewort: hij staakte den arbeid, dewijl hij geen hulpbronnen genoeg had er ſtellte die Arbeit ein, weil er keine Hülfsquellen genug hatte; ik zat te schrijven, terwijl mijn broeder piano speelde ich ſchrieb, während mein Bruder Klavier ſpielte.

§ 494. **Maar, echter** = aber, allein, ſondern; maar ſteht immer am Anfang des Nebenſatzes, echter kann jedoch dem Subjekt nachgeſetzt werden: ik wist alles al, maar hij (hij echter) had nog niets gehoord; niet alleen de koning, maar ook de koningin is in het buitenland (Ausland).

Aber in der Bedeutung von wieder = noch eins: für nichts und aber nichts voor niets en nog eens niets.

Anmerkung. *Alleen* 1º· = allein, verlaſſen (Adv. oder Adj.): hij staat nu *alleen* op deze wereld; 2º· = nur: hij alleen weet het; niet alleen (slechts) hij, maar ook zijn broeder ...

§ 495. **Of** 1º· = oder: wenscht gij een Fransche roman of een Duitsche? wünſcheſt du einen franzöſiſchen Roman oder einen deutſchen? 2º· = ob: ik weet niet of hij komt, weet gij of hij komt?

Dan of = oder ob: zeg mij thans of gij een Franschen roman wilt, dan of gij de voorkeur geeft aan een Duitschen oder ob du einen deutſchen vorziehſt.

Of wird manchmal gebraucht, wo im Deutſchen keine Konjunktion ſteht oder doch eine andere gebraucht wird, vgl. niemand is zoo verstandig *of* hij doet wel eens een dommen streek keiner iſt ſo vernünftig, der nicht wohl mal einen dummen Streich thut (macht); geen paard is zoo goed *of* het struikelt wel eens kein Pferd ſo gut, das nicht mal ſtrauchelt; er is geen ambt of beroep, *of* er wordt oefening toe vereischt es giebt weder Amt noch Beruf, wozu keine Übung erfordert würde; het is zoo donker niet, *of* we zullen onzen weg wel vinden es iſt ſo dunkel nicht, daß wir den Weg nicht fänden; het scheelde maar weinig, *of* hij had mij geraakt es fehlte nur wenig, ſo hätte er mich getroffen; niet lang duurde het, *of* alles was in beweging es dauerte nicht lange, ſo war alles in Bewegung; nauwelijks zag hij mij *of* hij kwam naar mij toe kaum ſah er mich, ſo kam er zu mir.

§ 496. **Voor, voordat, alvorens** = bevor, ehe: roep mij alvorens uit te gaan (voor, voordat gij uitgaat) rufe mich, bevor du ausgehſt; voor wij zoo ver zijn ehe wir ſo weit ſind; hij liet mij niet gaan *voor en aleer* ik hem beloofd had spoedig terug te zullen komen er ließ mich nicht gehen, ehe und bevor ich ihm verſprochen hatte, bald zurückzukehren.

§ 497. **Zoo** 1º· = ſo, wenn in Konditionalſätzen: zoo (indien) gij flink werkt, zult gij er wel komen wenn du fleißig arbeiteſt, wirſt du dein Ziel ſchon erreichen; 2º· = wo, wenn, falls mit konſeſſiver Bedeutung: zoo (als) ik mij niet vergis, is alles in orde wo ich mich nicht irre, iſt alles in Ordnung; kom morgen en zoo mogelijk heel vroeg komme morgen und wo möglich recht früh.

Aufgaben.

81.

Beispiele zur Übersetzung:

Nie werde ich darein willigen. Als er in die Kiste schaute, bemerkte er, daß die Bücher drin lagen. Die Thüre ist schon offen, soll ich auch die Fenster aufmachen? Fahre nur fort, sagte er nach kurzer Pause. Der Schreiber wurde seiner Nachlässigkeit wegen fortgeschickt. Kommen Sie nur herein, verehrtester Herr, ich erwarte Sie schon. Wenn es Ihnen recht ist, wollen wir zum Thor hinausgehen. Wie man in den Wald hinein ruft, schallt's wieder heraus. Wir stiegen den Berg hinan zum berühmten alten Schloß. In der Schlacht von Waterloo ging's heiß her. Meine besten Wünsche werden dich begleiten, wohin du dich begeben magst. Woher kommt dieser große Dampfer? Weit umher ist keine schönere Eiche zu finden. Um die Stadt herum läuft ein breiter Graben. Ich kann nicht umhin, Ihnen von ganzem Herzen zu gratulieren. Dann und wann besuchen wir uns auf kurze Zeit. Wenn ich so etwas geahnt hätte, wäre ich nicht hierher gekommen. Seit wann bist du schon in der Fremde? In den Romanen Zolas finden sich mitunter wunderschöne Beschreibungen. Es ist nicht alles mehr wie sonst. Wer sonst ist schuld daran, als Ihr in Wien? Eins ums andre, nichts umsonst. Unser Bitten, Flehen, Drohen, alles war umsonst. Wie ich ihnen schon vorhin sagte, es ist kein wahres Wort an der ganzen Geschichte. Ehedem wußte man in diesen Ländern nichts von dem, was wir Standesamt nennen. Sokrates starb als Greis wie ein gemeiner Verbrecher. Dichter wie Goethe und Schiller sind leider selten. Ich bemerkte beiläufig, daß sich die Sache anders verhalten haben möchte. Es ist ja nichts Bleibendes auf dieser Welt; der ewige Wechsel zeigt sich ja an allem, was uns umringt. Glauben Sie ja nicht, daß ich das zweimal sagen werde. Wenn er etwa kommt, so sage nur, daß ich nicht länger warten konnte. Der Plan zur Errichtung eines Theaters ist gescheitert, es hält überhaupt schwer, in dieser Stadt etwas zustande zu bringen, zumal nach den großen Verlusten der letzten Jahre.

82.

Immer, wohin er auch ging, ob auf die Jagd oder zu anderen Vergnügungen, lenkte er seine Schritte nach dem Felsen. Entscheide, ob du heute nach Scheveningen reisen, oder ob du lieber zu Hause bleiben willst. Weißt du, ob die Badesaison schon eröffnet ist? Kein Thal war so versteckt, ich spähte es aus. Es ist kein Granatapfel so schön, er hat ein böses Kernlein. Kaum waren die Arbeiter in der Fabrik, so brach ein großes Feuer aus. Mit fremden Menschen nimmt man sich zusammen, allein bei Freunden läßt man sich frei gehen. Das Kind des Holzhauers war ganz allein in den Wald gelaufen, es kam aber glücklich wieder heim. Keine Arbeit, sondern allein der Müßiggang ist schimpflich. Im Winter ist das Leben freilich angenehmer in der Stadt, im Sommer dagegen auf dem Lande. Sage nichts, du könnest es denn beweisen. Man sucht keinen hinter der Thür, man habe denn selbst dahinter gesteckt. Sie lebten im Dienst der Römer auf römischem Boden, sei es, um ihre Kriegslust zu befriedigen, sei es, um Ehre und Auszeichnung zu gewinnen. Ob auch alles vergehe, die Wahrheit ist ewig. Wenn du deine Schulden bezahlst, darfst du jedem frei ins Antlitz schauen. Sie werden mich retten, und wo ich ohne Rettung verloren bin, teilnehmend um mich weinen So entschlossen er sonst auch war, bei diesem Unfall verlor er jede Geistesgegenwart. Ich will für Freiheit und Wahrheit kämpfen, und sollte ich gleich Leib und Leben darüber verlieren. Affen bleiben Affen, und wenn man sie auch in Samt kleidet. Da er nicht kommt, mußt du ihm die verlangten Bücher schicken, weil er sonst glauben könnte, du hättest es vergessen. Indem ich dieses niederschreibe, fällt mir ein, daß ich schon eine andere Einladung angenommen habe. Sonst, wenn der Vater aus= zog, da war ein Freuen, wenn er wiederkam. Nicht sobald hatte der Hund den bösen Buben gesehen, als er wütend über ihn herfiel. Da ich meine Absicht erreicht habe, kehre ich wieder nach der Heimat zurück. Wie sie hereintritt und den Verwundeten sieht, fällt sie in Ohnmacht. Zu Zeiten, wo es noch keine Gesetze gab, herrschte der Stärkere. Wir werden gerichtet werden, je nachdem wir gelebt haben. Er verdient täglich, je nachdem es kommt, zwei oder drei Gulden. Je schwerer der Kampf, desto größer der Lohn. Je höherer Stand, je mehr Gefahr. Er fragte den Boten, ehe und bevor er die Thüre aufschloß, in wessen Namen er komme. Der Krug geht so lange zu Wasser, bis er bricht.

83.

Eine der scherzhaftesten Scenen des Bourgeois gentilhomme von Molière ist diejenige, wo Herr Jourdain sich bemüht, seiner Magd Nicole die Vorzüge der Fechtkunst klar zu machen. „Komm her," sagt er zu ihr, „damit ich dir beweise, wie dumm du bist, wenn du von Dingen redest, die du nicht verstehst. Wenn der Geg= ner auf Terz angreift, und wenn man pariren will, so braucht man nur dies zu machen; wenn er auf Quart angreift, braucht man nur das zu machen; das ist das Mittel, niemals getötet zu werden. Ist es nicht eine schöne Kunst, die einem vor jeder Gefahr schützt, wenn man sich mit jemand schlägt? Stoße einmal zu, damit ich dir zeige, wie man pariert." Nicole läßt sich dieses nicht zweimal sagen und versetzt ihm mehrere kräftige Stöße. Glücklicherweise für Herrn Jourdain sind die Rapiere stumpf, denn, da er stärker in der Theorie ist, als in der Praxis, so empfängt er sie alle mitten in die Brust. Nun fängt er an zu schreien: „Hola, halt! sachte! welch ein Tölpel ist doch dieses Mädchen!" — Nicole antwortete: „Ich stoße, da Sie mir doch sagen, zu stoßen." — „Ja," antwortete Herr Jourdain, „aber du stößt auf Terz, bevor du auf Quart ge= stoßen hast, und du wartest nicht ab, bis ich pariere."

Gesprek.

Welk Nederlandsch werk wordt wel het meest gelezen?	Zonder twijfel Hildebrands Camera Obscura.
Is Hildebrand niet een pseudoniem?	Ja, de schrijver is de oud-hoogleeraar Nicolaas Beets.
Hoe weet gij, dat dit werk het meest gelezen wordt?	Omdat er na de verschijning in 1839 reeds zestien drukken zijn verschenen; zonder de prachtuitgaven mee te rekenen.
Dat wil wat zeggen voor een klein land als Nederland! En in den vreemde wordt het zeker nauwelijks gelezen?	Het oorspronkelijke zal wel zelden gelezen worden, wel zijn er vertalingen in het Fransch, Duitsch en Engelsch van.
Mij dunkt, dat het geen gemakkelijk werk moet zijn, de Camera Obscura te vertalen.	Zeker niet, zelfs de besten laten te wenschen over; soms zijn geheele zinnen weggelaten, omdat de vertalers er geen raad mee wisten.
Sommige uitdrukkingen zal men wel in geen andere taal kunnen weergeven; maar is dat niet met elk boek het geval?	Ik geloof, dat een gewone roman weinig verliest, als hij goed vertaald is. De Camera is echter geen roman, het is een schildering van echt Hollandsche gewoonten en zeden.
Dan zou de Camera den vreemdeling zeker een goed kijkje geven in onze eigenaardige levenswijze, althans in die onzer ouders, want het boek is nu ruim 50 jaar oud!	Stellig is dit werk meer daarvoor geschikt dan een half dozijn beschrijvingen van menschen, die slechts eenige uren of dagen in Nederland geweest zijn.
Begint men thans de Nederlandsche taal in het buitenland niet meer te beoefenen dan vroeger?	Zeker, vooral in Duitschland begint men in te zien, dat het Nederlandsch onmisbaar is voor eene wetenschappelijke studie der Germaansche talen.
Zoo dat wist ik niet, dat onze taal van zoo groot belang is.	Zij vormt een schakel van den keten, die Duitschland met England verbindt.
Maar zou de Nederlandsche letterkunde het ook niet verdienen, wat meer gelezen en bekend te worden?	Dat zal later vanzelf volgen, vooral wanneer men maar eenmaal over het bestaande vooroordeel is heengestapt.

Welk vooroordeel bedoelt gij?

Dat het Nederlandsch maar een dialekt is en dus geen zelfstandige letterkunde bezit.

Wat zegt gij daar, zou men zoo iets geloofd hebben?

Helaas ja! Zelfs ontwikkelde mannen verkondigden die dwaze stelling.

Neunnuddreißigste Lektion.

Waarom wordt men klerk? (Slot.)

Doch, zeg mij, hebt gij in die bonte wemeling van standen, in die wereld in het klein, ergens een toekomstigen kantoorbediende gezien? Helaas, neen! Er ligt te weinig poëzie in dien toestand, dan dat hij den onbevangen blik der jeugd zou kunnen aanlokken. Stel u de jonkheid vóór, zoo als ge wilt, onder den invloed van begrippen, aan den natuurstaat verwant, of alreeds beheerscht door den zin, die onze beschaving kenschetst. Het werktuigelijk beroep belooft zoomin geluk als genot; het waarborgt even weinig vrijheid als de schadeloosstellingen voor deze: weelde, gezag, roem. Denk niet, dat ik der volksjeugd zoo groote wijsbegeerte toeschrijf, dat zij zich van die oorzaak bewust is, dat zij er zich reden van geeft. Verre van daar. Maar des ondanks moet gij als ik dikwijls hebben opgemerkt, dat zij slechts sympathie over heeft voor alles, waarin kracht schuilt, dat de populairste beelden tevens de onafhankelijkste zijn. Het is of in den boezem des volks het bewustzijn der oorspronkelijke bestemming van het mannnelijk karakter wordt omgedragen: ontwikkeling aller krachten, aller gaven. — Knecht — klerk — hofmeester — hoveling — hebt gij ooit een jongen ontmoet, die u zeide, dat hij een dier vier dingen worden wilde? Allen leeren spoedig genoeg — in de laagste kringen het spoedigst, — dat er iets, dat er veel van de vrijheid moet worden opgeofferd, om den wille van het geld; — maar er geheel afstand van te doen, maar zich zelfverloochening ten taak te stellen, en dat wel een gansch leven lang, dit is eerst in lateren leeftijd het gevolg òf van nooddwang, òf van dweeperij, òf in exceptioneele toestanden, van deugd.

(E. J. Potgieter.)

Die Präposition.

§ 498. Daß einige Präpositionen im Ndl. ehemals den Gen. oder Dativ regieren, ist schon § 331 bemerkt worden. Man findet noch Spuren dieser alten Genetiv= und Dativrektion in folgenden stehenden Ausdrücken: buitenslands, tusschendeks im Zwischendeck, tot vervelens toe bis zum Überdruß, tot walgens toe bis zum Ekel; — achterwege zurück, bij gebreke (aan) in Ermangelung, bij monde (van) durch den Mund, bij name mit Namen, bij levenden lijve bei Leibesleben, in den blinde blindlings, in den beginne im Anfang, in den bloede, in koelen bloede mit kaltem Blute, in den Heere im Herrn, in den jare im Jahre, in den gebede im Gebet, in gebreke im Rückstande, in gemoede gewissenhaft, in arren moede zornig, in aller ijl in der Eile, in dier voege dermaßen, in der minne gütlich, indertijd zu der Zeit, inderdaad in der That, inderhaast in Eile, in ruste ruhig, in zake betreffs, met name nämlich, met dien verstande unter der Bedingung, met luider stemme mit lauter Stimme, metterwoon wohnhaft, mettertijd mit der Zeit, na den eten nach dem Essen, onder eede eidlich, op heeter daad auf frischer That, uit den doode aus dem Tode, uit dien hoofde aus dem Grunde, uitermate über die Maßen, van wege wegen, van noode von Nöten, vandaag heute, van goeden huize von gutem Hause, van den bloede vom Geblüte, van ganscher harte von ganzem Herzen, van lieverlede allmählich, voor den eten vor dem Essen u. e. a.

§ 499. Aan hat im allgemeinen die Bedeutung von **an,** es steht jedoch auch mit Zeitwörtern, welche im Deutschen eine andere Präposition erfordern, z. B. mit Zeitwörtern, welche eine Veränderung des Zustandes oder das Verbleiben in einem Zustande andeuten (in); bisweilen fehlt die Präp. im Deutschen, besonders wenn aan einen Dativ umschreibt:

Aan wal stappen	ans Land steigen,
niet weten wat men — iemand heeft	an einer Person irre werden,
— beide oogen blind zijn	auf (an) beiden Augen blind sein,
— een oor doof zijn	auf (an) einem Ohre taub sein,
het staat — u (— uwe beleefdheid	es steht bei Ihnen,
— den gang zijn	im Gange sein,
— den gang maken	in Gang bringen,
— het afnemen zijn	im Abnehmen sein,
— stukken breken	in Stücke brechen,
— flarden scheuren	in Fetzen reißen,
— schijfjes snijden	in Scheibchen schneiden,
iets — kant maken	etwas in Ordnung bringen,

Niederländ. Konv.=Gramm. 17

— den draai zijn	im Saus und Braus leben,
zich — wijn te buiten gaan	sich in Wein betrinken,
verwant zijn —	verwandt sein mit,
— een zaak beginnen	mit einer Sache anfangen,
men sprak — tafel weinig	man sprach über Tisch wenig,
— tafel zitten en niet eten	zu Tische sitzen und nicht essen,
hoe komt gij — die tijding	wie kommst du zu der Nachricht,
iemand niet — het woord laten komen	einen nicht zu Worte kommen lassen,
dat heeft hij niet — mij ver- diend	das hat er nicht um mich verdient,
— deze zijde, — gene zijde	diesseit(s), jenseit(s),
twee — twee	zwei und zwei,
— het muiten slaan	rebellieren, sich empören,
iemand — den dijk zetten	einen brotlos machen,
— de verwachting beant- woorden	der Erwartung entsprechen,
iets — iemand overlaten	einem etwas überlassen,
— de ellende prijsgeven	dem Elend preisgeben,
zich — een gevaar blootstellen	sich einer Gefahr aussetzen,
het land hebben — iets, — iemand	einer Sache, Person abgeneigt sein,
het hoofd bieden — iemand	einem die Stirn bieten,
zijn hart ophalen — bier	sich das Bier gut schmecken lassen.

§ 500. **Achter** = hinter:

ze — de mouw hebben	es hinter den Ohren haben,
— de tralies	hinter Schloß und Riegel,
— eene zaak zijn	hinter etwas gekommen sein.

§ 501. **Behalve** = außer, kommt zur Verstärkung mit buiten (s. dort) verbunden vor:

buiten en behalve deze som	außer dieser Summe.

§ 502. **Beneden** stimmt meistens mit **unter** überein:

— de oppervlakte der zee	unter dem Meeresspiegel,
Bingen ligt — Mainz	Bingen liegt unterhalb Mainz,
dat is ver — mij	das ist tief unter mir,
dat is — u	das ist unter Ihrer Würde.

§ 503. **Bezijden** = an einer Seite:

— den weg	seitwärts vom Wege,
wij wandelden — de rivier	wir spazierten am Fluß entlang,
— de waarheid	unwahr.

§ 504. **Bij** entspricht sowohl dem deutschen **zu** als dem d. **bei,** bisweilen hat es die Bedeutung von door (durch, aus):

— kas zijn	bei Gelde sein,
hij zat, stond — mij	er saß, stand bei mir,

hij kwam — mij	er kam zu mir,
— voorbeeld (b. v.)	zum Beispiel (z. B.),
brood — het vleesch eten	Brot zum Fleisch essen,
iets — zich steken	etwas zu sich stecken,
— het begin van het jaar	zu Anfang des Jahres,
— honderden	zu Hunderten,
water — zijn wijn doen	Wasser zum Wein gießen,
dat past niet — zijn ambt	das schickt sich nicht zu seinem Amte,
eieren — zijn ontbijt krijgen	Eier zum Frühstück bekommen,
— den dag werken	am Tage arbeiten,
— den haard, — het vuur zitten	am Herd, am Kamin sitzen,
— ondervinding weten	aus Erfahrung wissen,
— hem vergeleken is uw broeder een stumperd	gegen ihn ist dein Bruder ein Stümper,
— gebrek aan beter	in Ermangelung eines Besseren,
— den dag leven	von der Hand in den Mund leben,
— de el, — het gewicht	nach der Elle, nach dem Gewicht,
iemand (iets) — name kennen	einen (etwas) dem Namen nach kennen,
vlijtig — het werk zijn	fleißig über der Arbeit sein,
geld (boter) — de visch	gegen bare Zahlung,
— toeval	zufällig,
— gebreke waarvan	widrigenfalls,
het is — vieren	es ist ungefähr vier Uhr.

§ 505. **Binnen** = binnen, in, innerhalb:

— een jaar, een week	binnen einem Jahre, einer Woche,
— kort, — korten tijd	in kurzem, über ein kleines,
— weinige dagen	in wenigen Tagen,
— vijf minuten	in fünf Minuten,
— de grenzen	innerhalb der Grenzen,
— de stadspoorten	innerhalb der Stadtthore.

§ 506. **Boven** = über (höher als, mehr als):

— de wolken	über den Wolken,
dat gaat — mijn begrip	das geht über meinen Horizont,
— bidden en denken	über alle Erwartung,
bovendien	überdies,
Worms ligt — Mainz	Worms liegt oberhalb Mainz,
hij is — de zestig	er ist ein starker Sechziger,
veel — iemand voor hebben	vieles vor einem voraus haben,
hij staat ver — u	er ist dir weit überlegen,
— iemand uitmunten	sich vor einem auszeichnen,
den een — den ander kiezen	einen dem andern vorziehen,
er is altijd meester — meester	keiner ist so stark, er findet doch seinen Meister.

§ 507. **Buiten:** 1º. außer; 2º. außerhalb; 3º. ohne:

buitenslands	außer Landes,
— het huis zijn	außer dem Hause sein,
— hem was er niemand	außer ihm war niemand da,
buitendien	außerdem,
— de stad Berlijn	außerhalb der Stadt Berlin,
— de poort(en)	außerhalb der Thore, vor dem
— kijf, — twijfel	zweifelsohne, [Thore,
— mijn weten, — mij om	ohne mein Vorwissen,
— den waard rekenen	die Rechnung ohne den Wirt machen,
— kennis, — westen	in Ohnmacht.

§ 508. **Door** = durch, von:

een — mij geschreven brief	ein von mir geschriebener Brief,
— eene aardbeving verwoest	durch ein Erdbeben zerstört,
— middel van	mittels,
— al de boomen geen bosch kunnen zien	vor lauter Bäumen den Wald nicht sehen,
zijn geld — de glazen gooien	sein Geld wegwerfen.

§ 509. **In** kommt meistens mit **in** überein:

— goeden doen zijn	in guten Umständen sein,
— goede verstandhouding leven	in gutem Vernehmen leben,
zijn leven — de weegschaal stellen	sein Leben in die Schanze schlagen,
bedreven zijn — de moderne talen	bewandert sein in den neueren Sprachen,
— 1890, — het jaar 1890	1890, im Jahre 1890,
— het hartje van den zomer	mitten im Sommer,
— het hartje van het bosch	tief im Walde,
— uwe plaats	an deiner Stelle,
— leven zijn	am Leben sein,
behagen scheppen — iets	Freude an einer Sache haben,
zich — iets verheugen	sich an einer Sache freuen,
hij staat — kundigheden beneden u	er steht dir an Kenntnissen nach,
— waarde verliezen	an Wert verlieren,
— krachten, jaren, verstand toenemen	an Kräften, Jahren, Verstand zunehmen,
— grootte verschillen	an Größe verschieden sein,
iemand — den arm nemen	einen um Hilfe angehen,
iets — het Nederlandsch zeggen	etwas auf ndl. sagen,
twaalf gaan er — een dozijn	zwölf gehen in ein Dutzend,
— den maneschijn	bei Mondschein,
— het lamplicht	beim Lampenlicht,
zich iets — het oor knoopen	sich etwas hinter die Ohren schreiben,

— eens	mit einmal,
— dank terugzenden	mit Dank zurücknehmen,
— Nederlandsche munt	nach niederländischem Gelde,
— de boeken zitten	über den Büchern liegen,
eene zaak — de doos stoppen	etwas unter die Bank schieben,
— de eerste plaats	vor allem,
het hotel „In den gouden leeuw"	der Gasthof „Zum goldnen Löwen",
— een vlinder veranderen	zum Schmetterling werden,
— duigen vallen	zu Wasser werden,
vlug — het handelen	rasch zur That,
heil en zegen — het nieuwe jaar	Glückauf zum neuen Jahre,
zijn heil zoeken —	seine Zuflucht nehmen zu,
iemand — zijne eer herstellen	einen wieder zu Ehren bringen,
— leen hebben, geven	zu Lehen tragen, geben,
tot — den dood	bis zum Tode,
— het nauw zitten	zwischen Thür und Angel sein,
er schuilt een adder — het gras	es steckt etwas dahinter,
belangstellen — iets	sich etwas angelegen sein lassen,
— beraad staan	unschlüssig sein,
een stuk — zijn kraag hebben	berauscht sein,
— behouden haven binnen-loopen	glücklich anlanden,
— appel komen *bij*	appellieren an,
— het kort	kurz, kurzum,
— het openbaar	öffentlich.

§ 510. Jegens hatte ursprünglich dieselbe Bedeutung als *tegen*, jetzt wird es nur noch gebraucht, um freundschaftliche Beziehungen, Neigung oder Abneigung anzudeuten:

gunstig gezind zijn — iemand	einem hold sein,
zich vriendelijk — iemand gedragen	sich freundlich gegen einen benehmen,
plichten — den evenmensch	Pflichten gegen den Mitmenschen,
slecht — iemand handelen	schlecht an einem handeln,
zich verdienstelijk maken — het vaderland	sich verdient machen ums Vaterland.

§ 511. Met = mit:

iemand — verzoeken bestormen	mit Bitten in einen dringen,
iemand — verlof laten gaan	einen auf Urlaub entlassen,
— de haren er bij sleepen	bei den Haaren herbeiziehen,
lang — iets bezig zijn	lange Zeit über etwas zubringen,
het is — hem gedaan	es ist um ihm geschehen,
hij komt — Nieuwjaar	er kommt zu Neujahr,
is het zoo — de zaak gelegen	verhält die Sache sich so!
zij waren — hun twaalven	es waren ihrer zwölf,

— klokslag van twaalf	Schlag zwölf,
een loopje — iemand nemen	einen zum besten haben,
— spek schieten	übertreiben, erdichten,
hij begon — te zeggen	siehe § 465.

§ 512. **Na,** ursprünglich = naar, deutet jetzt meistens auf eine Zeitfolge, ausnahmsweise auch auf Rangfolge hin:

— Hemelvaartsdag	nach Christi Himmelfahrt,
— verloop van een jaar	nach einem Jahre,
— korteren of langeren tijd	über kurz oder lang,
dat zal nog heel wat — zich slepen	das wird noch wichtige Folgen haben,
— u is hij de eerste	nächst dir ist er der erste,
— den koning is de kroon- prins de eerste burger van den staat	nächst dem König ist der Kronprinz der erste Bürger im Staat.

§ 513. **Naar** deutet im allgemeinen die Richtung an:

— huis gaan	nach Hause gehen,
— zijn ouders gaan	zu seinen Eltern gehen,
— den dokter gaan	zum Arzt gehen,
— de maan loopen	zum Henker laufen,
— mijn gevoelen	meiner Ansicht nach,
— gelang van	nach Maßgabe,
zwak — lichaam en geest	schwach an Leib und Seele,
luisteren — de stem (van)	auf die Stimme horchen,
iets — de post brengen	etwas auf die Post tragen,
iets — de markt brengen	etwas auf den Markt bringen,
— iets raden	auf etwas raten,
het loopt — twaalven	es geht auf zwölf,
— het noorden, oosten	gegen Norden, Osten,
— de kerk, — het theater gaan	in die Kirche, ins Theater gehen,
zich — andere menschen schikken	sich in andere Leute schicken,
zich — het gebruik schikken	sich dem Brauch fügen,
dat zweemt — bedrog	das ähnelt dem Betrug.

§ 514. **Om** drückt zunächst eine kreisförmige Bewegung aus, sodann eine Handlung in der Umgegend, figürlich auch eine Veranlassung, den Zweck; endlich auch einen Wechsel, Tausch u. s. w.:

— de stad loopen	um die Stadt herumgehen,
— het huis loopen spelen	in der Nähe des Hauses spielen,
iets, veel — handen hebben	etwas, viel zu thun haben,
— en bij de zestig	ungefähr sechzig,
— hals, — het leven komen	ums Leben kommen,
— zijnentwil	um seinetwillen,
— niet	umsonst, unentgeltlich,

— iets denken	an etwas denken,
— iets of iemand geven	auf etwas oder einen geben,
— het hardst loopen	in die Wette laufen,
— den dokter sturen	nach dem Arzt schicken,
— water gaan	nach Wasser gehen,
de kunst loopt — brood	die Kunst geht nach Brot,
— iets lachen	über etwas lachen,
-·· het uur een lepel	alle Stunden einen Löffelvoll,
— de drie dagen	alle drei Tage,
— den anderen dag	einen Tag um den anderen,
beurt — beurt, — beurten	einer um den anderen,
leer — leer	mit gleicher Münze bezahlen,
— bestwil iets doen	mit bester Meinung etwas thun,
lood — oud ijzer	Wurst wider Wurst,
vier sigaren — een dubbeltje	vier Zigarren für zwei Stüber,
— het even	gleich, gleichviel,
— tabak sturen	Tabak holen lassen,
de meid is — groente uit	die Magd holt Gemüse.

Om te siehe § 464.

reden om te klagen	Ursache zum Klagen,
tabak om te rooken, snuiven	Rauchtabak, Schnupftabak,
dat is om nooit te vergeten	so etwas vergißt sich nie,
om nooit te vergeven	unverzeihlich.

§ 515. Omstreeks ursprünglich: in der Umgegend, später von der Zeit = vor oder nach; das gleichbedeutende *omtrent* ist veraltet:

op den Rijn — Bingen	auf dem Rhein bei Bingen,
— dezen tijd, — middernacht	um diese Zeit, um Mitternacht,
— Paschen of Pinksteren	um Ostern oder Pfingsten.

§ 516. Onder = unter:

— iemand dienen	unter einem dienen,
— iets liggen, staan	unter etwas liegen, stehen,
— het eten	während der Mahlzeit,
— de les, de preek	während der Lektion, der Predigt,
— anderen (o. a.)	unter anderm (u. a.),
— water loopen	überschwemmt werden,
den buit — elkaar verdeelen	sich in die Beute teilen,
niets — stoelen of banken steken	nichts verheimlichen, kein Hehl aus etwas machen,
— eede	eidlich,
— het juk brengen	unterjochen,
— de twaalf jaar	jünger als zwölf Jahr,
— de duizend gulden	weniger als tausend Gulden,
— de honderd man	weniger als hundert Mann.

§ 517.　**Op** = auf:

— den grond, — de vloer	auf dem (zu) Boden,
allen — één na	alle bis auf einen,
— orde gesteld zijn	auf Ordnung halten,
de deur komt — de straat uit	die Thüre geht auf die Straße.
— zijn Duitsch	auf deutsch,
— goed geluk	aufs geratewohl,
— de hoogte blijven	auf dem Laufenden bleiben,
iets — zijn duim kennen	etwas auf den Fingern kennen,
— eene plaats blijven, wonen	an einem Orte bleiben, wohnen,
— sterven liggen	am Tode, in den letzten Zügen liegen,
— den eersten dag der maand	am ersten Tag des Monats,
— Vrijdag, — den 1. Mei	(am) Freitag, am (den) 1. Mai,
recht — iets hebben	Anrecht an etwas haben,
zich — iemand wreken	sich an jemand rächen,
— zich zelf	an und für sich,
— zijn minst, — zijn ergst	am geringsten, am schlimmsten,
— het eerste teeken, sein	beim ersten Zeichen, Signal,
— mijne eer	bei meiner Ehre,
— water en brood	bei Wasser und Brot,
— jaren zijn	bei Jahren sein,
— straffe des doods	bei Todesstrafe,
— hooge jaren	in hohen Jahren,
— vergevorderden leeftijd	in vorgerücktem Alter,
— school zijn	in der Schule sein,
— dit oogenblik	in diesem Augenblick,
— de vlucht slaan	in die Flucht schlagen,
— een meisje verliefd zijn	in ein Mädchen verliebt sein,
— grooten afstand	in großer Entfernung,
— mijn ouden dag	in meinen alten Tagen,
zijne schaapjes — het droge hebben	sein Schäfchen im Trocknen haben,
— het punt staan	im Begriff sein,
inbreuk maken —	eingreifen in,
iemand — kosten jagen	einen in Kosten setzen,
— de derde verdieping	im dritten Stock,
belust — nieuwtjes	begierig nach Neuigkeiten,
— de maat loopen	nach dem Takt marschieren,
het een — het andere stapelen	eins über das andre häufen,
de overwinning behalen — den vijand	den Sieg über den Feind erfechten,
— het einde, — het einde loopen	zu Ende, zu Ende gehen,
iets — het papier brengen	etwas zu Papiere bringen,
iets — het hart drukken	etwas zu Gemüte führen,
— iets zwijgen	zu einer Sache schweigen,
— den beganen grond	zu ebner Erde,

— zicht zenden	zur Ansicht schicken,
— visite zijn, komen	zum Besuch sein, kommen,
— een feestmaal uitnoodigen	zum Festessen einladen,
de mark — 60 cent berekenen	die Mark zu 60 Cents berechnen,
— iets zijn best doen	etwas sorgfältig thun,
— zijn best twintig jaar	kaum zwanzig Jahr,
zich een ongeluk — den hals	sich ein Unglück zuziehen,
— iets zich nemen [halen	etwas übernehmen,
alles — haren en snaren zetten	alles aufbieten, alle Hebel in Bewegung setzen,
— de hoogte zijn van iets	etwas verstehen,
iemand — de hoogte brengen	einen unterrichten, bedeuten,
— den loop gaan	die Flucht ergreifen,
— den koop toe	obendrein, noch dazu,
— zijn Zondagsch	sonntäglich,
iemand iets — de mouw spelden	einem etwas aufbinden.

§ 518. **Over** = über:

een kleed — de tafel spreiden	ein Tuch über den Tisch breiten,
— iets uitwijden	sich über eine Sache verbreiten,
vlak — de kerk	der Kirche gerade gegenüber,
kwartier — zes	ein Viertel (auf) sieben,
zij kwamen — hem en — zijne zaken te spreken	sie kamen auf ihn und auf seine Geschäfte zu reden,
iemand — den hekel halen	einen durch die Hechel ziehen,
— het algemeen	im allgemeinen,
— de brug wonen	jenseits der Brücke wohnen,
— iets, iemand spreken	von etwas, von einem reden,
dit werk handelt — den laatsten oorlog	dieses Werk handelt vom letzten Kriege,
bezorgd zijn — iets	um etwas besorgt sein,
verdrietig zijn — iets	verdrießlich sein wegen,
bedroefd zijn — iets	traurig sein wegen,
iets — het hoofd zien	etwas übersehen,
— het jaar	mehr als ein Jahr,
— de honderd gulden	mehr als hundert Gulden.

§ 519. **Per:**

vijf — cent	fünf vom hundert,
een gulden — hoofd	ein Gulden die Person,
vijf gulden — couvert	fünf Gulden das Couvert,
vier maal — maand	viermal jeden Monat.

§ 520. **Te** konnte früher das Ziel einer Bewegung ausdrücken, wie noch aus einigen stehenden Ausdrücken ersichtlich ist, jetzt deutet *te* das Verbleiben an einem Orte an:

ten noorden, zuiden	gegen Norden, nach Süden,
ten hemel	gen Himmel,

ter school, ter markt gaan	zur Schule, zu Markte gehen,
te velde trekken	zu Felde ziehen,
— voet vallen	zu Füßen fallen,
— niet doen	vernichten, rückgängig machen,
— gelde maken	um Geld verkaufen,
— zijner eer	ihm zu Ehren,
— leen geven, hebben	leihen, etwas geliehen haben,
— koop aanbieden.	zum Verkauf anbieten,
dit huis is — huur	dieses Haus steht zur Miete,
ten einde komen	zu Ende kommen,
ten uitvoer brengen	vollführen,
men liet hem zijn plan niet ten uitvoer brengen	er ward an der Ausführung seines Planes gehindert,
toen wij te Amsterdam kwa-	als wir nach A. kamen,
— Rome, — Luik [men	zu Rom, zu Lüttich,
— land en — water	zu Land und zu Wasser,
— paard of — voet	zu Pferd oder zu Fuß,
— mijnent	in meinem Hause,
— moede zijn	zu Mute sein,
ten eerste, ten deele	erstens, teils,
ten hove	am Hofe,
ten huize van Mijnheer D.	im Hause des Herrn D.,
ter zijde	zur Seite, seitwärts,
goed ter been zijn	gut zu Fuße sein,
te boek staan	im Buche stehen,
— hooi en — gras	von Zeit zu Zeit,
— vuur en — zwaard	mit Feuer und Schwert,
een kind ten doop houden	ein Kind über die Taufe halten,
ten einde raad zijn	sich nicht mehr zu raten wissen,
ten getale van honderd	hundert an der Zahl,
vijf ten honderd (5 percent)	fünf vom Hundert (5 Prozent).

§ 521. Tegen = gegen und wider:

wie niet voor mij is, is — mij	wer nicht für mich ist, der ist wider mich,
geld — een bewijs ontvangen	Geld gegen einen Schein empfangen,
— morgen, — 5 uur	bis morgen, ungefähr 5 Uhr,
zich — de wet verzetten	sich dem Gesetze widersetzen,
— wind en stroom	dem Wind und Sturm entgegen,
— den muur leunen	an die Wand lehnen,
— vijf ten honderd (à 5 %)	zu fünf Prozent.

Tegenover = gegenüber:

— elkander staan	einander gegenüber stehen,
— de kerk	der Kirche gegenüber,
zich voortreffelijk — iemand gedragen	sich ausgezeichnet gegen einen benehmen.

§ 522. **Tot** deutet a) den Endzweck einer Bewegung, b) das Ziel einer Handlung an:

— iemand gaan, komen	zu einem gehen, kommen,
van huis — huis	von Haus zu Haus,
van het begin — het einde	von Anfang bis zu Ende,
zich — iemand richten, wenden	sich an einen wenden,
— den bedelstaf geraken	an den Bettelstab kommen,
een aanspraak houden — het volk	eine Anrede halten an das Volk,
— weerziens	auf Wiedersehen!
— den volgenden dag uit-stellen	auf den folgenden Tag, auf weiteres verschieben,
— nader order doen	bis auf weiteren Befehl thun,
— iets besluiten	auf etwas schließen,
zich — iets voorbereiden	sich auf etwas vorbereiten,
— den adelstand verheffen	in den Adelstand erheben,
dat reken ik — de uitzon-deringen	das rechne ich unter die Ausnahmen,
dat behoort — de uitzon-deringen	das gehört zu den Ausnahmen,
— en met Maandag	bis einschließlich Montag.

Siehe auch über den Artikel § 353.

Wenn *tot* mit den Präpositionen aan, achter, bij, beneden, binnen, boven, buiten, door, in, na, onder, op, over, voor verbunden wird, entspricht es dem deutschen **bis**:

— aan, — in het graf	bis an, bis in das Grab,
— over 't graf	über das Grab hinaus,
— bij den top komen	bis an den Gipfel kommen,
— onder de kleeren blozen	über und über erröten,
— over de honderd bladzijden	bis über hundert Seiten,
— voor de muren der vesting komen	bis vor die Mauern der Festung kommen.

§ 523. **Tusschen** hat eine beschränktere Bedeutung als *onder*; wenn von Personen die Rede ist, wird tusschen für zwei Personen angewandt, für mehr als zwei *onder*:

— de regels door lezen	zwischen den Zeilen lesen,
— hoop en vrees zweven	zwischen Hoffnung und Furcht schweben,
dit blijft — ons (= 2), vgl. onder ons tienen	dieses bleibt zwischen uns, zwischen uns zehn,
— twee stoelen in de asch zitten	zwischen zwei Stühlen sitzen,
— heden en overmorgen	binnen heute und übermorgen,
— licht en donker	im Zwielicht, in der Dämmerung,

§ 524. Uit = aus:

— een glas drinken	aus einem Glase trinken,
— het veld geslagen zijn	aus dem Felde geschlagen werden,
— den nood eene deugd maken	aus der Not eine Tugend machen,
een liedje — de oude doos	ein Liedchen aus dem alten Register,
— brave ouders geboren zijn	von braven Eltern abstammen,
iets — de oude doos	etwas von Anno dazumal,
— louter vrees	vor lauter Furcht,
— den hoek komen	zum Vorschein kommen,
— het kwaad voortvloeien	dem Übel entsprießen,
de kat — den boom kijken	sehen woher der Wind kommt,
— het hoofd leeren, opzeggen	auswendig lernen, hersagen,
iets — zijn hoofd laten	etwas bleiben lassen,
iets — iemands hoofd praten	einem etwas ausreden,
een leugen — nood	eine Notlüge.

§ 525.

Van hat eine ausgebreitere Bedeutung als **von**, es wird gebraucht 1º. zur Umschreibung des Genetivs; 2º. zur Andeutung einer Bewegung über die Grenzen eines Gegenstandes hinaus, also auch eine Trennung; 3º. zur Anweisung des Ausgangspunktes einer Handlung, auch der Ursache oder des Mittels; 4º. um eine Eigenschaft anzudeuten mit dem vorhergehenden Adjektiv:

de golf — Arabië, Finland	der Arabische, Finnische Meerbusen,
— stapel loopen	von statten gehen,
iets — de hand doen	etwas verkaufen, veräußern,
iets — de hand wijzen	etwas verweigern,
moede — het loopen	müde vom Laufen
ziek — het vele waken	krank vom vielen Wachen,
rood — schaamte	rot vor Scham,
bleek — woede	blaß vor Wut,
— ellende omkomen	vor Elend umkommen,
— koude beven	vor Kälte zittern,
— honger sterven	vor Hunger sterben,
afkeerig, wars — de ondeugd	dem Laster abhold, abgeneigt,
— den oorlog spreken	über den Krieg sprechen,
wat zegt gij — deze zaak	was sagst du zu der Sache?
wat denkt gij — deze zaak	was hälst du von dieser Sache?
zich — de dooven houden	sich taub stellen,
familie zijn — iemand	mit einem verwandt sein,
een Nederlander — geboorte	ein geborener Niederländer,
hij is Protestant — geloof	er ist seines Glaubens ein Protestant,
hij is een smid — beroep	er ist seines Zeichens ein Schmied,
een duivel — een mensch	ein wahrer Teufel,
oud, jong — jaren	alt, jung an Jahren,
goed — hart	gut von Herzen,
kwaad — inborst zijn	einen schlechten Charakter haben,

ruw, week — aard zijn	von einer rohen, sanften Gemütsart sein,
schoon — gezicht	schön von Antlitz,
hij is onbesproken, onberispelijk — gedrag	er ist eines untadelhaften Betragens, hat einen unbescholtenen Namen,
— de kant, — de zijde der regeering	seitens der Regierung,
— nacht, — de week	heute Nacht, diese Woche,
— mijn leven	mein Lebtag,
het riet wordt — den wind bewogen	das Rohr wird durch den Wind bewegt,
ten aanzien —	rücksichtlich,
het aanzien hebben — een gek	wie ein Narr aussehen,
ter herinnering — den slag	zur Erinnerung an die Schlacht,
— iets afzien	auf eine Sache verzichten,
een hoogen dunk — zijn daden hebben	sich etwas einbilden auf seine Thaten,
verstand hebben — iets	sich auf etwas verstehen,
wat moet er — hem worden	was soll aus ihm werden?
eene tafel — marmer	ein Tisch aus Marmor,
hij is niet — de straat opgeraapt	er ist nicht hinter dem Zaun gefunden,
zij is — een zoon bevallen	sie ist mit einem Sohn niedergekommen,
niet ver — de stad	unweit der Stadt,
een brood — twee stuivers	ein Brot zu zwei Stüber,
ten pleziere — anderen	andren zu Gefallen,
wat is er — uw dienst	was steht Ihnen zu Diensten?
houden — iemand, iets	einen, etwas lieben,
dit is iets — de bovenste plank	etwas Ausgezeichnetes,
een huis — twee verdiepingen	ein zweistöckiges Haus.

§ 526. **Voor** hat sowohl die Bedeutung von **vor** als von **für** [1]):

hij nam den hoed — mij af	er nahm den Hut vor mir ab,
iets — het gerecht verklaren	etwas vor Gericht erklären,
iets — lief nemen	vorlieb nehmen mit etwas,
iemand knollen — citroenen verkoopen	einem ein X für ein U machen,
— den rijkste doorgaan	für den Reichsten gelten,
zich — een edelman uitgeven	für einen Edelmann gelten wollen,
ik — mij	ich für meine Person,
— iemand in de bres springen	sich für einen ins Mittel schlagen,
— of tegen iemand innemen	für oder gegen jemand einnehmen,

---

1) Het voor en tegen das Für und Wider.

— (gedurende) eenige jaren	auf einige Jahre,
vgl. vóór eenige jaren	vor einigen Jahren,
— altijd, — de eeuwigheid	auf immer, auf ewig,
kwart — twaalf	drei Viertel (auf) zwölf,
het ligt — de hand	es liegt auf der Hand
een rede — de vuist houden	eine Rede aus dem Stegreif halten,
— geen prijs	um keinen Preis,
— niets en nog eens niets	um nichts und wieder nichts,
iets — een appel en een ei koopen	etwas spottbillig kaufen,
laken — een nieuw pak	Tuch zu einem neuen Anzuge,
— den eersten, laatsten keer	zum ersten, letzten Male,
iemand — den gek houden	einen zum besten halten,
iemand — zijn meerdere erkennen	einen als den Mächtigeren erkennen, seine Überlegenheit anerkennen,
— (als) wettig koning erkennen	als gesetzmäßigen König anerkennen,
artikel — artikel	artikelweise,
— eene betrekking bedanken	eine Stelle ablehnen,
het gras — iemands voeten wegmaaien	einem zuvorkommen,
— de haaien zijn	verloren sein,
een stuk — piano	ein Klavierstück,
een pot — honing	ein Topf zu Honig,
een vat — melk	ein Gefäß zu Milch.

§ 527. **Zonder** = ohne:

— geld of goed	ohne Geld oder Gut,
— aanzien des persoons	ohne Ansehen der Person,
— slag of stoot	ohne Mühe,
— blikken of blozen	ohne Scham,
— uitzondering	ausnahmslos,
— gegronde reden	ohne redlichen Grund.

Aufgabe.

84.

Übersetze:

Der Hase und der Igel.

A. Es war an einem Sonntagmorgen zur Herbstzeit, und der Buchweizen blühte. Die Sonne war hell am Himmel aufgegangen, der Morgenwind fuhr warm über die Stoppeln, die Lerchen sangen in der Luft, und die Bienen summten im Buchweizen. Die Leute zogen in ihrem Sonntagsstaat nach der Kirche, und alle Geschöpfe Gottes waren vergnügt, und der Igel auch.

Dieser stand vor seiner Thür, hatte die Arme untergeschlagen, guckte in den Morgenwind hinaus und trällerte ein kleines Lied

vor sich hin, so gut oder schlecht, wie nun eben am lieben Sonntagmorgen ein Igel zu singen pflegt. Dabei fiel ihm auf einmal
ein, er könnte auch wohl, während seine Frau die Kinder wüsche
und anzöge, ein bißchen ins Feld spazieren und zusehen, wie seine
Steckrüben ständen. Diese waren nämlich ganz dicht bei seinem
Hause, und er pflegte mit seiner Familie davon zu essen; darum
sah er sie als die seinigen an. Gedacht, gethan. Der Igel machte
die Thür hinter sich zu und schlug den Weg nach dem Felde ein.
Er war noch nicht ganz weit von Hause und wollte eben um den
Schlehenbusch, der dort vor dem Felde steht, nach dem Steckrüben-
acker hinaufwenden, als ihm der Hase begegnete, der in ähnlichen
Geschäften ausgegangen war, nämlich um seinen Kohl zu besehen.
Als der Igel den Hasen erblickte, bot er ihm freundlich einen guten
Morgen. Der Hase aber, der auf seine Weise ein vornehmer Herr
war und gewaltig hoffärtig dabei, erwiderte den Gruß nicht, sondern fragte mit höhnischer Miene: „Wie kommt es denn, daß du
hier schon so früh am Morgen im Felde herumläufst?“ „Ich gehe
spazieren,“ sagte der Igel. „Spazieren?“ lachte der Hase. „Mich
dünkt, du könntest die Beine auch wohl zu etwas Besserem gebrauchen.“ Diese Antwort verdroß den Igel sehr; denn alles konnte
er ertragen, aber auf seine Beine ließ er nichts kommen, weil sie
von Natur schief waren.

B. „Du bildest dir wohl ein,“ entgegnete er dem Hasen, „du
könntest mit deinen Beinen mehr ausrichten?“ — „So denk' ich,“
sagte der Hase. „Das kommt auf einen Versuch an,“ meinte der
Igel; „ich unternehm's, dich im Wettlauf zu überholen.“ — „Das
ist zum Lachen! Du mit deinen schiefen Beinen!“ sagte der Hase.
„Aber meinetwegen mag's sein, wenn du so übergroße Lust hast.
Was gilt die Wette?“ — „Einen Goldgulden und eine Flasche
Wein,“ sagte der Igel. „Angenommen!“ sprach der Hase. „Schlag
ein, und dann kann's gleich losgehen.“ — „Nein, so große Eile
hat es nicht,“ meinte der Igel; „ich bin noch ganz nüchtern. Erst
will ich nach Haus gehn und ein bißchen frühstücken. In einer
halben Stunde bin ich wieder hier auf dem Platze.“

Damit ging der Igel fort, denn der Hase war's zufrieden.
Unterwegs dachte der Igel bei sich: Der Hase verläßt sich auf seine
langen Beine; aber ich will ihn wohl kriegen. Er ist zwar ein vornehmer Herr, aber doch nur ein dummer Tropf, und bezahlen soll
er doch. Als nun der Igel zu Hause ankam, sprach er zu seiner
Frau: „Frau, zieh' dich schnell an! Du mußt mit mir hinaus aufs
Feld.“ — „Was giebt's denn?“ fragte die Frau. „Ich habe mit
dem Hasen um einen Goldgulden und eine Flasche Wein gewettet.
Ich will mit ihm in die Wette laufen, und du sollst mit dabei
sein.“ — „O Mann,“ fing die Frau Igel an zu schreien, „bist
du nicht klug? Hast du denn ganz den Verstand verloren? Wie
kannst du mit dem Hasen in die Wette laufen wollen?“ — „Sei
unbekümmert, liebes Weib,“ sagte der Igel. „Das ist meine Sache.

Zieh' dich nur an und dann komm mit!" Was sollte Frau Igel machen? Sie mußte wohl folgen, sie mochte nun wollen oder nicht.

Als sie mit einander unterwegs waren, sprach der Igel zu seiner Frau: „Nun gieb acht! Siest du, dort auf dem langen Acker wollen wir unseren Wettlauf machen. Der Hase läuft nämlich in der einen Furche und ich in der anderen, und vom oberen Ende fangen wir an zu laufen. Nun hast du weiter nichts zu thun, als dich hier unten in die Furche zu stellen; wenn dann der Hase auf der anderen Seite ankommt, so rufst du ihm entgegen: „Ich bin schon hier."

C. Indeß waren sie an dem Acker angelangt, der Igel wies seiner Frau ihren Platz an und ging nun den Acker hinauf. Als er oben ankam, war der Hase schon da. „Kann's losgeh'n?" sagte der Hase. „Ja wohl," war die Antwort. „Nur vorwärts!" Und damit stellte sich jeder in seine Furche. Der Hase zählte: „Eins, zwei, drei" — und rannte fort wie ein Sturmwind den Acker hinab. Der Igel aber lief nur ungefähr drei Schritt; dann duckte er sich in die Furche und blieb ruhig sitzen.

Als nun der Hase in vollem Lauf am unteren Ende des Ackers anlangte, rief ihm Frau Igel entgegen: „Ich bin schon hier." Der Hase stutzte und verwunderte sich nicht wenig. Er meinte nicht anders, als der Igel selbst riefe ihm das zu; denn bekanntlich sieht Frau Igel gerade so aus wie ihr Mann.

Der Hase aber dachte: Das geht nicht mit rechten Dingen zu. Er rief: „Noch einmal gelaufen! Kehrt!" und stürmte wieder fort, daß ihm die Ohren am Kopfe flogen. Frau Igel aber blieb ruhig auf ihrem Platze. Als nun der Hase oben ankam, rief ihm der Igel entgegen: „Ich bin schon hier." Der Hase aber, ganz außer sich vor Ärger, schrie wieder: „Noch einmal gelaufen! Kehrt!" — „Mir ganz recht," antwortete der Igel. „Meinetwegen so oft, als du Lust hast." So lief der Hase noch dreiundsiebenzig Mal, und der Igel hielt es immer mit ihm aus.

Jedesmal, wenn der Hase unten oder oben ankam, sagten der Igel oder Frau Igel: „Ich bin schon hier."

Beim vierundsiebzigsten Mal aber kam der Hase nicht mehr zu Ende. In der Mitte des Ackers stürzte er ganz ermattet nieder. Der Igel aber erhielt den bedungenen Goldgulden und die Flasche Wein, rief seine Frau aus der Furche ab, und beide gingen vergnügt zusammen nach Haus. Seit der Zeit hat sich's kein Hase wieder einfallen lassen, den Igel wegen seiner Beine zu verspotten.

Gesprek.

Hoe wordt Nederland verdeeld?	Het Koninkrijk der Nederlanden bestaat uit de elf provinciën: Noordbrabant, Gelderland, Zuid-Holland, Noord-Holland, Zeeland,

	Utrecht, Friesland, Overijsel, Groningen, Drenthe en Limburg.
Hoe worden deze provinciën verder verdeeld?	In arrondissementen en deze in kantons.
Welke is de hoofdstad van het land?	Amsterdam.
En welke de residentiestad?	's — Gravenhage ('s — Hage, den Haag).
Hoe is de regeeringsvorm van Nederland?	Het opperbestuur is in handen van een erfelijk vorst, die den titel van Koning voert.
Wie regeert er thans?	Willem III, een afstammeling van Willem den Zwijger, die Nederland vrij maakte.
Is de macht des Konings onbeperkt?	Neen, zij is onderworpen aan de Grondwet; de Koning gaat te rade met eenen *Raad van Staten* en benoemt de *Ministers*, die verantwoordelijk zijn voor de uitvoering der wetten.
Hoe wordt het volk vertegenwoordigd?	Door *afgevaardigden*, die verdeeld zijn in eene *Eerste —* en *Tweede Kamer*, te samen de *Staten - Generaal* uitmakende.
Wie vertegenwoordigt den Koning in iedere provincie?	De *Commissaris des Konings*, die tevens toezicht houdt op de verrichtingen der *Provinciale Staten*.
Wordt in iedere provincie het Nederlandsch op dezelfde wijze gesproken of zijn er ook tongvallen?	In Holland en Utrecht hoort men het Hollandsch, in Zeeland het Zeeuwsch, in Noord-Brabant het Brabantsch en Limburgsch, in Gelderland, Overijsel en Drenthe het Nederrijnsch, in Groningen het Groningsch.
Welke taal wordt er nog gesproken, behalve het Nederlandsch?	In Friesland het Friesch, gewoonlijk Boeren- of Land-Friesch genoemd; het is van denzelfden stam als het Friesch in Noord-Duitschland.

Welken muntstandaard heeft Nederland?	Den dubbelen standaard.
Welk goudgeld wordt er gemunt?	Slechts eene soort: het Tienguldenstuk of Gouden Willem (= ℳ 17. —).
En welk zilvergeld?	De Rijksdaalder (f. 2. 50 = ℳ 4. 25), de Gulden (f. 1. — = ℳ 1. 70), de Halve gulden (f. 0. 50 = 85 ₰), het Kwartje (f. 0. 25 = 42 $\frac{1}{2}$ ₰), het Dubbeltje (f. 0. 10 = 17 ₰), het Stuivertje (f. 0. 05 = 8 $\frac{1}{2}$ ₰).
Welke zijn de bronzen munten?	De Halve stuiver (f. 0. 02^5 = 4 $\frac{1}{4}$ ₰), de Cent (f. 0. 01); 6 Cent = 10 ₰, de Halve cent (f. 0. 00^5); 6 h. c. = 5 ₰.
Welke is de munteenheid?	De Gulden = 100 centen.

Viertes Buch.

Wortbildung.

Vierzigste Lektion.

De poppenkast.

Herinnert ge u nog wel die vroegere vertooningen in dat linnen theater en de poppenkast van — van — — schande over mij, dat ik dien naam vergeten ben! — ik geloof, dat het Van den Ham was of zoo iets. — Die kast was omkleed met het klassieke bonten overtrek, blauwe en witte ruiten, en 't mocht toen ter tijd niets anders wezen; de eenige gedulde afwijking was, dat de ruiten soms lichtrood waren. Het theater zelf was niet groot, misschien zelfs wel wat klein, vooral als het huis opgezet was, of als de kist op het tooneel stond. Maar toch, er was voldoende ruimte, vooral omdat er slechts twee personen tegelijk op het tooneel waren. In zeldzame gevallen een derde, die dan door de beide anderen moest worden vastgehouden; want ten gevolge van het mechanisme, waardoor de poppen in beweging gebracht werden, konden er maar twee tegelijk in beweging zijn: — een mensch heeft toch maar twee handen! — En wat waren die coulissen eenvoudig! Rechts één en links één — eene streep lichtgrijs behangselpapier, en 't achterscherm dito.

Bildung der Substantive.
I. Bildung der Substantive durch Ablautung.

§ 528. Wie im Deutschen giebt es im Ndl. viele Substantive, welche unmittelbar aus der Wurzel eines starken Zeitwortes entsprossen sind. Es folgen hier nicht nur reine Stämme, sondern auch, wo solche nicht als Substantive gebraucht werden, die entsprechenden Ableitungen oder Zusammensetzungen:

I. belgen (= schwellen): blaas*balg* Blasebalg; bergen: borg Bürge, burg und burcht Burg; bersten: barst Sprung; gelden: goud (aus gold); helpen: hulp Hilfe; smelten: smout (statt smalt) Schmalz; werpen: worp Wurf; binden: band, bende Bande, bint Querbalken, bond Bund, bundel Bündel; dringen: gedrang Gedränge; drinken: drank Trank, dronk Trunk; dwingen: dwang Zwang; klinken: klank Klang, klink Klinge; krimpen: kramp Krampf; springen: sprong Sprung; vinden: vond Fund; wringen: wrong Wulst, wrongel gelabte Milch (Käsequark); zingen: zang Sang;

II. beren: baar Bahre, gebaar Gebärde, beer Strebepfeiler, berrie Tragbahre, beurt Reihe, geboorte Geburt; breken: brok Brocken, breuk Bruch, gebrek Mangel; helen: halm, helm, hel Hölle, hol Höhle, heul Hort; komen: komst Kunft; spreken: spraak Sprache, sprook Märchen, spreuk Spruch, gesprek Gespräch; steken: staak Stange, stok Stock, stuk Stück, stekel Stachel; wreken: wraak Rache, wrok Groll;

III. bidden: bede Bitte, gebed Gebet; geven: gaaf Gabe, gift Gift; liggen: laag Schicht, gelag Zeche, leger Heer; meten: maat Maß, (van) meet (af) von vorn; vreten: vraat Vielfraß; wegen: waag Wage, weg Weg, gewicht; weven: wafel Waffel; zitten: land*zaat* Landsasse, zet Satz, zetel Sessel;

IV. bijten: bijt Wuhne, beitel Meißel, beet Biß, gebit Gebiß; blijken: blijk Beweis, blik Blick; drijven: drift Trieb, wandel*dreef* Trift; grijpen: greep Griff; knijpen: knip, kneep Kniff; krijten: kreet Schrei; lijden: leed Leid; rijden: rit Ritt; rijgen: rij Reihe, rei Reigen, regel, reeks Reihe; rijten: reet Riß; schrijden: schrede Schritt; slijpen: slip Zipfel, sleep Schleppe; snijden: snit Schnitt, snede Schneide; splijten: split Schlitz, spleet Spalte; stijgen: steiger Gerüst, steeg Gasse; strijken: streek Strich;

V. bieden: bod Gebot, bode Bote, beul Henker, gebod Gebot; bedriegen: bedrog Betrug, gedrocht Ungeheuer, *drog*reden Trugschluß; liegen: logen oder leugen Lüge; genieten: genot Genuß, genoot Genosse; schieten: schot Schuß, schoot Schoß, scheut Schößling; *tiën:* tuig Zeug, getuige Zeuge, tocht Zug, toom Zaum, teug Zug, teugel Zügel, tucht Zucht, tuk Rasse; vliegen: vlieg Fliege, vleug Strich, vleugel Flügel, vlucht Flug; vlieten: vliet Bach, vlot Floß, vloot Flotte; verliezen: verlies Verlust, leus Losung, (te) loor (gaan) verlustig gehen, (te) leur (stellen) täuschen; buigen: boog Bogen, bocht Bucht, beugel Bügel; druipen: drop Traufe; kluiven: kloof Kluft, ruiken: reuk Geruch; sluipen: sloop Überzug, slop Sackgasse; sluiten: slot Schloß, sloot Graben, sleutel Schlüssel; stuiven: stof Staub;

VI. dragen: dracht Tracht; graven: gracht, groeve Gruft; malen: mol Maulwurf, meel Mehl, molm Mulm, mul Stauberde; varen: vaart, veer Fähre, voer Fuder.

II. Bildung der Substantive durch Ableitung.

§ 529. Die Suffixe, welche zur Ableitung der Substantive dienen, sind: *e, egge (ei), em, en, in, nis, er, aar, el, elijn, de (te), st, ster, s (es, is), sem, sel, ig, ing, ik, ken, je (tje),* und die fremden Endungen: *aard (erd), ier, ist, aan, iet, es, eel, ij, age.*

§ 530. Die Endung —**aar** entspricht dem deutschen —**er**: redenaar Redner, martelaar Märtyrer, vogelaar Vogler, lasteraar Verleumder, leeraar Lehrer, overwinnaar Sieger; vgl. schuldenaar Schuldner, kunstenaar Künstler, weduwnaar Witwer, geweldenaar Gewaltthäter, moordenaar Mörder; — Egyptenaar Ägypter, Keulenaar Kölner, Parijzenaar Pariser. Auch bei Tier= und Sachnamen kommt dieses —*aar* vor: rammelaar Rammler, appelaar Apfelbaum, rozelaar Rosenstock, boezelaar Schürze, evenaar Äquator, lessenaar Pult.

§ 531. Nach einer betonten Silbe hat sich —**aar** in vielen Substantiven abgeschwächt zu — **er**; bisweilen wurde noch ein **d** oder **n** eingeschoben: zanger Sänger, vertaler Übersetzer, vilder Schinder, diender Polizist, hoorder Zuhörer, bestuurder Verwalter, ziener Seher, kwaaddoener Bösewicht. Tier= und Sach= namen: kater, doffer Täuberich, gieter Gießkanne, passer Zirkel, snuiter Lichtputze, stoffer Staubbesen, boender Bohnbürste.

§ 532. Das Suffix —*ing (ig),* —*ling (eling)* stimmt im Gebrauch mit dem Deutschen überein, obgleich einige Bil= dungen nur dem Deutschen, andere nur dem Ndl. angehören, vgl.

balling Verbannter	Dichterling rijmelaar
bedding Bette	Eindringling indringer
bekeerling Bekehrter	Emporkömmling parvenu
boeteling Büßer	Frischling jong wild zwijn
dorpeling Dorfbewohner	Frömmling kwezelaar
drenkeling Ertrunkener	Frühling lente
ellendeling Elender	Häckerling hakstroo
ketting Kette	Hänfling vlasvink
kleurling Farbiger	Häuptling hoofdman
krakeling Brezel	Klügling wijsneus
nieteling Elender	Kränkling sukkelaar
overwonneling Besiegter	Nestling nestvogel
schepeling Schiffer	Pflegling verpleegde
schipbreukeling Schiffbrüchiger	Prüfling examinandus
sterveling Sterblicher	Schmetterling vlinder
stommeling Dummkopf	Setzling pootvischje, stek
teerling Würfel	Spätling najaar
verworpeling Verworfener	Sperling musch

vliering Dachgeschoß	Sprößling spruit, telg
volgeling Anhänger	Sträfling veroordeelde
zendeling Missionär	Weichling verwijfde man
zoldering Zimmerdecke	Witzling uiige snaak.
zuring Sauerampfer.	

§ 533. In Eigennamen entspricht —ik (erik) dem deut=schen —ich: Diederik Dietrich, Hendrik Heinrich, Frederik Friedrich; so auch in ganzerik Gänserich. Sonst hat es eine ungünstige Bedeutung, vgl. botterik oder stommerik Dumm=kopf, vuilik oder viezerik Schmierfinke.

§ 534. Die Suffixe —egge (ei), —ster, —in und die fremden Endungen: —es, —is entsprechen dem deutschen Suffix —in: dievegge Diebin, klappei oder labbei Klätscherin, loop=ster Läuferin, schrijfster Schriftstellerin, bedelaarster Bettlerin, herbergierster Wirtin, tuinierster Gärtnerin, koningin Königin, meesteres Herrin, dienares Dienerin, godes (godin) Göttin, kunstenares Künstlerin, prinses Prinzessin, profetes Seherin, abdis Äbtissin. Zangeres = Künstlerin (Sängerin), zangster = Muse oder Sängerin.

§ 535. Die Endungen —el und —sel finden sich mit gleicher Bedeutung in beiden Sprachen, so: gordel Gürtel, na=gel, stekel Stachel. Vgl. baksel Gebäck, beletsel Hindernis, borstel Bürste, deksel Deckel, droppel Tropfen, hengsel Henkel, kruimel Krümel, broodkruimel Brosame, maaksel Gemächt, pluksel Charpie, schakel Glied, schepsel Geschöpf, schoeisel Beschuhung, stijfsel Stärke, vaandel Fahne, verguldsel Ver=goldung, voedsel Nahrung, vijzel Mörser, zaagsel Sägemehl, zwartsel Schwärze; — Deckel (Einbanddeckel) band, Fessel boei, Dünkel eigendunk, Hobel schaaf, Nadel naald, Rüssel slurf, Schwindel 1° duizeligheid, 2° zwendelarij, Stößel stamper, Windel luier, Winkel hoek.

Bisweilen steht die fremde Endung —eel statt —el: tooneel Bühne oder Szene, houweel Hacker, Reuthaue.

§ 536. Wie im Deutschen werden mit —ing (= ung) und —st weibliche Substantive gebildet: belegering Belagerung, kleeding Kleidung, gunst, kunst; vgl. vereeniging Verein, wandeling Spaziergang, zitting Sitz, vangst Fang, winst Gewinn.

§ 537. Die Endungen —em, —sem und —en kommen auch im Deutschen vor, obgleich seltener: adem Atem, bezem Besen, bloesem Blüte, bodem Boden, deesem Sauerteig, wasem

Schwaden, Brodem, Dunst; leugen Lüge, lijfeigene Leibeigener, reden Grund, vasten (S.) Fasten.

§ 538. Das Suffix —nis bildet Substantive von Verben oder Adjektiven: beeltenis Bildnis, hindernis, gebeurtenis Ereignis, vergiffenis Verzeihung, droefenis Trübsal, duisternis Finsternis, vuilnis Kehricht. Vgl. Bedrängnis verdrukking, Befugnis bevoegdheid, Bekümmernis verdriet, Besorgnis bezorgdheid, Betrübnis bedroefdheid, Bewandtnis gesteldheid, Erlaubnis verlof, Fäulnis verrotting, Wildnis wildernis.

§ 539. Die Endung —e ist nur noch in wenigen Wörtern erkenntlich, so in koude Kälte, zonde Sünde, sonst findet man —de, —te: liefde Liebe, breedte Breite, diepte Tiefe, hoogte Höhe, lengte Länge, vlakte Fläche, groente = Gemüse.

§ 540. Die Diminutiva werden gebildet mittels —je (tje, pje) und —ken (ke). Eine veraltete Diminutivendung ist —el; die poetische —elijn ist wahrscheinlich dem Deutschen entnommen. Die gebräuchlichste Endung bei Diminutiven ist —je: katje Kätzchen, huisje Häuschen. Wenn im Stamm ein langer Vokal vorkommt, der sich nur noch in der Mehrzahl erhalten hat, aber in der Einzahl kurz geworden ist, so hat das Diminutiv meistens den langen Vokal, vgl. pad Pfad, paden, paadje; slot Schloß, sloten, slootje; tred Tritt, treden, treedje; vat Faß, vaten, vaatje; s. S. 13, § 47. Auslautendes ng in unbetonter Silbe wird zu nk (s. S. 20, § 93): koning — koninkje, woning — woninkje; hat jedoch die Silbe auf ng den Nebenton, so wird —etje angehängt: wandeling Spaziergang, wandelingetje; verzameling Sammlung, verzamelingetje. Diese Endung wird auch gebraucht, wenn das Wort einen kurzen Vokal mit auslautender Liquida hat: bal — balletje, kam — kammetje, kan — kannetje, kar — karretje; so auch nach auslautendem g: big — biggetje (oder bigje). Geht der Liquida ein langer Vokal voran, so fällt das e aus: paal Pfahl, paaltje, zoon — zoontje, schaar Schere, schaartje; nach einem m steht aber p statt t: boom — boompje, raam Fenster, raampje. Bei Wörtern, welche auf einen Vokal oder auf w enden, gebraucht man —tje: mama — mamaatje, knie — knietje, mouw Ärmel — mouwtje, vrouw — vrouwtje. Einige Wörter werden bei der Diminutivbildung zusammengezogen: broeder — broertje, veder — veertje, weder — weertje, vader — vadertje oder vaartje, moeder — moedertje oder moertje; vgl. noch: zuster — zusje, meid — meisje.

Die Endung —**ken** (ke), ursprünglich **kijn** (kindekijn) kommt selten zur Anwendung; nach gutturalen Konsonanten wird ein s eingeschoben: boek — boekske(n), vlag — vlag- ske(n), jongen — jongske(n), penning — penningske(n) oder penninkske(n).

§ 541. Den fremden Sprachen sind einige Endungen ent- lehnt, welche sodann an ndl. Wörter gehängt wurden; so —**ier** oder —**enier**: herbergier Wirt, tuinier oder hovenier Gärt- ner, kruidenier Spezereihändler; —**ist** oder —**enist**: bloemist, drogist Droguist, klokkenist Glockenist. Auch bei der Bildung einiger Eigennamen finden sich diese Endungen, außerdem noch — **ier** und —**aan**: Arabier, Batavier (= īr), Aziër oder Aziaat, Indiër, Indiaan, Europeaan, Amerikaan, Lutheraan, Darwinist, Germanist, Romanist, Mennoniet.

§ 542. Die fremde Endung —**ij** wird an Personennamen gehängt: bedelaar — bedelarij, bedrieger — bedriegerij, huichelaar — huichelarij, voogd — voogdij(schap) Vormund- schaft, heerschappij Herrschaft, maatschappij Gesellschaft; bis- weilen steht —**erij** oder —**ernij**: dief — dieverij, schelm — schelmerij, slaaf — slavernij, bakker — bakkerij, smid — smederij Schmiede, schilder — schilderij Gemälde, rijmelaar — rijmelarij; burgerij (burger), ruiterij (ruiter) haben kol- lektive Bedeutung, so auch die von Sachnamen abgeleiteten: boekerij Bibliothek, kleedij Kleidung, koopvaardij Kauffartei; vgl. hoovaardij Hoffart, lekkernij Leckerei.

§ 543. Die fremde Endung —**age** bildet Kollektiva: bosschage, pakkage; auch Verbalsubstantiva: vrijage Freierei, lekkage Lecke. Stellage (Gerüst) hat konkrete Bedeutung.

Ausnahmsweise kommen noch vor —**et**: helmet Pickelhaube, —**ment**: dreigement Drohung und —**teit**: flauwiteit Abge- schmacktheit.

Über die Betonung der in den §§ 541—543 aufgeführten Wörter, s. S. 24, § 126 und S. 29, §§ 148—149.

Aufgaben.

85.

Welche Substantive sind aus der Wurzel nachfolgender Zeit- wörter entsprossen:

bedriegen, belgen, beren, bergen, bersten, bidden, bieden, bijten, binden, blijken, breken, buigen, dragen, drijven, drin- gen, drinken, druipen, dwingen, gelden, genieten, geven, graven, grijpen, helen, helpen, klinken, kluiven, knijpen, komen, krimpen, krijten, liegen, lijden, liggen, malen, meten, rijden, rijgen, ruiken, schieten, schrijden, schrijven, slijpen, sluiten, smelten, snijden, splijten, spreken, springen, steken, stijgen, strijken, stuiven, *tieën*, varen, verliezen, vinden, vliegen, vlieten, vreten, wegen, werpen, weven, wringen, zingen, zitten.

86.

Übersetze: Äbtiffin, Ägypter, Anhänger, Araber, Bekehrter, Besiegter, Bettlerin, Bösewicht, Büßer, Dichterling, Dorfbewohner, Dummkopf, Eindringling, Elender, Emporkömmling, Ertrunkener, Farbiger, Gärtner, Gärtnerin, Geschöpf, Gewaltthäter, Göttin, Häuptling, Herrin, Klügling, Kölner, Kränkling, Künstler, Künstlerin, Läuferin, Lehrer, Märtyrer, Missionär, Mörder, Pariser, Pflegling, Polizist, Prinzessin, Prüfling, Redner, Sänger, Sängerin, Schiffbrüchiger, Schinder, Schmierfinke, Schriftstellerin, Schuldner, Seher, Seherin, Sieger, Spezerereihändler, Sterblicher, Sträfling, Übersetzer, Verleumder, Verwalter, Verworfener, Vogler, Weichling, Wirt, Wirtin, Wittwer, Witzling, Würfel, Zuhörer.

87.

Abgeschmacktheit, Äquator, Atem, Bedrängnis, Befugnis, Bekümmernis, Beschuhung, Besen, Besorgnis, Betrübnis, Bett, Bewandtnis, Blüte, Boden, Bohnbürste, Breite, Brosame, Brezel, Bühne, Bürste, Charpie, Dachgeschoß, Deckel, Drohung, Dünkel, Dunst, Einbanddeckel, Ereignis, Erlaubnis, Fahne, Fang, Fasten, Fäulnis, Fessel, Fläche, Frischling, Frühling, Gänserich, Gebäck, Gemächt, Gemüse, Gerüst, Gewinn, Gießkanne, Grund, Gürtel, Hacker, Häckerling, Hänfling, Henkel, Hindernis, Hobel, Höhe, Kälte, Kehricht, Kette, Krümel, Länge, Leibeigene(r), Lichtputze, Liebe, Lüge, Nadel, Nahrung, Nestling, Pickelhaube, Pult, Rammler, Rosenstock, Rüssel, Sägemehl, Sauerampfer, Sauerteig, Schmetterling, Schürze, Schwärze, Schwindel, Setzling, Spätling, Sperling, Sprößling, Stachel, Stärke, Stößel, Sünde, Täuberich, Tiefe, Tropfen, Trübsal, Vergoldung, Verzeihung, Wildnis, Windel, Winkel, Witzling, Würfel, Zimmerdecke, Zirkel.

88.

Bilde: a) Diminutiva von:

bal, big, boek, boom, broeder, gat, huis, jongen, kam, kan, kar, kat, kind, knie, koning, mama, man, meid, moeder, mouw, paal, pad, penning, raam, schaar, slot, tred, vader, vat, veder, verzameling, vrouw, wandeling, weder, woning, zoon, zuster.

b) Sachnamen von den Personennamen:

abt, bakker, bedelaar, bedrieger, brouwer, burger, dief, huichelaar, reeder, rijmelaar, ruiter, schelm, schilder, schurk, slaaf, smid, visscher, vleier, voogd.

89.

Übersetze:

Ich werde den Major einladen.

Lustspiel in einem Akt von G. v. Mohr.

***

Personen:

Carbonel, ein reicher Privatmann.
Elise, dessen Frau.
Major Bernhard.
Julius, Maler, Carbonels Freund.
Louis, Diener bei Carbonel.

Ort der Handlung:
Paris, in der Wohnung Carbonels.

***

(Szene: Ein elegantes Zimmer, Thüren in der Mitte (rechts und links vom Zuschauer aus), links ein Schreibtisch (Sekretär), davor ein Fauteuil. Rechts ein Tisch mit Fauteuil.

Erste Szene.

Louis, dann Carbonel.

Louis (am Tische rechts stehend, zählt einiges Papiergeld, das er in der Hand hält). Vierhundert — Vierhundert fünfzig — Fünfhundert — (legt es auf den Tisch, auf dem noch einige Rollen und einige Goldstücke liegen). Das ist richtig — (die Rollen durchgehend). Sechshundert — siebenhundert — achthundert —! Tausend Franken sollte ich der gnädigen Frau einwechseln, das müssen also noch zweihundert sein. — (Zählt das Gold). Zwanzig — vierzig —

Carbonel (von links). Warst du bei dem Meister, Louis? —

Louis (ohne sich umzusehen, winkt hinter sich). Fünf machen hundert — also (leise weiter).

Carbonel. Er muß das durchaus ändern. Wenn ich dort (auf die Thüre links zeigend) Feuer anmache, raucht es oben; ich behalte keinen Mieter im zweiten Stock.

Louis (wieder winkend und wenig respektvoll). Bitte, lassen Sie mich — (zählend) zweihundert — eins, zwei —

Carbonel. Was hast du denn? — Ah — sieh da — du hast Geld?

Louis (ohne sich umzuwenden). Ja wohl, Herr Carbonel.

Carbonel (freudig). Das trifft sich ja sehr gut! So eben ist der Tapezier mit seiner Rechnung da, — es macht nur vierhundert fünfundsiebenzig Franken, ich werde sie nehmen. (Geht auf den Tisch zu).

Louis (dreht sich schnell um und hält die Hände vor den Tisch). Bitte, Herr Carbonel — bitte recht sehr!

Carbonel. Der Tapezier wartet ja draußen.

Louis. Bitte! Ich habe keinen Befehl von Madame Carbonel!

Carbonel. Du Thor! das Geld meiner Frau ist auch das meinige.

Louis. Das geht mich nichts an!

Carbonel. Unartiger Bursche du! (Will ihn bei Seite schieben). Willst du wohl?

Louis. Herr Carbonel — bitte recht sehr, Herr Carbonel!

Zweite Szene.

Elise. Carbonel. Louis.

Elise (durch die Mitte). Was giebt es hier? —

Carbonel (zurücktretend). Oh! — Nichts — Nichts, mein liebes Kind! —

Louis. Der Herr will das Geld nehmen, Madame!

Carbonel (sich räuspernd). Ja — allerdings —, um den Tapezier zu bezahlen, und dieser Tölpel —

Elise. Muß mir das Geld geben. Ich ließ ihn ein Billet von tausend Franken wechseln — folglich muß er auch mir den Betrag überliefern!

Louis. Ah so!

Carbonel. Aber der Tapezier — liebes Kind — er wartet!

Elise (indem sie das Geld vom Tische nimmt und in einen kleinen Schlüsselkorb legt, den sie trägt). Ich werde ihn sogleich selbst bezahlen.

Carbonel. In der That, liebe Elise, es scheint, als wenn du — kein großes Vertrauen zu mir hättest.

Elise (indem sie bei ihm vorbeigeht). Ganz richtig — ich habe allerdings kein großes Vertrauen zu dir. (Ab durch die Mitte.)

Carbonel (wendet sich rechts um, indem er ihr nachsieht).

Louis (hinter seinem Rücken vorbeigehend). Nein, wir haben allerdings kein großes Vertrauen. (Ab durch die Mitte.)

Dritte Szene.

Carbonel allein.

Ha, ha, ha! Das nenne ich offenherzig! Und warum muß ich das alles ertragen? — weil man eine halbe Stunde auf dem Maskenball war. — Vor vierzehn Tagen nämlich gehe ich auf den Boulevards spazieren. Mein Freund Julius kommt mir entgegen. Gehst du heute auf den Maskenball? fragt er. Nein, sage ich — ich gehe nicht auf Maskenbälle! — ich gehe wirklich auch nicht auf Maskenbälle, wahrhaftig nicht! — Schade, sagt er — ich bin eingeladen — mein Billet wird ganz unbenutzt bleiben. —

Oh, wenn das ist, sage ich, gieb es mir, ich werde vielleicht einen Augenblick hingehen. Ich wollte wirklich nur einen Augenblick, was man so sagt, hindurchschweben — wahrhaftig nichts mehr! — So gehe ich also hin! — Kaum bin ich eingetreten, als mich ein Domino — ein weiblicher Domino, beim Arm nimmt und sagt: — „Guten Abend, Carbonel!" Du kennst mich, schöne Maske? frage ich. Natürlich! sagte er, nämlich der weibliche Domino! Du wohnst dort und dort —! Richtig, sage ich. Dein Wohnzimmer ist blau tapeziert, — Möbel von Palisander. Das Zimmer deiner Frau in gelber Seide — Euer Schlafzimmer grau

— grüne Vorhänge — deine Köchin schielt ein wenig! Alles richtig.
Ich dachte, das kann nur eine Freundin deiner Frau sein — die
sich mit dir einen Scherz machen will — und nur, um sie in Ver=
legenheit zu setzen, frage ich: „Willst du mit mir soupieren, schöne
Maske?" Sie sagt ja! —

Ich führe sie in eine Loge, bestelle eine Flasche — — sie de=
maskiert sich — Gerechter Gott! Ist es möglich — es ist die Näh=
mamsell meiner Frau. Ich schäme mich, gleich zu entlaufen, lasse
also Beefsteak kommen mit gerösteten Kartoffeln, Kotelette mit
Kartoffeln — sitze auf Kohlen — endlich ist die Nähmamsell satt.
Ich eile nach Hause, mit dem Vorsatz, meiner Frau alles zu er=
zählen. Ich komme nach Hause — meine Frau schläft — ich will
sie nicht wecken — am andern Morgen verschiebe ich es — ver=
schiebe — verschiebe es dreimal — bis nach einigen Tagen meine
Frau mir die ganze Geschichte erzählt. Die Szene, die es nun
geben wird, denke ich — aber nein — meine Frau bleibt ruhig,
sehr ruhig — fürchterlich ruhig — — — nur bat sie mich an
jenem Tage um den Schlüssel zur Kasse — und — und seit jener
Zeit hat sie ihn. — Ich bekomme wöchentlich zwanzig Franken —
Lächerlich — Zwanzig Franken! — Was soll man damit anfangen
— es reicht kaum für die Fiaker! Schrecklich — und das alles,
weil ich einen Augenblick auf dem Maskenball war und mit gerösteten
Kartoffeln regaliert habe.

Vierte Szene.
Julius. Carbonel.

Julius (durch die Mitte). Guten Tag, Carbonel!

Carbonel. Ah, du bist's lieber Freund! — (Giebt ihm
die Hand).

Julius. Du bist ja seit langer Zeit ganz unsichtbar gewor=
den. Ich muß einmal sehen, was du treibst. Seit jenem Tage,
an welchem ich dich auf den Boulevards traf —

Carbonel (trocken). Ja — ja — das hat mir Unglück
gebracht!

Julius. Was denn?

Carbonel. Oh — nichts — aber, lieber Freund, wenn du
wieder einmal ein Billet übrig hast, sei so gut und behalte es.
(Giebt ihm die Hand.) Sei so freundlich, nicht wahr? —

Julius. Aber was ist dir denn begegnet?

Carbonel. Ich bin ein wenig naß geworden — jenen Abend,
— es hat geregnet. — Oh, es thut weiter nichts; nur ein klei=
ner Scherz!

Julius. So — so! — Lieber Carbonel — du erinnerst
dich wohl — vor zwei Monaten hast du eine Wette an mich ver=
loren — ein Frühstück für acht Personen.

Carbonel. Ja wohl, ich entsinne mich sehr gut! (Bei Seite).
Damals hatte ich nämlich noch den Schlüssel zur Kasse.

Julius. Es soll kein Vorwurf sein, aber du hast nun schon dreimal dieses Frühstück abbestellt.

Carbonel (verlegen und sich räuspernd). Ich war so beschäftigt — Gott, wenn man ein Haus hat — ich ließ oben bauen.

Julius. So so! — Doch wir haben dir heute eine Überraschung bereitet.

Carbonel. Eine Überraschung?

Julius. Wir haben das Frühstück heute bei Vefour bestellt — du hast nur nötig zu kommen und zu bezahlen.

Carbonel (bei Seite). Teufel — ich habe gerade noch sieben Franken — es giebt nur ein Mittel, ich borge! (Laut.) Lieber Freund, ich habe einen rechten Freundschaftsdienst von dir zu erbitten.

Julius. Ich zufällig auch!

Carbonel und Julius. Könntest du mir vielleicht, nur auf einige Tage, eine Summe vorstrecken? —

Carbonel. Eine Summe, — leihen — ich dir? —

Julius. Ja — nur fünfhundert Franken!

Carbonel. Darum wollte ich dich so eben bitten!

Julius. Wie — du?

Carbonel. Ja — Gott, wenn man ein Haus hat — ich lasse bauen.

Julius. Ah, dann stehe ich natürlich davon ab.

Carbonel. Ja — ich auch! (Bei Seite.) Ein solcher Mensch hat auch nie einen Kreuzer.

Julius (bei Seite). Der Mensch läßt fortwährend bauen! (Laut.) Nun, ich gehe also voran. Um Mittag treffen wir uns bei Vefour. Adieu!

Carbonel (ihn begleitend). Ja wohl, ganz bestimmt, — Adieu, lieber Freund. Laß einstweilen die Austern aufmachen.

(Julius ab.)

Einundvierzigste Lektion.

De poppenkast. (Vervolg.)

Op zij van het tooneel stak een kromme ijzeren arm uit met een verroest blakertje aan het uiteinde; als 't donker was, werd dat met een dun kaarsje er op naar voren gedraaid, en dat was verlichting genoeg. Ik weet ook niet, waarvoor meer licht noodig was: wij wisten allen ten naasten bij, wat er komen moest en konden 't desnoods in het donker wel volgen.

Wat was die Jan Klaassen een kerel! Welk eene gemakkelijkheid en losheid in zijne bewegingen! Wat kon hij die twee slappe beenen met klompen met een onnavolgbaren zwier over den rand van het tooneel gooien!

En die vlugheid en gevatheid, waarmee hij aan alle ge-
varen ontkwam! Of was het geen gevaar, als Katrijn in
den hoogsten aanval van hare woede haar hoofd voor-
overboog tusschen de twee stijf overeindgezette poppen-
armen en als een woedende bok op hem aanrende? Maar
zie dien vluggen zet, waarmede hij juist bijtijds op zij
weet te springen, zoodat ze met de hersens tegen den
muur loopt.

Bildung der Substantive. (Schluß.)
III. Bildung der Substantive durch Zusammensetzung.
A. Ursprünglich selbständige Vorsilben.

§ 544. Die jetzt als untrennbare Vorsilben gebrauchten,
früher selbständigen Partikeln sind: *ant, et, af, ge, on, oor,
wan* und das fremde *aarts.*

§ 545. Die Vorsilben **ant** und **et** kommen nur noch vor in:
antwoord, etgroen Grummet und etmaal ein Etmal (24 Stunden).

§ 546. Die Partikel **af** (= ab) deutet eine Entfernung
oder eine Verneinung an: afdak Wetterdach, afdruk Abbruch,
afweg Abweg, afgrond Abgrund, afgunst Abgunst, afgod Götze.

§ 547. **Ge** (= samen) bildet Personennamen: gemaal
Gemahl, genoot Genosse, gezel; auch Kollektiva: gepeupel
Pöbel, gespuis Gesindel, gevolg Gefolge, gezin Familie. Tritt
die Endung *te* noch hinzu, so entstehen kollektive Tier- und Sachnamen: gedierte Bestien, gevogelte Geflügel, gevederte Ge-
fieder, geboomte Gehölz, gebladerte Laub, gebeente Gebein,
gebergte Gebirge, gewormte Gewürm. Die von den Zeitwörtern gebildete Substantiva bezeichnen a) eine dauernde Thätigkeit:
geloop Gelauf, gepraat Geschwätz, geschreeuw Geschrei; b) ein
Produkt: gebak Gebäck, gebouw Gebäude; c) eine Fähigkeit:
gehoor Gehör, geduld, geweld.

Anmerkung. Im Deutschen giebt es viel mehr Bildungen mit
ge, vgl. Geäder aderen, Geäste takken, Gebälk balken, Gebilde
beeld oder gewrocht, Gebinde bintwerk, Geblüt bloed, Gebräme
boordsel, Gebräu(de) brouwsel, Gebund bundel, Gedeck deksel
oder couvert, Gefäll verval, Gefäß vat, Gefilde landschap, Ge-
flecht vlechtwerk, Gehäuse kas oder huisje, Gehecke broedsel, Ge-
hege heining, Gehirn hersenen, Gekröse ingewand, Geleise spoor,
Gemälde schilderij, Gemäuer muurwerk, Gemenge mengsel, Ge-
metzel bloedbad, Gemüse groenten, Genick nek, Gepäck pakkage,
Gerät gereedschap oder huisraad, Gerede praatjes, Geruch reuk,
Gerümpel vodderij, Gerüttel schudding, Geschäft zaak, Geschirr

tuig, Geschmack smaak, Geschmeide juweelen, Geschwür verzwering, Gesetz wet, Gesims lijstwerk, Gespann span, Gesproß spruiten, Gestade oever, Gestell stellage, Gesträuch struikgewas, Gestrüppe kreupelbosch, Gestüte stoeterij, Getäfel inlegwerk oder lambrizeering, Getränk drank, Getriebe raderwerk, Gewässer wateren, Gewerbe ambacht, Gewerk gild, Gewitter onweer, Gewölke wolken, Gewürz kruiden, Gezänk krakeel, Gezelt tent, Gezweig takken oder gewei.

§ 548. Die Zusammensetzungen mit **on** (= un) und **wan** (= miß) drücken das Gegenteil des Grundwortes aus: onbruik Ungebräuchlichkeit, ondeugd Laster, ondicht ungebundene Rede, ondienst schlechte Dienstleistung, ongenoegen Mißvergnügen, ongerief Ungemach, ongeval Unfall, onmin Uneinigkeit, onmoed Mutlosigkeit, onraad Gefahr, onverlaat Spitzbube; wanbedrijf Frevelthat, wanbegrip falscher Begriff, wanbesluit Trugschluß, wangedrag schlechte Aufführung, wangedrocht Ungeheuer, wangeloof Unglaube, wangeluid oder wanklank Mißton, wangunst Mißgunst, wanhoop Verzweiflung, wanorde Unordnung, wansmaak übler Geschmack, wantrouwen Mißtrauen.

§ 549. **Oor** bezeichnet die Bewegung von innen heraus, der Anfang oder auch die Folge einer Handlung: oorkonde Urkunde, oorlog Krieg, oorsprong Ursprung, oorzaak Ursache.

§ 550. Die fremde Vorsilbe **aarts** (= erz) kommt sowohl in Verbindung mit Fremdwörtern als mit ndl. Wörtern vor: aartsbisschop, aartsengel, aartsvader, aartsdeugniet Erzspitzbube, aartshertog, aartsvijand.

B. Ursprünglich selbständige Nachsilben.

§ 551. Folgende Partikeln werden jetzt als untrennbare Nachsilben gebraucht: *aard (erd), dom, heid, schap.*

§ 552. Außer etwa grijsaard (Greis) haben die Wörter auf aard eine ungünstige Bedeutung, so: gierigaard Geizhals, grijnzaard Murrkopf, lafaard Feigling, veinzaard Heuchler, wreedaard Wüterich. In einigen Zusammensetzungen ist aard abgeschwächt zu erd: dikkerd dicke Person, gluiperd Schleicher, leeperd Schlaumeier, lieverd Liebling.

Anmerkung. Die Bildungen mit aard sind französischen Wörtern nachgebildet: bâtard — bastaard, richard — rijkaard, Savoyard — Savooiaard, obgleich aard (hard) von germanischem Ursprung ist, wie noch ersichtlich an den Eigennamen: Bernard, Everard, Gerard, Reinaard.

§ 553. Die Partikeln **dom** und **schap** bezeichnen: a) eine Eigenschaft: eigendom, ouderdom Alter, rijkdom, blijdschap

Freude, gramschap Zorn; einige haben konkrete Bedeutung:
gereedschap Geräte, heiligdom; b) eine Würde, ein Rang: adel-
dom Adelstand, Adel, broederschap, priesterschap, vaderschap,
heemraadschap Deichinspektorschaft; c) Kollektiva: Christendom, heidendom, broederschap, genootschap; d) ein Land
oder Gebiet: graafschap, bisdom, hertogdom, vorstendom.

§ 554. Die Partikel **heid** entspricht dem deutschen **keit** und
keit: schoonheid, ijdelheid; vgl. gehoorzaamheid Gehorsam,
goedheid Güte, grootheid Größe, voorzichtigheid Vorsicht,
bloohartigheid Blödigkeit, snelheid Schnelligkeit, gezwindheid
Geschwindigkeit.

C. Zusammensetzung zweier selbständiger Wörter.

§ 555. Die Zusammensetzung kann wie im Deutschen eine
eigentliche oder eine uneigentliche sein.

Bei Zusammensetzungen zweier Substantive achte man darauf,
ob das erste Glied den Begriff der Einzahl oder der Mehrzahl
hat. In letzterem Falle hat das erste Glied stets **en** (bisweilen s):
bokkenwagen, ganzenmarkt, naaldenfabriek Nadelfabrik,
slavenkoopman Sklavenhändler, zedenleer Sittenlehre; vgl.
paardestal = Stall für ein Pferd, paardenstal für Pferde;
schapevleesch = Fleisch von einem Schaf, schapenvleesch von
Schafen. — Für die Personen= und Tiernamen merke man sich
noch folgende Regeln: 1° die Mehrzahlform wird auch gebraucht,
wenn das erste Glied ein Personenname ist, der den ganzen
Stand vertritt: boerenwoning, gravinnenkroon, vrouwen-
muts; 2° gleichfalls, wenn das erste Glied ein männlicher
Tiername ist, der keine Zusammensetzungen mit s bildet und
die ganze Tierart vertritt: berenklauw Bärentatze oder Bärenklau,
leeuwenbek Löwenmaul, ossenbloed; ausgenommen sind einige
Zusammensetzungen mit **haan**: hanebalken, hanekam, hane-
pooten; 3° wenn das erste Glied ein weiblicher oder sächlicher
Tiername ist, oder auch ein männlicher, der Zusammensetzungen
mit s bildet, und dieses erste Glied den Begriff der Einzahl hat,
so gebraucht man die Pluralform n i c h t: bokkevel (boksvel),
mollevel (vgl. molshoop), kattekwaad Mutwille, Posse, Unfug,
kattestaart, paardestaart.

Anmerkung. Wohllautshalber wird bisweilen ein n einge=
schoben, wenn das zweite Glied der Zusammensetzung auf einen Vokal
oder ein h auslautet, z. B. ganzenei, eikenhout; hat das erste
Wort aber außer der Zusammensetzung ein auslautendes e, so wird
kein n eingeschoben, z. B. bodeambt, medearbeider, vredehandel.

§ 556. Das erste Glied einer eigentlichen Zusammensetzung hat bisweilen ein ursprüngliches oder später eingeschobenes e: brilledoos, hagedoorn, heereboer, pennemes, willekeur u. s. w.; so auch alle Baumnamen: beukeboom, eikeboom, pereboom, pruimeboom, perzikeboom (oder perzikboom), deren erster Teil nicht als Frucht=, sondern als Baumname aufzufassen ist.

Die meisten eigentlichen Zusammensetzungen haben jedoch dieses e nicht: boekhandel, brandspuit, neushoorn, ruitergevecht, rundvee, stofregen. — Hat das erste Glied eine Mehrzahlsform auf eren, so endet es in der Zusammensetzung auf er: eierrek, eierschaal, kinderpartij, runderstamboek. Auch hat das erste Glied bisweilen die Mehrzahlsendung en oder s: boekenkast, kleerenmaker (oder kleedermaker), menschenliefde, bedelaarsgesticht, manskleeren.

Anmerkung. In einigen Zusammensetzungen findet sich ein uneigentliches Genetiv-s, sogar weibliche Substantive kommen mit diesem s als erstes Glied vor: manspersoon, watersnood, stadsomroeper, waarheidsliefde. In einigen Zusammens. ist das Verhältnis des ersten Gliedes zum zweiten nicht bestimmt zu erklären, so in: broederliefde, kinderliefde, moederliefde, ouderliefde, vaderliefde, zusterliefde; wohl aber in: menschenliefde, waarheidsliefde.

§ 557. Die Adjektive haben als erster Teil der Zusammensetzung nie e: grootmeester, hoogmoed, kleinzoon, schoonmoeder Schwiegermutter, smaldeel Geschwader, zuurkool Sauerkraut. Wörter wie hoogepriester, hoogeschool sind keine eigentlichen Zusammensetzungen; vgl. § 130.

Einige mit Adjektiven zusammengesetzten Sachnamen deuten Personen an, die sich auszeichnen durch den Besitz des genannten Gegenstandes; man nennt dieselben daher possessive Zusammensetzungen: blauwbaard, blauwkous Blaustrumpf, domkop, langhals, platneus, roodhuid, spitsneus, zwartkop, zwartrok.

§ 558. Wenn der Stamm eines Zeitwortes als erstes Glied der Zs. vorkommt, so deutet derselbe meistens auf die Bestimmung des Substantivs: drinkbeker, loopjongen, schrijftafel, slaapkamer; bei ein paar ist ein s eingetreten, so: leidsman, scheidsmuur, scheidsrechter; bei anderen ist ein d ausgefallen, so: leiband, rijtuig. Bei einigen Personennamen ist das Substantiv als das Objekt des Zeitwortes zu betrachten, z. B. deugniet, dwingeland, vernielal, waaghals; statt brekespel, doeniet, stokebrand gebraucht man heutzutage lieber: spelbreker, nietsdoener, brandstichter oder kwaadstoker, vgl. § 130.

Bisweilen steht das Objekt als erster Teil; beeldjeskoop, Statuettenhändler, eerbied, scharenslijp, tijdverdrijf.

§ 559. Mit einem Zahlwort zusammengesetzt sind z. B. drieman, tiental, vierspan, sowie die possessiven Zusammensetzungen: drievoet, duizendpoot, eenhoorn, negenoog, tweeklank, vierkant Quadrat, vijfhoek, zevenster u. s. w.

§ 560. Zusammensetzungen von Adverbien mit Substantiven sind z. B. achterbuurt abgelegener Stadtteil, achterhoofd, binnenplaats Hof(raum), buitenmuur äußere Mauer, buitenplaats Landgut, vooroordeel, voorproef.

§ 561. Einige Substantive werden erst durch Ableitung zusammengesetzt, meistens mittels **er, ing, st,** z. B. tentoonstelling Ausstellung, tehuiskomst Heimkunft, zeventiendeëeuwer; man unterscheidet solche Wörter von Zusammensetzungen, wie onderneming, samenkomst, schoonschrijver, welche abgeleitet sind von den zusammengesetzten Wörtern ondernemen, samenkomen, schoonschrijven.

§ 562. Von einigen Zusammens. ist das zweite Glied verloren gegangen, so: baker (urspr. bakermoeder) Wickelfrau, min (minnemoeder) Amme, kroeg (kroeghuis) Krug, Kneipe, winkel (winkelhuis) Laden, kraag (kraagdoek Halstuch) Kragen, das (dassevel) Halsbinde, zerk (frz. cercueil = zerksteen) Grabstein, spin (oder spinnekop), spoor (spoortrein, spoorweg) Eisenbahn(zug), tram (tramwagen).

IV. Substantivierung anderer Redeteile.

§ 563. Wie im Deutschen können andere Redeteile, ja sogar ganze Redensarten als Substantive gebraucht werden: het schoone, het eigen ik, het lezen, het waarom, het voor en tegen, het ach en wee, het ken u zelf.

§ 564. Von den substantivisch gebrauchten Adjektiven haben einige jetzt ganz und gar den Charakter eines Substantivs, so: doode, dwaas, gulden, heilige, jongen, mensch (von man), schijndoode, vrek, zot; eene schoone; het euvel, (doel) wit ziel, jong (das junge Tier); Kollektiva ohne Artikel: goed (P. goederen), ongelijk Unrecht, vuil Schmuz; Farbennamen: blauw, geel, rood, zwart u. s. w.

Ein paar kommen nur mit einer Diminutivendung als Substantiv vor: een bittertje ein Gläschen Bitter, grootje Großmütterchen, een nieuwtje Neuigkeit; so auch die substantivierten Pronomen (dit en dat dieses und jenes) ditjes en datjes, und die Zahlwörter, welche eine Münze andeuten: een dubbeltje (een dubbele stuiver = 10 Cent), een kwartje (een kwart oder vierde gulden = 25 Cent), een tientje = 10 Gulden.

§ 565. Über die substantivierten Infinitive s. § 458. Vermoeden und gevoelen kommen auch in der Mehrzahl vor; leven, P. levens in der Bedeutung levensbeschrijving Biographie.

Imperative mit einer Bestimmung findet man in: kruidjeroer-mij-niet Rührmichnichtan, spring-in-'t-veld, vergeetmij-niet; so auch in den im Ndl. gebrauchten französ. Ausdrücken: passe-par-tout Hauptschlüssel, rendez-vous Stelldichein, vol-au-vent (Art Fleischpastete) u. s. w.

§ 566. Über die Partizipien, welche zu Substantiven geworden sind, s. Lektion 37.

Von den veralteten Partizipien der Gegenwart, die zu Substantiven geworden sind, merke man sich: Heiland von heilen = retten, vijand von vijen = hassen, vriend von vrijen = lieben.

Aufgaben.
90.
Übersetze:

Aberglaube, Amme, Bärentatze, Birnbaum, Blaustrumpf, Blödigkeit, Buchbaum, Buchhandel, Bücherschrank, Dreifuß, Ehrfurcht, Eichenholz, Eierschale, Eisenbahn, Enkel, Federmesser, Feigling, Feind, Freund, Gänseei, Gänsemarkt, Geäder, Geäste, Gebälk, Gebilde, Gebirge, Gedeck, Gefahr, Gefilde, Geflügel, Gefolge, Gehirn, Gehorsam, Geizhals, Gemälde, Gemüse, Gepäck, Gerät, Geruch, Geschäft, Geschmack, Gesindel, Getränk, Gewitter, Gewürz, Götze, Grabstein, Greis, Größe, Grummet, Güte, Hagedorn, Hammelfleisch, Heimkunft, Heuchler, Hochschule, Krieg, Laden, Laster, Laub, Löwenmaul, Maulwurfshaufen, Menschenliebe, Mißtrauen, Mißvergnügen, Mitarbeiter, Mutlosigkeit, Mutwille, Nadelfabrik, Pferdehaar, Pferdestall, Pflaumenbaum, Pfirsichbaum, Pöbel, Quadrat, Rindvieh, Rührmichnichtan, Sauerkraut, Schlaumeier, Schleicher, Schnelligkeit, Schwiegermutter, Sittenlehre, Sklavenhändler, Springinsfeld, Stelldichein, Störenfried, Taugenichts, Trugschluß, Ungebräuchlichkeit, Ungeheuer, Unordnung, Ursache, Ursprung, Vergißmeinnicht, Vorsicht, Wahrheitsliebe, Wassernot, Wetterdach.

91.
Ich werde den Major einladen. (Fortsetzung.)
Fünfte Szene.
Carbonel (allein.)

Schreckliche Verlegenheit — wenn man nur sieben Franken hat und läßt Austern für acht Personen aufmachen! Aber ich muß diesen Schlüssel wieder bekommen! Ich will — Ha! — wenn nur diese paar Worte nicht wären! — Meine Frau hat nämlich einige Worte, welche mich niederschmettern! Sie sagt nur: „Ich werde mir den Major einladen!" Es klingt nach nichts, aber es ist doch schrecklich — entsetzlich — nämlich für mich; denn ich liebe meine Frau aufrichtig, ich achte die Ehre meines Hauses und ver= abscheue jede leichtfertige Ehe. Der Major Bernhard war früher viel in unserm Hause; er ist übrigens ein Mann — — alle Ach= tung! — Da entdeckte mir eines Tages meine Frau, daß der Major ihr den Hof mache, daß sie sich seine weiteren Besuche verbeten hätte. Seit jener Zeit kommt er auch nicht mehr; aber wenn sie jetzt sagt: „Du, ich lade mir den Major ein" — mein Gott, was soll ich anders machen, als nachgeben? Doch heute muß sie nach= geben, oder vielmehr geben — Geld geben. Ich werde ihr alles erzählen — das ist das beste. — Sie kommt — Ah! nur Ruhe, Carbonel — Ruhe, und recht artig!

Sechste Szene.
Carbonel. Elise.

Elise (durch die Mitte). So — der Tapezier ist bezahlt. (Geht an den Schreibtisch und schließt auf).

Carbonel (recht sanft). Sehr schön, mein Kind, seine Schul= den muß man immer bezahlen. Aber was siehst du heute so frisch und wohl aus, Elise — wie eine blühende Rose!

Elise (verwundert). Wie?

Carbonel. Ich meine, du siehst wie eine Rose aus, — so frisch — so —

Elise. Ich begreife nicht, was dir fehlt. (Legt das Geld in den Schreibtisch, schließt zu und legt den Schlüssel, der sich mit einigen andern an einem Schlüsselbunde befindet, in ihr Schlüssel= körbchen. Hat sich vor den Schreibtisch gesetzt.)

Carbonel. Oh — mir — nichts, gar nichts — bitte! — (Bei Seite.) Sie ist nicht gut aufgelegt! (Laut zu Elise.) Meine Liebe — du hast gewünscht, daß ich meine Ausgaben notiere — und um dir den Gefallen zu thun — (zieht ein Buch aus der Tasche, holt einen Stuhl neben Elise).

Elise. Heute haben wir Donnerstag; du weißt ja, daß wir die Rechnungs=Geschäfte erst am Samstag regeln.

Carbonel (seufzend). Ach so, heute ist erst Donnerstag.

Elise. Hast du vielleicht zufällig kein Geld mehr?

Carbonel (schnell und fest). O doch! (Kleinlaut.) Aber nicht viel! (Setzt sich.)

Elise. Wie?

Carbonel. Die Woche war sehr lebhaft, mein Kind — sieh — (im Buche lesend). Dienstag Besuche — zwei Stunden einen Wagen — macht allein sieben Franken — ohne Trinkgeld. (Bei Seite.) Ich habe auch keines gegeben! (Laut.) Das geht ins

Geld — und wenn du bedenkst, daß der Wagen doch eigentlich nur deinethalben —

Elise (schnell aufstehend). Ah so — nicht einmal einen Wagen willst du deiner Frau anbieten —

Carbonel (aufstehend). O gewiß — wenn ich nur die Schlüssel wieder hätte.

Elise. Niemals!

Carbonel. Hm — hm — ich habe sie auch nicht verlangt.

Elise (hat Garn vom Tisch rechts genommen und hängt es ihm über die Hände). Hier; sei doch so gut — halte einmal —

Carbonel. Wie reizend du aber heute aussiehst, wirklich wie eine Centifolie! (Will ihr die Wange streicheln.)

Elise (seine Hand zurückweisend). Laß das jetzt! (Wickelt das Garn auf.)

Carbonel. Elise — ich finde eigentlich, daß zwanzig Franken doch sehr wenig ist für eine Woche — es reicht ja kaum für Cigarren.

Elise. Du rauchst ja nicht.

Carbonel. Richtig — ja — aber ich könnte doch rauchen! —

Elise. Ich begreife nicht, was dir fehlen kann — du hast hier Wohnung — Tisch — Kleidung — kurz — alles was du brauchst!

Carbonel. Ja, aber weißt du — wenn ich so einem Unglücklichen begegne — zum Beispiele einem kranken Familienvater mit sieben ungezogenen Kindern — und habe dann nichts, um zu helfen, — oh, das ist schrecklich, Elise! Gestern zum Beispiel —

Elise. Schicke nur die Armen zu mir!

Carbonel. Ja — ja hm, das geht! — Aber nein, liebe Elise! Du strahlst heute förmlich — wie ein ganzer Rosengarten!

Elise. Du! Du! Du willst gewiß Geld haben! (Nimmt ihm das Garn ab.) Ich danke!

Carbonel. Geld? Du sprachst eben von Geld. Ja, liebe Elise — ich — ich habe das Unglück gehabt, ein Frühstück zu verlieren.

Elise. Du meinst ein Souper — mit Damen?

Carbonel. Oh nein — nein, liebe Elise — bei Vefour — nur Herren — nur ein Frühstück — ich verlor es — bevor — bevor —

Elise. Nun bevor?

Carbonel. Bevor du mich batst, dir den Schlüssel anzuvertrauen. Ich habe immer gezögert — immer gezögert — endlich heute —

Elise. Nun?

Carbonel. Heute mahnten mich die Gewinner der Wette — und so würden mir fünfzehn bis zwanzig Louisdor sehr angenehm sein.

Elise. Ich glaube nicht an deine Märchen von Frühstücken mit Freunden.

Carbonel (dringend). Du kannst dich selbst überzeugen. Elise, ich beschwöre dich! — Du siehst heute wirklich himmlisch aus — ganz ätherisch!

Elise (bestimmt). Das hilft nichts! Ich gebe nichts.

Carbonel. Elise, nimm dich in acht. Spanne den Bogen nicht zu straff. Du behandelst mich wie einen Schulknaben. Zuletzt krümmt sich der Wurm, wenn er getreten wird. Ich kann — ich werde zuletzt sagen: „Ich will!"

Elise. Oh gut! Sage das — es ist noch nicht Samstag, sage ich! Und übrigens, wenn du mich zum Äußersten treibst —

Carbonel. Nun?

Elise. So werde ich mir den Major einladen.

Carbonel (bei Seite). Da haben wir's! Ich hab's gedacht.

Elise. Du weißt, ich habe ihn gebeten, daß er seine Besuche unterlasse —

Carbonel. Er schickt dir aber Bouquets und Briefe.

Elise. Die ich — die ich ungelesen verbrenne.

Carbonel. Das ist wahr, Elise!

Elise. Wenn du aber fortfährst, mich zu tyrannisieren, so werde ich seine Briefe lesen, seine Blumen annehmen, — und werde den Major einladen.

Carbonel. Nein — nein — liebe gute Elise, ich bitte dich — nein — um Gottes Willen, du sollst den Major nicht einladen —

Elise. Nun gut — aber sprich mir nie wieder von Frühstücken mit Freunden!

Carbonel. Hm — nein — niemals — gewiß nicht! Also du rätst mir, diesen Freunden abzuschreiben? (Bei Seite). Wenn ich nur irgend einen vernünftigen Grund wüßte — o diese Schneidermamsell! — (Links ab.)

Siebente Szene.

Elise (allein).

Ha, ha, ha! Armer, guter Major! — Er hat mir nie den Hof gemacht, — und seit zwei Jahren ist er schon in Marseille in Garnison. Doch eine kluge Frau muß etwas haben, um ihren Mann in Schach zu halten — und so habe ich das zehnte Jäger-Bataillon, das heißt, seinen Major. Mein Mann glaubt ihn noch in Paris — ich kaufe mir dann und wann selbst ein Bouquet, schreibe mir selbst einen Brief, und schicke mir das mit einer alten Karte des Majors selbst zu! Heute muß wieder eine solche Sendung kommen. Ha, ha, ha! ich glaube, diese kleine Sünde ist verzeihlich. Ich liebe meinen Mann, also möcht' ich ihn auch ganz verständig machen.

Zweiunuvierzigfte Lektion.

De Poppenkast. (Vervolg.)

Dat is geene kleinigheid! En als naderhand de gendarme komt, die hem, tot straf voor al zijne euveldaden,
tot den dood met den strop veroordeeld heeft — ik vraag
het u, of zijne koelbloedigheid hem een oogenblik ver-
laat? De galg wordt geplant, de strop hangt er aan met
het schuifje om toegehaald te worden. Één oogenblik nog,
en hij is verloren, maar hij begrijpt de zaak niet, zoo het
schijnt, en de lichtgeloovige gendarme is genoodzaakt hem
voor te doen, hoe hij het hoofd door den strop moet
steken. Maar daar wacht hem juist onze Jan Klaassen —
pas is de kop er in, of hij haalt de sleuf dicht, en ziet
hem nu, hoe hij in triomf de galg uit den grond trekt,
den gendarme daaraan hangende over den rand van het
tooneel gooit en hem nu onder daverend gejuich van het
opgewonden publiek als een molen in het rond draait.
Zie, voor dat ééne tooneel geef ik tien prinsen en prin-
sessen met fluweelen pakken en goudgalon.

Bildung der Adjektive.

I. Bildung der Adjektive durch Ablautung.

§ 567. Wie bei den Subſtantiven, giebt es auch hier
Stämme, welche unmittelbar aus der Wurzel eines ſtarken Zeit=
wortes entſproſſen ſind:

I. blinken: blank; slinken: slank;

II. helen: hol; nemen: aange*naam*; komen: be*kwaam*;
    breken: brak; steken: stuk;

III. geven: gaaf unverleßt; liggen: laag;

IV. bijten: bitter; blijken: bleek; dijen: dicht, dik;
    rijzen: rijzig; slijten: sleetsch ſchnell abnußend;

V. vliegen: vlug; verliezen: los, loos;

VI. malen: mul ſtaubartig (mul zand).

II. Bildung der Adjektive durch Ableitung.

§ 568. Die unſelbſtändigen Suffixe, mittels welcher Ad=
jektive abgeleitet werden, ſind: —*ig* (—*erig*), —*(i)sch* und —*en*.

§ 569. Ableitungen mit —**ig**: a) von Subſtantiven: be-
ſtendig beſtändig, lastig läſtig, beſchwerlich, machtig mächtig;
bokkig grob, kippig kurzſichtig, wettig geſeßmäßig; b) von
Verben: begeerig gierig, habſüchtig, nalatig nachläſſig; c) von

einem Zahlwort: eenig einzig, einsam; d) von Adverbien: in-
nig, nederig bescheiden, vorig; e) von Adjektiven oder Partizipien: goedig gutherzig, levendig lebhaft. Die Ableitungen
mit —erig haben meistens eine ungünstige Bedeutung: beverig
zitternd, slaperig schläfrig, stooterig stößig, weelderig üppig,
winderig eitel (vgl. windig stürmisch), zangerig singend.

Anmerkungen. 1. Adjektive wie: godsdienstig religiös, staatkundig politisch, taalkundig philologisch können ihrer Bedeutung
nach eigentlich nur für Personen gebraucht werden; heutzutage sagt
man jedoch: eene godsdienstige beweging, op staatkundig gebied, een taalkundig tijdschrift.

2. Die Endung —ig entspricht manchmal dem deutschen —lich,
(selten —haft), vgl. angstig ängstlich, breedvoerig umständlich,
dienstig dienstlich, ernstig ernstlich, gelukkig glücklich, gevoelig
empfindlich, grondig gründlich, jeugdig jugendlich, kunstig künst-
lich, nuttig nützlich, plechtig feierlich, uitvoerig ausführlich, ver-
drietig verdrießlich, vijandig feindlich, willekeurig willkürlich;
grappig oder koddig spaßhaft, voordeelig vorteilhaft, bedrijvig
betriebsam, gewelddadig gewaltsam, lastig mühsam, vreesachtig
furchtsam.

§ 570. Die Endung —isch kommt nur noch vor a) in
Ableitungen von Fremdwörtern, wie: geographisch, gramma-
tisch, mathematisch u. s. w.; b) in den ndl. Adj.: afgodisch
abgöttisch und wettisch (sklavisch dem Gesetz ergeben); c) in Ableitungen von Länder-, Völker- und Städtenamen: Frankisch,
Moscovisch, Pruisisch, Russisch, Saksisch. In den anderen
Ableitungen ist das i weggefallen und nur die Endung —sch
übrig geblieben, so: Beiersch, Deventersch, Duitsch, Fransch,
Friesch, Groningsch, Heidelbergsch, Parijsch, Zweedsch.
Einige Ableitungen mit —sch deuten die Beziehung zum Grundwort an, so: hoofsch höfisch, steedsch städtisch, trotsch stolz;
andere haben die Bedeutung des Genetivs des Grundwortes,
so: boersch, vaderlandsch; hierzu gehören auch die von Stoffnamen abgeleiteten: duffelsch (een —e jas ein Düffelrock),
lakensch tuchen, neteldoeksch von Nesseltuch. Von den Namen der Wochentage sind gebildet: zondagsch, maandagsch,
dinsdagsch u. s. w. Bei den Ableitungen von Adverbien auf
s fällt dieses s weg, so: daagsch von (des) daags, vergeefsch
von vergeefs u. s. w.

§ 571. Mit der Endung —en (urspr. —ijn) werden Adjektive von Stoffnamen abgeleitet: garen, gouden und gulden,
houten, ijzeren, koperen, linnen (urspr. lijnijn), looden,
zilveren.

III. Bildung der Adjektive durch Zusammensetzung.

A. Ursprünglich selbständige Vorsilben.

§ 572.   Die urspr. selbständigen Vorsilben sind **ge, on, aarts.**

Anmerkung. Die Vorsilbe be in den Adjektiven: bekwaam, bereid, bestand u. s. w. gehört zum Zeitworte, von dem das Adj. gebildet ist. Bewust ist dem Deutschen entnommen.

§ 573.   Das Präfix **ge** bedeutete urspr. **zusammen,** wie in *gelijk.* Bei den meisten Adj. hat es jetzt höchstens eine verstärkende Bedeutung, so stehen gestreng, getrouw, gewillig, gewis neben streng, trouw, willig, wis; vgl.: dienstig = dienlich und gedienstig = dienstgefällig, dienstbeflissen.

Einige Adjektive mit **ge** haben die Form eines Partizipiums, wie wir weiter unten (§ 592) sehen werden.

§ 574.   Das Präfix **on** hat verneinende Kraft, es entspricht dem deutschen **un:** onbreekbaar unzerbrechlich, onhandig ungeschickt, ondiep untief, seicht. Von einigen Adj. mit **on** ist das Grundwort verloren gegangen: onguur (ungeheuer) rauh, onnoozel einfältig, onstuimig ungestüm.

§ 575.   Die Vorsilbe **aarts** wird vor einige Adj. gesetzt, um den höchsten Grad einer schlechten Eigenschaft anzudeuten: aartsdom, aartslui.

B. Ursprünglich selbständige Nachsilben.

§ 576.   Die urspr. selbständigen Nachsilben, welche zur Bildung der Adjektive dienen, sind ächtig, haftig, achtig, baar, lijk, loos, zaam.

§ 577.   Das betonte **achtig** und **haftig** bezeichnen den Begriff des Bestimmungswortes als haftend, bleibend: deelachtig teilhaft, twijfelachtig zweifelhaft, waarachtig wahrhaft, woonachtig wohnhaft, ernsthaftig ernsthaft, heldhaftig heldhaft, manhaftig mannhaft.

§ 578.   Die Nachsilbe **achtig** (= acht + ig) mit dem Nebenton steht a) hinter Substantiven und deutet die Ähnlichkeit mit dem im Bestimmungswort genannten an: beestachtig tierisch, ezelachtig eselhaft, kinderachtig kindisch, olieachtig ölicht, steenachtig steinicht; b) hinter Adjektiven, welche sodann die Gestalt oder Farbe bezeichnen: groenachtig grünlich, oudachtig ältlich, zwartachtig schwärzlich; c) hinter dem Stamm eines Zeitwortes, um die Neigung zu dem im Stamm bezeichneten anzudeuten: schrikachtig schreckhaft, snoepachtig naschhaft, spotachtig spöttisch.

§ 579. Die Endung **baar** steht wie im Deutschen a) hinter Substantiven: dankbaar, eerbaar, vruchtbaar; kostbaar, schijnbaar; b) hinter Verbalstämmen: deelbaar, draagbaar, rekbaar dehnbar, zichtbaar.

Viele mit **baar** zusammengesetzte Adj. haben im Deutschen eine andere Endung, meistens —lich, vgl. geloofbaar glaublich, (on)herstelbaar (un)ersetzlich, (on)omkoopbaar (un)bestechlich, onuitbluschbaar und onuitwischbaar unauslöschlich, ontroostbaar untröstlich, onuitputbaar unerschöpflich, onuitstaanbaar unausstehlich, onvatbaar unempfänglich, onvermoeibaar unermüdlich, onvervreemdbaar unveräußerlich, onverzoenbaar unversöhnlich, onweerstaanbaar unwiderstehlich, oorbaar schicklich, (on)verklaarbaar (un)erklärlich, (on)verkoopbaar (un)verkäuflich, (on)verschoonbaar (un)verzeihlich, verstaanbaar verständlich, (on)verteerbaar (un)verdaulich; huwbaar heiratsfähig, handelbaar biegsam oder lenksam, betwistbaar streitig oder zweifelhaft, vloeibaar flüssig, onuitroeibaar nicht auszurotten, onvergeldbaar nicht zu vergelten, onvervoerbaar nicht transportabel; een man van *middelbare* leeftijd ein Mann mittleren Alters, het *Middelbaar* Onderwijs (M. O.) der mittlere Unterricht, eene school voor M. O. eine Realschule.

§ 580. Die Endung **lijk** stimmt im allgemeinen mit lich überein; sie wird verbunden a) mit Substantiven: kinderlijk kindlich, lichamelijk körperlich, menschelijk, zedelijk sittlich; b) mit Adjektiven: goelijk gütlich, liefelijk lieblich, ouwelijk ältlich; c) mit Adverbien: achterlijk träge, spätreif, innerlijk, uiterlijk; d) mit Infinitivstämmen: bedrieglijk, beminnelijk lieblich, draaglijk erträglich, geloofelijk glaublich, sterfelijk, vergankelijk, vermakelijk ergötzlich.

Die mit Infinitivstämmen gebildeten Adj. auf **lijk** sind nicht zu verwechseln mit denen auf baar, vgl.; verkieselijk = was gewählt werden soll, was den Vorzug verdient, verkiesbaar = was gewählt werden kann; draaglijk = was ertragen werden muß, draagbaar = was getragen werden kann; onverbrekelijk = was nicht erbrochen werden muß, onverbreekbaar = was nicht zerbrochen werden kann u. s. w.

Das ndl. lijk entspricht im Deutschen bisweilen anderen Endungen, vgl.: meesterlijk meisterhaft, ziekelijk krankhaft, (on)berispelijk (un)tadelhaft; dichterlijk dichterisch, stedelijk städtisch, dierlijk tierisch; adelijk adlig, oolijk listig, bekoorlijk reizend, verrukkelijk entzückend, onzienlijk unsichtbar, (on)middellijk (un)mittelbar.

§ 581. Loos entspricht dem deutschen **los**: eerloos ehrlos, hulpeloos hilflos, reddeloos rettungslos, werkeloos arbeitslos, zielloos geistlos, ohne Seele.

§ 582. Zaam drückt wie das deutsche **sam** einen innigen Zusammenhang, eine Gleichheit und Ähnlichkeit aus: bedacht-zaam, eerzaam, heilzaam, langzaam, zorgzaam; buigzaam biegsam, gehoorzaam, lijdzaam duldsam.

Vgl. deugdzaam tugendhaft, duurzaam dauerhaft, groei-zaam fruchtbar, behulpzaam behilflich, gemeenzaam zutraulich, verdraagzaam verträglich, voegzaam schicklich, leerzaam be-lehrend; — grausam wreed.

C. Zusammensetzung zweier selbständiger Wörter.

§ 583. Die mit einem Substantiv zusammengesetzten Ad-jektive bilden uneigentliche Zusammensetzungen, wenn das Sub-stantiv eine Kasusendung hat, oder auch wenn beide Teile ohne Veränderung der Bedeutung getrennt werden können: achtings-waardig oder achtenswaardig, eervol = vol eer, lofwaardig = lof waardig.

§ 584. Die eigentlichen Zusammensetzungen mit Substan-tiven können verschiedene Beziehungen zu dem Grundwort an-deuten, so: bomvrij = vrij voor bommen bombenfest, scha-duwrijk = rijk aan schaduw schattig, schijnheilig = heilig in schijn, stokoud = te oud om zonder stok te loopen, zeeziek = ziek van de zee seekrank. Einige Zusammensetzun-gen drücken eine Eigenschaft aus, welche dem Bestimmungswort schon inneliegt: grasgroen, ijzersterk, melkwit, reuzegroot, rozerood, steenhard, stokdoof, und mit eingeschobenem s: doods-bleek, hemelsblauw.

§ 585. Die Zusammensetzungen mit **matig** und **vol** sind weit seltener als im Deutschen: doelmatig zweckmäßig, instinct-matig, kunstmatig, plichtmatig, rechtmatig, regelmatig, tooneelmatig bühnenmäßig, berouwvol reuevoll, eervol ehren-voll, gevaarvol, gevoelvol, hoopvol, liefdevol, talentvol, troostvol, vreugdevol, zielvol u. s. w.

Die meisten, welche außerdem im Deutschen mit **mäßig (gemäß)** und **voll** zusammengesetzt sind, müssen im Ndl. um-schrieben oder durch einen anderen Ausdruck wiedergegeben wer-den, vgl. bauern-, knaben-, schneider-, schülermäßig als een boer, jongen, snijder, leerling; heidenmäßig heidensch; ge-setz-, vorschrift-, planmäßig overeenkomstig de wet, de voor-schriften, het plan; handwerksmäßig volgens de regelen van het handwerk, zeitgemäß 1) zooals de tijd vereischt, 2) in overeenstemming met den tijdgeest; — achtungsvoll achtend, met achting, gehaltvoll rijk aan gehalte, rijk aan inhoud, gnadenvoll genaderijk, huldvoll welwillend, allervriendelijkst, kunstvoll kunstrijk, prachtvoll prachtig, narbenvoll met litteekenen bedekt, sinnvoll zinrijk, wechselvoll wisselvallig, würdevoll waardig, met waardigheid u. s. w.

§ 586. Die Zusammensetzungen von Adjektiv mit Adjektiv sind nur eigentliche. Das Bestimmungswort kann a) den Grad der Eigenschaft bestimmen: alleen, almachtig, langdurig, menigvuldig, voltallig; b) dem Grundwort eine nähere Beschreibung und Bestimmung beifügen: blauwzwart, donkerrood oder hoogrood, grijsgroen, lichtgroen hellgrün, roodbruin, vaalwit. Als Titel kommt noch vor: Edelachtbaar (löblich); vgl. Uw Edelgrootachtbare Euer Hochwürden, Edelgeboren Wohlgeboren.

§ 587. Einige Adjektive sind mit einem Infinitivstamm zusammengesetzt: fonkelnieuw funkelnagelneu, kakelbont, merkwaardig, weetgierig; betreurenswaardig bedauernswert (—würdig), dankenswaardig dankenswert, deerniswaard erbarmenswert, beminnenswaardig liebenswert (—würdig).

Die Infinitivstämme, welche mit **ziek** = zuchtig zusammengesetzt sind, haben eine ungünstige Bedeutung, vgl.: babbelziek klatschsüchtig, behaagziek gefallsüchtig, gevoelziek empfindsam, praatziek redselig, pronkziek prunksüchtig, twistziek zänkisch, vitziek tadelsüchtig u. s. w.

§ 588. Zusammensetzungen mit Adverbien, so mit **wel**: welzalig glückselig und die Titel: Weledel Wohledel, Weledelgeboren Wohlgeboren, Weleerwaard oder Zeereerwaard Wohlehrwürdig.

Die mit den (betonten) Partikeln **door, in, over** zusammengesetzten Adjektive verstärken den Begriff des Bestimmungswortes zu einem hohen Grade: doorgoed herzensgut, doornat durchnäßt, doorrijp überreif, doordroog, doorheet, doorkoud durch und durch trocken, heiß, kalt; inbitter gallbitter, inblij(de) herzensfroh, inboos ingrimmig, inbruin sehr braun, indroevig herzbetrübt, infraai wunderschön, ingierig erzgierig, ingoed herzgut, inheet brennheiß, inkoud bitterkalt, inleelijk sehr häßlich, inlui erzfaul, inschoon wunderschön, inwarm sehr warm, inzoet zuckersüß, inzout sehr salzig, inzwart kohlschwarz; overaardig allzu artig, overblij(de) überaus froh, overdom erzdumm,

overdroog mehr als troden, overfijn überfein, overgaar über=
gar, overgevoelig ſehr empfindlich, overgierig knauſerig, over-
haastig viel zu haſtig, overoud uralt, overvol gedrängt voll,
overvoldoende mehr als hinreichend.

§ 589. Mehrere Adjektive werden erſt zuſammengeſetzt durch
Ableitung und zwar mit den Suffixen **sch** und **ig**: alledaagsch
alltäglich, onderaardsch unterirdiſch, vierdraadsch vierdrähtig,
bebendig, blondlokkig, breedsprakig weitſchweifig, rechtvaardig gerecht, viervoetig, volledig vollſtändig, zwartharig.

IV. Subſtantive und Partizipien als Adjektive.

§ 590. Subſtantive kommen nur vereinzelt als Adjektive
vor, ſo *meester* (ſ. § 413), *vrede* in der Zuſammenſetzung
tevreden und in der Negation *ontevreden* ſtatt *te onvrede(n)*;
ferner die mittels **er** von Ortsnamen abgeleiteten Wörter, z. B.
Bremer, Groninger, Haarlemmer, Heidelberger, Leipziger.

§ 591. Viel größer iſt die Anzahl der Partizipien, welche
zu Adjektiven geworden ſind, wie ſchon in Lektion 37 dargelegt
worden iſt.

§ 592. Nach Analogie der von Denominativa gebildeten
Partizipien, werden auch Adj. unmittelbar von Subſtantiven ge=
bildet mittels **d** oder **t**, z. B. gebloemd, gedast, geharnast,
gelaarsd, genaamd, gerokt, gespoord. Dieſe Wörter können
noch näher beſtimmt werden von einem Adj., ſo: breedge-
schouderd, snelgewiekt, witgedast, zwartgerokt; von einem
Adverb in: bijgenaamd.

V. Ableitungen von geographiſchen Namen.

§ 593. Für die Schreibung der g e o g r a p h i ſ c h e n N a =
men und deren Ableitungen merke man ſich beſonders folgende:

Adriatische zee	Adriatiſches Meer
Afrika, de Afrikaan, Afri-kaansch	Afrika, der Afrikaner, afrikaniſch
Arabië, de Arabier	Arabien, der Araber
Athene, Atheensch	Athen, atheniſch
Beieren, de Beier, Beiersch	Baiern, der Baier, bairiſch
Belgïe, de Belg, Belgisch	Belgien, der Belgier, belgiſch
Berlijn, Berlijnsch	Berlin, berliniſch
Bohemen, de Bohemer, Bo-heemsch	Böhmen, der Böhme, böhmiſch
Brunswijk	Braunſchweig
Calais, het Nauw van —	Die Meerenge von Calais
Denemarken, Deensch	Dänemark, däniſch

Duitschland, de Duitscher, Duitsch	Deutschland, der Deutsche, deutsch
Egypte, Egyptenaar, Egyptisch	Egypten, Egypter, egyptisch
Engeland, de Engelschman, P. de Engelschen, Engelsch	England, der Engländer, die Engländer, englisch
Europa, Europeaan, Europeesch	Europa, der Europäer, europäisch
Frankfort, Frankforter	Frankfurt, Frankfurter
Frankrijk, de Franschman, P. de Franschen, Fransch	Frankreich, der Franzose, die Franzosen, französisch
Friesland, de Fries, Friesch	Friesland, der Friese, friesisch
Germanië, de Germaan, Germaansch	Germanien, der Germane, germanisch
Grauwbunderland	Graubünden
's-Gravenhage, Haagsch (Abj.)	Haag
Griekenland, Griek, Grieksch	Griechenland, Grieche, griechisch
Groot-Brittanje, de Brit	Großbritannien, der Brite
Hannover, Hannoveraan, Hannoveraansch	Hannover, Hannoveraner, hannöversch
Henegouwen	Hennegau
's-Hertogenbosch	Herzogenbusch
Holland, Hollander, Hollandsch	Holland, Holländer, holländisch
Hongarije, Hongaar, Hongaarsch	Ungarn, Ungar, ungarisch
Italië, Italiaan, Italiaansch	Italien, Italiener, italienisch
Japan, Japanees, Japansch	Japan, Japanese, japanisch
Java, Javaan, Juvaansch	Java, Javaner, javanisch
Kaap de Goede Hoop	Kap der guten Hoffnung
Keulen, Keulenaar, Keulsch	Köln, Kölner, kölnisch
Leuven, Leuvenaar, Leuvensch	Löwen, Löwener
Luik, Luikenaar, Luiksch	Lüttich, Lütticher
Middellandsche zee	Mittelländisches Meer
Milaan, Milaansch	Mailand, mailändisch
Namen, Namuursch (Abj.)	Namur
Napels, Napolitaan, Napelsch oder Napolitaansch	Neapel, Neapolitaner, neapolitanisch
Nederland, Nederlander, Nederlandsch	Niederland (die Niederlande), Niederländer, niederländisch
Nieuw-Zeeland	Neuseeland
Oostenrijk, de Oostenrijker, Oostenrijksch	Österreich, der Österreicher, österreichisch
Oost-Indië, West-Indië, Indisch	Ostindien, Westindien, indisch
Parijs, Parijzenaar, Parijsch	Paris, Pariser, parisisch
Pommeren, de Pommeraan	Pommern, der Pommer
Portugal, Portugees, Portugeesch	Portugal, Portugiese, portugiesisch
Pruisen, Pruis, Pruisisch	Preußen, Preuße, preußisch
Rijn, de Rijnprovincie, Rijnsch	Rhein, die Rheinprovinz, rheinisch

Rijssel Rijsselsch (Abj.)	Lille
Rome, Romein, Romeinsch	Rom, Römer, römisch
Rusland, Rus, Russisch	Rußland, Russe, russisch
Saksen, Saks, Saksisch	Sachsen, Sachse, sächsisch
Schotland, Schot, Schotsch	Schottland, Schotte, schottisch
Spanje, Spanjaard, Spaansch	Spanien, Spanier, spanisch
Stiermarken, Stiermarksch	Steiermark, steirisch
Straatsburg, Straatsburgsch	Straßburg, straßburgisch
Theems	Themse
Turkije, Turk, Turksch	die Türkei, Türke, türkisch
Vesuvius	Vesuv
Vlaanderen, Vlaming, Vlaamsch	Flandern, Flaminger, flämisch
Weenen, Weener (S. u. Abj.)	Wien, Wiener, wienerisch
Westfalen, Westfaal, West- faalsch	Westfalen, Westfale, westfälisch
Zeeland,[1] Zeeuw, Zeeuwsch	Seeland, Seeländer, seeländisch
Zuiderzee; — Zuidzee	Südersee; — Südsee
Zwaben, Zwaab, Zwabisch	Schwaben, Schwabe, schwäbisch
Zweden, Zweed, Zweedsch	Schweden, Schwede, schwedisch
Zwitserland, Zwitser, Zwit- sersch	Die Schweiz, Schweizer, schweize- risch.

Aufgaben.

92.

A. Welche Adjektive sind aus der Wurzel nachfolgender Zeit=
wörter entsprossen:

bijten, blijken, blinken, breken, dijen, geven, helen, komen,
liggen, malen, nemen, rijzen, slijten, slinken, steken, verliezen,
vliegen.

B. Welche Adjektive können mittels Nachsilben gebildet wer=
den von den Wörtern:

afgod, angst, bedrijf, begeeren, beven, boer, bok, daags,
dienst, duffel, een, ernst, geluk, gevoel, gewelddaad, godsdienst,
goed, grap, grond, goud, hof, hout, in, ijzer, jeugd, kip, koper,
kunst, laken, last, levend, lood, macht, nalaten, neder, neteldoek,
nut, slapen, staat, kunde, stad, stand, stooten, taalkunde, vaderland, verdriet, vergeefs, vijand, voor, voordeel, vrees, weelde,
wet, willekeur, wind, zang, zilver; Beieren, Deventer, Frank,
Groningen, Heidelberg, Parijs, Pruis, Rus, Saks, Zweden;
Woensdag, Donderdag, Vrijdag, Zaterdag.

93.

Überfetze: ablig, ältlich, alltäglich, arbeitslos, behilflich, be=
lehrend, biegsam, bitterkalt, bombenfest, bühnenmäßig, dauerhaft,

---

1) Niederländische Provinz; vgl. goed rond, goed Zeeuwsch: eine
Redensart, in der die Aufrichtigkeit der Seeländer sprichwörtlich geworden ist.

dichterisch, duldsam, ehrlos, einfältig, empfindsam, entzückend, erbar=
menswert, ergötlich, ernsthaft, erträglich, eselhaft, fruchtbar, funkel=
nagelneu, gallbitter, geistlos, genannt, gerecht, gespornt, gestiefelt,
glückselig, gnadenvoll, grausam, grünlich, gütlich, heidenmäßig, hei=
ratsfähig, hellgrün, herzensgut, hilflos, huldvoll, kindisch, kindlich,
klatschsüchtig, knauserig, körperlich, kunstvoll, liebenswert, lieblich,
listig, meisterhaft, narbenvoll, naschhaft, ölicht, planmäßig, pracht=
voll, prunksüchtig, rauh, reizend, reuevoll, schattig, schicklich, schreck=
haft, schwärzlich, seekrank, sinnvoll, sittlich, spöttisch, städtisch, steinicht,
tadelsüchtig, teilhaft, tierisch, träge, tugendhaft, überreif, unauslösch=
lich, unausstehlich, unbestechlich, ungeschickt, ungestüm, untadelhaft,
unverzeihlich, unzerbrechlich, uralt, verdaulich, verständlich, verträglich,
wahrhaft, wohlehrwürdig, wohlgeboren, wohnhaft, würdevoll, zänkisch,
zuckersüß, zweckmäßig, zweifelhaft.

94.
Ich werde den Major einladen. (Fortsetzung.)
Achte Szene.
Elise. Carbonel.

Carbonel (von links). Mein Brief ist fertig — ich habe
einen Grund gefunden! (Hat einen Brief in der Hand.)

Elise. Nun? —

Carbonel. Er ist zwar nicht neu — aber es ist doch immer
etwas. — (Liest.) „Meine lieben Freunde: Im Augenblick, wo ich
ausgehen wollte, bekomme ich plötzlich eine geschwollene Backe, die
mich fast hindert, den Mund zu öffnen. Es ist mir deshalb nicht
möglich, heute das Frühstück zu geben. Meine ausgezeichnete Frau —"
hörst du — da — da steht's „ausgezeichnete Frau," läßt so eben
den Arzt holen. Euer Carbonel! —" Nun — bist du zufrieden? —
(Schließt den Brief.)

Elise. Vollständig! —

Neunte Szene.
Vorige. Louis.

Louis (durch die Mitte, mit einem Bouquet und einer Karte).
Gnädige Frau, ein Bouquet und diese Karte!

Carbonel. Eine Karte? Gieb her! —

Louis (ausweichend). Für die gnädige Frau.

Carbonel (ihm die Karte nehmend, heftig). So gieb doch!
(Liest die Karte.) Major Bernhard — immer wieder der Major!

Elise (absichtlich, daß es Carbonel merkt). Und ein Brief
darin. (Legt das Bouquet weg.)

Carbonel (eifersüchtig). Ein Brief? Ich will ihn lesen
— Elise —

Elise. Und ich — ich will ihn nicht einmal öffnen. (Wirft
ihn in den Kamin; bei Seite:) Es war unbeschriebenes Papier.

Carbonel. Und das Bouquet ebenfalls ins Feuer! (Nimmt
das Bouquet.)

Elise (nimmt es ihm weg). O nein, die armen Blumen sind ja ganz unschuldig, (bei Seite) und kosten mein eigenes Geld.

Carbonel. Ich würde dir andere geschenkt haben — das heißt, wenn ich den Schlüssel zur Kasse hätte. (Rufend) Louis!

Louis. Herr Carbonel!

Carbonel. Diesen Brief sogleich zu Befour! (Giebt ihm den Brief.)

Louis. Ja — aber —

Carbonel. Was aber?

Louis (verlegen.) Ich weiß nicht, was die gnädige Frau —

Elise. Thu' — was dein Herr befiehlt!

Carbonel (heftig.) Willst du wohl gehen, Schlingel? Marsch fort!

(Louis geht durch die Mitte.)

Zehnte Szene.
Elise. Carbonel.

Carbonel. Unhöflicher Mensch! Aber jetzt liebes Kind, will ich auch ein wenig ausgehen! Adieu, liebe Elise!

Elise. Du willst ausgehen?

Carbonel. Nur eine kleine Promenade. (Nimmt seinen Hut.)

Elise. Du denkst schon wieder nicht, daß das nicht angeht.

Carbonel. Wie! — Warum denn nicht?

Elise. Du hast ja so eben deinen Freunden geschrieben, daß du eine dicke Wange hättest; wenn man dich nun sähe —

Carbonel. O, verwünscht! — Ja, du hast Recht, Elise! (Stellt den Hut fort.)

Elise. Vor weniger als acht Tagen wirst du dich nicht zeigen dürfen; so lange dauert gewöhnlich eine dicke Backe.

Carbonel (bei Seite, seufzend). Auch noch acht Tage eingeschlossen — immer besser!

Elise (hat sich an den Tisch rechts gesetzt und eine Arbeit begonnen). Komm', setze dich zu mir!

Carbonel. Meinst du wirklich, daß acht Tage nötig sind? (Setzt sich zu ihr.)

Elise. Gewiß! Es ist recht traurig für einen Mann, den ganzen Tag zu Hause bei seiner Frau bleiben zu müssen, nicht wahr?

Carbonel (die Daumen drehend). O, das sage ich nicht, liebe Elise.

Elise. Ich glaube, der Hauptfehler ist, daß du gar keine Beschäftigung hast.

Carbonel. O, ich beschäftige mich innerlich.

Elise. Ich werde dir eine Stickerei besorgen — es giebt jetzt viele Männer, welche sticken.

Carbonel (bei Seite.) Sticken? Weiter fehlte nichts.

Elise. Wo ist denn meine Seide? — ah, du könntest sie mir aufwickeln, ich hole sie sogleich. (Steht auf und geht rechts ab.)

Carbonel (aufstehend, gezwungen freundlich). Ja — ja wohl — sehr gerne! (Als Elise fort ist, derber) Sticken — Seide wickeln! Oh diese Schneidermamsell!

Elfte Szene.
Julius. Carbonel.

Julius (durch die Mitte). Mein armer Freund, so eben haben wir deinen Brief empfangen! Was sagte denn der Arzt?

Carbonel (auf= und abgehend). Der Arzt? was, warum? welcher Arzt?

Julius. Nun, über deine schrecklich dicke Backe!

Carbonel (schnell). Ach ja so — au — hm! (Hält sich schnell das Taschentuch vors Gesicht.)

Julius. Aber ich sehe ja gar nichts davon.

Carbonel. Es ist inwendig dick; es ist die schmerzhafteste Art — au!

Julius. Mein armer Carbonel! Ich komme auf die Idee, daß du uns zum besten haben willst.

Carbonel. Wie? Ich lieber Freund! — oh — oh!

Julius. Übrigens sehr Schade, daß du heute nicht kommst! Unser Freund Ernst muß heute noch nach Marseille abreisen, wir geben ihm ein Abschiedsfest. Er steht beim zehnten Jäger=Bataillon; dies Bataillon geht nach China.

Carbonel (erfreut). Wie — was, die zehnten Jäger gehen nach China? Wahrhaftig?

Julius. Was hast du denn?

Carbonel. Der Major Bernhard kommandiert die zehnten?

Julius. Ich glaube, — ja, ja.

Carbonel (erregt). Er geht nach Peking — ach, mein lieber, guter Freund! (Umarmt ihn.)

Julius. Was ist dir denn? Du hast wohl Fieber?

Carbonel. Nein — nein! Wenn er nach Peking segelt, bin ich ganz gesund. (Bei Seite) O, jetzt bekomme ich meine Schlüssel wieder! (Laut) Meine Backe ist wieder gut — ich bin ganz wohl — mein guter alter Freund! Ich komme gleich nach, — geh', laß die Austern aufmachen!

Julius. Du — das ist nun das vierte Mal, daß du sie aufmachen lässest.

Carbonel. Heut bin ich pünktlich — ganz gewiß — verlaß dich drauf — geh' nur voran! (Begleitet ihn zur Thüre.)

Julius. Nun gut — Doch kommst du nicht, so schicken wir dir die Rechnung! (Ab durch die Mitte.)

Zwölfte Szene.
Carbonel (allein).

Das versteht sich! Ha, ha, ha! Der Major muß nach Peking unter die Chinesen — Aber wo ist der Schlüssel? — ah, da im Körbchen! (Geht an den Schlüsselkorb und nimmt einen kleinen

Schlüsselbund heraus.) Ah — da sind sie! — Der Schlüssel zur
Kasse — allerliebstes, niedliches, kleines Schlüsselchen du! Jetzt
soll dich keine Macht mehr mir entreißen! (Küßt den Schlüssel=
bund, klingelt dann damit.) Ah, wie das klingt! reine Musik! —

Dreizehnte Szene.
Carbonel. Elise.

Elise (von rechts). Nun — was machst du denn da mit
meinem Schlüsselbund?

Carbonel. Ja, meine liebe Frau, ich pflanze die Fahne des
Aufruhrs auf, ich zerbreche meine Ketten!

Elise (erstaunt). Was ist nur mit ihm vorgegangen?

Carbonel. Jetzt soll wieder Geld in meine Börse kommen
— achthundert Franken — tausend Franken! zweitausend Franken!
— so viel, als hineingeht!

Elise (ernst). Carbonel, ich verbitte mir dergleichen!

Carbonel. Jetzt werde ich so freundlich sein und dir
Taschengeld geben, meine liebe Frau — und du wirst mir Rech=
nung ablegen, alle Samstag Mittag — Punkt zwölf Uhr!

Elise. Nimm dich in acht, Carbonel. Nimm dich ja in acht!

Carbonel. Oh — Was hätte ich jetzt noch zu fürchten?

Elise (drohend). Ich werde mir den Major einladen.

Carbonel. Oh, lade dir ein — wen du willst. (Lachend.)
Den Major Bernhard — ein ganzes Regiment Majore. Ich
fürchte nichts; es wird mir ein Vergnügen sein.

Vierzehnte Szene.
Vorige. Louis. Dann Major Bernhard.

Louis (durch die Mitte meldend). Herr Major Bernhard!

Carbonel (erstaunt). Wie — was? —

Elise (erschreckt). Der Major ist in Paris?

Major (durch die Mitte eintretend). Ah, guten Tag, Sie
haben mich nicht erwartet, nicht wahr? —

Carbonel (zurückhaltend und kalt). Nein, ich gestehe, ich
habe Sie nicht erwartet!

Major (ihm die Hand schüttelnd). Mein lieber Carbonel!

Carbonel (gezwungen). Mein lieber Major! (Bei Seite.)
Hol' ihn der Teufel!

Major (Elisen ein Bouquet überreichend). Erlauben Sie,
daß ich Ihnen diese Blumen überreiche, gnädige Frau — sie sind
aus Marseille — bitte!

Elise (die Blumen nehmend, verlegen). Zu gütig, Herr
Major! sie sind reizend — ganz frisch! (Bei Seite.) Ich weiß
nicht mehr, was ich rede.

(Major legt im Hintergrunde ab.)

Carbonel. Gewiß sitzt wieder ein Billet darin. (Nimmt das
Bouquet und zupft suchend die Blumen auseinander.) Ja, ganz
prächtig — so frisch!

20*

Major. Aber was machen Sie denn, Carbonel; Sie zer= pflücken ja das Bouquet!

Carbonel. O nein! Ich bewundre nur! (Bei Seite.) Es ist nichts darin!

Major. Ihnen muß ich aber mein Kompliment machen, gnä= dige Frau, ich habe Sie schön verlassen und finde Sie reizend wieder.

Carbonel (wütend bei Seite). Bitte recht sehr!

Elise. Herr Major! (Bei Seite). Mein Gott, wenn er wüßte, wozu ich seinen Namen gebraucht habe!

Major (zu Carbonel). Aber Sie, lieber Carbonel, sind ma= ger geworden, etwas blaß — Sie sind doch wohl?

Carbonel (gezwungen). O ja! ich danke verbindlichst!

Dreiundvierzigste Lektion.

De Poppenkast. (Vervolg.)

En dat rijke tooneel met de kist, waarin, na een hevigen huiselijken twist, Katrijn gestopt wordt, waarna hij de kist aan den jood verkoopt, die tot zijn vreese- lijken schrik, als hij zijn koopje naar huis wil dragen, eensklaps Katrijn halverwege er uit ziet komen. Op het oogenblik, dat hij er haar verder uit wil trekken, nadert Jan Klaassen hem van achteren en in een ommezien stopt deze hem er bij in, springt in triumf op de kist en blijft in die houding, in weerwil van de hopelooze pogingen van de gevangenen, die het deksel al op en neer doen klappen. Ik wil hier niet eens spreken van de tooneelen met den zwarten duivel met zijne spitse tong van rood laken, of van den witten Pierlala, die niet spreekt, maar alleen zijn geheimzinnig „brrrrrrie! brrrrrrie!" laat hooren, dat de vertooner weet voort te brengen door te blazen op twee platte baleintjes, welke hij tusschen zijne lippen op elkan- der klemt; — die wonderlijke gedaante, die op het oogen- blik, dat Jan Klaassen zijn rechterbeen met zijne beide handen heeft opgenomen om storm te loopen op den vreemden snoes, die hem met zijn eeuwig „brrrrrrie!" ver- veelt, plotseling tot eene ongehoorde lengte aangroeit, die ver boven den bovenkant van het theater uitsteekt.

Bildung der Zeitwörter.
I. Durch Präfixe.

§ 594. Die Präfixe, welche zur Bildung der Zeitwörter gebraucht werden, sind *be, ge, ont, ver, er* und *her*.

§ 595. Die Verben mit **be** stimmen im allgemeinen in beiden Sprachen überein; man merke sich folgende Zeitwörter:

beboeten mit einer Geldstrafe belegen

bedammen eindämmen

bedaren beruhigen

bedeelen begaben, alimentieren

bedelven begraben

bederven verderben

bedoelen meinen

bedrijven verüben, begehen

bedwelmen betäuben

begeven vergeben, verlieren

begrooten schätzen, abschätzen

behagen gefallen

beheeren verwalten, regieren

behelzen enthalten

behoeven brauchen

behooren gehören

bekeuren zur Strafe ziehen

beknorren ausschelten

bekoelen abkühlen

bekoopen büßen (für)

bekoren entzücken, versuchen

bekostigen bezahlen

bekrimpen einschränken

bekwamen vorbereiten

bekijven auszanken

belagen nachstellen

belanden anlanden

belangen betreffen, anbelangen

belasteren verleumden

belemmeren hindern, lähmen

belenden grenzen, stoßen (an)

beletten verhindern

beleven erleben

belichamen verkörpern

beloven versprechen, geloben

belijden bekennen

bemiddelen vermitteln

beminnen lieben

benaderen konfiszieren

benieuwen wundern

benoemen ernennen

beoefenen erlernen, pflegen

beoogen bezwecken

bepalen bestimmen

bepeinzen erwägen

bepleiten verteidigen

bepraten überreden

beproeven versuchen

beramen projektieren

beredderen arrangieren

beredeneeren besprechen

berispen verweisen

beroeren stören

berokkenen verursachen

berouwen reuen

beschaven ausbilden

beschikken anordnen

beschoeien[1]) mit Brettern beklei- [den

beseffen begreifen

beslechten) entscheiden

beslissen)

besmetten anstecken

besnoeien einschränken

besparen ersparen

bespelen spielen (auf)

bespeuren verspüren

bespieden spionieren

besteden verwenden

bestempelen stempeln

besterven nicht überleben

bestraten pflastern

bestudeeren studieren

besturen verwalten, lenken

betamen geziemen

betoogen beweisen, darlegen

betrappen ertappen

bevallen gefallen, niederkommen

bevatten enthalten

beveiligen schützen

bevragen sich erkundigen (nach)

beweren behaupten

bezeeren verletzen

bezinken niederschlagen

bezuinigen sparen, ersparen

bezuren büßen (für etwas)

bezwijken erliegen.

---

1) Beschützen = schoeien.

§ 596. Von den Zeitwörtern mit **ge** erwähnen wir besonders folgende:

gebeteren, ik kan het niet — ich kann nichts dafür

gebeuren ⎱ geschehen
geschieden ⎰

gedoogen erlauben, gestatten

gedragen betragen

gelieven belieben

gelijken gleichen

gelooven glauben

gelukken glücken

genaken nähern

geraken geraten

gerieven dienen, versehen

getuigen zeugen, bezeugen

gevoelen fühlen, empfinden

gewagen erwähnen

gezeggen, zich laten — sich raten lassen.

§ 597. **Ont** entspricht dem deutschen **ent**; man beachte jedoch folgende Zeitwörter, welche von den deutschen abweichen:

ontbijten frühstücken

ontbinden auflösen

ontboezemen ausgießen

ontbreken mangeln, fehlen

ontdooien auftauen

ontduiken umgehen, ausweichen

ontfermen erbarmen

ontginnen urbar machen

onthalen bewirten

ontkennen leugnen

ontlasten befreien

ontleden zergliedern

ontleeren verlernen

ontluiken sich erschließen

ontmoeten begegnen

ontnuchteren nüchtern werden

ontpakken auspacken

ontploffen explodieren

ontredderen beschädigen

ontreinigen verunreinigen

ontruimen ausräumen

ontschepen ausladen

ontsluiten aufschließen

ontspannen abspannen, zich — sich erholen

ontsteken entzünden

ontstelen entwenden

ontstellen sich entsetzen

ontstemmen verstimmen

ontvangen empfangen

ontveinzen sich verstellen

ontvreemden entwenden

ontwaken aufwachen, erwachen

ontwaren gewahr werden

ontwoekeren abwuchern

ontwrichten verrenken

ontwringen losringen

ontzeggen versagen, abschlagen

ontzien fürchten, schonen.

§ 598. **Ver** hat dieselbe Kraft als im Deutschen, steht aber häufig statt **er**, bisweilen auch statt **zer**:

veraangenamen angenehm machen, erheitern

verademen zu Atem kommen

verbasteren entarten

verbazen erstaunen

verbeelden denken, s. einbilden

verbeiden ausharren, sehnlichst

verbeuren verwirken [erwarten

verbidden erbitten

verbitteren erbittern

verbleeken erbleichen

verblijden erfreuen

verbreken zerbrechen

verbrijzelen zertrümmern

verdichten erdichten

verdooven betäuben

verdorren dorren

verdrinken ertrinken, ertränken

verdrukken unterdrücken

verduren ertragen

verdwalen irre gehen

vereelten schwielig werden

vereffenen ausgleichen

vereischen erheischen, erfordern

verfrisschen erfrischen

vergasten gut bewirten

vergissen, zich — sich irren

vergoelijken beschönigen

vergrammen erzürnen

verhalen erzählen

verhangen anderswo hinhängen

verheffen erheben

verheugen erfreuen

verhitten erhitzen

verhoogen erhöhen

verhoovaardigen sich brüsten,
    sich überheben

verhuizen ausziehen

verkeeren wechseln, Umgang
    haben (mit einem)

verkennen auskundschaften

verkiezen wählen

verklaren erklären

verkleumen erstarren, verklam=

verklikken übertragen [men

verkoelen abkühlen

verkouden erkälten

verkreukelen zerknittern

verkrijgen erlangen, bekommen

verkwikken erquicken

verlammen erlahmen

verleiden verführen

verlevendigen beleben

verlichten erleichtern

verlossen erlösen

verlustigen belustigen

vermaken, zich — sich ergötzen

vermeesteren bemeistern

vermelden erwähnen

vermoeien ermüden

vermoorden ermorden

vermorzelen zermalmen

vernachten übernachten

vernederen erniedrigen

vernielen zerstören

vernieuwen erneuern

vernissen firnissen

verongelijken beeinträchtigen

verontheiligen entheiligen

verontrusten beunruhigen

verontschuldigen entschuldigen

verontwaardigen sich entrüsten

veroorloven erlauben

veroveren erobern   [schen

verpletten zerschmettern, zerquet=

verpoozen ausruhen, sich erholen

verrassen überraschen, ertappen

verrijken bereichern

verrijzen sich erheben

verroeren sich rühren

verschalken überlisten

verscherpen schärfen

verscheuren zerreißen

verschijnen erscheinen

verschillen f. unterscheiden, streiten

verschrikken erschrecken

verslappen erschlaffen

verspieden ausspähen

verstellen 1) ausbessern

verstijven erstarren

verstikken ersticken

verstouten, zich — f. erkühnen

verstrekken besorgen, verschaffen

verstrooien zerstreuen

verstuiven zerstieben

vertalen übersetzen

vertellen erzählen

vertoeven rasten, warten

vertoonen vorzeigen, darstellen

vervangen ersetzen, ablösen

vervatten umfassen

vervelen langweilen

vervellen sich häuten

ververschen erfrischen

vervoegen konjugieren

verwaardigen würdigen

verwachten erwarten

verwarmen erwärmen

verweeken erweichen

verwekken erwecken, erzeugen

verwelkomen bewillkommnen

verwerven erwerben

1) Verstellen = verplaatsen, veinzen.

verwijden **erweitern**
verwijderen **entfernen**
verwinnen **besiegen**
verwisselen **wechseln**
verwittigen **benachrichtigen**
verworgen **erdrosseln**
verzachten **lindern**
verzadigen **sättigen**

verzaken **widersagen, absagen,** s. abthun
verzakken **einsinken**
verzellen, vergezellen **begleiten**
verzinnen **ersinnen**
verzoeken **ersuchen**
verzwakken **schwächen**
verzwaren **erschweren.**

§ 599. Die Vorsilbe **er** kommt nur in Wörtern vor, welche der deutschen Sprache entlehnt sind: erachten (mijns erachtens), erbarmen, erkennen, erlangen, ervaren und herinneren mit vorgefügtem **h.** Wahrscheinlich ist aus dieser Vorfügung bei mehreren Wörtern die Vorsilbe **her** entstanden, welche der neueren Sprache angehört und im Deutschen fehlt: herademen wieder aufatmen, herbakken noch einmal backen, herbaren (herboren wiedergeboren), herbouwen wieder aufbauen, herdenken s. erinnern, feiern, herdoen ändern, herdoopen wiedertaufen, herdrukken wieder drucken, hereenen wiedervereinigen, herhalen wiederholen, herkiezen wieder erwählen, herkauwen wiederkäuen, herkennen wieder erkennen, herleven wieder aufleben, herlezen von neuem lesen, hernieuwen erneuern, heroveren wieder erobern, herroepen widerrufen, hertrouwen wieder heiraten, hervatten wieder aufnehmen, hervormen reformieren, herzeggen wieder- holen, herzien durchsehen u. s. w.

II. Durch Suffixe.

§ 600. Die Suffixe, welche zur Bildung von Zeitwörtern dienten oder noch dienen, sind *j (ig),* *el,* *er* und die fremde Endung *eer;* jetzt werden die Verba aber meistens ohne Ab- leitungssilbe von dem Grundworte gebildet.

§ 601. Die von Substantiven abgeleiteten Zeitwörter drücken eine Thätigkeit aus, welche sich aus dem Begriff des Grundwortes erklärt: boeren (= boer zijn) Ackerbau treiben, blozen (= eenen blos hebben) erröten, doppen (= den dop doen verliezen) enthülsen, herbergen, huizen, kleeden, pakken, ploegen, visschen.

§ 602. Die von Adjektiven abgeleiteten Zeitwörter deuten an, daß die durch das Adj. ausgedrückte Eigenschaft angenom- men wird: dartelen (= dartel worden) scherzen und spielen, groenen grünen, richten, sterken, witten weißen, tünchen.

§ 603. Einige sind mittels **ig** von Substantiven und Ad- jektiven abgeleitet, so: eindigen (einde), steenigen (steen), reinigen (rein), vestigen (vast fest) und mit Vorsilben: bevredigen (vrede), verkondigen (kond). Man verwechsle die Zeitwörter mit der Endung *ig* nicht mit solchen, welche von Adjektiven auf **ig** abgeleitet sind, so: heiligen (heilig), rechtvaardigen (rechtvaardig gerecht), beveiligen (veilig), vervaardigen (vaardig).

§ 604. Fremdwörtern wie: dineeren, trakteeren u. s. w. ist die Endung **eer**(en) entlehnt, welche jetzt auch ndl. Substantiven und Adjektiven angehängt wird, z. B. stoffeeren, trotseeren, voeteeren zu Fuß gehen, waardeeren, halveeren, verkleineeren (neben verkleinen). Vom Substantiv bootse (frz. bosse Modell) ist boetseeren bossieren gebildet neben (na-)bootsen nachahmen.

§ 605. Nach Analogie der Denominativa, welche von veralteten oder noch bestehenden Substantiven und Adjektiven auf *el* und *er* gebildet sind, wie: roosteren röften, schilderen malen, waggelen wackeln, wandelen spazieren, wankelen, weigeren u. s. w. sind später mehrere Zeitwörter von Verbalstämmen gebildet mittels der Nachsilbe **el** oder **er**, so: klapperen (neben klappen), krabbelen (n. krabben kratzen), schuifelen (n. schuiven) scharren oder zischen, wentelen (n. wenden) wälzen.

§ 606. Die Intensiva stehen neben anderen Zeitwörtern mit verstärkter Bedeutung; der Stammvokal ist meistens verkürzt und der Endkonsonant stimmlos, so: bukken (neben buigen), hikken (n. hijgen) schluchzen, stikken (n. steken), verspillen (n. spelen) verschwenden, wikken (n. wegen) wägen. Einige haben dabei eine Frequentativendung, so: bibberen (n. beven) schauern, dribbelen (n. drijven) trippeln, jakkeren (n. jagen) übermäßig anstrengen, kabbelen (n. kauwen) kabbeln, murmeln, kibbelen (n. kijven) zanken, knabbelen (n. knauwen) knuspern.

§ 607. Zu den gebräuchlichsten Kausativa gehören: drenken (von drank — drinken) tränken, wenden (von wand — winden) wenden, leggen (von lag — liggen) legen, zetten (von zat — zitten) setzen, neigen (von neeg — nijgen) neigen, leiden (von leed — lijden) führen, zoogen (von zoog — zuigen) säugen, klooven (von kloof — klieven) spalten, voeren (von voer — varen) führen, vellen (v. val — vallen) fällen, (ge)hengen (v. hang — hangen) zulassen.

§ 608. Einige Zeitwörter sind von Partikeln abgeleitet, so: uiten (uit) äußern, innen (in) eintreiben, naderen (nader), opperen (opper) vorbringen, vernederen (neder) erniedrigen, veroveren (over) erobern, bejegenen (jegen) behandeln, bevorderen (voort) fördern. Vom Possessivpr. mijn ist mijnen (bei einer Auktion etwas erstehen durch Mein=rufen) gebildet.

III. Zusammensetzung.

§ 609. Da die Zusammensetzung der Zeitwörter schon in der 23. Lektion (Trennbarkeit und Untrennbarkeit) besprochen worden ist, verweisen wir dorthin. Es sei hier nur noch eine eigentümliche Art der Zusammensetzung erwähnt, welche einige Verben aufweisen, die gebildet sind durch Zusammens. eines Verbalstamms mit einem einen Körperteil bezeichnenden Substantiv: druipstaarten den Schwanz zwischen die Beine nehmen, klappertanden mit den Zähnen klappern, klapwieken die Flügel schwingen, knarsetanden mit den Zähnen knirschen, knikkebollen nicken, knipoogen mit den Augen zwinkern, kortwieken die Flügel beschneiden, plukharen sich raufen, reikhalzen sich sehnen, schoorvoeten schleppfüßig gehen, stampvoeten mit den Füßen stampfen, suizebollen taumeln, schwindeln, trekkebekken schnäbeln.

Diese Zusammensetzungen sind in der komischen Sprache und den gewöhnlichen Regeln der Zusammensetzung zuwider gebildet worden.

Aufgaben.
95.

Bilde Zeitwörter von den Wörtern:

blos, boer, dartel, dop, drinken, einde, groen, half, hangen, heilig, herberg, huis, in, jegen(s), kleed, klein, klieven, liggen, lijden, mijn, nader, neder, nijgen, opper, over, pak, ploeg, rechtvaardig, rein, rooster, schilder, steen, sterk, stof, trots, uit, vaardig, vallen, varen, vast, veilig, visch, voet, waarde, winden, wit, zitten, zuigen.

96.

Übersetze:

A. abkühlen, absagen, anlanden, anordnen, anstecken, auflösen, aufschließen, auftauen, ausbessern, ausbilden, ausgießen, ausharren, ausladen, ausräumen, ausspähen, auszanken, beeinträchtigen, befreien, begaben, begegnen, begehen, begleiten, begraben, behaupten, bekennen, beleben, belieben, belustigen, bemeistern, benachrichtigen, bereichern, beruhigen, beschuhen, besiegen, besorgen, besprechen, bestimmen, betäuben, betreffen, betragen, beunruhigen, bewillkommnen, bewirten, bezahlen, bezeugen, bezwecken, brauchen, büßen, darlegen, dorren, durchsehen, eindämmen, einschränken, einsinken, empfangen, empfinden, firnissen, frühstücken, gefallen, gehören, geraten, geschehen, geziemen, glauben, gleichen, glücken, grenzen, hindern, konfiszieren, konjugieren, langweilen, leugnen, lieben, lindern, losringen, mangeln, nachstellen, nähern, pflastern, reformieren, reuen, s. rühren, schätzen, schützen, stempeln.

B.

Entarten, enthalten, entheiligen, entscheiden, entschuldigen, ent=
zücken, entwenden, entzünden, erbarmen, erbitten, erbittern, erbleichen,
erdichten, erfreuen, erfrischen, f. ergötzen, erheben, erheitern, erhitzen,
erhöhen, f. erholen, erinnern, erkälten, erklären, erlahmen, erlangen,
erlauben, erleichtern, erlösen, ermorden, ermüden, erneuern, erniedri=
gen, erobern, erschweren, ersinnen, erstarren, ertragen, ertrinken, er=
wägen, erwähnen, erwarten, erzählen, erzürnen, verderben, vergehen,
verhindern, verkörpern, verlernen, verleumden, vermitteln, verrenken,
versagen, f. verstellen, verstimmen, versuchen, versprechen, verspüren,
verteidigen, verwalten, widerrufen, wiederholen, wiedertaufen, zer=
brechen, zergliedern, zerknittern, zermalmen, zerquetschen, zerreißen,
zerstieben, zerstören, zerstreuen.

97.
Ich werde den Major einladen. (Fortsetzung.)

Fünfzehnte Szene.
Vorige. Louis.

Louis. Die Näherin der gnädigen Frau ist da.

Carbonel. Wie? —

Louis (zu Carbonel, mit Beziehung). Die neue, nicht die
alte, Herr Carbonel!

Elise. Sie verzeihen, Herr Major!

Major. Bitte gehorsamst!

(Elise rechts ab.)

(Louis, nachdem er Elisen die Thür geöffnet, durch die Mitte ab.)

Sechzehnte Szene.
Carbonel. Major.

Major. Mein guter, alter Freund, ich bin recht glücklich,
Sie wieder zu sehen!

Carbonel (gedehnt). Oh — ich auch! — sehr glücklich! —

Major. Ich bin zu euch zurückgekehrt, und hoffe, daß uns
jetzt nichts mehr trennen soll.

Carbonel (erstaunt). Was!

Major. Wie ich sehe, haben Sie oben eine Wohnung zu
vermieten; ich werde sie mieten!

Carbonel. In Paris Wohnung mieten — Herr Gott, ich
dachte, Sie segeln nach Peking?

Major (lachend). Oh nein, ich segle nicht mit! —

Carbonel (erschreckt). Sie segeln nicht nach Peking?

Major. Nein! — Ich habe meinen Abschied genommen, und
will mich jetzt ganz meinen Freunden widmen — besonders Ihnen!
(Giebt ihm die Hand.)

Carbonel. Zu gütig!

Major. Und Ihrer Frau, die ich aufrichtig verehre.

Carbonel (bei Seite). Er denkt vielleicht am Ende, ich weiß
nichts! — (Räuspert sich.)

Major. Nun — nun! Ich hoffe doch nicht, daß Sie eifersüchtig sind, Carbonel? (Setzt sich an den Schreibtisch und sieht sich
einige Nippfiguren an, die auf demselben stehen.)

Carbonel (bei Seite). Jetzt werde ich ihn aber zerschmettern.
(Laut.) Sie sprachen von Eifersucht. — Denken Sie sich, Major,
ich habe allerdings bemerkt, daß ein Herr, ein gewisser Herr es
wagt, meiner Frau den Hof zu machen. (Steht hinter des Majors
Rücken).

Major (sich umsehend, unbefangen). Einer ihrer Freunde?

Carbonel (bezüglich). Ich brauche ihn wohl nicht erst zu
nennen!

Major. Vergebung, wenn ich indiskret war! (Dreht sich
wieder um.)

Carbonel. Dieser Herr, dieser gewisse Herr — ich werde
ihn nicht anders nennen — schickte meiner Frau Bouquets, liebe-
glühende Briefe, welche man natürlich ins Feuer warf.

Major (lachend). Da wurden sie ja noch glühender.

Carbonel (bei Seite, verzweifelt). Er scherzt noch! (Laut).
Endlich wagt er es, selbst wieder zu uns zu kommen — dieser —

Major (unbefangen). Dieser gewisse Herr, — ich verstehe! —

Carbonel. Und jetzt stehe ich gerade im Begriff, mich seiner
wieder zu entledigen! Verstehen Sie das auch? —

Major (aufstehend, ganz ruhig). Gewiß! Doch an Ihrer
Stelle, lieber Carbonel, hätte ich mehr Vertrauen zu meiner Frau
— und würde mich nicht so ereifern!

Carbonel. Wirklich? Seh'n Sie einmal an!

Major. Oder noch besser — laden Sie mich heute zum
Mittagessen ein!

Carbonel. Ich?

Major. Ich habe heute gerade Zeit. Dieser gewisse Herr
wird jedenfalls heute auch erscheinen — und verlassen Sie sich auf
mich — ich werde deutlich mit ihm reden — sehr deutlich!

Carbonel (bei Seite). Er will mich nicht verstehen! (Laut,
heftig.) Herr Major, alle Geduld hat ihre Grenzen!

Major. Ruhe! lieber Carbonel! (ihn besänftigend). Nur
Ruhe! Sie sind aufgeregt; brechen wir jetzt ab! Ich werde schnell
hinaufgehen, das Quartier oben anzusehen. (Will gehen.)

Carbonel. Erlauben Sie — (Will ihn halten.)

Major. Nein — nein — bitte, bleiben Sie — immer hübsch
Ruhe, lieber Carbonel!   (Durch die Mitte ab.)

Siebzehnte Szene.
Carbonel. Dann Louis.

Carbonel (sehr unruhig). Ruhe! Immer Ruhe! Hohn-
gelächter der Hölle! Wenn sich der Courmacher meiner Frau bei
mir eine Wohnung bestellt, wenn die Natter sich an meinen Busen
legt, auch noch Ruhe! Nein, das geht nicht, das darf nicht sein!

Wie verleide ich ihm nur das Quartier? Wie? Halt! wenn ich in meinem Kamin Feuer anmache, raucht es oben — eine unbezahlbare Idee. Ich werde ihn hinausräuchern! (Ruft.) Louis! Louis!

Louis. Herr Carbonel!

Carbonel. Bringe schnell Holz; aber recht grün — recht naß — Reisig — aber auch naß! schnell!

Louis. Wie meinen Sie?

Carbonel. Wie meinen Sie — wie meinen Sie — Tölpel! (Schreit): Nasses Holz, grünes Reisig!

Louis. Ich habe verstanden! (Kopfschüttelnd durch die Mitte ab.)

Carbonel. Mein Herr Major, ans Feuer sind Sie wohl schon gewöhnt; wir wollen sehen, ob Sie auch den Rauch ertragen können.

Louis (eintretend mit einem Arm voll Reisig). Hier, Herr Carbonel!

Carbonel (nimmt das Holz). Gut — gut; gieb her — nur schnell! (Ab nach links, läßt die Thüre halb offen.)

Achtzehnte Szene.
Louis. Dann Elise.

Louis (an die Thür links tretend). Was macht er nur? Er will Feuer anzünden, — na, das nasse Zeug wird nicht brennen!

Elise (von rechts). Ich mußte meinen Mann mit dem Major allein lassen; sie werden sich doch nicht ausgesprochen haben! — Louis!

Louis. Gnädige Frau?

Elise. Wo ist der Major Bernhard?

Louis. Er ging soeben nach oben.

Elise. Nach oben — wozu?

Louis. Das weiß ich nicht.

Elise. Und mein Mann?

Louis. Der hat sich in sein Zimmer zurückgezogen, er war sehr erregt.

Elise. Mein Gott!

Louis. Er verlangte nasses Holz und grünes Reisig! —

Elise. Wie? — Wozu denn?

Louis. Da sehen Sie nur, wie er bläst — es brennt wahrhaftig!

Neunzehnte Szene.
Major. Louis. Elise.

Major (die Thür in der Mitte öffnend, hustend). Welcher Rauch! puh, hm — hm — Abscheulich!

Elise (bei Seite). Der Major! (Zu Louis.) Geh!
(Louis durch die Mitte ab.)

Major. Die Röhren müssen repariert werden — sonst ist die Wohnung gut!

Elise (bei Seite). Ich muß ihn durchaus aufklären. (Laut.) Herr Major!

Major. Ach, ich bin glücklich, Sie einen Augenblick allein sprechen zu können, gnädige Frau. — Ich habe Ihnen nämlich ein Geständnis abzulegen!

Elise. Sie — mir?

Major. Ja. Aber ich bitte — lachen Sie mich nicht aus — oder vielmehr mein zärtliches Herz!

Elise. Mein Gott, er wird doch nicht wirklich eine Erklärung machen?

Major. Ich habe mich verlobt und werde mich in der kürzesten Zeit verheiraten. Was sagen Sie dazu?

Elise (freudig überrascht). O, da gratuliere ich von Herzen! Aber erzählen Sie mir das Nähere — bitte! — (Setzt sich an den Tisch rechts, der Major ebenfalls, so daß er der Thüre links den Rücken zukehrt).

Major. Ich bin verständig genug, kein ganz junges Mädchen glücklich machen zu wollen. Meine Braut ist Witwe. Ich würde glücklich sein, sie Ihnen vorstellen zu dürfen.

Elise. O, zu gütig — sehr angenehm! — Ich nehme gewiß innigen Anteil!

Major. Nächsten Mittwoch ist Ball beim Kriegsminister. Wie ich höre, haben Sie auch eine Einladung — Sie würden mir einen großen Dienst erweisen, wenn Sie meine Zukünftige dort einführen wollten!

Elise. Gewiß — von Herzen gern!

Major. Dann noch eine Bitte. Ich wollte Ihren Rat, oder vielmehr Ihren Geschmack in Anspruch nehmen. Sie sind ja Meisterin darin. (Nimmt zwei Etuis aus der Tasche.)

Elise. Wenn ich Ihnen dienen kann —

Major. Ich habe hier zwei Armbänder ausgesucht; zu welchem würden Sie mir wohl für meine Braut raten?

Elise. Sie erlauben wohl — (legt das Armband an) — man muß den Effekt sehen. Ah! das blaue ist sehr schön — sehr modern!

Major (das andere überreichend). Und dies?

Elise (es umlegend). Ah, das ist auch reizend!

Major. Zu welchem raten Sie mir?

Elise. Die Wahl ist wirklich schwer. (Sie betrachtet die Armbänder.)

Vierundvierzigste Lektion.

De Poppenkast. (Slot.)

Daar zijn nog eene menigte andere tooneelen, die gij alle kent, als die van het wiegen, van den schareslijp, enz., waar hij overal de hoofdpersoon is, overal even groot, overal overwinnaar door list of door geweld, waar overal de houten koppen geweldig tegen elkander kletsen, en waardoor overal gejuich en gejubel wordt opgewekt. Kortom, — want ik moet een einde aan de uiting van mijn gevoel maken, hoewel het mij moeilijk is, ik beken het, want de zaak gaat mij ter harte — dát hoop ik maar, wat er in de wereld ook vooruit moge gaan, als 't dan toch zoo wezen moet — dat men mijn ouden vriend in zijne oorspronkelijke waarde zal laten. Verfraai hem niet, sier hem niet op, tracht hem niet te verbeteren, breid uwe philanthropie niet over hem uit; maak omwentelingen, zooveel gij wilt — maak de geheele wereld tot republiek, maar laat hem op zijn troon, en gun ons, die nog een beetje van den ouden tijd zijn, dat we op de laatste kermis, die we zullen mogen beleven, nog ten minste één ding kunnen zien, dat nog juist zoo is, als het was in onze jonge jaren — laat mij dien eenen troost, dat ik mij niet dertig jaar lang heb vermaakt met iets, waar een kleuter van vijf jaar, als ik een oud man zal wezen, zijn neus voor zal optrekken, omdat Jan Klaassen en Katrijn niet aan de regels van zijnen kunstsmaak voldoen.

Lodewijk Mulder.

Bildung der Zahlwörter.

§ 610. Das unbestimmende Zahlwort **geen** ist gebildet aus *neg* (= nicht) und *een*; es wird dekliniert wie *een*.

Von den Grundzahlen beachte man:

dertien, dertig statt dretien, dretig (dre, urspr. = dri für drie ohne die Biegungsendung **e**);

veertien, veertig, neben vier, indem **ie** zu **ee** wurde, twintig statt tweetig (urspr. twentig mit eingeschobenem **n**. **e** wurde zu **i**);

tachtig statt achtig, aus einer älteren Form antáchtig, welche zunächst zu entachtig, etachtig und schließlich zu tachtig wurde;

veertig, vijftig, zestig, zeventig, bei denen das stimmh. **v** und **z** (vier, vijf, zes, zeven) zu einem stimml. Konsonanten wurde (s. § 17 und § 23), unter dem Einflusse desselben **t** der alten Vorsilbe ant.

Bildung der Adverbien.

§ 611. Von der Wurzel der Pronomen *hij, die, wie* sind gebildet: hier, heen, henen, daar (der, er), (van)daan, dan, toch (statt doch), toen (ehemals doe), waar, wann(eer), hoe und die jetzt weniger gebräuchlichen: her(waarts), der(waarts), wer(waarts). Von *die* kommt auch der Genetiv Singular Neutrum als Adverb vor: dies (daarom), des und dus.

§ 612. Die alte Endung e, welche Adverbien von Adjektiven bildete, hat sich nur noch in wenig Wörtern erhalten, z. B. in alreede schon, dichte (bij), luide, verre u. s. w., daher haben viele Adverbien dieselbe Form wie die Adjektive und sind später mehrere Adjektive und auch Partizipien in ähnlicher Weise als Adverbien angewandt worden, so: verleden unlängst, volmaakt vollkommen, voortdurend, *razend* knap äußerst tüchtig, *gloeiend* mooi entzückend schön, *kokend* heet siedend heiß. Will man jedoch das Adverb vom Adjektiv unterscheiden, so gebraucht man die Endung **lijk:** gelijkelijk, gemeenlijk, gewisselijk, gewoonlijk, herhaaldelijk, heuschelijk höflich, voorzichtiglijk, waarachtiglijk, waarlijk u. s. w.

§ 613. Da Substantive im Akkusativ als adverbiale Bestimmung (der Zeit, des Wertes u. s. w.) gebraucht werden, wurden einige Substantive im Akk. zu Adverbien, so: altijd, eenmaal. Auch Substantive im Dativ wurden zu Adverbien: heinde von hand, midden von mid (noch in *mid*dag), vaak statt vake von vak, wijlen von wijle, mijnentwege und onzenthalve(n) mit eingeschobenem **t.**

§ 614. Der Genetiv war ursprünglich der Fall, in dem mehrere Wörter als adverbiale Bestimmungen vorkamen. Daher:

1° Substantive, wie daags, deels, steeds und mit dem Artikel 's avonds, 's morgens, 's nachts;

2° Adjektive, wie anders, onlangs, rechts, reeds, slechts, straks, besonders mit einer Diminutivendung: netjes, warmpjes, zachtjes, zoetjes, stillekens, zachtkens;

3° Partizipien, wie onverhoeds, onverwachts, und mit ausgefallenem **d:** doorgaans, vervolgens, wetens, willens;

4° das Zahlwort eens.

§ 615. Einige Zusammensetzungen bestehen aus einem Adj. und einem Subst., welche beide die Genetivendung haben, so: alleszins, anderszins, blootshoofds, geenszins, goedsmoeds, grootendeels. Auch weibliche Substant. werden mit dem Adj. verbunden, wenn sie figürlich gebraucht werden, so: halverwegen (vgl. allerwegen, welches im Gen. Pl. steht), gewapenderhand, langzamerhand nachgerade, allmählich, middelerwijl; kommen die Subst. jedoch in ihrer eigentlichen Bedeutung vor, so werden die Adverbialausdrücke in zwei Wörtern geschrieben, so: onverrichter zake, ouder gewoonte, spottender wijze, vergelijkender wijze, vragender wijze, zaliger gedachtenis. Dieses *wijze* wurde auch mit Substantiven im G. verbunden: boogswijze, stukswijze, trapswijze; mit einem Verbalstamm in steelswijze verstohlen; der adv. Charakter wurde noch verstärkt, indem *ge* vor *wijze* trat: groepsgewijze, steelsgewijze, trapsgewijze.

§ 616. Als sich das Verständnis für die alte Genetivform der Adverbien verlor, wurde das Biegungs-s als ein Suffix für Bildung von Adverbien beschaut und somit auch hinter Wörter gesetzt, wo es durchaus nicht hingehört, so hinter schwache Genetive oder Dative: overigens, trouwens traun, minstens; hinter Akkusative: altoos, dikwijls, somtijds, ja sogar hinter Substantive oder Adjektive mit Präpositionen: achterbaks (vgl. das engl. back), bijkans (= bij den kant), omstreeks. thans (= te hande), terloops, namaals, voormaals, vanzins, tevens, nevens, vannieuws, aanstonds. In den Wörtern voorshands, binnenslands, buitenslands, binnensmonds, insgelijks hat auch die Präposition das s angenommen; so auch die Endungen lijks, lings und waarts, z. B. dagelijks, blindelings, voorwaarts.

§ 617. Einzelne Adverbien sind unkenntlich gewordene Zusammenziehungen, so: maar (nur) aus (het) en ware, misschien (vielleicht) aus (het) mag (ge)schien.

§ 618. Zusammengesetzte Adverbien können bestehen aus zwei Adverbien: evenzeer, hoeveel, hoeverre, zoolang, zooveel, zooverre, weleer; hierzu gehören auch die Verbindungen: achterover, bijna, bovenaan, bovenop, kortaf, onderdoor, onderin, rechtsaf, rondom, ronduit, tusschenin, volop, voorover; ferner die Pronominaladverbien: vandaar, vanhier, vanwaar in uneigentlicher Bedeutung.

§ 619. Zusammensetzungen, welche aus einer Präposition mit einem Substantiv oder Adj. in veränderter Bedeutung bestehen, sind: bijgeval, integendeel, omtrent, onderweg, onderwijl, overeind, overhoop, terug, voorhanden, weg (statt eweg, aus enweg) und mit einem Artikel bijdehand.

Präpositionen mit substantivierten Adjektiven kommen vor in: eerlang, opnieuw, overkort, overlang, overluid, tegelijk, tegoed, terecht, voorgoed, voorlang, voorwaar, voorzeker.

§ 620. Andere Adverbien bestehen aus einer Präposition mit den Zahlwörtern *al*, *een*, welche in diesen Zusammens. als

Adverbien auftreten: aaneen, achtereen, alleen, allengs, bijeen, dooreen, ondereen, overal, vaneen, vooral.

Bildung der Präpositionen.

§ 621. Die Stammwörter sind ursprünglich den Adverbien gleich, so: aan, bij, door, in, na, om, op, uit, voor, met (Adv. mede), te (Adv. toe); vgl. die Zusammens.: tot = to und te, van = af und aan.

§ 622. Einige Präpositionen sind von Adverbien abgeleitet mittels **ter, er, en**: achter, naar (statt naher), onder, over, sedert (mit angehängtem **t**, neben sinds), zonder; mittels der Vorsilbe **be**: beneden, binnen, boven, buiten; zusammengesetzt ist tegen (= te jegen) neben jegens (mit adverbialem s), weitere Zusammens. mit over: tegenover. Die Präposition naast ist der Superlativ des Adverbs na.

§ 623. Adverbialisch gebrauchte Adjektive sind zu Präpositionen geworden in langs und tusschen (urspr. von twee abgeleitet). Substantive im Dativ mit adv. s kommen vor in krachtens, tijdens, wegens; Substantive im Genetiv in ondanks und trots; Substantive mit der Präp. bij in behalve, bezijden; mit anderen Präp. verbunden in ingevolge, nevens, omstreeks, omtrent.

§ 624. Partizipien, welche mit oder ohne s zu Präpositionen geworden sind, kommen vor in aangaande, gedurende, niettegenstaande, nopens, volgens; behoudens.

Bildung der Konjunktionen.

§ 625. Von den beiordnenden K. sind nur en (urspr. ende), of (urspr. ofte) und noch in der ältesten Sprache ausschließlich als Bindew. gebraucht worden. Der Satz, den dieselben mit dem vorhergehenden verbinden, hat die logische Wortfolge; dieses ist auch der Fall mit want (ehemals auch Adv.), doch (als Adv. toch) und maar (auch Adv.). Der Ausdruck wel is waar wird als Adverbium und als beiordnende K. gebraucht; auch die übrigen beiordnenden K. sind ursprünglich Adverbien.

§ 626. Von den unterordnenden K. ist of (urspr. = wenn, nicht zu verwechseln mit dem beiordn. of aus ofte) die einzige, welche im ältesten Ndl. schon ausschließlich als K. vorkommt. In ofschoon hat schoon nur verstärkende Kraft, vgl. ofschoon het regent mit of het al regent und mit of (unterordn.) het regent of (beiordn.) niet, wij gaan toch uit.

§ 627. Ein Pronominalstamm kommt vor in zoo (= wenn),

das auch Adverb ist; die Zusammens. mit al (= ganz) gab **alzoo**, welches K. und Adv. ist, das sodann zu **alse**, **als** (= wenn) geschwächte Wort ist ausschließlich K., auch in der Verbindung **zoodra als**.

Von den fragenden Adverbien sind zu wirklichen K. geworden: **waarom** (= sodaß), **wanneer** (= als, daneben das dem Deutschen entlehnte **wen**), **weshalve** und **hoe** (sosehr z. B. in **hoe ik ook mijn best doe, het helpt mij niet**); auch die Zusammens. **hoewel** und **hoezeer**, in denen **wel** und **zeer** nur verstärkende Kraft haben. Hierzu gehört auch **daar** = da, weil.

§ 628. Durch die Verbindung von Adverbien mit dem Satzartikel **dat** sind zu unterordnenden K. geworden: **zoodat**, **zonder dat**, **behalve dat**, und weiter: **dan dat**, **eer dat**, **mits dat**, **sedert dat**, **sinds dat**, bei welchen der Satzartikel auch weggelassen werden kann, wodurch die Adverbien dann selbst zu Konjunktionen werden. Durch Weglassung des Satzartikels sind nachfolgende Adverbien jetzt auch zu K. geworden: **dewijl**, **nademaal**, **nu**, **ten einde** (= Zweck), **terwijl**, **toen**.

§ 629. Mehrere K. waren ursprünglich Präpositionen mit dem Dativ oder Akk. Neutrum S. des Demonstrativpronoms, dem der Satzartikel folgte. Einige wurden zu K., indem der Satzartikel wegblieb, so: **bijaldien**, **doordien**, **indien**, **naardien** (statt **bijaldien dat** u. s. w.); andere, indem das Demonstrativpronom wegfiel, so: **omdat** (= **om dien dat**), **opdat**, **doordat**, so auch; **naardat**, **nadat**, **totdat**, **voordat**, bei welchen der Satzartikel sogar wegbleiben kann und die Präposition nur dann als Bindewort gebraucht wird.

§ 630. Nach Analogie der im vorigen Paragraphen besprochenen Wörter, werden auch einige Partizipien zu Konjunktionen, so: *aangezien* = dit aangezien (zijnde) dat, *niettegenstaande* = niettegenstaande dit dat.

Der Satzartikel wird behalten in: **gedurende dat** und **uitgezonderd dat**; so auch in: **aangenomen dat**, **gesteld dat** und ein paar anderen, denn ließe man dat weg, so behielte man keine Konjunktion mehr übrig; vgl. *gesteld dat hij* uitging und *gesteld hij* ging uit. Ohne Satzartikel werden gewöhnlich gebraucht: **hetzij** (= het moge zijn dat), **tenzij** (het moge *niet* zijn dat) und **tenware** (het mocht *niet* zijn dat).

Grammatische Figuren.

§ 631. Die Lautveränderungen, denen einige Wörter außer der Deklination oder Konjugation unterlegen haben, sei es durch

Hinzufügung oder Verlust eines Buchstaben, sei es durch Zu=
sammenschmelzung oder Umsetzung der Buchstaben, nennt man:
grammatische figuren oder woordfiguren.

§ 632. Prothesis (voorvoeging): lommer (l'ombre)
Schatten, naarstig (ernst) eifrig, nevens (even), nijver (ijver),
herinneren (erinneren), hekel (vgl. akelig) in dem Ausdruck
eenen hekel hebben einen Widerwillen haben.

§ 633. Aphaeresis (afwerping): er statt der oder daar,
'k = ik, 't = het, arreslede (narreslede) Schlitten, azuur
(lazuur), abberdaan (labberdaan), aak Nachen, adder Natter,
okkernoot (nokkernoot) welsche Nuß, muts (amutse), sperge
(asperge) Spargel, pul (apul).

§ 634. Paragoge (achtervoeging): iemand und niemand (man), arend (Arnhem, vgl. adelaar), burcht (schouwburg, vgl. burger, burgwal), borst Bursche, schoen Schuh,
toen (urspr. doe); so auch t hinter mijnen, zijnen, onzen,
uwen, haren, hunnen in: te mijnent, te uwent u. s. w.,
mijnentwege(n), onzenthalve(n).

§ 635. Apokope (afkapping): vergif (vergift), is statt
ist; die Personalendung des Zeitwortes fällt stets ab, wenn je
folgt: heb je, ga je, kom je; besonders das unbetonte e ist
bei vielen Wörtern verloren gegangen: als (alse), asch (asche),
bed (bedde), hart (harte), heer (heere), krib (kribbe), ik
neem statt neme, ik meen statt meene, ik dacht st. dachte
u. s. w. Ehemals endeten alle schwachen Substantive im N. auf
e; desgleichen die 1. P. S. des Ind. Präsens und die 2. P. S.
des Imperativs der schw. Zeitwörter.

§ 636. Assimilation (gelijkmaking): korrel statt kornel
(koorn), niettemin statt niet de min, uitentreuren (uit den
treuren) bis zum Überdruß, balling (banling) Verbannter,
misschien s. § 617.

Der nachfolgende Konsonant wurde assimiliert in: en (enne
statt ende), el und elleboog (elne), klimmen (klimben), om
(omme statt ombe), penning (pending, vgl. pand). Der vor=
hergehende Kons. wurde assimiliert in: rillen statt ridlen (das
antiquierte rede = Fieber), as Achs, bus Büchse, das Dachs,
dissel Deichsel, os Ochs, vlas Flachs, vos Fuchs, was Wachs,
wassen wachsen, wissel Wechsel, zes sechs.

§ 637. Synkope (uitstooting): Fransch (Franksch), koo-
menij (koopmannij), boogaard (boomgaard), kost (konst,
konde); blusschen (belesschen), vreten (vereten), pruik

(Frz. perruque), krant (courant), kraal (koraal), krent (ko-
rint; das **d** fiel aus in blaar (blader) Blatter, blen (bloode),
graag (gradeg) hungrig), keu (keude, vgl. kodde Stock), paar-
lemoer (paarlemoeder), vleermuis Fledermaus, vlier Flieder,
vlerk (vlederik)[1] Fittich, Dirk (Diederik). Das **e** der Präfixe
be und **ge** ist manchmal weggefallen: blijven (belijven), blok
(belok, vgl. beluiken umschließen), glimp (gelimp), gluipen
(geluipen) duckmäusern, gluren (geluren) lauern.

§ 638. Elision (uitlating): binnen (be-innen), boven
(be-oven, vgl. over), buiten (be-uiten), bang (be-ang, vgl.
angst). — tevens (te-even-s), telkens (te-elken-s), thuis (te
huis), thans (te hands), althans (al te hands): aber nochtans (aus nochdans = dennoch) ohne **h.** — Weiter kommt die
Elision vielfach in der Poesie vor, so: liefd' en haat, aard' en hemel.

§ 639. Synaloephe (samensmelting): elkaar (elkaër st.
elkander), ter = te der, ten = te den, samen = te zamen,
daher auch **s**amenkomen, **s**amenstelling mit **s**, aber gezamen-
lijk, inzamelen, verzamelen u. s. w. mit **z. D**s wurde zu **s** in:
willens en wetens (willends en wetends), volgens (vol-
gends) u. s. w., so auch 's morgens, 's avonds (des morgens,
des avonds); **t**s oder **t**z wurde zu **s** in: sedert, sinds, schor-
sen unterbrechen oder suspendieren, best, lest (laatst), versieren
zieren, versagen zagen, sidderen zittern, grens Grenze, krans
Kranz, schans Schanze, walsen walzen; das **w** fiel aus in:
dol (dul, dwalen), zoel st. zwoel, zoet st. zwoet (vgl. Engl.
sweet), zuster st. zwuster Schwester.

§ 640. Epenthesis (invoeging): **s** nach Gutturalen vor
ke, ken: jaksken, vlagsken, jongsken; **n** in Zusammensetzungen, s. § 555; **e** bisweilen vor *ling, lijk, loos, nis*, vgl. zinloos
bedeutungslos und zinneloos verrückt, werkloos ohne Arbeit
und werkeloos unthätig; **d** in: bestuurder (besturen), diender (dienen), daalder (Thaler, dollar), partijdig st. partijig,
wijden (vgl. wijwater), vgl. zindelijk reinlich und zinnelijk
sinnlich; ein **d** ist weiter eingeschoben nach einem **l** vor **(e)n** in:
belijden, bevrijden, geschieden, kastijden, spieden, vlieden;
nach **l, n, r** vor **(e)r** in: elders, helder, kelder, selderij,
kolder, zolder, beenderen, boender, bunder, donder, dra-
gonder, gaanderij, vaandrig, spaanders, hoenders; auch
bei den meisten Personennamen von Verbalstämmen auf **r** gebildet
und beim Komparativ der Adj. auf **r**, s. § 206.

---

1) Vgl. Fledermaus, Flederwisch.

Einschaltung anderer Konsonanten: korporaal (Frz. caporal), komfoor (Frz. chauffoir), plaveien (Frz. paver), pleisteren (Frz. paître — paistre), bluffen (st. buffen) prahlen, stroop (Frz. sirope), scheidsman, kindsheid Kindheit (vgl. kindschheid Geistesschwäche).

Bisweilen vergrößert die Einschaltung eines e zwischen zwei Konsonanten das Wort um eine Silbe, so: parel neben paarl, merel — meerl, lantaren — lantaarn, horen — hoorn, doren — doorn, koren — koorn, voren — voorn.

§ 641. Metathesis (omzetting): diese findet besonders mit r statt, so in: barnen und barnsteen — branden, borst — Brust, bord — Brett, derde und dertien — drie, dorschen — dreschen, gort — grut Grütze, godsvrucht — Gottesfurcht, kerstmis — Christus, nooddruft — Notdurft, pers — pressen, torsen — tros, versch — frisch, vorst — vriezen, wrat — Warze. Metathesis der l in: naald — Nadel und Umsetzung zweier Konsonanten in kabeljauw statt bakeljauw.

Aufgaben.
98.
Übersetze: ausländisch, desgleichen, desungeachtet, entzückend schön, falls, fast, fortwährend, gradaus, im Gegenteil, siedend heiß, täglich, ungefähr, unlängst, vielleicht, vollkommen, vormals; Achse, Adler, Amsel, Bernstein, Blatter, Brust, Büchse, Burg, Bursche, Dachs, Dietrich, Donner, Dorn, Dragoner, eifrig, Fähnrich, Fittich, Flachs, Fledermaus, Flieder, fliehen, Gottesfurcht, Grütze, Horn, Hühner, Kindheit, Korn, Laterne, lauern, Nache, Nadel, Natter, Notdurft, Obstgarten, Ochs, parteiisch, Perl, Perlmutter, Pfennig, reinlich, Schatten, Schlitten, sinnlich, Sirup, Spargel, Thaler, unthätig, Verbannter, Wachs, walzen, Wechsel, zagen, Zeitung, zittern.

99.
Ich werde den Major einladen. (Schluß).
Zwanzigste Szene.
Vorige. Carbonel.

Carbonel (tritt rückwärts schreitend aus dem Zimmer links, hält einen Blasebalg). Es hat Mühe gekostet; aber es brennt!

Major. Ich glaube, das beste ist: ich behalte alle beide.

Carbonel (sich schnell umwendend). Alle Wetter — ich denke, ihn oben auszuräuchern, und er sitzt hier ganz gemütlich! Hm! Hm! — (Hustet).

Major. Ah, sieh' da, lieber Carbonel!

Carbonel (den Blasebalg schnell hinter seinen Rücken haltend). Ja, ich bin's. Sie unterhalten sich wohl ganz angenehm? Wie? —

Major (scherzend). Einige kleinen Geheimnisse! (Aufstehend.) Ich habe die Wohnung besichtigt, lieber Carbonel — es raucht ein wenig!

Carbonel (schnell und nachdrücklich). Ja, es raucht sehr, — das freut mich — das heißt, ganz entsetzlich; es ist aber durchaus nicht abzuändern — ganz und gar nicht. Es raucht immer, noch viel schlimmer als jetzt!

Major. Aber —

Carbonel. Wenn die Sonne recht scheint, da ist es nicht zum Aushalten.

Major (lachend). Sie sind ein merkwürdig gewissenhafter Hauswirt. Die Wohnung gefällt mir im übrigen. — Welchen Preis würden Sie verlangen?

Carbonel. Preis? Ah — nun — neunhundert — nein, — zehntausend — nein, zwölftausend Franken.

Major (lacht). Sie scherzen. Fünf Zimmer und zwölftausend Franken! Ha, ha, ha!

Carbonel. Ich verlange vierzehntausend Franken! Das kann ich. Ich steigere auch sehr gern — alle halbe Jahre.

Major. Ha, ha, ha! Sie sind heiterer Laune. Wir sprechen nachher darüber. Denken Sie, lieber Carbonel, während Ihrer Abwesenheit habe ich verabredet, Ihre Frau am Mittwoch zu entführen.

Carbonel. Wie! was! — Auch noch entführen? (Läßt den Blasebalg fallen.)

Major. Das heißt, nur auf einige Stunden, zu dem Ball beim Kriegsminister!

Elise (aufstehend). Ja, lieber Mann, aber nur in der Voraussetzung, daß du darein willigst.

Major. Sie können auch mitkommen; aber wenn es Sie irgend geniert — oder langweilt, bitte, bleiben Sie ruhig zu Hause. Sie bekommen Urlaub! — (Zu Elise.) Nicht wahr?

Carbonel. Immer besser! (Laut, nachdem er auf die andere Seite getreten ist, so, daß Elise in der Mitte steht.) Elise, du errötest nicht einmal? (Indem er ihre Hand faßt und das Armband fühlt.) Ah — was ist das? Er hat dir schon Armbänder geschenkt!

Elise (bei Seite). Er ist eifersüchtig. Jetzt muß er mir meine Schlüssel wiedergeben. (Laut.) Ja, Herr Major, je mehr ich die Armbänder betrachte, desto mehr muß ich Sie für einen Mann von vielem Geschmack halten.

Major. Zu liebenswürdig, gnädige Frau!

Elise. Es ist wirklich unmöglich, etwas Graziöseres und zugleich Einfacheres zu wählen!

Major. Sie beschämen mich!

Elise (hält Carbonel die Hand hin). Nicht wahr, Carbonel?

Carbonel (leise). Falle ihm doch lieber gleich um den Hals.

Major. Sie machen mich ganz stolz auf meinen Geschmack! —

Elise. In der That, er ist ausgezeichnet.

Carbonel. Das ist unerhört! Du giebst sofort die Armbänder zurück!

Elise (ebenso). Gieb mir den Schlüssel!

Carbonel. Den Schlüssel — nein!

Elise. Nein — auch gut!

Major. Was haben Sie denn, Carbonel?

Carbonel. Oh, nichts, nur eine kleine Familien=Angelegenheit! —

Elise (freundlich). Mein Mann erlaubt so eben, daß Sie mich am Mittwoch allein auf den Ball führen.

Carbonel. Ich? Elise!

Elise (leise). Ich werde schön sein, sehr schön; ich werde tanzen — und werde mir den Major ein ...

Carbonel (ängstlich). Nicht einladen, nein — (hält ihr den Mund zu) nein — hier sind die Schlüssel! (Giebt ihr die Schlüssel.)

Elise (leise). Dank! (Laut.) Herr Major, hier sind Ihre Armbänder! (Giebt ihm ein Armband.)

Carbonel (stolz). Ja, da sind Ihre Armbänder! (Leise.) Das andere auch! —

Elise. Hier auch das andere; ich danke!

Carbonel (stolz). Hier das andere, ich danke auch! (Kläglich, indem er seine leere Börse hervorzieht.) Da bin ich wieder bei meinen sieben Franken angekommen; aber ich bin doch froh!

Einundzwanzigste Szene.
Vorige. Louis.

Louis (mit einer Rechnung eintretend). Herr Carbonel, draußen ist ein Kellner von Befour.

Carbonel (bei Seite). Ach, mein Gott, die Rechnung!

Louis. Er sagt, die Herren hätten die Austern verzehrt, hier ist die Rechnung! —

Carbonel (kräftig). Es ist gut! (Sehr zart.) Liebe Elise!

Elise (giebt eine Börse). Hier, bezahle die Rechnung.

Louis (nachdem er das Geld empfangen, ab).

Zweiundzwanzigste Szene.
Vorige ohne Louis.

Carbonel (bei Seite). Wie ein Schulbube stehe ich da — mit der ganzen Blöße meines Taschengeldes! Und das vor ihm! — O diese Schneidermamsell!

Major. Wann darf ich Sie morgen wohl abholen, gnädige Frau, um die anderen Geschenke für meine Braut aussuchen zu helfen?

Carbonel (schnell). Geschenke für ihre Braut? Was, Sie haben eine Braut? —

Major. Ja, ich bin so frei, lieber Carbonel — und bin direkt von Marseille nach Paris gekommen — nur, um zu heiraten.

Carbonel (sehr vergnügt). Sie wollen heiraten, Major, wirklich?

Major. Ja wohl, und von Marseille nach Paris übersiedeln. Ich sagte Ihnen ja schon!

Carbonel. Von Marseille?

Elise (bei Seite). O weh!

Major. Seit beinahe zwei Jahren lebe ich in Marseille, heute Morgen bin ich erst hier eingetroffen.

Carbonel. Diesen Morgen von Marseille — (Tief Atem schöpfend). Aber diese Briefe, diese Bouquets? —

Major. Welche Briefe, welche Bouquets?

Dreiundzwanzigste Szene.
Vorige. Louis.

Elise (leise). Still doch! (Zupft Carbonel am Rock).

Carbonel. Ah — nichts — eine kleine häusliche Angelegenheit.

Major. Louis — du könntest mir das besorgen. (Geht in den Hintergrund, giebt Louis die beiden Etuis und spricht mit ihm. Seine Stellung ist so, daß er Elise und Carbonel den Rücken zukehrt.)

Carbonel (komisch). Elise, ich glaube, du hast dir erlaubt, mit deinem Gatten einen Scherz zu treiben?

Elise (heiter). Das Leugnen hilft doch nichts. Ich glaube beinahe selbst.

Carbonel. Das ist ja recht nett. (Bei Seite.) Jetzt bekomme ich meine Schlüssel sicher wieder. (Laut.) Major, auf einen Augenblick; ich habe Ihnen eine kleine Geschichte zu erzählen.

Major (sich kurz umsehend). Mir? gleich —

Carbonel. Denken Sie sich, meine Frau —

Elise (ängstlich). Ich bitte dich, schweig doch still —

Carbonel (leise). Meine Frau ha, ha, ha!

Elise (hält ihm den Mund zu). Lieber Carbonel.

Carbonel. Die Schlüssel, oder ich sage alles! (Laut.) Major — meine Frau also — hat — ha, ha, ha!

Elise (ihn am Sprechen verhindernd). Carbonel — schweig' — hier — da sind sie! (Giebt ihm die Schlüssel.)

Carbonel (zufrieden). Triumph! — ich habe sie!

Major (sich umwendend und nach vorn tretend). Nun — Ihre kleine Geschichte —

Carbonel. O, es war nichts — kleine häusliche Vorfälle! Major — lieber Freund! (Umarmt ihn, küßt ihn.) Liebe gute Elise! (Küßt sie.) Ich lasse die Röhren reinigen, Major, die Wohnung sollen Sie spottbillig haben. Guter Major — Sie speisen doch bei uns? (Umarmt ihn stürmisch.) Speisen öfters bei uns?

Elise. Aber Carbonel!

Major. Was haben Sie denn?

Carbonel (sich besinnend). Ich — ach — nichts — gar nichts! (Küßt seiner Frau die Hand). „Jetzt lade ich mir den Major ein!" — Ha, ha, ha!

Fünfundvierzigste Lektion.
Bilderdijk.

Op mijn dagelijkschen weg naar het Leidsche Gymnasium, werd, in 1822, bij de Ruïne, mijne aandacht eens bijzonder getrokken door een eerder klein dan middelsoortig-groot man; een met slepend been (à la Byron) strompelend voortstappenden grijsaard, met driekantigen of punthoed, een gekleeden of staatsierok, een korte broek, lang vest, alles deftig zwart, en met strikschoenen aan de voeten. In de rechterhand hield hij een steunstok, maar zijne linker rustte op den rechterschouder van een knaapje, dat hem een paar kinderstappen vooruitging, op de wijze, zooals men Belisarius wel ziet afgebeeld met een jongske, dat den ouden blindeman begeleidt. Dat was Bilderdijk, van zijn tienjarig zoontje, Lodewijk Willem, vergezeld. Zoo zag ik den dichter voor 't eerst, en te meer nog bleef ik op het vreemdsoortig koppel staren, dewijl een burgerman dien ouden heer, als tegen wil en dank, scheen staande te houden, doch van hem geen ander antwoord kreeg, dan het duidelijk hoorbaar: „je vermoordt me met je briefjes!", waarmee hij dan ook eindelijk genoegen moest nemen en werd afgescheept. — Finantiëel bezwaar was hier merkbaar in het spel. — Datzelfde jaar schreef hij aan Michiel De Haas, een vriend in den Haag: „Gij vraagt mij acht gulden ter leen: ik heb ze niet, doch heb ze geleend. Ziedaar het geld! Mijn toestand brengt mee, dat ik nooit meer geld in huis heb, dan van tijd tot tijd volstrekt noodig is. Maar ik bid u, pijnig mij niet meer." — „Tuschen geldbezit en dichtkunst is van ouds de betrekking nooit zeer nauw geweest: van Homerus tot op Camoens en Cervantes, en van deze tot op Vondel en Bilderdijk" — zegt Da Costa — „loopt eene onuitwischbare spoorlijn, genaamd Geldgebrek, over het uitgestrekte, dorre veld van nationale ongevoeligheid." Dr. *Wap.*

Interpunktionszeichen. Scheiteekens.

§ 642. Der Gebrauch der Interpunktionszeichen stimmt im allgemeinen in beiden Sprachen überein. Die nachfolgenden Beispiele dienen zur Vergleichung und Übersetzung.

§ 643. Das Komma (de komma):

1°· Jan, kom eens hier;

2°. hij, mijn vriend, zal mij niet in den steek laten;

3°. begeerig iets van u te hooren, ben ik hier gekomen;
   er mag van die zaak, als nog onzeker, niet gesproken
      worden;
   gij zult uw doel bereiken, mits uw best doende;
   hoewel arm, is hij toch eerlijk gebleveu;

4°. hij is goed, braaf, verstandig;
   hij eet, drinkt en slaapt;
   zij handelen met overleg, met voorzichtigheid en met
      verstand;
   vgl. oude Fransche wijn, fijne Zwitsersche kaas;

5°. uw broeder is reeds aangekomen, ook de anderen zullen
      weldra volgen;
   ik zal u helpen, want gij hebt het noodig;
   gij hebt hem niet uitgenoodigd, daarom is hij boos;
   straf hen, maar behandel ze niet te streng;
   vgl. hij gaat uit en gij blijft thuis;
      hij is verstandig en hij zal dus naar raad hooren;
      hij krijgt zijn zin en ik;
      gij zult het niet hebben noch uw broeder;

6°. dat de koning gestorven is, wordt nog verzwegen;
   ik ben benieuwd te vernemen, hoe dat afgeloopen is;
   toen ik binnenkwam, werd hij rood;
   hij, die zoo handelt, zal geprezen worden;
   hij stelde mij de vraag, of ik mee wilde gaan;
   het is niet zoo laat, of hij kan nog komen;
   hij heeft zoo hard gewerkt, dat hij nu reeds klaar is;
   zoo gezegd, zoo gedaan;
   vgl. dat hij vertrekt is zeker;
      wij doen hetzelfde als gij;
      hij werkt zoo hard als gij;
      hij is meer lui dan dom.

§ 644. Der Punkt (de oder het punt):

1°. b. v.; bijv. nw.; ww.;

2°. Nederlandsche Spraakkunst. Zesde druk.

3°. Wij zijn er geweest. Zij komen morgen.
   Ik wou u gaarne spreken. Om die reden ben ik hier
      gekomen. Oder: Ik wou u gaarne spreken; om die
      reden ben ik hier gekomen.

§ 645. Das Semikolon (de, het kommapunt):

1°. gij hebt u vergist; bijgevolg moet alles worden over-
      gemaakt;

2°. wij zijn tevreden met het bestaande; gij daarentegen
      haakt steeds naar verandering;

§ 646. Das Kolon (de, het dubbele punt):

1°. het volgende zal verkocht worden: stoelen, tafels, enz.;

2°. van Speyk zeide: „Dat nooit, dan liever in de lucht";

　　vgl. Kees, zei ik, je hebt verdriet.

§ 647. Das Fragezeichen (het vraagteeken):

Wie is hij? — Wie is er, vroeg hij, die mij helpen kan?

　　vgl. ik vraag u, of gij het wilt doen of niet.

§ 648. Das Ausrufungszeichen (het uitroepingsteeken):

Wat is het al laat! Stil! Vooruit! Vuur!

Verleen uw zegen op ons kampen en schenk triumf aan

　　Neerlands vloot! *(Bogaers)*.

Helaas! het is met hem gedaan.

§ 649. Der Gedankenstrich (de gedachtestreep):

U zweren we onze trouw en — vloek die u weerstaan!

　　　　　　　　　　　　　　　　(Bilderdijk).

Zu demselben Zweck dient „het beletselteeken":

„Men moet moeder met rust laten", hernam Suzette, „niets

　　aan haar veranderen .... voordat ze ...." *(Beets.)*

§ 650. Das Anführungszeichen (het aanhalingsteeken):

hij zeide: „zoo kan het niet langer duren, wij kunnen hier

　　niet blijven."

§ 651. Die Parenthese oder Klammer (het haakje):

om de gunst (klandizie) verzoeken.

Über die Schriftzeichen siehe §§ 151—155.

Abbreviaturen.　Verkortingen.

§ 652. Wie im Deutschen bedient man sich im Ndl. nur dann der Abkürzung eines Wortes, wenn dieselbe allgemein üblich ist.

§ 653. Einige häufig vorkommenden Abkürzungen (siehe auch S. XI) sind:

A. C. = *Anno Christi*, in het jaar van Christus

A. c. = *Anni currentis*, van het loopende jaar

A. D. = *Anno Domini*, in het jaar des Heeren

An. oder Annex. = *Annexum*, anbei

A. P. = Amsterdamsch peil (Pegel für den Wasserstand)

Aanm. = aanmerking Anmerkung

A. s. = aanstaande, Woensdag a. s. nächsten Mittwoch

art. = artikel

Bar. ober B^{on.} = baron Freiherr

Bibl. = *Biblia*, de Heilige Schrift

Biblioth. = Bibliotheek

Blz. ober bldz. = bladzijde

C. a. = *cum annexis*, met den aankleve van dien mit allem,

c^a. = contra wiber   [was baju gehört

Ca. = *circa*, ongeveer

C. ober Cand. = candidaat

C. ober Cap. = *caput*, hoofdstuk

C. s. = *cum suis*, met de zijnen mit ben Seinigen

Cresc. = *crescendo*, met toenemende sterkte

Cts. = cents ober centen

D. = deel Teil, Band (eines Buches)

Dt. = *debet* ober *debent*

Dat. = *dativus*, derde naamval

dd., de d^o = *de dato*, van den zooveelsten der maand

d. i. = dat is

d^o = *dito*, nog eens, hetzelfde

Dr. = *doctor*

Ds. = *dominus*, dominee, predikant (proteftantifcher Pfarrer)

D. H. = doorluchtige hoogheid Durchlaucht

d. w. z. = dat wil zeggen bas heißt

E. ober Ed. = Edel; E. A. = Edelachtbaar; E. G. A. = Edel-
grootachtbaar; E. Gestr. = Edelgestrenge; EE. MM. HH.
= Edelmogende Heeren

ek. ober e. k. = eerstkomende nächste(n)

Em. = Eminentie

enz. = en zoo voorts

etc. = *et cetera*   unb fo weiter

Exc. = Excellentie

F. = *fecit*, heeft gemaakt

Fol. = *folio*, bladzijde; F^o. R^o. *folio recto*, blz. rechts; F^o. V^o.
folio verso, blz. links

fig. = figuurlijk

f., fl. = florijn, gulden

get. = geteekend unterzeichnet

Gl., Gld. = gulden; Ggld. = goudgulden

H. M. = Hare Majesteit, HH. MM. = Hunne Majesteiten

H. H. = Heeren

H. S. = handschrift ober Heilige Schrift

H. E. G. = Hoogedelgestrenge, H. E. G. A. = Hun-Edelgroot-
achtbaren, H. E. A. = Hun-Edelachtbaren

H. D. = Hoogstdezelve, Hoogstdeszelfs, Hoogstderzelver

H. K. H. = Hare Koninklijke Hoogheid, HH. KK. HH. =
Hunne ober Hare Koninklijke Hoogheden

H. K. M. = Hare Koninklijke Majesteit, HH. KK. MM. =
Hunne Koninklijke Majesteiten

H. K. K. M. = Hare Keizerlijke en Koninklijke Majesteit

HH. KK. MM. = Hunne Keizerlijke en Koninklijke Majesteiten .

H. W. G. = Hoogwelgeboren

Id. = *idem*, hetzelfde

Imp. = *imperator*, de Keizer

impr. = *imprimatur*, afdrukken!

inz. = inzonderheid bejonders

it. = *item*, insgelijks besgleichen

Jhr. = jonkheer Freiherr

jl. = jongstleden unlängst

jr. = *junior*, de jongste

Jz. = Janszoon, Jbz. Jakobszoon

K. M. = Keizerlijke ober Koninklijke Majesteit

L. B. = loco burgemeester, plaatsvervangend (ftellvertretend) b.

ll. = laatstleden, op ll. Vrijdag am vorigen Freitag

M. = mijnheer, monsieur Herr

M. D. ober Med. D. = *medicinae doctor*, doctor in de geneeskunde

Mej. = Mejuffrouw Fräulein

Mevr. = Mevrouw (Gnädige) Frau

Mgr. = *monseigneur* (Titel eines Bischofs)

Mr. = meester (in de rechten) Dr. Jur.

MM. HH. = mijne Heeren

Ms. = *manuscript*, handschrift

m. i. = mijns inziens meines Erachtens

N. = noord, N. O. = noordoost, N. W. = noordwest

nl. = namelijk

N⁰ ober Nr. = *numero*, nummer

N. B. = *nota bene*, let wel

N. C. = na Christus

N. N. = *nomen nescio*, ik weet den naam niet

N. S. = nieuwe stijl (Zeitrechnung)

N. T. = Nieuwe Testament

Nto. = *netto*, juist, zuiver

O. = oost, o. l. = oosterlengte

o. a. = onder andere

O. I. = Oost-Indië (die nbl.=indischen Kolonien)

o. i. = onzes inziens unjeres Erachtens

O. M. = openbaar ministerie

Op. = *opus*, werk

O. S. = oude stijl (Julianische Zeitrechnung)

O. T. = Oude Testament

P. ober pag. = *pagina*, bladzijde

p⁰ = *primo*, de eerste (der maand)

P. A. = *post annum*, na een jaar

p. c. = *pour condoler*, rouwbeklag Beileid

p. d. = *pro deo*, om niet unentgeltlich

p. f. = *pour féliciter*, tot gelukwensching Gratulation

pl. = plaat Bild

P. M. = *pro memoria*, ter herinnering

P. O. = per order, op bevel, op last

p. p. = *par procuration*, bij volmacht

p. p. c. = *pour prendre congé* (auf Karten bei Abschiedsbesuchen)

P. S. = *post-scriptum*, naschrift

Ps. = *psalm*

prof. = professor, hoogleeraar

R.-C. oder R.-K. = roomsch-catholiek (katholiek)

R. F. S. V. P. = *réponse favorable s'il vous plait* bitte freundlichst um eine günstige Antwort

Rec. = Recensent, beoordeelaar Kritiker

Red. = Redacteur oder Redactie

Ref. = Referent, verslaggever Berichterstatter

St. = sint, heilig

Sen. oder Sr. = *senior*, de oudste

S. T. = *salvo titulo* oder SS. TT. = *salvis titulis*, behoudens zijn(e) titel(s) (auf Adressen: ohne Erwähnung des Titels oder der

S. V. P. = *s'il vous plait* als het u belieft gefälligst   [Titel)

Tab. = *tabula*, lijst, tabel, Liste, Verzeichnis

t. a. p. = ter aangeduide (aangehaalde) plaatse am angeführten Orte

T. à t. oder tt. = *tout à toi* |
t. à v. = *tout à vous* | geheel de uwe

t. s. v. p. = *tournez s'il vous plait*, keer om als 't u belieft (unten an einer Seite: bitte umzuwenden)

t. w. = te weten nämlich

Ult. = *ultimo*, den laatsten dag (der maand), het laatste (jaar)

UEd. = UEdele (Uwe Edelheid, abgekürzt zu U)

UEDWDr. = UEdeles dienstwillige dienaar Ihr ergebenster

V. = *volte*, wend om

Vdt. = *videlicet*, te weten

v. h. = van huis zu Hause (geschrieben)

v. b. oder v. k. = van bureau oder kantoor im Kontor (geschr.)

V. V. = *vice versa*, heen en terug

Vert. = vertaler Übersetzer oder = *vertatur* men sla (het blad om)

Vol. = *volumen*, band, deel

Vs. = vers

Vt. = *vidit*, heeft gezien

Vz. = voorzitter Vorsitzende

W. = west; w. l. = westerlengte

W. I. = West-Indiß (ndl. Kolonien in Amerika)

Wed. = weduwe

w. g. = was geteekend war unterschrieben

Z. = Zuid; Z. O. = zuidoost; Z. W. = zuidwest

Z. D. = Zijne Doorluchtigheid

Z. D. H. = Zijne Doorluchtige Hoogheid

Z. E. (ZED.) = Zijne Edelheid
Z. EW. = Zijn Eerwaarde
Z. Exc. = Zijne Excellentie
Z. H. = Zijne Hoogheid ober Zijne Heiligheid
Z. H. E. G. = Zijn Hoog Edel Gestrenge
Z. K. H. = Zijne Koninklijke ober Keizerlijke Hoogheid
Z. K. K. H. = Zijne Keizerlijke en Koninklijke Hoogheid
Z. K. M. = Zijne Keizerlijke ober Koninklijke Majesteit
Z. K. K. M. = Zijne Keizerlijke en Koninklijke Majesteit
Z. M. = Zijne Majesteit
z. i. = zijns inziens seiner Meinung nach.

Aufgabe.
100.

Überseße:

Das Huhn.
Lustspiel in einem Aufzuge.

Personen:

D'Orville.
Herr Frémont, Arzt.
La Brie,
Comtois, } Lakaien des Herrn D'Orville.

Das Stück spielt in der Wohnung des Herrn D'Orville.

Die Bühne stellt einen Salon vor.

Erster Auftritt.
Herr D'Orville. Comtois. La Brie.

D'Orville. Die Arznei hat mich sehr angegriffen. Ich sterbe vor Hunger. Und mein Huhn, La Brie?

La Brie. Mein Herr, Sie sollen es sogleich haben.

D'Orville. Warum ist Comtois nicht danach gegangen?

Comtois. Mein Herr, man mußte ja bei Ihnen sein, um Sie anzukleiden. Wir werden den Tisch gleich decken.

D'Orville. (Halb für sich.) Es ist kein Fertigwerden mit ihnen. (Laut.) Kann er denn das alles nicht allein machen? Geh', pack' dich!

Comtois. Ich geh', ich geh'.

D'Orville. Ich falle um vor Entkräftung. Gieb mir einen Lehnstuhl. (Er setzt sich.) Vorwärts, mache doch, daß du fertig wirst.

La Brie. Ich werde den Tisch vor Sie hinsetzen. (Er rückt ihn näher.) Ich werde sogleich Brot holen.

D'Orville. Ich glaube, sie lassen mich vor Ungeduld umkommen.

La Brie. Legen Sie immer Ihre Serviette auseinander, um keine Zeit zu verlieren.

Zweiter Auftritt.

Herr D'Orville (allein).

Ich kann nicht mehr! Ich schlafe ein vor Ermüdung und Schwäche. (Er schläft ein und schnarcht.)

Dritter Auftritt.

D'Orville. La Brie. Comtois (das Huhn tragend).

La Brie. Bringe Brot.

Comtois. Es ist welches hier. Ich bringe das Brot! Was! Er schläft schon?

La Brie. Ich habe ihn doch erst verlassen.

Comtois. Aber sein Huhn wird kalt werden. Wecke ihn!.

La Brie. Ich? ich wage das nicht; er wird böse werden.

Comtois. Was fangen wir nun an?

La Brie. Ich weiß es nicht; die Folge davon wird sein, daß wir, wer weiß, um wie viel Uhr zu Mittag essen, und ich sterbe vor Hunger.

Comtois. Und ich auch; meiner Treu! ich werde ihn wecken.

La Brie. Du wirst damit nicht zustande kommen.

Comtois (schreiend). Mein Herr!

La Brie. Ja, ja. Sieh, wie er sich rührt, er schnarcht nur noch stärker.

Comtois. Welch ein Mann! Zerschneide das Huhn; wenn er aufwacht, brauchen wir's nicht erst zu thun.

La Brie. Ja, und es wird kalt werden; ich lasse das bleiben.

Comtois. Nun denn, so werde ich es zerlegen. (Er schneidet einen Schenkel ab.) Riecht das nicht gut?

La Brie. Ich brauche nicht erst zu riechen, um noch mehr Appetit zu bekommen.

Comtois. Meiner Treu! ich habe Lust, dieses Schenkelchen da zu essen. Der Doktor Frémont hat ihm verordnet, nur einen Flügel zu essen. Er wird es vielleicht nicht befolgen. (Er ißt.) Meiner Treu! das ist gut. Ich will auch einmal trinken. Gieb mir ein Glas. (Er schenkt sich zu trinken ein und trinkt.)

La Brie. Und wenn er aufwacht?

Comtois. Nun denn, so wird er mich fortjagen, und ich werde gehen.

La Brie. Ach, du nimmst es von dieser Seite! O, ich werde es machen wie du. Schnell, schnell, gieb mir den anderen Schenkel.

Comtois. Sehr gern; wir werden zwei gegen einen sein; er wird nicht wissen, welchen er fortschicken soll. Da! (Er giebt ihm den anderen Schenkel.)

La Brie. Gieb mir doch Brot.

Comtois. Da, hier ist welches.

La Brie. Du hast Recht, das Huhn ist vortrefflich. Aber ich will auch trinken.

Comtois. Nun denn, trinke. Mir fällt etwas ein. Da er

nur einen Flügel essen soll, so kann ich auch noch den andern essen.
Ich werde einen auf seinen Teller legen. (Er ißt.)

La Brie. Das ist ein guter Gedanke. Gieb mir das Ganze.

Comtois. Ah, das Ganze, das ist zu viel; ich werde dir
das Hinterteil geben. (Sie essen beide.)

La Brie. Das ist nicht so gut wie der Flügel.

Comtois. Iß, iß nur.

La Brie. So laß uns auch einmal trinken.

Comtois. Nun, auf deine Gesundheit.

La Brie. Auf die deinige. (Sie trinken.)

Comtois. Der Wein ist gut. Was! du issest die Brust?

La Brie. Meiner Treu! ja.

Comtois. O, ich werde seinen Flügel essen.

La Brie. Warte doch!

Comtois. Gehorsamer Diener; ich will eben so viel haben,
als du.

La Brie. Du bist sehr naschhaft.

Comtois. Bist du es etwa nicht? Nun, wir wollen trinken.

La Brie. Nimm dein Glas. (Sie trinken.)

Comtois. Aber nun, was werden wir machen, wenn er
aufwacht?

La Brie. Ich weiß nicht; trinken wir, um auf einen Ein-
fall zu kommen.

Comtois. Es bleibt nichts mehr in der Flasche.

La Brie. Nichts? Und was wird Frau Hanna sagen, wenn
sie die Flasche leer sehen wird?

Comtois. Und die Überbleibsel des Huhns?

La Brie. Meiner Treu, sie kann sagen, was sie will. Halt,
da rührt er sich!

Comtois. Was fangen wir jetzt an? Was wollen wir sagen?

La Brie. Da, lege alle Knochen auf seinen Teller, und
sage wie ich.

Comtois. Ja, ja; sei ohne Sorgen.

La Brie. Still doch!

D'Orville. Ei, was macht ihr da?

La Brie. Mein Herr, wir warten. (Zu Comtois.) Spüle
sein Glas aus und thue Wasser hinein.

D'Orville. Nun, die Schurken wollen mir also mein Huhn
nicht geben?

La Brie. Ihr Huhn, mein Herr?

D'Orville. Ja. Wie! Seit zwei Stunden warte ich.

La Brie. Sie warten? Sie scherzen, es ist nicht mehr da.

D'Orville. Wie, nicht mehr da? Was soll das heißen?

La Brie. Da, mein Herr, sehen Sie vor sich!

D'Orville. Was?

La Brie. Sie erinnern sich nicht, daß Sie es gegessen haben?

D'Orville. Ich?

La Brie. Ja, mein Herr.

Comtois. Der Herr hat seitdem geschlafen.

D'Orville. Ich bin außer mir! ich habe es gegessen?

La Brie. Ja, mein Herr, und Sie haben nichts übrig ge=
lassen. Sehen Sie?

D'Orville. Ich habe es gegessen, das ist unbegreiflich!
Und ich komme um vor Hunger.

Comtois. Das ist nicht zum Verwundern; Sie hatten nichts
im Magen; es ist sogleich im Schlafe verschwunden.

D'Orville. Aber ich möchte wenigstens einmal trinken.

La Brie. Sie haben alles getrunken. Wir haben Sie noch
nie so hungrig und durstig gesehen.

D'Orville. Ich glaube es wohl, denn ich bin es noch.

Comtois. Gewiß ist es die Arznei, die das bewirkt. Will
der Herr vielleicht ein Glas Wasser?

D'Orville. Ein Glas Wasser?

Comtois. Ja, um den Mund auszuspülen; weil wir nach=
her zum Essen gehen wollen.

D'Orville. Ich begreife nichts davon. (Er spült sich
den Mund.)

La Brie (heimlich zu Comtois). Du siehst wohl, daß Frau
Hanna auch nichts einzuwenden haben wird.

Vierter Auftritt.

D'Orville. Herr Frémont. La Brie. Comtois.

La Brie (anmeldend). Herr Frémont.

Frémont. Nun, die Arznei seit heute Morgen?

D'Orville. Ach, mein Herr, sie hat mir einen Wolfshunger
verursacht.

Frémont. Um so besser; das beweist, daß sie die letzten
unreinen Säfte weggefegt hat.

Comtois. Das haben wir dem Herrn auch gesagt.

D'Orville. Aber, mein Herr, ich sterbe vor Hunger.

Frémont. Haben Sie Ihren Hühnerflügel nicht gegessen,
wie ich Ihnen verordnet hatte?

La Brie. Hm! Der Herr hat noch viel mehr gethan, er
hat das ganze Huhn gegessen.

Frémont (zornig). Das ganze Huhn?

Comtois. Und eine Flasche Wein getrunken!

Frémont. Eine Flasche Wein und ein ganzes Huhn!

D'Orville. Ach, mein Herr, ich verhungerte.

Frémont. Sie verhungerten! Haben Sie nicht mehr
Verstand?

D'Orville. Ei, mein Herr, es ist, als wenn ich nichts
gegessen hätte. Ich fühle noch immer dasselbe Bedürfnis.

Frémout (zornig). Dasselbe Bedürfnis! Schämen Sie sich
nicht? Sehen Sie nicht ein, daß Ihr Magen gereizt ist?

D'Orville. Aber, mein Herr, bedenken Sie ...

Frémont. Ich verordnete Ihnen einen Hühnerflügel und ... gehen Sie, gehen Sie, mein Herr; bei solcher Unmäßigkeit verdienen Sie nicht, daß man sich Ihrer annimmt, und daß man Sorge für Sie trägt.

D'Orville. Aber ich bitte Sie ...

Frémont. Nein, mein Herr; man muß Sie acht Tage zu strenger Diät verurteilen.

D'Orville. Ach, Herr Frémont!

Fremont. Zu Hühnerbrühe.

D'Orville. Zu Hühnerbrühe?

Frémont. Ja, wenn Sie nicht eine schreckliche Krankheit, eine Entzündung haben wollen! ... oder ich werde Sie nicht mehr besuchen; ich werde besser daran thun.

D'Orville. Was, Herr Frémont, Sie könnten mich verlassen?

Frémont. Ja, mein Herr, wenn Sie nicht alles thun, was ich Ihnen sagen werde.

D'Orville. Aber, mein Herr, nur Hühnerbrühe?

Frémont. Ah, Sie wollen nicht? Leben Sie wohl, mein Herr!

D'Orville. Nein, nein, mein Herr, ich werde welche trinken. Geht beide und sagt, daß man sie sogleich bereite.

La Brie. Ja, mein Herr.

Frémont. Nein, für heute nicht; nur Queckenthee.

D'Orville. Queckenthee?

Frémont. Ja, mein Herr.

D'Orville. Und Sie werden wieder kommen?

Frémont. Unter dieser Bedingung.

D'Orville. Wenn Sie mir es versprechen, werde ich alles thun, was Sie wollen. Ich werde Ihnen nachgehen, bis Sie mir Ihr Wort gegeben haben.

Frémont. Wir wollen sehen, wie Sie sich betragen.

(Sie gehen ab.)

Anhang.

I. Homonyme, Paronymen u. s. w.

1. Aandacht — Andacht.

Dat trekt onze aandacht das zieht unsere Aufmerksamkeit auf sich; Stunden der Andacht stichtelijke uren; Morgen- und Abend-andacht morgen- en avondgebed.

2. Aanleiding — Anleitung.

Iemand aanleiding geven einem Veranlassung geben; Anleitung (zum Klavierspiel) handleiding, leiddraad.

3. Aardig — artig.

Een aardig dorpje ein reizendes Dörfchen; ein artiges Kind een zoet (welgemanierd) kind; eene aardigheid ein Scherz, Spaß, Witz; die Artigkeit de welgemanierdheid, beleefdheid.

4. Afleggen — ablegen.

Een weg afleggen einen Weg zurücklegen; Bitte, legen Sie ab! Trek uw overjas uit, ontdoe u van uw mantel!

5. Afspreken — absprechen.

Wij zullen het met uw broeder afspreken wir wollen es mit deinem Bruder verabreden; dieses Recht spreche ich ihm ab dit recht ontzeg ik hem, betwist ik hem.

6. Afzichtelijk — absichtlich.

Een afzichtelijk monster ein scheußliches Ungeheuer; er hat es absichtlich gethan hij heeft het opzettelijk gedaan.

7. Badhuis — Badehaus.

Het badhuis van Scheveningen das Kurhaus von Scheveningen; die Schwimmer sind jetzt im Badehaus de zwemmers zijn thans in het badhuis.

8. Bekostigen — beköstigen.

Kan hij dat bekostigen kann er das bezahlen? Sie beköstigen sich selbst zij zorgen voor hun eigen kost.

9. Bekwaam — bequem.

Een bekwaam timmerman ein tüchtiger Schreiner; tot alles be-kwaam zijn zu allem fähig sein; machen Sie sich's bequem

maak het u gemakkelijk; zich bekwamen (tot iets) ſich be=
fähigen, vorbereiten; ſich bequemen nach den Umſtänden zich
schikken naar de omstandigheden.

10. Bellen — bellen.

Voor de eerste verdieping twee maal bellen für den erſten Stock
zweimal klingeln; der Hund bellt de hond blaft.

11. Beteekenen — bezeichnen.

Wat moet dat beteekenen? Was ſoll das (bedeuten)? Er bezeich=
nete uns den Weg hij duidde ons den weg aan.

12. Bevallen — befallen.

Deze muziek bevalt mij dieſe Muſik gefällt mir; eine große Furcht
befiel ihn hij werd door een groote vrees overvallen. Vgl. 30.

13. Blij — Blei.

Wat zijn die kinderen blij wie froh die Kinder ſind! Ein Stück
Blei een stuk lood.

14. Blijkbaar — bleichbar.

Dit is blijkbaar eene vergissing dies iſt offenbar ein Irrtum;
dieſer Stoff iſt nicht bleichbar dit goed kan niet gebleekt
worden.

15. Blijken — bleichen.

Het zal weldra blijken es wird ſich bald zeigen; niets laten
blijken ſich nichts merken laſſen; laſſe dieſe Leinwand bleichen
laat dit linnen bleeken.

16. Bron — Brunnen.

De bron der Quell, die Quelle; der Brunnen de put, pomp, wel.

17. Bundel — Bündel.

Een bundel hooi, stroo ein Bund Heu, Stroh; een bundel ge=
dichten ein Band (eine Sammlung) Gedichte; ein Bündel
Kleider een pakje kleeren.

18. Dadelijk — thätlich.

Ik kom dadelijk ich komme ſofort; einen thätlich beleidigen iemand
door daden beleedigen.

19. Drift — Trift.

Iets in drift zeggen etwas in der Hitze ſagen; zich door zijne
driften laten meesleepen ſich durch ſeine Leidenſchaft hinreißen
laſſen; eene drift ossen ein Trieb (Haufen) Ochſen; die Kühe
ſind in der Trift de koeien zijn in de dreef (weide).

20. Driftig — triftig.

Een driftig man ein zorniger, hitziger Mann; triftige Gründe
afdoende redenen.

21. Enkel — Enkel.

De enkel, doet mij zeer der Knöchel schmerzt mich; een enkele leerling ein einzelner Schüler; enkel goud en zilver lauter Gold und Silber; enkel en alleen einzig und allein; Großvater und Enkel grootvader en kleinzoon.

22. Even — eben.

Dit is even voldoende dies ist kaum genügend; ik blijf maar even(tjes) ich bleibe nur einige Minuten; eben als ich wegging juist toen ik wegging; das ist es eben dat is het juist (precies); zu ebner Erde gelijkvloers.

23. Flink — flink.

Een flink soldaat ein tüchtiger Soldat; een flinke som eine namhafte Summe; macht flink gauw wat! haast u! weest vlug!

24. Gasthuis — Gasthaus.

Het gasthuis das Krankenhaus; das Gasthaus „zum goldnen Löwen" het logement „de gouden Leeuw".

25. Gebreken — Gebrechen.

Niemand is zonder gebreken keiner ist ohne Fehler; Gebrechen verbittern das Leben lichamelijke gebreken verbitteren het leven.

26. Gedachtenis — Gedächtnis.

Ik bewaar dit als een gedachtenis ich bewahre dies zum Andenken; sein Gedächtnis ist ihm untreu zijn geheugen is hem ontrouw.

27. Gemak — Gemach.

Hij houdt van zijn gemak er liebt die Bequemlichkeit; zich op zijn gemak gevoelen sich heimisch fühlen; wir saßen alle in diesem Gemach wij zaten allen in dit vertrek.

28. Gemakkelijk — gemächlich.

Een gemakkelijke vertaling eine leichte Übersetzung; gemächlich sein van zijn gemak houden (f. 27); niet gemakkelijk zijn 1º. streng, lästig sein, 2º. nicht bequem sein.

29. Gemeenzaam — gemeinsam.

Een gemeenzaam vorst ein leutseliger Fürst; eene gemeenzame spreekwijze eine volkstümliche Redensart; das gemeinsame Unglück het gemeenschappelijk ongeluk.

30. Genezen — genesen.

De geneesheer kan hem niet genezen der Arzt kann ihn nicht heilen; eene wonde geneest eine Wunde heilt; die Frau ist vollständig genesen de vrouw is volkomen hersteld; die Frau ist eines Knaben genesen de vrouw is van een jongen bevallen.

31. Geschikt — geſchidt.

Een geschikt bediende ein ordentlicher Bedienter; deze tijding is niet geschikt om hem op te vroolijken dieſe Nachricht iſt nicht dazu angethan (geeignet), ihn zu ermuntern; es hat ſich nicht anders geſchidt het toeval heeft het niet anders gewild.

32. Gezusters — Geſchwiſter.

De gezusters die Schweſtern; die Geſchwiſter de broeder(s) en zuster(s).

33. Gierig — gierig.

Gierig zijn geizen; gierig ſein gulzig zijn, schrokken.

34. Godsdienst — Gottesdienſt.

De godsdienst die Religion; der Gottesdienſt de godsdienstoefening.

35. Grond — Grund.

Vruchtbare grond fruchtbarer Boden; op den grond werpen zu Boden werfen; gute Gründe anführen goede redenen opgeven; der Grund zu einem Gebäude de fondamenten van een gebouw.

36. Hatelijk — häßlich.

Een hatelijke man ein gehäſſiger Mann; ein häßlicher Hund een leelijke (afschuwelijke) hond.

37. Hecht — Hecht.

Een hecht gebouw ein ſtarkes (ſolides) Gebäude; der Hecht iſt ein Fiſch de snoek is een visch.

38. Herstellen — herſtellen.

De zieke is hersteld der Kranke iſt wiederhergeſtellt; er will den Schrank hierherſtellen hij wil de kast hier plaatsen.

39. Inrichting — Einrichtung.

De inrichting, eene strafinrichting die Anſtalt, eine Strafanſtalt; die Einrichtung einer Schule de samenstelling, organisatie eener school.

40. Jonkvrouw — Jungfrau.

De jonkvrouw (freule) das gnädige Fräulein; die Jungfrau de maagd; die Jungfrau von Orleans de maagd van Orleans; vgl. 58.

41. Kachel — Kachel.

De kachel, de kachelpijp der Ofen, die Ofenröhre; die Kachel de tegel; der Kachelofen een kachel van gebakken steen.

42. Kapsel — Kapſel.

Het kapsel der Haarputz; die Kapſel de trommel, het omhulsel, zaadhuisje.

43. Kiel — Kiel.

Een blauwe kiel ein blauer Kittel; der Kiel 1º eines Schiffes, 2º Federkiel 1º kiel van een schip, 2º penneschacht.

44. Kiem — Kieme.

De kiem der planten der Keim der Pflanzen; die Kieme der Fische de kieuwen der visschen.

45. Klaar — klar.

Nu zijn wij klaar nun sind wir fertig; klares Wasser, ein klarer Beweis helder water, een duidelijk bewijs.

46. Klei — Kleie.

Klei voor pottebakkers Thon für Töpfer; Kleie im Brot zemelen in het brood.

47. Kletteren — klettern.

De wapenen kletteren die Waffen klirren; auf einen Baum klettern in een boom klimmen.

48. Knap — knapp.

Een knappe ridder ein schöner (wohlgebauter) Ritter; een knap ingenieur ein tüchtiger (gelehrter) Ingenieur; ein knapper Schuh een enge, nauwe schoen; in seiner Küche geht es knapp her het is schraal in zijne keuken.

49. Knik — Knick.

Hij groet met een vriendelijk knikje er grüßt mit einem freund= lichen Kopfnicken; dieses Glas hat einen Knick dit glas heeft een knak (barst).

50. Knorrig — knorrig.

Een man kan knorrig zijn ein Mann kann brummig, mürrisch sein; dieser Baum ist knorrig deze boom is knoestig.

51. Kroeg — Krug.

In de kroeg zitten in der Schenke (im Kruge) sitzen; der Krug geht so lange zu Wasser, bis er bricht de kruik gaat zoo lang te water tot zij breekt.

52. Kwaal — Qual.

Eene kwaal, eene borstkwaal ein Leiden, ein Brustleiden; die Qual der Wahl de moeielijkheid der keuze; die Hausqual de huisplaag.

53. Kwartier Quartier.

Een kwartier, een — over zessen eine Viertelstunde, ein Viertel auf sieben; in welchem Quartier wohnst du in welke wijk (stadswijk) woon je? Ein schönes Quartier een mooie woning.

54. Kwellen — quellen.

Menschen of dieren kwellen Menschen oder Tiere quälen; viele Bächlein quellen in diesem Walde hervor vele beekjes komen in dit bosch te voorschijn; Erbsen quellen erwten laten weeken.

55. Laster — Laster.

De laster, de lasteraar die Verleumdung, der Verleumder; das Laster de ondeugd, onzedelijkheid; lasterhaft gemeen, onzedelijk.

56. Ledig — ledig.

De flesch is ledig (leeg) die Flasche ist leer; ein lediger Herr, der ledige Stand een oude vrijer, de ongehuwde staat.

57. Leerling — Lehrling.

De onderwijzers en hunne leerlingen die Lehrer und ihre Schüler; die Meister und ihre Lehrlinge de bazen en hunne leerjongens.

58. Meid — Maid.

Eene meid, keukenmeid, een meisje eine Magd, Köchin, ein Mädchen; sei mir gegrüßt, du holde Maid wees gegroet gij schoone jonkvrouw.

59. Metselen — metzeln.

De metselaars metselen die Maurer mauern; die Feinde metzeln alles nieder de vijanden vermoorden allen.

60. Na — nah.

Iemand te na komen einem zu nah kommen; op een gulden na bis auf einen Gulden; ein naher Verwandter een nauwe bloedverwant; das nahe Dorf het nabijzijnde (naburige) dorp.

61. Nederig — niedrig.

Een nederig man ein bescheidener, einfacher, anspruchsloser Mann; ein niedriger Preis een lage prijs; ein niedriger Ausdruck een alledaagsche (platte) uitdrukking.

62. Nekken — necken.

Nekken in der Volkssprache = töten, fig. = großen Schaden erleiden; necken sarren, plagen; was sich liebt, das neckt sich wat elkaar bemint, plaagt elkaar.

63. Openbaar — offenbar.

Eene openbare vergadering eine öffentliche Versammlung; dies ist offenbar ein Irrtum dit is klaarblijkelijk eene vergissing.

64. Ouderdom — Altertum.

Een man van hoogen ouderdom ein Mann hohen Alters; im Altertum, die Altertumskunde in de oudheid, de oudheidkunde.

65. Oven — Ofen.

De oven van den bakker, van den steenbakker der Backofen, Ziegelofen; der Ofen de kachel (s. 41).

66. Pak — Pack.

Met pak en zak mit Sack und Pack; een nieuw pak (kleeren) ein neuer Anzug; een pak slaag eine Tracht Prügel; gemeines Pack gemeen volk, gespuis.

67. Plaats — Platz.

Waar is uwe plaats wo ift deine Stelle? Op alle plaatsen an allen Orten; hier is nog plaats hier ift noch Platz; nicht viel Platz niet veel ruimte; auf dem Nassauplatz op het Nassauplein.

68. Pochen — pochen.

Hij pocht op zijn geld er prahlt mit seinem Gelde; es pocht einer er klopt iemand.

69. Raam — Rahm.

De steen vloog door het raam der Stein flog durchs Fenster; het raam van een schilderij der Rahmen eines Gemäldes; Rahm setzen room zetten; den Rahm von der Milch abnehmen de melk afroomen.

70. Reiziger — Reisiger.

De (een) reiziger der (ein) Reisende(r); ein Reisiger een ruiter.

71. Rusten — rüften.

Rusten, uitrusten, rustig ruhen, ausruhen, ruhig; wel te rusten wünsche wohl zu ruhen! Rüften, sich zum Kriege rüften uitrusten, zich voor den oorlog —; rüftig zuschreiten flink, krachtig doorstappen.

72. Rok — Rock.

De rok = der Frack, der Rock = de jas; zijn rok omkeeren den Mantel auf die andere Schulter hängen.

73. Schreien — schreien.

Alle aanwezigen schreiden alle Anwesenden weinten; die Kinder müssen nicht so laut schreien de kinderen moeten niet zoo hard schreeuwen.

74. Schilderen — schildern.

Hij heeft Alma Tadema zien schilderen er hat den A. T. malen sehen; wer könnte uns so ein Land schildern wie zou ons zulk een land kunnen (schilderen) beschrijven.

75. Slim — schlimm.

Hij is slim, een slimme vos er ift schlau, ein Schlaufuchs; es steht schlimm um den Kranken het is erg met den zieke.

76. Standje — Ständchen.

Iemand een standje maken einem den Text lesen; zijn hier alweer standjes giebt's wiederum Händel hier? Dem Liebchen ein Ständchen bringen aan zijn liefje eene serenade brengen.

77. Taal — Zahl.

De Duitsche taal, de moedertaal die deutsche Sprache, die Muttersprache; eine große Zahl een groot aantal (getal); die Zahlen
von 1—10 de getallen van een tot tien.

78. Tand — Tand.

De tand, de tanden laten zien der Zahn, die Zähne blecken;
dies ist nur Tand und Kinderspiel dit is maar speelwerk
(beuzelarei) en kinderspel.

79. Tapijt — Tapete.

Het tapijt ligt al in deze kamer der Teppich liegt schon in diesem
Zimmer; die Tapete im Salon ist hübsch het behangsel in het
salon is mooi.

80. Tappen — tappen.

Bier en wijn tappen Bier und Wein schenken (zapfen); wir tappten
im Zimmer herum wij tastten in de kamer rond.

81. Tegenstand — Gegenstand.

De vijand ontmoette veel tegenstand der Feind stieß auf viel
Widerstand; all diese Gegenstände wird man morgen verkaufen
al deze voorwerpen zal men morgen verkoopen; der Gegenstand einer Rede het onderwerp van eene redevoering.

82. Trommel — Trommel.

Leg deze effecten in de trommel lege diese Staatspapiere in die
Kapsel; da schlug er die Trommel ... toen sloeg hij de trom
(trommel) ...

83. Vast — fast.

Een vaste grond ein fester Boden; vastberaden fest entschlossen;
hier heb je vast een gulden hier hast du einstweilen einen
Gulden; fast hätte ich es gesagt bijna had ik het gezegd; fast
vier Wochen ongeveer vier weken.

84. Vermaken — vermachen.

Dit meisje weet de kinderen wel te vermaken dieses Mädchen
versteht es, die Kinder zu belustigen; men kan zich hier best
vermaken man kann sich hier ausgezeichnet amüsieren (ergötzen);
Haus und Garten wurden einem Vetter vermacht huis en tuin
werden (bij testament) aan een neef vermaakt.

85. Verrukt — verrückt.

Wij waren verrukt bij het zien van dat landschap wir waren
entzückt beim Anblick jener Landschaft; jener Mann muß verrückt sein die man lijkt wel gek (krankzinnig).

86. Verslag — Verschlag.

Een nauwkeurig verslag van den toestand ein genauer Bericht

von dem Zustand; een verslag van het gebeurde geven das Geschehene berichten, beschreiben, erzählen; wir wollen hier einen Verschlag machen lassen wij zullen hier eene afschutting (een houten beschot) laten maken.

87. Verstellen — verstellen.

Deze jas moet versteld worden dieser Rock soll ausgebessert werden; alle Möbel sind verstellt worden alle meubels zijn verplaatst; er versteht sich zu verstellen hij weet te veinzen; die Verstellungskunst de kunst van veinzen.

88. Vervelen — verfehlen.

Zij hebben zich niet verveeld sie haben sich nicht gelangweilt; verveel mij niet langweile mich nicht; du wirst den Zug noch verfehlen gij zult den trein nog misloopen (missen); ein verfehltes Dasein een mislukt leven.

89. Verzoeken — versuchen.

Mag ik u verzoeken darf ich Sie bitten? Ik zal hem voor morgen verzoeken ich werde ihn auf morgen einladen; er versuchte, mich zu betrügen hij probeerde (trachtte) mij te bedriegen; versuche diesen Wein mal probeer deze wijn 'reis; führe uns nicht in Versuchung leid ons niet in verzoeking (bekoring).

90. Vrij — frei.

Dit is vrij goed geschreven dies ist ziemlich gut geschrieben; er zijn al vrij wat soldaten gewond viel, eine große Anzahl Soldaten sind schon verwundet; nur wenige Leute sind ganz frei slechts weinigen zijn geheel vrij.

91. Voorwerp — Vorwurf.

Het voorwerp in een zin das Objekt in einem Satz; het voorwerp van een gesprek der Gegenstand eines Gesprächs; dieser Vorwurf gilt ihm dit verwijt betreft hem.

92. Vordering — Forderung.

De vorderingen der leerlingen die Fortschritte der Schüler; die Forderungen des gesellschaftlichen Lebens de eischen van het maatschappelijk leven.

93. Vuil — faul.

Vuile handen, kleeren schmutzige Hände, Kleider; het vuil der Schmutz; faule Schüler luie leerlingen; faule Witze flauwe uien; die Fäulnis het bederf, de verrotting.

94. Winkel — Winkel.

De winkelier staat in zijn winkel der Kaufmann steht im Laden; ein rechter (spitzer) Winkel, das Winkelmaß een rechte (scherpe) hoek, de winkelhaak.

95. Zaad — Saat.

Het zaad, hennepzaad, bloemenzaad der Samen, Hanf=, Blumen=
famen; wenn die Zeit der Saat da ist, soll die Saat ausge=
ftreut werden als de tijd om te zaaien er is, moet het
zaaikoren gezaaid worden; uns wächst keine Saat voor ons
groeit er geen koren.

96. Zagen — fagen.

Wij zagen, dat zij begonnen te zagen wir fahen, daß fie an=
fingen zu fägen; fo etwas läßt fich kaum fagen zoo iets kan
men nauwelijks zeggen; dit is vrij wel afgezaagd dies ift
fo ziemlich abgedrofchen; ein abgefagter (erklärter) Feind een
verklaard (gezworen) vijand.

97. Zak — Sack.

Het boek zit in den zak van mijn overjas das Buch fteckt in
der Tafche meines Überziehers; de zakdoek, de zakkenroller
das Tafchentuch, der Tafchendieb; met pak en zak mit Sack
und Pack; een lederen zak ein Schlauch; ein Sack mit Kar=
toffeln een zak aardappels; fo dunkel wie in einem Sack
pikdonker.

98. Zeil — Seil.

Een schip met volle zeilen ein Schiff mit vollen Segeln (vgl. het
zegel das Siegel); das Seil, der Seiler, der Seiltänzer het
touw, de touwslager, de koorddanser.

99. Zin — Sinn.

Het begin van een volledigen zin der Anfang eines Satzganzen;
daar heb ik geen zin in dazu habe ich keine Luft; iets slechts
in den zin hebben etwas Böfes im Schilde führen; men kan
hem niets naar den zin doen man kann ihm nichts recht
machen; in zekeren zin heeft hij gelijk in gewiffer Hinficht
hat er recht; het zingenot der Sinnengenuß; welchen Sinn hat
diefes Wort welke beteekenis heeft dit woord? Das will
mir nicht aus dem Sinn dat wil maar niet uit mijn gedachte (geheugen); das ift Unfinn, unfinnig dat is onzin,
onzinnig.

100. Zuiver — fauber.

Zuiver water, de zuivere opbrengst, de zuivere waarheid reines
Waffer, der Reinertrag, die lautere Wahrheit; deze zaak is
niet zuiver diefe Sache ift nicht richtig; het is hier niet zuiver
es geht hier nicht mit rechten Dingen zu; faubere Kleider,
faubere Schrift zindelijke kleeren, net schrift; dies ift fauber
gearbeitet dit is netjes bewerkt; ein fauberer Vogel (Burfche)
een mooie (lieve) jongen; eine faubere Pflanze een gemeene vent.

II. Gespräche, Sprichwörter u. s. w.

1.

Wie klopt daar? Binnen.	Wer klopft? Herein.
Een oude bekende.	Ein alter Bekannter.
He! Paul ben jij het?	He! Paul bist du es?
Hoe gaat het waarde vriend?	Wie geht es, werter Freund?
Uitstekend en hoe maak jij het?	Ausgezeichnet, und wie geht es dir?
Slecht, ik ben niet wel.	Schlecht, ich bin unpäßlich.
Zijt gij ziek?	Bist du krank?
Hebt gij soms de koorts?	Hast du etwa Fieber?
Hebt gij goed geslapen?	Hast du gut geschlafen?
Hoe staat het met uw eetlust?	Wie steht's um deinen Appetit?
Ik eet naar gewoonte zeer goed.	Ich esse wie gewöhnlich sehr gut.
Ik geloof gij zit te veel thuis.	Ich glaube, du bleibst zu viel zu Hause.
Toch niet, ik ga elken dag wandelen.	Doch nicht, ich gehe jeden Tag spazieren.
Hoe bevindt gij u thans?	Wie befindest du dich jetzt?
Veel beter, dank je.	Viel besser, ich danke dir.
Hebt gij een geneesheer geraadpleegd?	Hast du einen Arzt konsultiert?
Neen, dit maal niet.	Nein, dieses Mal nicht.
En waarom niet?	Und weshalb nicht?
Ik hield het niet voor noodig.	Ich hielt es nicht für nötig.
Wees toch maar voorzichtig.	Nimm dich immerhin in acht.
Beterschap! waarde vriend.	Gute Besserung! werter Freund.
Ik dank je voor je bezoek.	Ich danke dir für deinen Besuch.

2.

Kom binnen, mijnheer!	Treten Sie näher, mein Herr!
Hoe vaart u?	Wie geht es Ihnen?
En hoe vaart mevrouw?	Und wie geht es Ihrer Frau Gemahlin?
Neem plaats, als het u belieft!	Setzen Sie sich gefälligst!
Stoor ik u soms?	Störe ich Sie etwa?
Volstrekt niet.	Durchaus nicht.
Mag ik u even lastig vallen?	Darf ich Sie einen Augenblick belästigen?
Ik ben steeds tot uw dienst!	Ich stehe Ihnen stets zu Diensten.
Ik ben u uiterst dankbaar.	Ich bin Ihnen sehr verbunden.
Dat vereischt geen dank, mijnheer.	Bitte recht sehr, mein Herr.
Ik heb nog een verzoek aan u.	Ich habe noch eine Bitte an Sie.
Zoudt u voor mij willen schrijven?	Würden Sie für mich schreiben wollen?

Is mijnheer uw broeder thuis?	Ist Ihr Herr Bruder zu Hause?
Tot mijn spijt niet.	Zu meinem Bedauern nicht.
Hij is zoo even uitgegaan.	Er ist soeben ausgegangen.
Zeg hem, als het u belieft, dat ik niet kan komen.	Sagen Sie ihm gefälligst, daß ich nicht kommen kann.
Wees zoo goed hem mijn groeten over te brengen.	Grüßen Sie ihn gefälligst von mir.
Ik zal het niet vergeten.	Ich werde es ausrichten (nicht ermangeln).
Zeg hem, dat ik morgen op reis ga.	Sagen Sie ihm, daß ich morgen verreise.
Hoe laat vertrekt u?	Wie spät reisen Sie ab?
Gaat mejuffrouw uwe zuster mede?	Geht Ihre Fräulein Schwester mit Ihnen?
Aangename reis!	Ich wünsche Ihnen eine angenehme Reise.
Vaarwel, tot weerziens!	Adieu! Auf Wiedersehen!

3.

Hoe laat vertrekt de trein?	Wie spät geht der Zug ab?
In vijf minuten, mijnheer.	In fünf Minuten, mein Herr.
Heeft deze trein ook derde klasse?	Hat dieser Zug auch Wagen dritter Klasse?
Welke klas reist u?	In welcher Klasse reisen Sie?
Ik reis altijd tweede klas.	Ich reise immer zweiter Klasse.
Zal ik een biljet eerste klas nemen?	Soll ich einen Platz erster Klasse nehmen?
Wat kost een biljet voor heen en terug?	Was kostet ein Retourbillet?
Waar is het loket?	Wo ist der Schalter?
Welke bagage hebt u?	Was für Gepäck haben Sie?
Een klein koffertje en een hoedendoos.	Einen kleinen Koffer und eine Hutschachtel.
Die kunt u mee in den waggon nemen.	Die können Sie in den Wagen mitnehmen.
U kunt alles onder de bank leggen.	Sie können alles unter den Sitz legen.
Alles is klaar, men luidt af.	Alles ist fertig, man läutet.
Instappen, mijne heeren!	Einsteigen, meine Herren!
Deze trein rijdt zeer langzaam.	Dieser Zug fährt sehr langsam.
Stopt hij aan alle tusschen-stations?	Hält er auf allen Zwischenstationen?
Hebt gij uwe bagage bij u?	Haben Sie Ihr Gepäck bei sich?
Hier zijn wij aan het grens-kantoor.	Hier sind wir an der Zollrevision.
Ik heb niets aan te geven.	Ich habe nichts Steuerpflichtiges.
Welk station is dit?	Welche Station ist dies?

Hebt gij soms een reisgids?	Haben Sie etwa einen Fahrplan?
Mag in dezen waggon gerookt worden?	Darf in diesem Wagen geraucht werden?
Neen, het is een coupé voor niet-rookers.	Nein, es ist ein Wagen für Nicht= raucher.
Conducteur, ik wil uitstappen.	Schaffner, ich will aussteigen.

4.

Zijn er ook brieven voor mij?	Sind Briefe für mich da?
Hoe laat komt de volgende post?	Wie spät kommt die nächste Post?
Schrijf mij per ommegaande.	Schreibe mir mit umgehender Post.
Ik moet nog veel brieven schrijven.	Ich habe noch viele Briefe zu schreiben.
Hoe laat vertrekken de brie- ven naar Duitschland?	Wie spät geht die Post nach D. ab?
Is deze brief gefrankeerd?	Ist dieser Brief frankiert?
Hoe veel kost het frankeeren?	Wieviel beträgt das Porto?
Drukwerken kosten niet veel.	Drucksachen kosten nicht viel.
Deze brief was ontoereikend gefrankeerd.	Dieser Brief war ungenügend frankiert.
Ik heb vergeten hem te fran- keeren.	Ich habe vergessen, ihn frei zu machen.
Welke briefkaarten wenscht u?	Welche Postkarten wünschen Sie?
Binnenlandsche en buiten- landsche.	Für das Inland und Ausland.
Hoeveel postzegels wilt u heb- ben?	Wieviel Freimarken wünschen Sie?
Zijn er brieven voor mij poste- restante?	Sind Briefe für mich hier post= lagernd?
Dit is het post- en telegraaf- kantoor.	Dies ist das Postamt und Tele= graphenbüreau.
Ik wensch een telegram te verzenden.	Ich möchte eine Depesche schicken.
Wanneer kan ik antwoord hebben?	Wann kann ich Antwort bekommen?
Wat kosten tien woorden?	Was kosten zehn Worte?
En hoeveel elk woord meer?	Und wieviel jedes Wort mehr?
Moet ik het telegram in 't Nederlandsch schrijven?	Muß ich die Depesche auf nieder= ländisch schreiben?
Zooals u verkiest, mijnheer.	Wie Sie wünschen, mein Herr.
Wij kennen ook Duitsch, Fransch en Engelsch.	Wir verstehen auch Deutsch, Fran= zösisch und Englisch.
Wees zoo goed duidelijk te schrijven!	Bitte recht deutlich zu schreiben!
Antwoord betaald.	Antwort bezahlt.

Niederländ. Konv.-Gramm.

5.

Kunt u een biljet van 100 mark wisselen?	Können Sie mir einen Hundertmarkſchein wechſeln?
Hoe hoog is de koers?	Wie ſteht der Kurs?
Wenscht u papier of goud?	Wünſchen Sie Banknoten oder Gold?
Wenscht u soms zilver?	Wünſchen Sie etwa Silbergeld?
Ik zou ook wat klein geld willen hebben.	Ich möchte auch ein wenig Kleingeld haben.
Wilt u mij een gedeelte in goud geven?	Wollten Sie mir gfl. einen Teil in Gold geben?
Deze wissel is op zicht betaalbaar.	Dieſer Wechſel iſt auf Sicht zahlbar.
Tien dagen na zicht betaalbaar.	Zehn Tage nach Sicht zahlbar.
Wilt u dezen wissel disconteeren?	Wollen Sie dieſen Wechſel diskontieren?
Hoeveel disconto berekent u?	Wieviel rechnen Sie Diskonto?
Ik zal u het bedrag dadelijk uitbetalen.	Ich will Ihnen den Betrag ſogleich auszahlen.
Wilt u zien of het zoo goed is.	Sehen Sie, ob es richtig iſt.
Ik heb het disconto er af getrokken.	Ich habe das Diskonto abgezogen.
Ik kan den wissel niet accepteeren.	Ich kann den Wechſel nicht acceptieren.
Onze kassier is juist weggegaan.	Unſer Kaſſier iſt gerade ausgegangen.
Zoudt u om een uur nog eens terug willen komen?	Könnten Sie nicht um ein Uhr wieder vorfragen?
Zijn er nog andere wisselkantoren?	Giebt es noch andere Wechſelanſtalten?
Mag ik u om een nota verzoeken?	Darf ich Sie um eine Rechnung bitten?
Wilt u deze quitantie onderteekenen?	Wollen Sie dieſe Quittung unterſchreiben?
Hoeveel krijg ik terug?	Wieviel bekomme ich heraus?
U geeft te veel.	Sie bezahlen zu viel.
Ik zal u morgen betalen.	Ich werde Sie morgen bezahlen.
Ik zal morgen het restant komen halen.	Ich werde morgen das übrige holen.

6.

Wat is de kortste weg naar A.?	Welches iſt der kürzeſte Weg nach A.?
Is dit de weg naar H.?	Iſt dies der Weg nach H.?
U zijt op den goeden weg.	Sie ſind auf dem rechten Wege.
U zijt op den verkeerden weg.	Sie ſind nicht auf dem rechten Wege.

In welke richting moet ik gaan?	In welcher Richtung muß ich gehen?
Gaat u maar altijd rechtuit.	Gehen Sie nur immer gerade aus.
U kunt den weg niet missen.	Sie können den Weg nicht verfehlen.
Moet ik rechts inslaan?	Muß ich rechts abbiegen?
Gij zult aan uw linkerhand een brug zien.	Sie werden linker Hand eine Brücke sehen.
Hoe ver is het van hier?	Wie weit ist es von hier?
Het is iets meer dan een half uur.	Es ist etwas mehr als eine halbe Stunde.
Het is nauwelijks een uur.	Es ist kaum eine Stunde.
Kunt u mij ook zeggen waar B. woont?	Können Sie mir auch sagen, wo B. wohnt?
Waarheen gaat deze straat?	Wohin führt diese Straße?
Regelrecht naar de haven.	Schnurgerade nach dem Hafen.
Deze steeg brengt u op de markt.	Dieses Gäßchen führt Sie auf den Markt.
Ligt het station ver van hier?	Liegt der Bahnhof weit von hier?
Ongeveer een kwartier (uur).	Ungefähr eine Viertelstunde.
Wij zullen over de brug gaan.	Wir wollen über die Brücke gehen.
Wilt u mij vergezellen?	Wollen Sie mich begleiten?
Wilt u wandelen of rijden?	Wollen Sie zu Fuß gehen oder fahren?
Wij zullen per tram tot B. gaan.	Wir wollen mit der Pferdebahn bis B. fahren.
Is in deze straat een halte?	Ist in dieser Straße eine Haltestelle?
Neen, wij moeten nog een straat verder.	Nein, wir müssen noch eine Straße weiter.

7.

Welk is het beste hotel?	Welches ist das beste Hotel?
Naar welk hotel gaat u?	In welches Hotel gehen Sie?
In dit hotel is een goede bediening.	In diesem Hotel wird man gut bedient.
Hebt u nog kamers vrij?	Haben Sie noch Zimmer frei?
Kunnen wij hier logeeren?	Können wir hier logieren?
Wij zijn met ons drieën.	Wir sind zu drei.
Deze kamer bevalt mij niet.	Dieses Zimmer gefällt mir nicht.
Is er geen ander voor mij?	Haben Sie kein anderes für mich?
Waar is de kellner?	Wo ist der Kellner?
Bel maar eens even.	Schellen Sie nur mal.
Welk nummer heeft mijne kamer?	Welche Nummer hat mein Zimmer?
Hier is de sleutel van mijne kamer.	Hier ist der Schlüssel zu meinem Zimmer.
Hoe laat is het diné?	Um wieviel Uhr wird zu Mittag gegessen?

Hoe veel kost het couvert?	Wieviel kostet das Kouvert?
Is de wijn er bij gerekend?	Ist der Wein mit eingerechnet?
De soep staat reeds op tafel.	Die Suppe ist schon auf dem Tisch.
Mag ik u om een bord verzoeken?	Dürfte ich Sie um einen Teller bitten?
Er is geen versch brood hier.	Es ist kein frisches Brot hier.
Kellner, ik heb geen schoon glas.	Kellner, ich habe kein reines Glas?
Breng mij een kurketrekker.	Bringen Sie mir einen Korkzieher.
Trek deze flesch voor mij open.	Öffnen Sie mir diese Flasche.
Wenscht u rooden wijn of rijnwijn?	Wünschen Sie Rotwein oder Rheinwein?
Breng mij een flesch gewonen wijn (tafelwijn).	Bringen Sie mir eine Flasche Tischwein.
Geef mij de wijnkaart, Jan.	Kellner, geben Sie mir die Weinkarte.

8.

Binnensmonds spreken.	Zwischen den Zähnen sprechen.
Groote oogen opzetten.	Große Augen machen.
Met de handen in het haar zitten.	Nicht wissen, was anzufangen, ratlos sein.
Een wit voetje hebben.	Einen Stein im Brett haben.
Aan het rechte kantoor zijn.	Vor der rechten Schmiede sein.
Op de lange baan schuiven.	Auf die lange Bank schieben.
Schoon schip maken.	Reine Wirtschaft machen.
Een brief naar de post brengen.	Einen Brief auf die Post tragen.
Met hem is geen land te bezeilen.	Mit ihm ist kein Auskommen.
Zijn leven in de waagschaal stellen.	Sein Leben in die Schanze schlagen.
Ik weet er geen mouw aan te passen.	Ich weiß nicht, wie da Abhilfe zu schaffen ist.
Iemand voor den gek houden.	Einen zum besten haben.
Den boel in de war sturen.	Eine Sache verwirren.
Gij komt juist van pas.	Sie kommen gerade recht.
Dat komt niet te pas.	Das geziemt sich nicht.
Iemand weer op den rechten weg helpen.	Einem wieder auf die (richtige Fährte) Spur helfen.
Het spoor bijster worden.	Sich verirren.
Alles voor echte munt opnemen.	Alles für bare Münze nehmen.
Eene straf ondergaan.	Eine Strafe erleiden.
Met iemand in gesprek raken.	Ein Gespräch mit einem anknüpfen.
Dat spreekt vanzelf.	Das versteht sich.

Het ruime sop kiezen.	Sich in die volle See begeben.
Dat loopt zeer in het oog.	Das ist sehr auffallend, augenfällig.
Dat valt mij niet mee.	Das entspricht nicht meinen Erwartungen.

9.

In een zuren appel bijten.	In einen sauren Apfel beißen.
Iets voor een appel en een ei koopen.	Etwas spottbillig, zu einem Spottpreis kaufen.
Om 's keizers baard twisten.	Um des Kaisers Bart streiten.
Gouden bergen beloven.	Goldene Berge versprechen.
Het hazenpad kiezen.	Das Hasenpanier ergreifen.
Zijne biezen pakken.	Die Fersen sehen lassen.
Van den nood eene deugd maken.	Aus der Not eine Tugend machen.
Bij den duivel te biecht gaan.	Beim Teufel zur Beichte kommen.
Eieren voor zijn geld kiezen.	Gelindere Saiten aufziehen.
Van de hand in den tand leven.	Aus der Hand in den Mund leben.
Heet en koud uit een mond blazen.	Warm und kalt aus einem Munde blasen.
Kasteelen in de lucht bouwen.	Luftschlösser bauen.
De kat de kaas vertrouwen.	Der Katze den Speck befehlen.
De kat de bel aanbinden.	Der Katze die Schellen anhängen.
Twee vliegen in één klap slaan.	Zwei Fliegen mit einer Klappe schlagen.
Iemand knollen voor citroenen verkoopen.	Jemand ein X für ein U vormachen.
Den spijker op den kop slaan.	Den Nagel auf den Kopf treffen.
Het lootje leggen.	Die Zeche bezahlen müssen.
De maan aanblaffen.	Den Mond anbellen.
Van alle markten te huis zijn.	In allen Sätteln gerecht sein.
Een slag van den molen weg hebben.	Einen Sparren zu viel haben.
Van den os op den ezel springen.	Vom Hundertsten ins Tausendste kommen.
Het paard achter den wagen spannen.	Die Ochsen hinter den Wagen spannen.
Buiten den waard rekenen.	Die Rechnung ohne den Wirt machen.

10.

De aanhouder wint.	Steter Tropfen höhlt den Stein.
Twaalf ambachten, dertien ongelukken.	Neunerlei Handwerk, achtzehnerlei Unglück; 14 Handwerke, 15 Unglücke.
De appel valt niet ver van den stam.	Der Apfel fällt nicht weit vom Stamm.

Armoede is geene schande.	Armut ift keine Schande.
Alle baatjes helpen.	Wenig zu wenig, macht zuletzt viel.
Gebarsten potjes duren 't langst.	Zersprungene Töpfe dauern am längsten.
Beter bedrogene dan bedrieger.	Unrecht leiden ift beffer als Unrecht thun.
Beginnen en eindigen is twee.	Anfangen ift leicht, beharren ift Kunft.
Alle begin is moeielijk.	Aller Anfang ift schwer.
Belofte maakt schuld.	Verheißen macht Schuld.
Nieuwe bezems vegen schoon.	Neue Befen kehren gut.
Bezit baart zorg.	Gut macht Sorgen.
Borgen is niet kwijtschelden.	Lange geborgt ift nicht geschenkt.
't Is alle dagen geen kermis.	Jeder Tag ift kein Feiertag.
Niemand kan twee heeren dienen.	Niemand kann zwei Herren dienen.
Doe wel en zie niet om.	Thu recht und scheue niemand.
Gedane zaken hebben geen keer.	Geschehene Dinge leiden keinen Rat.
Droomen zijn bedrog.	Träume sind Schäume.
Eendracht maakt macht.	Einigkeit macht ftark.
Eere wien eere toekomt.	Ehre dem Ehre gebührt.
Eerlijk duurt het langst.	Ehrlich währt am längften.
Einde goed, alles goed.	Ende gut, alles gut.
Gedachten zijn tolvrij.	Gedanken sind zollfrei.
Geduld overwint alles.	Geduld überwindet alles.

11.

Geen geld, geen Zwitsers.	Kein Geld, keine Schweizer.
De gelegenheid maakt den dief.	Gelegenheit macht Diebe.
Veel geschreeuw en weinig wol.	Viel Geschrei und wenig Wolle.
Gissen doet missen.	Erraten ift nicht wiffen.
Al te goed is buurmans gek.	Allzu gut ift lüderlich.
Het grondsop is voor de goddeloozen.	Die Gottlofen kriegen die Neige.
Eigen haard is goud waard.	Eigner Herd ift Goldes wert.
Vele handen maken het werk licht.	Viel Hände, leichte Arbeit.
Heden rood, morgen dood.	Heute rot, morgen tot.
Zoo heer, zoo knecht.	Wie der Herr, fo der Knecht.
Blaffende honden bijten niet.	Bellende Hunde beißen nicht.
Honger is een scherp zwaard.	Hunger ift ein scharfes Schwert.
Veel hoofden, veel zinnen.	So viel Köpfe, fo viele Sinne.
Hoogmoed komt vóór den val.	Hochmut kommt vor dem Fall.
Elk huis heeft zijn kruis.	Es ift kein Häuslein, es hat sein Kreuzlein.
Jong gewend, oud gedaan.	Jung gewohnt, alt gethan.

De kat laat het muizen niet.	Die Katze läßt das Mausen nicht.
Er is eene kink in den kabel.	Das Ding hat einen Haken.
De kleeren maken den man.	Kleider machen Leute.
Veel koks bederven de brij.	Viel Köche verderben den Brei.
Beter laat dan nooit.	Besser spät als gar nicht.
Schoenmaker blijf bij uwe leest.	Schuster bleib bei deinem Leisten.
Oude liefde roest niet.	Alte Liebe rostet nicht.
Het is lood om oud ijzer.	Wurst wider Wurst.

12.

Elke zot heeft zijn eigen marot.	Jedem Narren gefällt seine Kappe.
Gelijke monniken, gelijke kappen.	Gleiche Brüder, gleiche Kappen.
De muren hebben ook ooren.	Die Wände haben Ohren.
Nood breekt wetten.	Not kennt kein Gebot.
Onbekend is onbemind.	Unbekannt, unverlangt.
Ongewend, ongedaan.	Ungewöhnt, ungethan.
Uit het oog, uit het hart.	Aus den Augen, aus dem Sinn.
Praatjes vullen geen gaatjes.	Thaten, nicht Worte beweisen.
Na regen komt zonneschijn.	Nach Regen kommt Sonnenschein.
Geen rook zonder vuur.	Wo Rauch ist, da ist auch Feuer.
Geen roos zonder doornen.	Keine Rose ohne Dornen.
Klein schip, klein zeil.	Wenig Kühe, wenig Mühe.
Een rollende steen begroeit niet.	Wälzender Stein begraset nicht.
De tijd baart rozen.	Die Zeit bringt Rosen.
Andere tijden, andere zeden.	Andere Zeit, andere Lehre.
Uitstel is geen afstel.	Aufgeschoben ist nicht aufgehoben.
Visch wil zwemmen.	Der Fisch will schwimmen.
In troebel water is goed visschen.	Im trüben Wasser ist gut fischen.
Van den wal in de sloot raken.	Ein Bächlein fliehen und in den Rhein fallen.
De mensch wikt en God beschikt.	Der Mensch denkt's, Gott lenkt's.
Die maaien wil, moet zaaien.	Wer nicht säet, der nicht ernten kann.
Ééne zwaluw maakt den zomer niet.[1]	Eine Schwalbe macht den Frühling nicht.

---

[1] Weitere sehr gebräuchliche niederl. Sprichwörter findet man in meiner kleinen Sprichwörtersammlung: Verzameling van spreekwoorden en spreekwoordelijke uitdrukkingen in vier talen. (Nederlandsch, Fransch, Hoogduitsch, Engelsch). Haarlem. F. Bohn's Erben.

Wortregister
zu den Aufgaben des 3. und 4. Buches.

48.

Meinung (meening). bedoeling
Fuß (voet), been
Gebot (gebod), dienst
tragen (dragen), brengen
blecken laten zien, toonen
Fahrt (vaart), tocht, reis
widmen opdragen
sich verstellen veinzen
Gang (gang), loop
Vernunft (verstand), rede
tüchtig grondig, flink.

49.

Zu statten te stade, te pas
Verfügung beschikking
Pulver (buskruit), poeder.

50.

Verbringen doorbrengen
verdient verdienstelijk
s. emporarbeiten z. opwerken
Weihnachten Kerstmis.

51.

Miene gezicht, gelaat
Laune luim
Heft schrijfboek
Kätchen Kaatje
Gespenst spook.

52.

Treffen aantreffen
behilflich sein van dienst zijn
ziehen (trekken), helpen
falsch (valsch), verkeerd   [len.
einer Ansicht sein een gevoelen dee-

53.

Enttäuschen teleurstellen
Vegetation plantengroei
Landschaften dreven
Reiz bekoorlijkheid
(d. Einb.) zuschreiben toedichten.

monoton eentonig
streng (gestreng), ruw
Anblick uitzicht   [(aan)
Abwesenheit (afwezigheid), gemis
Hecke (hek), haag
Gebüsch (boschjes), struikgewas
Hain bosschage.

54.

Bestimmen (bepalen), brengen
Koalition coalitie, verbond
benachrichtigen (mededeelen), on-
   derrichten
Nachricht bericht
gelangen doorbringen
beauftragen mit opdragen (tr.)
verbannen danken (aan)
unheilvoll noodlottig, rampspoedig
unterliegen onderdoen (voor), het
   onderspit delven.

55.

Sitte (zede), gebruik
erbitten inroepen
Schützling beschermeling
Verfasser (schrijver, auteur), maker
alberne Idee onzin, zotteklap
anständig fatsoenlijk, wenig —
   afkeurenswaardig
eigens zelf, in eigen persoon
Kugel (kogel), boon
vorstellen (voorstellen), er op wijzen
er verdient mehr Rücksichten men
   moet hem met verschooning
   behandelen
sich handeln um te maken hebben
   (met)
armselig (armzalig), nietswaardig
Wicht wezen
verachten (verachten), minachten.

56.

Wiederherstellung herstel
mild zacht

empfehlen aanbevelen, aanraden
schützen (beschermen), vrijwaren
Zeitung courant
umbauen verbouwen.

57.

Malen schilderen
Farbe verf
Zweck doel
umgehen verkeeren
ein Gescheiter een wijze
das schwerste, übers. was am schwersten ist.

58.

Sich bewerben um solliciteeren naar
Stelle (plaats), betrekking
s. entschließen een besluit nemen
Bewerber sollicitant. liefhebber
Telegraphenamt telegraafkantoor
Schirm (scherm), paraplu.

59.

Erspartes Geld opgespaard geld,
  spaarduitje
Schwindler zwendelaar
anständig oppassend, fatsoenlijk
gratulieren feliciteeren
Art (aard), manier, wijze
anwenden besteden.

60.

Rotkehlchen roodborstje
fromm (vroom), braaf   [lijk.
zutraulich gemeenzaam, vertouwe-
Brosamen und Krümchen kruimpjes,
  kruimels
lieb und wert halten veel houden
  van, in eere houden
s. belauben in blad komen
entfliehen (ontvluchten), wegvlie-
umherschauen rondkijken   [gen
erwecken, erzeugen (verwekken),
  wekken
Liebe, Gegenliebe liefde.

61.¹)

Durch Baden door een bad
Geschicklichkeit behendigheid
Rüssel slurf, snuit
füllen vullen, volslurpen
blasen (blazen), snuiven

Schneiderladen kleermakers (winkel), werkplaats
prickeln prikkeln   [jagen
aufreizen (ophitsen), in het harnas
Empfindlichkeit   prikkelbaarheid,
  lichtgeraaktheid
Menge (menigte), massa
aufbehalten bewaren
Neckerei plagerij.

62.

Gedankenreichtum rijkdom van gedachten
Hader twist
Gebälk balken
entledigt sein bevrijd zijn, ontheven
  zijn (van)
(eines Amtes) warten waarnemen
heulender Jammer   jammerende
  ellende.

63.

Sieg overwinnning
durchschreiten rondgaan
Lager kamp, legerkamp
Stellung houding
Anstrengung(en) inspanning
einschlafen (inslapen), een slaapje
  nemen.

64.

Mühsam vermoeiend
Gegend (omstreek), streek
äußerst ontzaglijk   [ning
Entdeckung (ontdekking), verken-
Höhlung holte
Felsen rots
benachbart naburig
Quelle (wel), bron
Beifall klatschen toejuichen
Enthaltsamkeit onthouding.

65.

Drollicht snaaksch, koddig
Bekanntschaft machen kennis maken
elend (ellendig), gewoon   [(met)
durchgängig doorgaans, gewoonlijk
an sich haben behept zijn (met)
Grunzen knorren, geknor
unterbrechen in de rede vallen.

66.

Grauen gruwen, een afschrik
  hebben

---

1) S. 205 ist die letzte Aufgabe mit 30 überschrieben, lies 61.

verluſtig erklären vervallen ver-
klaren
Urſprung (oorsprong), afstamming
Drang verdrukking
Joch juk.

67.

Überſenden toezenden, doen toekomen
Almoſen aalmoes
ausgehen (uitgaan), op zijn.

68.

Hühnerhabicht kiekendief
Sperling musch, mosch
Scheu vrees, ohne — onbevreesd
Geflügel gevogelte
Lerche leeuwerik
u. ſ. fährt op hen toeschiet
Loch gat, holte
Baumlerche boschleeuwerik
Reiher reiger
ſtreben beproeven
erwartungsvoll vol verwachting,
in spanning
überholen achterhalen
Abwehr tegenstand
vollends voor goed.

69.

Grabmal grafteeken, graftombe
Gegner tegenstander
Schmeichler vleier.

70.

Einwilligung toestemming
zögern aarzelen, dralen
auffordern uitnoodigen.

71.

Reiz bekoring, bekoorlijkheid
beſetzt (bezet) voorzien
ſchätzen op prijs stellen
Leckerbiſſen lekkernij, lekker eten
Ignorant weetniet.

72.

Verkündigen (verkondigen), voorspellen
ermorden vermoorden, ombrengen
ebnen banen
Schandthat euveldaad
Streich (streek), slag.

73.

Annehmen aannemen, zich toe-
eigenen
Schuldigkeit schuldige plicht
bereichern verrijken
Selbſtloſigkeit onbaatzuchtigheid
Nachahmer navolger
Chroniſt kroniekschrijver
ſchonen sparen
verſprechen beloven, toezeggen.

74.

Kriegsſchauplatz krijgstooneel
berufen geroepen
Vorkämpfer voorvechter
Proteſtantismus Protestantisme
Einmiſchung inmenging, optreden
Erwerbung verwerving
fehlen ontbreken
Ehrgeiz eerzucht
entgegentreten optreden tegen
ausdehnen uitbreiden [Hansa
b. a. hanſeatiſchen Macht der oude
ausgeſetzt ſein gevaar loopen, bloot-
gesteld zijn aan.

75.

Unfug onbetamelijkheid
ſteuern tegengaan, een einde maken (aan)
ſtürzen (storten), ten val brengen
Waldbeeren boschbeziën
Rohr riet
beifällig toestemmend
zeigen toonen, bewijzen
Gaſſenbuben straatjongens
ich ſinne b. n. ik denk er over.

76.

Günſtlingsregiment regeering (bestuur) van gunstelingen
erſetzen vervangen
erfahren vernemen
geruhen gelieven
ausbrechen uitbarsten
Gefügigkeit volgzaamheid
holen (kommen) laſſen ontbieden
mit Ratſchlägen unterſtützen van
raad dienen.

77.

Spazieren fahren eene rijtoer
maken

widerſpenſtig weer-pannig, oproerig
von ſ. reden machen v. z. doen spreken
Herannahen nadering
(das) ſteht (zu ändern) is, valt
erörtern uiteenzetten
erſtaunlich ontzaglijk
Häſcher gerechtsdienaar.

78.

(Auf d. T.) ſetzen plaatsen
geknechtet onderdrukt
verſucht ſein in tweestrijd zijn
beſtimmen tot een besluit brengen
aufzwingen opdringen
es hat ihm beliebt hij heeft verkozen
aufrecht erhalten haudhaven
Abſicht plan
einfallen een inval doen
hervorrufen verwekken
auf etwas verzichten van iets afzien,
 afstand doen.

79.

Mit heißem Wunſche met brandend
ſtraff sterk   [verlangen
zerſpringen in stukken springen
beſeitigen uit den weg ruimen
vorausſetzen onderstellen.

80.

S. rächen an z. wreken op
Trippelallianz triple-alliantie
Erkenntnis inzicht
erdrückende overweldigende
Diſpoſitionen beschikkingen
aufſchieben uitstellen
überſchwemmen onder water zetten
geplant voorgenomen
beenden ten einde brengen.

81.

Darein willigen er in toestemmen
Nachläſſigkeit nalatigheid, achte-
 loosheid
verehrteſter H. waarde Heer
es iſt mir recht ik vind het goed
ahnen vermoeden
Standesamt burgerlijke stand (auch
 het bureau van den b. s.)
ſ. verhalten gesteld zijn met, z.
 toedragen
ſcheitern in duigen vallen.

82.

Lenken richten
entſcheiden beslissen
ausſpähen ontdekken
ein böſes Kernlein een (slecht)
 bitter pitje
ſ. frei gehen laſſen z. geven zooals
 men is
Geiſtesgegenwart tegenwoordigheid
 van geest
darüber (verlieren) daarbij
Freuen blijdschap
über einen herfallen op iemand aan-
 vallen.

83.

Scherzhaft kluchtig
Vorzug uitnemendheid
Fechtkunſt schermkunst
auf Terz angreifen een tiercestoot
parieren pareeren   [doen
auf Quart angreifen een kwart
 maken
ſ. ſchlagen duelleeren
verſetzen toebrengen
Rapier rapier, floret
Tölpel lomperd.

84.

A. Igel stekelvarken
untergeſchlagen over elkander ge-
 träuern neuriën   [slagen
Steckrübe raap, knol
gedacht, gethan: überſ. ſo ged., ſo get.
Schlehenbuſch sleedoorn (m.)
Rübenacker knollenland, knollen-
 veld
in ähnl. Geſchäften met dergelijk
 plan
einen guten M. bieten goeden morgen zeggen
b. Gruß erwidern teruggroeten
höhniſche Miene hoonend gebaar
kommen laſſen zich laten gezeggen
ſchief krom.

B. Ausrichten können kunnen, vermogen.
einen überholen het van iemand
 winnen
was gilt die Wette? überſ. um was
 wetten wir?
einſchlagen toeslaan   [loopen
in die Wette laufen om het hardst

folgen volgen, gehoorzamen
acht geben opletten.

C. Nur vorwärts vooruit maar
Sturmwind wind
sich ducken neerduiken, plat op den
   grond gaan liggen
stutzen schrikken, verschrikt op-
   kijken
bekanntlich zooals bekend is
nicht m. r. D. zugehen niet pluis zijn
ermattet uitgeput
abrufen, überf. rufen
s. etw. einfallen lassen in de gedachte
   komen.

89.

Lustspiel blijspel
Akt bedrijf, acte
Scene tooneel
Privatmann rentenier, ambteloos
   burger
(die Rollen) durchgehen tellen
wenig respektvoll met weinig respect (eerbied)
Tapezier behanger.

Sich räuspern kuchen
Tölpel vlegel.

Maskenball gemaskerd bal
unbenutzt ongebruikt
hindurchschweben eventjes een kijkje
   nemen
Vorhänge gordijnen
Köchin keukenmeid
schielen scheel kijken
Nähmamsell naaister
Beefsteak biefstuk
geröstet gebakken
satt sein zijn (haar) bekomst hebben
verschieben uitstellen
Fiaker huurkoets, huurrijtuig
regaliren tracteeren.

Was du treibst hoe je het maakt
Vorwurf verwijt
vorstrecken leenen
Kreuzer (kreutzer), cent, duit.

90.

Es schmettert mich nieder ik ben
   ten einde raad

n. nichts klingen niets (beteekenen)
   om het lijf hebben
den Hof machen het hof maken
nachgeben toegeven.

Schlüffelbund sleutelring, sleutel-
aufgelegt sein gemutst zijn   [bos
Rechnungs-Geschäfte regeln de re-
   keningen nazien
Centifolie centifolie, roos
streicheln streelen
ungezogen ondeugend
ätherisch goddelijk
straff sterk.

In Schach halten aan den teugel
   houden.

95.

Grund reden
eine geschwollene Backe een dikke
vollständig volkomen.   [wang

Absichtlich met opzet
Schlingel slungel.

Angehen gaan
eingeschlossen opgesloten
Stickerei borduurwerk.

Vorangehen vooruit gaan
auseinander zupfen, zerpflücken uit
   elkaar (trekken) halen.

97.

Seinen Abschied nehmen zijn ont-
   slag nemen
Nippfiguren snuisterijen
Quartier woning, appartement,
   bovenhuis.

Hohngelächler (hoonend gelach) der
   Hölle alle duivels
Kamin haard
hinausräuchern wegrooken
Reisig rijshout, rijzen.

Sich aussprechen tot eene ver-
   klaring komen
sich zurückziehen gaan.

Aufklären op de hoogte stellen
Geständnis bekentenis
eine Erklärung machen zijn liefde
    verklaren
sich verheiraten trouwen
Kriegsminister Minister van Oorlog
Zukünftige aanstaande.

99.

Gewissenhaft eerlijk, nauwgezet
heiterer Laune sein goed geluimd
    zijn, het op de heupen hebben
einen entführen iemand ontvoeren,
    met iemand op den loop gaan
Voraussetzung vooronderstelling,
    onder voorwaarde.

Kellner kellner, vgl. S. 124, Anm. 1.

Übersiedeln verhuizen.

Zupfen trekken
spottbillig spotgoedkoop, voor een
    spotprijs.

100.

Auftritt tooneel
Danach gegangen er om gegaan
Entkräftung zwakte
auseinander legen uit mekaar vou-
Serviette servet.   [wen

Schnarchen snorken

Meiner Treu op mijn woord, bij
    mijn eer
zu stande kommen gelukken
zerschneiden, zerlegen snijden
etw. bleiben lassen iets niet doen,
    er voor passen
einfallen invallen, te binnen schie-
Hinterteil achterhelft.   [ten

Ein gereizter Magen een geprik-
    kelde maag
Hühnerbrühe kippensoep
Entzündung ontsteking
Queckenthee (kweekgras-thee), ka-
    millenthee.

Sachregister.

Die Zahlen bezeichnen die Paragraphen.

Druck von Julius Groos in Heidelberg.

r.

	M.	Pf.
Ger		5	—
Key	Ed. kart.	1	60
Sup	Ed. kart.	1	60
Ele		2	—
Fir		1	60
Ger		2	40
Ger		2	40
Ger		2	40
Mat	Ed. geb.	2	40
Key	Ed. kart.	1	60
Mat	Ed. kart.	2	40
Ger		1	80
Acc	Ed. geb.	1	20
Har	reb.	1	60
Fren		5	—
Key	Ed. kart.	1	60
Mat	Ed. geb.	2	40
Elen		2	—
Fren		1	80
Italia		5	—
Key	l. kart.	1	60
Itali		2	40
Dutcl		5	—
Key		1	60
Russi		5	—
Key		1	60
Elen		2	—
Key	rt.	—	60
Spani		5	—
Key		1	60
Span	kart.	3	60
Span		1	80
Gramn		4	—
Corri	kart.	1	60
Petit		2	—
Lectu		2	40
Lectu		2	40
Lectures allemandes III. partie par Dr. E. Otto. 2. Ed. geb.		2	40
Conversations allemandes par Dr. E. Otto. 3. Ed. geb.		1	80

Englisch:

		M.	Pf.
Grammaire anglaise par Dr. A. Mauron. 6. Ed. geb.		4	—
Corrigé des thèmes de la Gram. angl. par Dr. A. Mauron. 2. Ed. kart.		1	60
Petite Grammaire anglaise par Dr. A. Mauron. 3. Ed. geb.		2	—
Lectures anglaises par Dr. A. Mauron. 2. Ed. geb.		3	—
Conversations anglaises par S. F. Corkran. geb.		1	80

Julius Groos' Verlag, Heidelberg.

Lightning Source UK Ltd.
Milton Keynes UK
UKHW030632260721
387780UK00012B/1504